通州大变局

1860—1949

杨家毅 著

北京出版集团
北京人民出版社

图书在版编目（CIP）数据

通州大变局：1860—1949 / 杨家毅著. — 北京：北京人民出版社，2023.2
ISBN 978-7-5300-0542-2

Ⅰ. ①通… Ⅱ. ①杨… Ⅲ. ①通州区—地方史—史料—1860-1949 Ⅳ. ① K291.3

中国版本图书馆 CIP 数据核字（2022）第 013138 号

特约审稿：吕克农	责任编辑：高立志 李更鑫
责任印制：陈冬梅	封面设计：田 晗
书名题字：晁岱双	

通州大变局（1860—1949）
TONGZHOU DA BIANJU

杨家毅 著

出　　　版	北京出版集团
	北京人民出版社
地　　　址	北京北三环中路 6 号
邮　　　编	100120
网　　　址	www.bph.com.cn
总 发 行	北京伦洋图书出版有限公司
印　　　刷	北京汇瑞嘉合文化发展有限公司
开　　　本	787 毫米 ×1092 毫米　1/16
印　　　张	23.25
字　　　数	300 千字
版　　　次	2023 年 2 月第 1 版
印　　　次	2023 年 2 月第 1 次印刷
书　　　号	ISBN 978-7-5300-0542-2
定　　　价	98.00 元

质量监督电话　010-58572393
如有印装质量问题，由本社负责调换

序　言

杨胜群

《通州大变局（1860—1949）》是杨家毅同志继《中仓》《通州文脉》之后，又一研究通州历史文化的力作。杨家毅同志自2003年从西北大学文博学院考古专业毕业后，到2019年7月，一直在北京通州区工作。无论工作岗位怎么变化，他都坚持专业追求，潜心中共党史、北京地方史及大运河文化研究，笔耕不辍，尤其对北京通州历史文化研究情有独钟，成果迭出。这部书稿成稿于2019年年底，寄托着他对通州这片热土的深厚感情。

通州是一片古老的土地，燕赵故土，西汉初即设县治。通州因"漕运通济"而得名，而发展兴盛。元明清时期，通州成为北京门户，素有"一京二卫三通州"之说。到了近代，通州成为近代中国历史的重要演绎地和见证地。随着通州成为北京城市副中心，人们对通州的今生前世更为关注。目前，关于通州历史文化的著述不少，但大都集中在大运河漕运、古代历史、文化遗产等领域，而缺乏对通州近代历史的系统介绍和深入研究。本书条分缕析地梳理了通州与中国近代史上重大历史事件的关系，反映了通州在近代中国发展过程中的独特地位和作用，填补了有关通州著述的空白领域。

近些年来，习近平总书记倡导大历史观，做出"世界正发生百年未有之大变局"的论断。那么，如何用大历史观考察、分析、研究历史，即成为历史研究工作者的一项重要任务。本书作者用"通州大变局"作为书名，用"大变局"概括百年通州的历史，反映了他对通州近代历史独到的认识，也反映了他对大历史观的把握和运用。全书将通州近百年历史，定位在"大变局"的历史格局上进行描述和书写，为广大读者深入领会习近平总书记"百年未有之大变局"论断提供了实证参考和启发。

为了写出通州的"大变局"，本书在历史书写上做了可贵的探索。

第一，将通州地域的发展史放在中国史、世界史的大视野中考察，以通州之大变局折射中国之大变局、世界之大变局。百年未有之大变局，是历史长期积淀的聚变。书中将通州历史上溯到近代以前，展示了通州独特而深厚的人文底蕴和历史成因。元明清时期的通州被称为"通天下之州"，因大运河而成为中国华北地区连接南方地区、东北地区、西北地区的重要通道和战略要地，"当东西南北之冲，水路要会，天下财货集焉"，在中国经济社会发展中扮演了积极、重要的角色。通州从陆路、水路向外延伸，又与世界连接了起来：由大运河南下杭州，经浙东运河，与海上丝绸之路相连接；西经张家口，连接西部草原通道，与陆上丝绸之路相连接；东出山海关，经过中国的东北地区，便到了朝鲜半岛。通州又被称为"万国朝宗之地"，外国使臣、商队往返于途，长时期在中国对外经济文化交往中发挥了重要作用。近代以来，由于独特的地域位置和政治、文化环境，通州置身于第二次鸦片战争、义和团运动、抵抗八国联军入侵、清末"新政"、五四新文化运动、马克思主义传入、抗击日本帝国主义侵占华北、人民解放战争等重大历史事件的"风口浪尖"，百年风云际会，成为中华民族近代以来反帝反封建沧桑巨变的一个缩影。书中集中描写了近代通州政治、经济、文化的历史演变，勾画了一个地域的"大变局"图，犹如近代中国和近代世界"百年未有之大变局"的投影。

第二，以大变局中思潮演变为主线，将思潮史与社会史、政治史、文化史融合起来研究。历史的演变，总是以思想变革为先导，思想变革又以新思潮兴起为标志。中国近代是一个思想翻新、新思潮迭起的历史时代。本书努力从思潮演变的视角探讨通州百年大变局的深层原因，并将其与社会、政治、文化现象联系起来，揭示其对推动社会发展、政治发展、文化发展的深远影响。例如在写基督教文化传入通州时，不只是孤立地写基督教的传播，而且详尽阐述了这种"西方文明"在传播过程中与中国以儒学为核心的本土文化的尖锐冲突，及其导致义和团运动兴起及八国联军侵华的社会剧变。书中用较大篇幅阐述了以新思想为主导的新文化运动在通州的发展情况，特别是对新文化运动推动社会转型作了全面的介绍和分析，勾勒出这一时期通州的社会发展史、政治发展史。本书将思潮史与文化史（特别是教育史）结合起来研究的特点更为显著。写通州的近代历史，不能不谈潞河中学。这所学校始建于1867年，由美国基督教组织创办，几乎贯穿通州近代历史，又几乎与近代通州所发生的重大事件都有关系。本书用很大的篇幅记叙了潞河中学的创办、演变和发展的历史过程，在反映"西学东渐"对中国思想政治巨大冲击的同时，更多地揭示了其对中国教育带来的长远的积极的影响。近代新思潮对中国文化教育变革、发展的作用是很直接的。书中在写五四新文化运动中反帝反文化侵略的"非基督教运动"在通州的传播时，结合通州由之兴起的平民教育，阐述了这一思潮对推动中国民众教育发展的积极作用。

第三，围绕历史大变局中的文明冲突问题，揭示历史大变局中文明变革和文明创造的意义。历史的演变，最终是文明冲突的结果，历史大变局实质上是文明的大变局。研究中国近代史或一个地域的近代历史，有一个不可回避的问题，即中华文明与西方文明的关系问题。中华文明之所以延续几千年而不曾中断，一个重要原因，就是作为中华文明载体的中华文化从来不是封闭、保守的，而是开放、包容的，能够不断借鉴吸收各种外来文化的积极成分，使自己不断获得新的生机活力。中国近代是一个外来思想文化集中进入的历史时代，有中国人主动学习借鉴西方先进的技术文化和政治文化，有西方人对中国以宗教为主要内容的文化输入，还有帝国主义者在坚船利炮下的文化入侵。近代通州，处于中西文明的冲撞融汇的前沿。作者叙写近代通州大变局，始终聚焦于中西文明的关系问题，在书中融入了深入的思考。全书不仅清晰地阐述了近代以来外来思想文化在通州这块土地上的传播、衍变，而且鲜明地阐述了在通州这块土地上中华优秀文化是如何吸纳外来文化有益的东西并形成自己的特色。历史大变局与今天时代的大变局是贯通的。今天时代的大变局，毋宁说是文明形态的再创造。将近代中国文明的冲突与变革过程梳理清楚，无疑对于今天更好地认识"百年未有之大变局"和创造文明新形态的意义，是有很大帮助的。

本书是一部严谨的学术著作，又具有较强的可读性，盖因其中有大量历史事件过程和历史场景的铺陈描写，有不少细节还是鲜为人知的。全书围绕一个"变"字展开，要写出"变"，写出"大变局"，必须反映历史本来所具有的生动性、丰富性，作者在这方面做了努力。本书在学术追求和表达上还有其他许多值得肯定之处，恕不能一一。当然，书中难免还存在一些需要提升的地方，指望读者们在阅读中指出，以便作者进一步修改完善。

是为序。

2022年11月

作者：原中共中央文献研究室常务副主任，全国政协第十、十一届委员，第十二届常委

目录

第一章　1860年前后的通州与世界 / 1

第一节　1860年之前：通州乃通天下之州 / 2

第二节　1860年：关乎国运的八里桥之战 / 36

第三节　后1860年：清王朝双重危机下的通州 / 43

第二章　西学在通州的初传 / 51

第一节　西方教育制度的传入和潞河书院的建立 / 51

第二节　西方医学的传入和潞河医院的初创 / 65

第三节　通州基督教青年会的创立及其影响 / 71

第四节　早期外国传教士在通州传播西学的努力 / 75

第三章　文化侵略背景下的致命冲突 / 83

第一节　教会的特权与义和团运动的兴起 / 83

第二节　八国联军在通州的疯狂报复 / 96

第四章 教会势力的返回和通州向西方学习的探索 / 109

第一节 教会势力在通州的快速扩张 / 109

第二节 通州民众"向西方学习"的探索 / 121

第三节 清末"新政"在通州的探索 / 133

第五章 新文化运动洗礼下的通县社会转型（上）/ 150

第一节 基督教"本色化"运动传入通县 / 151

第二节 潞河中学的"人格教育" / 164

第三节 潞河乡村服务部与通县乡村建设 / 186

第四节 潞河医院融入本土社会的发展 / 203

第六章 新文化运动洗礼下的通县社会转型（下）/ 212

第一节 "育新民"与通县民众教育运动 / 212

第二节 大规模开展社会调查 / 240

第三节 发展通县经济的探索 / 257

第七章 马克思主义的早期传播及中共在通县的早期活动 / 278

第一节 马克思主义在通县的传播 / 278

第二节 中共基层党组织在通县的成立及早期革命活动 / 288

第八章 反抗日伪的斗争 / 298

第一节 伪冀东防共自治政府的成立及其暴行 / 299

第二节 通州起义及其影响 / 313

第三节 中国共产党在通县开展的全方位斗争 / 322

第九章 1949：人民的胜利 / 332

第一节 安平事件及其影响 / 333

第二节 保卫和平的武装斗争 / 342

第三节 开展土地改革 / 347

第四节 人民的胜利 / 351

第一章　1860年前后的通州与世界

1860年是中国历史上的清代咸丰十年。对清王朝来说，这是一个危机四伏的时代。20年前爆发了第一次鸦片战争，在西方列强的坚船利炮下，王朝的大门洞然大开，逐渐沦为半殖民地半封建社会。而9年前爆发的太平天国运动仍在持续中，王朝元气大伤、内外交困。此时的外部世界，在工业革命的推动下，各国先后崛起：美国爆发了南北战争，在林肯总统的努力下，维护了统一，为美国的崛起奠定了基础；沙皇俄国在彼得大帝的带领下，实现了富国强兵，国力迅速提升，成为世界第一阵营的强国；一衣带水的日本，正从欧美的侵略中摆脱出来，即将开始明治维新；在资本的驱动下，英法等老牌强国，带头到世界各地，用枪炮攫取原材料和商品销售市场，建立殖民地。在这样的背景下，清王朝被迫卷入正在发生剧变的世界大历史中，充当的是一个被动挨打、受尽凌辱的悲剧角色。

这一年，英法两国政府扩大对华战争，派出联军沿着海岸线，自南到北，从天津登陆，攻占清王朝都城北京，火烧圆明园，迫使清政府签订了《北京条约》。通州作为京师的东大门，也是王朝"生命线"——京杭大运河的北端，见证了一系列历史剧变。1860年之前，通州因漕运而兴盛，有"一京二卫三通州"之誉；1860年之后，由于清王朝内外交困，维系王朝命脉的漕运也日渐衰落，尤其是在不平等条约的庇护下，以基督教为代表的西方势力逐渐侵入，通州面临着史无前例的挑战和冲击。

第一节　1860年之前：通州乃通天下之州

关于通州的重要地位之论述，无数政治人物、文人学者都不乏赞誉之词。有"漕运襟喉之地"之论（阮鹗《严防卫以慎储蓄》），有"正当东西南北之冲，水路要会""通州安，而京师亦安矣"之论（杨行中《（嘉靖）通州志略》），有"实水陆之要会，为畿辅之襟喉，舟车之所辐辏，冠盖之所往来"之论（周之翰《通粮厅志》），有"左辅雄藩、神仓重地"之论（《（乾隆）通州志》），有"九重肘腋之上流，六国咽喉之雄镇"之论（《（光绪）顺天府志》）。

尽管这些论述受到广泛认同，然而都拘于王朝版图之内看通州的地位，重在强调通州跟京师的关系。实际上，元明清时期，通州与世界紧密相连。至少在亚洲地区，通州已是一个国际重镇，是名副其实的"万国朝宗之地"（《雍正御制通州石道碑文》），正如通州籍作家王梓夫在《通州赋》中所言："通州，通天下之州也。"①

王梓夫所言没有丝毫夸张，是对历史上的通州，尤其是元、明、清时期通州重要地位的总结。历史上的通州处在"水陆要冲"的交通节点上：从水路看，从京杭大运河南端出发，因浙东运河延伸至港口城市宁波，与海上丝绸之路相连接，从而通向南亚各国。从陆路看，从京杭大运河北端向北，历史上曾有一条通往张家口的商道，继续延伸，与丝绸之路相连接，经中亚、西亚，直接欧洲；从通州向东，沿着古代燕山南路大道，出了山海关，一直到朝鲜半岛，从而与东北亚紧密相连。更深层次原因是，由于通州在漕运体系中的枢纽地位，在服务和保障京师方面，发挥了不可替代的作用，通州成为京城名副其实的"东大门"，有"通州安，则京师安"的战略地位。

---

①　王梓夫著：《通州赋》，中国文史出版社，2015年5月。

第一章　1860年前后的通州与世界

一、通州的交通枢纽地位

通州处于水陆交会的重要节点，是朝鲜使臣和南来诸国使臣朝贡的必经之地。明正德时期吏部尚书、大学者李东阳曾多次写诗描述在通州见到外国使节的情景，留下了"中华使者尘随节，南海倭儿布裹头""使节南行又北旋"①等诗句。可见，当时的通州是国际化程度很高的城市，经常可以看见来自朝鲜、琉球、安南、日本等国家和地区的使团和商队。

1.从国内视野看通州

辽金两代，随着北京成为辽南京和金中都，通州的重要地位得到显著提升。金代，通州是上京到中都的重要一站："自上京至燕，二千七百五十里，上京即西楼也……四十里至三河县，三十里至潞县，三十里至交亭，三十里至燕。"②辽代末年，金军沿着这条大道直抵南京城下。金代定都中都后，这条通道也是通往后方的要道。这条通道上的榆关、平州、滦州等，都是天然的险要地带。尤其是位于中都城东的通州，在历史上是京城东部重要的门户。③

从元代开始，随着大一统王朝定都北京和京杭大运河的贯通，通州"水陆要冲"的地位进一步巩固。由于元代统治者来自北方，他们十分重视大都城与当时的北京（大宁城，今内蒙古自治区赤峰市宁城县大明城）及其东部和北部的联系。通州是元大都到大宁城，乃至东北地区的重要一站。据《析津志》记载，从大都经通州到冀州后通往东北地区四条具体路线："一路正东至遵化，转东北至北京（大宁）。一路东南至玉田，东北行至永平，正北至北京（大宁）。一路（东北行八十里）遵化、（九十里东北）滦阳、（六十里）富民、（百二十里）宽河、（一百里）神山、（一百里）富峪、北京（大宁）、

---

① ［明］李东阳撰：《李东阳集》，岳麓书社，2008年12月。
② ［宋］洪皓撰：《松漠纪闻续》。
③ 唐末赵德均利用这座城池阻止契丹向幽州行进。辽金之际，金军先拿下潞县再攻下辽南京城。金末蒙古军队也是首先攻下通州城，而后进军金中都。

玉田、（正东八十里）丰润、七个岭、（八十里）永平、（正北五十里）建昌、（四十里）上滦、（八十里）大姑、（九十）新店、（七十）木思、（六十里）甜水、（六十里）家店、（七十里）城子、（八十里）大部落、北京（大宁）（北分二路：一路正北至阿木哥大王府，一路正东行至驿安）。"①这更清楚地表明了通州在元大都与东北地区联系中的重要位置。

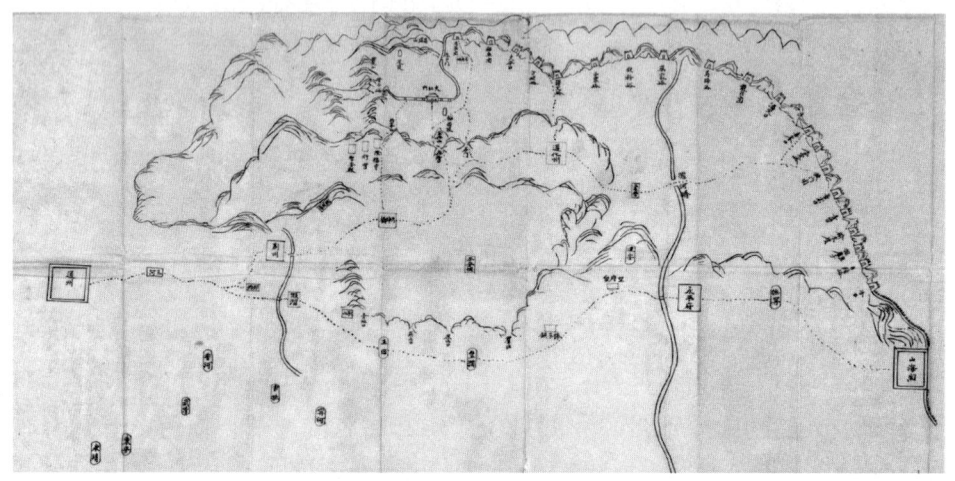

图1-1：通州至山海关道路图（清代绘制）
图片来源：国家图书馆

　　明成祖朱棣迁都北京，构建以北京为中心，依托长城，以辽东都司辽中卫（今辽阳）、大宁都司大宁卫（今宁城西）、北方重镇开原（今属铁岭）三个驿站节点，辐射东北地区和朝鲜半岛的交通和驿站系统。依托京杭大运河及沿线各城市，构筑辐射南方各省，并与福州、泉州等海港建立起通畅的联系。从东北地区、朝鲜半岛通向北京的陆路和南方相关各省、海上航路通向北京的水路都要在通州交会。

　　从陆路看，从北京到大宁城，从北京到辽阳，再到开原，并以此为中心连接东北地区和朝鲜半岛，都要经过潞河驿。从北京至大宁沿用元大

---

① ［元］熊梦祥撰：《析津志》。

第一章　1860年前后的通州与世界

都—遵化—大宁站道，具体驿路为：顺天府四十里潞河驿，潞河驿五十里夏店驿，夏店驿五十里公乐驿，公乐驿五十里渔阳驿，渔阳驿六十里石门镇驿，遵化驿七十里滦阳驿，滦阳驿五十里富民驿，富民驿六十里宽河驿，宽河驿六十里柏山驿，柏山驿六十里会州卫，会州卫六十里季庄驿，季庄驿六十里富峪卫，富峪卫七十里大宁都司。①

从北京到辽阳的具体路线为：会同馆四十里至通州潞河驿，七十里至三河县，七十里至蓟州渔阳驿，六十里至阳樊驿，二十里至玉田县，四十里至永济驿，四十里至丰润县，三十里至义丰驿，七十里至七家岭驿，六十里永平滦河驿，六十里至芦峰口驿，六十里至抚宁榆关驿，六十里至山海关，六十里至高陵驿，六十里至沙河驿，六十里至曹家庄驿，六十里至连山岛驿，六十里至杏山儿驿，六十里至小凌河驿，八十里至十三山驿，七十里至板桥驿，七十里至沙岭驿，八十里至牛家庄驿，九十里至海州卫，九十里至安山驿，六十里至辽阳城。②

辽阳的战略位置十分重要，以其为中心，有四条驿路干道：东路到鸭绿江西岸，南路到旅顺口，西路到山海关，北路到开原。③明代开原是东北政治中心、经济中心、军事重镇和交通咽喉。以开原为中心，形成多条辐射驿路干线，延伸东北全境，并与朝鲜半岛连接起来。其中，"开原东陆路"是明初建州左卫的朝贡道；"纳丹府东北陆路"是明初建州卫、毛岭卫的朝贡道；"开原西陆路"是明代从开原通往蒙古坝上草原的交通线；"海西西陆路"是明初兀良河等卫的贡道。

从水路看，通州是京杭大运河的北端起点。随着金灭辽及北宋，占据了黄河以北大部分地域，得以利用潞水东南部的入海口和通向潞河的各漕河，将粮草物资经潞河运往通州，所以通州成为金中都东部的漕运重地。

---

① ［明］黄汴编纂：《一统路程图记》卷四，《各边路》。
② ［明］魏焕撰：《皇明九边考·蓟州考》《皇明九边考·辽东考》。
③ ［明］杨正泰撰：《明代驿站考·明代驿路图》，《辽东督司驿路分布图》。

金海陵王南侵，在通州建造战船，经由潞水出海到前线。到了元代，随着京杭大运河的取直贯通，通州在漕运上的地位更加重要了。

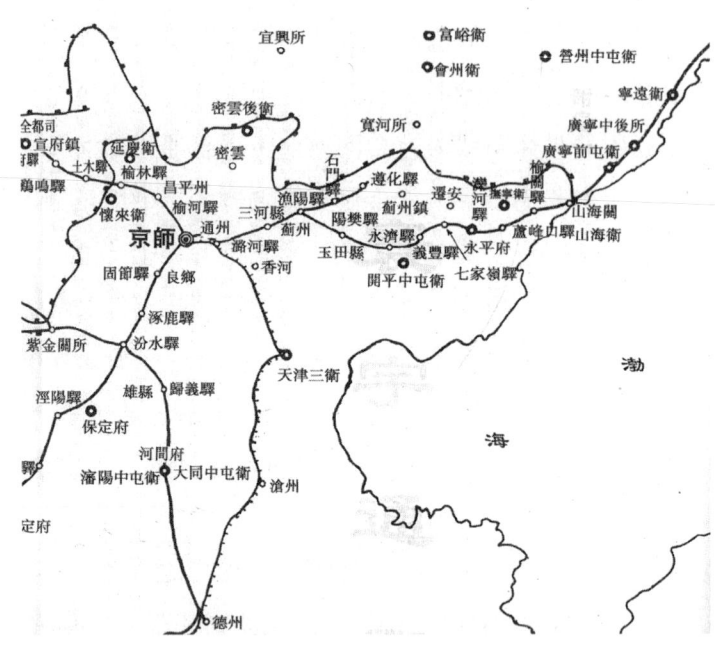

图1-2：明代通州在全国交通体系中的位置
图片来源：[明]杨正泰：《明代驿站考》

鉴于通州在北京对外交通中的独特地位，明清时期，朝廷在通州设立的潞河水马驿。不同于一般的驿站，该驿不仅承担陆驿的功能，还是运河水路系统的重要节点。明代从顺天府（今北京）到应天府（今南京）设置水驿40余所。具体路线为顺天府—通州潞河驿—和合驿—河西驿—杨村驿—杨青驿—奉新驿—青县流河驿—兴济县乾宁驿—砖河驿—新桥驿—连窝驿—良店驿—德州安德水驿—梁家庄驿—甲马营驿—渡口驿—临清州清源驿—清阳驿—东昌府崇武驿—荆门驿—安山驿—开河驿—济宁州南城驿—鲁桥驿—沙河驿—沛县泗亭驿—夹沟驿—徐州彭城驿—房村驿—新安驿—邳州下邳驿—直河驿—宿迁县钟吾驿—古城驿—桃源县桃源驿—清河县清口驿—淮安府淮阴驿—宝应县安平驿—界首驿—高邮州盂城驿—邵伯驿—

扬州府广陵驿—仪真县仪真水驿—龙潭驿—南京应天府龙江驿。①

2.从国际视野看通州

无论是陆路还是水陆，都不断地向外延伸，从而将通州与世界联系起来。主要有三个方向。

一是由京杭大运河南端的杭州，经浙东运河与宁波相连，从而与海上丝绸之路相连接。

浙东运河西起京杭大运河南端的杭州，东至浙江东部重要港口城市宁波。宁波位于浙江省东部，是古代海上丝绸之路上重要的港口城市，商贸繁荣、文化兴盛。宁波古称"鄞""明州"，又因境内四明山而闻名，所以又有"四明"之称。浙东运河最早可上溯至春秋晚期越国开凿的"山阴古水道"。秦统一中国后，对沟通钱塘江和长江的水道做了整治，初步奠定了浙东运河的基本走向。隋炀帝在疏通大运河时，对它也做了整治，使它与大运河的沟通更加顺畅。唐中叶，曾多次对浙东运河进行疏通整治。南宋时，朝廷对其全线进行了一系列大规模的疏浚，通航状况大为改善。明成祖朱棣迁都北京后，从宁波到通州的水路十分畅通，航道已十分成熟，从而将都城与海上丝绸之路紧密地连接在一起。

明永乐年间，宁波府鄞县人张得中赴北京任职。张氏坐船从宁波出发，出发的地点是宁波城西望京门，从浙东运河进入钱塘江的地点在萧山城西十多里的西兴，沿京杭大运河，途经杭州、苏州、扬州、徐州、德州，进入顺天府通州地界，依次是潞县、张家湾和通州城。他将全程所经36地、72座大型水闸，总计约3700里的行程编成《北京水路歌》。这首歌曾经在大运河上广泛传唱，但是由于时代久远，早就淹没在历史的尘埃中。幸而歌本收录在明代学者余永麟编著的《北窗琐语》一书中，为今天研究这段历史提供了宝贵的史料。《北京水路歌》歌词如下：

---

① ［明］黄汴编纂：《一统路程图记》卷五，《江北水路》。

四明古称文献邦，望京门外西渡江。
水驿一程车厩远，舜江楼头横石杠。
新中二坝相连接，上虞港内还通楫。
梁湖曹娥潮易枯，大舟小舠重难涉。
东关渐近樊江来，熏风廿里芙蕖开。
贺监湖光净如练，绕门山色浓如苔。
绍兴城，水如碧，橹声摇过蓬莱驿。
柯桥远抵钱清湾，刘公庙食居其间。
新林白鹤路迢递，日斜始得瞻萧山。
梦笔桥高对江寺，双塔亭亭各相峙。
古碑无字草芊芊，犹美文通好才思。
西陵古号今西兴，越山隔岸吴山青。
钱唐江接海门阔，胥潮怒卷轰雷声。
杭州旧是临安府，藩臬三司列文武。
坐贾行商宝货烦，锦绣街衢百万户。
北出关门景如画，竹篱人家酒旗挂。
高亭临平谈笑间，等闲催上长安坝。
崇德石门逢皂林，湾边三塔高十寻。
嘉禾却过松青闸，黄江小路吴歌吟。
平望吴江眼中过，繁华地属姑苏郡。
枫桥尚忆张继诗，夜半钟声又信疑。
望亭无锡人烟多，既庶且富闻弦歌。
瞬息毗陵暂相泊，奔牛吕城容易过。
丹阳与丹涂，镇江人共游。
铁瓮城形环上国，金山塔影浮中流。
扬子江边即江汉，浩浩汤汤茫无岸。
甘露招提锁翠微，舟人遥指凝眸看。

第一章　1860年前后的通州与世界

一帆送过瓜洲堤，船行迅速如岸移。
维扬厚土琼花观，览游试问黄冠师。
程奔邵伯高邮路，界首沿流水如注。
菰蒲深处浴鸳鸯，湖浪滔天似潮怒。
宝应县，宝县湖，荒城已废存浮图。
古淮大道通南北，物阜民康军饷储。
漕运循规事专一，密密征帆蔽天日。
桅樯接踵连舳舻，舵楼按歌吹筚篥。
清河口，土高厚，淮阴城台至今有。
桃源县接古城墟，宿迁旋觉人烟辏。
直河下邳地渐隆，子房圯桥遗旧踪。
马家浅，吕梁洪，篙师须倩少年雄。
寿亭尉迟古名将，金龙之祠屹相向。
守邦治水各有功，来往祈神乞阴相。
快马船飞莫能遏，锣鼓催毡号声喝。
一浅一铺穿井泉，溥济兵夫往来渴。
徐州逾境山，夹沟至丰沛。
泗亭况对歌风台，台下每惊流水汇。
沙河谷亭闸最难，湍流萦回却船退。
南阳枣林次鲁桥，澎湃水声翻雪涛。
师家仲家势亦险，新闸新店坡尤高。
石佛赵村颇平静，济宁在城及天井。
栖草二闸追开河，支山小驿来俄顷。
柳堤金线笼暮烟，小河张秋灯火船。
荆门阿城各二闸，七级上下相勾连。
周家李家闸流急，崇武东昌旧城邑。
杨清临清当要冲，百工纷纷共阗集。

卫河度口夹马营，故城小市犹传名。
德州良店连窝城，东光新桥从此经。
沽酒浇离愁，必与朋簪共。
夜深风雨打蓬窗，五更惊起思亲梦。
明朝涉砖河，顺入长芦滩。
乾宁兴济青县关，河流静海杨青站，直沽杨村吹便帆。
河西务，河合县，漷县相将迥城域。
张家湾上趋通州，半肩行李惟书籍。
我本江南儒，宦游至于此。
所经之处三十六，所历之程两月矣。
共经水闸七十二，约程三千七百里。①

明清时期，从宁波到通州的运河水道不仅是成熟的官道（漕运）、商道，也是外国使臣、商队到京城的必经之道。明初，朝廷在实行严厉的海禁政策的同时，又于洪武三年（1370年）设立了宁波、泉州、广州三个市舶司，作为中外贸易的官方通道。南方诸如日本、琉球、占城、安南、苏门答腊、爪哇、暹罗等国家和地区的人，进入中国后，可通过京杭大运河到达北京。以日本为例，日本商人、使团一般都是在浙江宁波一带登陆，并在朝廷设置的专门接待朝贡使节的"安远驿"完成正式手续。《（嘉靖）宁波府志》记载："凡遇到倭夷入贡，处正副使于中，处夷众于四旁舍。"②

在日本使团中，以策彦周良最为引人注目，成为今天研究明代中日关系的典型对象。这与策彦周良本身的学识和经历有直接关系。策彦周良（1501—1579），号谦斋禅师，是日本京都天龙寺妙智院高僧，曾两度率领使团到北京。明嘉靖十八年（1539年）三月，策彦周良奉命作为"勘合贸易"

---

① ［明］张得中：《北京水路歌》，收录在［明］余永麟撰《北窗琐语》，明刻本。
② 《（嘉靖）宁波府志》卷八，《公署志·嘉宾馆》。

第一章 1860年前后的通州与世界

副使,第一次入明。朝贡使团从宁波登岸,沿运河次年经通州到北京。回到日本后,著有《初渡集》。此次出使,他虽为副使,但由于表现出色,回国后,名声大振。明嘉靖二十六年(1547年)二月,策彦周良以正使身份率团第二次入明,到北京就朝贡贸易进行谈判。完成任务回国后,又著《再渡集》。《初渡集》《再渡集》合称为《入明记》,其内容十分翔实,具有很高的史料价值。

根据记载,策彦周良北上线路为:昌国驿(宁波府)—石浦所(宁波府)—定海口(宁波府)—宁波府府城—安远驿(宁波府)—车厩驿(宁波府)—姚江驿(绍兴府余姚县)—曹娥驿(绍兴府上虞县)—东关驿(绍兴府会稽县)—蓬莱驿(绍兴府)—钱清驿(绍兴府山阴县)—萧山驿(绍兴府萧山县)—西兴水驿(绍兴府)—吴山驿(杭州府)—苕溪驿(湖州府)—平望驿(苏州府吴江县)—松陵驿(苏州府吴江县)—姑苏驿(苏州府)—锡山驿(常州府无锡县)—毗陵驿(常州府武进县)—吕城驿(镇江府丹阳县)—云阳驿(镇江府丹阳县)—京口驿(镇江府)—广陵驿(扬州府)—邵伯驿(扬州府江都县)—盂城驿(扬州府高邮州)—界首驿(扬州府高邮州)—安平驿(扬州府高邮州宝应县)—淮阴驿(淮安府)—清口水驿(淮安府清河县)—桃源水驿(淮安府桃源县)—古城驿(淮安府桃源县)—钟吾驿(淮安府宿迁县)—直河驿(淮安府邳州)—下邳驿(淮安府邳州)—新安驿(淮安府邳州)—房村驿(徐州府)—彭城驿(徐州府)—夹沟驿(徐州府)—泗亭驿(徐州府沛县)—沙河驿(兖州府济宁州)—鲁桥驿(兖州府济宁州)—南城水驿(兖州府济宁州)—开河水驿(兖州府东平州汶上县)—安山水驿(兖州府东平州)—荆门水驿(兖州府东平州阳谷县)—崇武水驿(东昌府聊城县)—清阳驿(东昌府清平县)—清源水马驿(东昌府临清州)—渡口驿(东昌府临清州)—甲马驿(东昌府高唐州武城县)—梁家驿(济南府德州)—安德驿(济南府德州)—良店驿(济南府德州)—连窝驿(河间府景州吴桥县)—新桥驿(河间府交河县)—砖河驿(河间府沧州)—流河驿(河间府青县)—奉新驿(河间府静海县)—

通州大变局（1860—1949）

杨青驿（顺天府通州武清县）—杨村驿（顺天府通州武清县）—河水西驿（顺天府通州武清县）—和合驿（顺天府通州）—潞河驿（顺天府通州）。①第一次，策彦周良一行达到通州张家湾的时间是嘉靖十九年（1540年）三月初朔旦（初一），第二天从张家湾由陆路前往北京城。对当时的情形，书中有这样的记载："二日巳刻，发张家湾，车马如云。车以载货，一车各马九匹挽之；马以驮人。"②

值得一提的是，中外学术界逐渐认识到，始于1500年前后的"全球化"，其经济中心在中国，而不是欧洲。③很显然，京杭大运河在联通丝绸之路和海上丝绸之路方面的作用不可低估，甚至可以说，正是由于京杭大运河将王朝的都城与海、陆丝绸之路连接起来，才进一步促进了中外贸易，才使"整个世界经济秩序当时名副其实的是以中国为中心的"，因为"外国人，包括欧洲人，为了与中国人做生意，不得不向中国人支付白银，这也确实表现为商业上的'纳贡'"，"中国凭借着在丝绸、瓷器等方面无与匹敌的制造业和出口，与任何国家进行贸易都是顺差"。④

二是通州与丝绸之路相连接的历史考察。

通州处于水陆交会的重要节点，是南北客商、货物转运的中转站。从元代开始，随着大一统王朝定都北京和京杭大运河的贯通，通州成为名副其实的首都"东大门"。由于完善的交通体系，早在元代，京杭大运河北端

---

① ［日］牧田谛亮编：《策彦和尚〈入明记〉の研究》，日本京都松崎印刷株式会社，1955年10月，第45—124页。
② ［日］牧田谛亮编：《策彦和尚〈入明记〉の研究》，日本京都松崎印刷株式会社，1955年10月，第123页。
③ 欧洲学者以德裔美国学者弗兰克为代表，他在《白银资本——重视经济全球化中的东方》（中央编译出版社，2000年3月）中强调了以中国为代表的东方在全球化时代的地位。中国学者以著名史学家樊树志为代表。他在《晚明大变局》（中华书局，2015年）中用了一章来论述，晚明"卷入全球化浪潮"。
④ ［德］弗兰克著，刘北成译：《白银资本——重视经济全球化中的东方》，中央编译出版社，2000年3月。

枢纽城市通州,就已经与丝绸之路实现了连接。

明清时期,以山西商人为主体的商帮,将南方的茶叶、布匹通过京杭大运河,以通州和张家湾为中转站,运往张家口,再沿张库大道①,延伸至蒙古、俄罗斯等地。由于这条商道以山西商人为主,所以沿线分布了不少晋商会馆。有学者通过研究晋商会馆,勾勒出这样一条几乎被遗忘的古商道。北京晋商博物馆馆长孟伟等人,通过考察在苏州、通州、京城的山西会馆,尤其是会馆留下的碑刻资料,得出了"南布"("松江布""南京布")通过京杭大运河运到通州、京城,然后再运抵张家口和归化(今呼和浩特),行销草原,再交换至恰克图与俄罗斯进行贸易,从而完成了"南布北运"。②

图1-3:通州城外的驼队,拍摄于20世纪30年代,刘福龙收藏

除了布匹,另一种大宗贸易商品为茶叶。明清时期,由于南方的茶叶云集通州,在通州、张家湾形成了专业的茶叶市场。山西茶商开办的茶庄

---

① 张库大道是从塞外重镇张家口出发,通往库伦(今蒙古国首都乌兰巴托),并延伸到俄罗斯恰克图的贸易运销线,全长1400多千米,是有着"北方丝绸之路"之称的古商道。

② 孟伟、杨波:《明清时期北京通州晋翼会馆研究——以明清时期的翼城商人和山西布商为重点》,《山西师范大学学报(社会科学版)》2017年第3期,第5页。

有"大盛川""大德恒""玉川",是通州茶行中最大的3座,连同北关的"振兴""公祥"等一共8家。各茶庄都设茶栈,每年共批发去往华北、西北、东北乃至俄罗斯的茶叶达10万箱。①

通州张家湾地区的山西会馆碑刻资料,与明清以来山西商人的账册、书信、规程等资料相印证,能够确定当时这条商路不仅贸易量十分巨大,而且形成了商帮遵守的贸易规则。清乾隆三十一年(1766年)《通州湾立规碑记》明确记载茶叶到达通州的规则。②道光九年(1829年)《茶叶规程》记载茶叶抵达、离开张家湾的规则,规定"凡货船到(张家)湾,必许(须)系客船,方许轮帮。若止(只)有肆、伍家货搭别船来者,则卸栈,不得报信发车。务以本船到日,再为轮帮"。③发货采用车或者骆驼运输的形式,很显然是通过陆运,所以规定"凡发脚,勿论车驼,俱归柜上搭派分发。如本客自雇,或各口庙雇来之车驼,亦要归公"④。通州张家湾在这条商道上发挥了十分重要的作用,即水运和陆运中转站。据收藏于北京晋商博物馆的乾隆五十七年(1792年)《口到库伦商货册单》记载,由于从南方通州湾来的茶叶货物迟到,所以影响了张家口到库伦的茶叶贸易,出现了尚有若干茶箱未到的情况。孟伟甚至认为,到清代,张家湾几乎是"万里茶路"上唯一的茶叶专用码头。⑤

从通州到张家口的货物运输需要大量骆驼,因此在张家湾和通州形成了大型的骆驼店,每个店都有百头到数百头骆驼。在通州北关一带有18家

---

① 周良编著:《通州漕运》,文化艺术出版社,2004年7月,第177页。
② 孟伟:《北京通州张家湾山西会馆考略》,《山西大学学报(哲学社会科学版)》2017年第2期,第67页。
③ 手抄《道光九年茶叶规程》,原件藏于北京晋商博物馆,转引自孟伟:《北京通州张家湾山西会馆考略》,《山西大学学报(哲学社会科学版)》2017年第2期,第70页。
④ 手抄《道光九年茶叶规程》,原件藏于北京晋商博物馆,转引自孟伟:《北京通州张家湾山西会馆考略》,《山西大学学报(哲学社会科学版)》2017年第2期,第70页。
⑤ 孟伟:《北京通州张家湾山西会馆考略》,《山西大学学报(哲学社会科学版)》2017年第2期,第70页。

第一章　1860年前后的通州与世界

骆驼店，位于牛作坊、马厂、皇木厂、前窑、后窑等处，有天庆、乾元、德聚、太和、三和、德丰、通顺等号。①

通州到张家口外的贸易通道一直延续到清末。1900年，随八国联军侵华的法国军官毕耶尔·洛谛到达通州后，还见到大批张家口外的骆驼。他在书中这样记载："我们慢慢地靠了岸。在戴着橹楼的蜿蜒高墙的黑影下，逼着河岸，一列长长的帆船都系着缆。岸上拥挤的情景，约略是天津大沽的模样，只是多了成百的蹲在沙上的口外骆驼。"②可见，即使到清末社会动荡不安的年代，通州与口外的商业贸易仍然没有断绝。从目前的资料看，直到20世纪30年代，仍可见来往于通州与张家口之间的驼队。

三是从通州出山海关，到朝鲜半岛，形成了成熟的贡道。

明代十分重视对辽阳和开原等地的经营和管理，尤其是对连通东北地区及朝鲜半岛的驿路十分重视。明人蒋一葵在《长安客话》中记载："洪武四年（1371年），以都指挥使马云、叶旺率兵渡海，自金洲而抵辽阳，设定辽都卫，既而分设定辽左等五卫，并东宁卫，金复盖海四卫于沿边。已而改设都指挥使司而统属之。招降纳附，开拓疆宇。复于辽北分设沈阳、铁岭、三万、辽海四卫于开原等处，西抵山海，分设广宁及左右中卫，义州、宁远、广宁左右中前后五屯卫于沿边。星分棋布，塞冲据险，且守且耕，东逾鸭绿而控朝鲜，西接山海而拱京畿，南跨溟、渤而连青冀，北越辽河而亘沙漠。又东北至奴儿干涉海，有吉列迷诸种部落。东邻建州、海西、野人、女直并兀良哈三卫。"③京师通往东北地区、朝鲜半岛驿路的贯通，为朝鲜使臣朝贡提供了陆路交通的便利条件。

朝鲜位于东北亚，是中国近邻，与中国的关系源远流长。中国的明清时期，正值朝鲜历史上最后一个封建王朝——朝鲜王朝（1392—1910年）

---

① 周良编著：《通州漕运》，文化艺术出版社，2004年7月，第179页。
② ［法］毕耶尔·洛谛著，允若译：《撕裂北京的那一年》，九州出版社，2009年8月，第51页。
③ ［明］蒋一葵：《长安客话》卷七，《关镇杂记·古榆关》。

通州大变局（1860—1949）

时期。朝鲜王朝主要通过定期朝贡来维系与中国的宗藩关系。明初定都南京，朝鲜主要通过海路直接前往。明成祖迁都北京后，朝鲜使臣由陆路入京遂成定制。朝鲜使臣将其在华时的所见所闻著录成书，一般将明代的记闻称为《朝天录》，清代的记闻称为《燕行录》。韩国东国大学林基中教授将其编纂形成《燕行录全集》，为研究清代中朝文化交流提供了重要参考。

这一时期朝鲜使臣入京路线为：从九连城一路北上至辽阳，然后由此西行经过鞍山、牛家庄、沙岭、广宁、小凌河、沙河等驿入山海关，在经过抚宁、石门、渔阳、三河、通州等驿入京。明末清初，由于东北女真与明的战争，路线有所变化。清军入关后，朝鲜使臣行进路线基本沿袭了明代陆上朝贡路线。但是以康熙十八年（1679年）为界，略有变化。此前，他们使清路线是经过海州、盘山、山海关到达北京；① 此后，路线改为辽阳、盛京、广宁至山海关，再到北京。

通州是朝鲜使臣入京的最后一站，也是回程的第一站，因此对他们来说，通州具有独特的意义。使臣们到了通州，要办理入京前最后一道公文手续。如朝鲜使臣李廷龟在万历四十八年（1620年）出使北京，在日记中记载他于四月十二日到达通州，"往衙门讨得礼部印，颁通报一纸"。② 从这条记载看，礼部在通州设有办事机构，负责审核把关，待验证合格后，盖印表示可以进京，并颁发通报。然后由使臣将通报呈给礼部，从通州启程进京。并不是所有人都可以进京，有一部分要留在通州负责安排相关工作。嘉靖十六年（1537年），书状官丁焕随团出使北京，根据其在《朝天录》中的记载，他们来到通州"投宿廛肆中人家"，第二天，"圣节使通事金司监官

---

① 据徐东日在《朝鲜使臣眼中的中国形象——以〈燕行录〉〈朝天录〉为中心》（中华书局，2012年12月）考证，具体路线为：鸭绿江—镇江城（九连城）—汤站—栅门—凤凰城—镇东堡（薛刘站，朝鲜人称松站）—镇夷堡（通远堡）—连山关（鸦鹘关）—甜水站—辽东—沙河—鞍山—海州（海城市）—平家庄—沙岭—高平驿—盘山驿—闾阳驿—石山站（十三山）—小凌河—杏山驿—连山驿—宁远驿—曹庄—东关驿—沙河驿—前卫屯—高岭驿—山海关—深河驿—抚宁驿—永平府—七家岭—丰润县—玉田县—蓟州—三河县—通州—北京。

② ［韩］林基中主编：《燕行录全集》卷十一，《庚申燕行录》，韩国东国大学校出版部，2001年。

第一章 1860年前后的通州与世界

郑蕃等来谒",又过了一天,"早遣洪谦、李宝先往朝阳门呈报单于宫官之司察者"。① 由此可见,在通州,朝鲜方面安排有专门的工作人员。

从朝鲜使臣的记载看,在通州活动期间,使臣们或住潞河驿,或住旅馆,或投宿民家,并无定制。但潞河驿是他们公务活动的重要场所,也是与其他国家使臣交往的场所。如成化十七年(1481年),成俔一行在通州潞河驿遇见安南使臣,他们不仅互有交往,还写诗互赠。成俔写诗《通州驿馆次安南使韵》:

车书盛治喜遭逢,玉帛东南此会同。
宾馆笑谈何款款,驿亭车马忽匆匆。
他年魂梦青天外,此地情怀白日中。
莫向南楼作离别,潞河初涨夕晖红。②

安南使臣写诗回赠,其诗为《次安南使阮伟挺夫韵》:

玉节天南使,金台路上逢。
语因风土异,心共性天同。
喜接城南杜,还惭吴下蒙。
琼瑶携满袖,十袭以归东。③

由此可见,在当时,通州已是一个国际化程度较高的城市。

---

① [韩]林基中主编:《燕行录全集》卷三,《朝天录》,韩国东国大学校出版部,2001年。
② [韩]林基中主编:《燕行录全集》卷一,《辛丑朝天诗》,韩国东国大学校出版部,2001年。
③ [韩]林基中主编:《燕行录全集》卷一,《辛丑朝天诗》,韩国东国大学校出版部,2001年。

二、通州的漕运盛况

元代海运、河运并行,将南方粮食及其他物资运往京师。无论采用哪种方式,都要在通州转运。为了转运需要,朝廷在通州设有十三仓。[①]关于元代通州十三仓的规模和储存量,在《大元仓库记》中有记载:"乃积仓七十间,可储粮一十七万二千五百石;及秭仓七十间,可储粮一十七万五千石;富衍仓六十间,可储粮十五万石;庆丰仓七十间,可储粮十七万五千石;延丰仓六十间,可储粮十五万石;足食仓七十间,可储粮十七万五千石;广储仓八十间,可储粮二十万石;乐岁仓七十间,可储粮十七万五千石;盈止仓八十间,可储粮二十万石;富有仓一百间,可储粮二十五万石;南狄仓三间;德仁府仓二十间;林舍仓三间。"[②]共计756间,可以储存粮食182.25万石。

明成祖朱棣将都城迁往北京之后,江南漕粮输往北方,运输方式发生了一系列变革。永乐前期,因战乱等缘故,京杭大运河运输不畅,所以南粮北运多用海运。如永乐元年(1403年),"平江伯陈瑄总督海运粮四十九万二千六百三十七石,赴北京、辽东以备军储"[③]。从永乐元年到十一年(1413年),朝廷海运粮食的记录频频出现在《明太祖实录》中。永乐中期以后,京杭大运河成为南粮北运的主要途径。

郭守敬所凿通惠河"洪武中渐废"。[④]成化中,漕运总兵官杨茂言:"每

---

① 《元史》记载了具体十三仓的名称,还记录了各仓官员的品级和配置情况:"通州十三仓,秩正七品。有年仓、富有仓、广储仓、盈止仓、及秭仓、乃积仓、乐岁仓、庆丰仓、延丰仓,以上九仓各置监支纳一员、大使二员、副使二员,足食仓、富储仓、富衍仓、及衍仓,以上四仓,各置监支纳一员、大使二员、副使一员。"

② 佚名撰:《大元仓库记》,广文书局。此处南狄仓、德仁府仓、林舍仓规模太小,应不是漕仓,而是普通粮仓。但是在《大元仓库记》中无及衍仓、有年仓、富储仓规模和储存量的记载。

③ 《明太宗实录》卷二十二,永乐元年八月乙丑条。

④ 《明史》卷八十六,《志六十二·河渠四》。

第一章　1860年前后的通州与世界

岁自张家湾舍舟，车转至都下，雇值不赀。旧通惠河石闸尚存，深二尺许，修闸潴水，用小舟剥运便。"①可见，明初从张家湾到京城既有陆路也有水路，只不过因水浅，只能用小船，运力十分有限，只能主要依靠陆路运输。嘉靖七年（1528年），巡仓御史吴仲排除各种阻力，利用金代闸河故道，重新疏浚了通惠河，将通惠河口由张家湾移到通州城北，即现在通惠河入北运河的位置。②此举直接促进了通州城的进一步发展繁荣。隆庆二年（1568年），朝廷对通惠河进行了一次大修。万历后，多次将修浚通惠河提上日程，但是议而不决，没有落实到行动。

清代漕运制度在明代的基础上进一步规范。到清中期，随着海运技术的提高，加上运河治理不及时，朝廷逐渐尝试海运。太平天国运动爆发后，南方运河被农民起义军占领，从同治五年（1866年）开始，江苏、浙江都用海船走海路，运至天津大沽口。然后由顺天府通永道（驻通州城内）接驳海运，官方提供驳船，招募顺天府相关州县的百姓为船夫，将粮食运输到通州。史书记载："每拨米五十万石，分作十起转运，拨船一百六十只为一起。"③

那么，明清两代这条运河要运多少粮食呢？

据《明实录》记载，永乐八年（1410年），运达北京的税粮为201万石。此后，永乐一朝基本维持在200万石至257万石。而永乐十三年（1415年）高达646万石。宣德年间运送至北京的税粮数额波动较大。最低的是宣德元年（1426年），为239万石；最高是宣德七年（1432年），为674万石。

---

①　《明史》卷八十六，《志六十二·河渠四》。
②　元代郭守敬开凿通惠河引白浮泉诸水，到通州张家湾高丽庄入白河。《元史·河渠一·通惠河》对通惠河流经线路有明确记载：通州至大都河，改引浑水溉田，于旧闸河踪迹导清水，上自昌平县白浮村引神山泉，西折南转，过双塔、榆河、一亩、玉泉诸水，至西水门入都城，南汇为积水潭，东南出文明门，东至通州高丽庄入白河。总长一百六十四里一百四步。
③　[清]周家楣、缪荃孙等编纂：《（光绪）顺天府志》卷五十六，《经政志三·漕运》。

图 1-4：清末摊晒漕粮的情景
图片来源：《百年沧桑——通州历史图片汇编》（通州图书馆编）

  清代嘉庆前，每年平均在 400 万石左右。道光开始，逐渐减少至 300 万石，乃至 200 万石。自道光五年（1825 年）河海分漕以来，运到通州的漕粮数额：道光五年（1825 年）至三十年（1850 年），每年约 280 余万石；咸丰元年（1851 年）、二年（1852 年），各 220 余万石；咸丰三年（1853 年）至十一年（1861 年），约 110 余万石。① 同治以后，运量逐渐减少。

  漕船在大运河上行驶，一总帮船队有多长？这要看一总帮漕船的数量、漕船的长度，以及航行的队列编排情况了。以江安帮（江苏和安徽两省长江以北区域的漕帮）为例，根据咸丰《户部则例》资料，在咸丰元年（1851 年），江安粮道共有漕船 2561 只。按当时规制，每只漕船 71 尺（约 22 米）。若是单列排队前行，不计算前后船的空隙，连接起来达 56.3 千米，即便是双船并行，船队也长达 28 千米。一个总漕帮的船队在大运河上，浩浩荡荡几十千米，朝鲜学者朴趾源描述这种景象为"（潞河）舟楫之胜可敌长城之雄"，看来没有丝毫夸张。在清代，朝鲜使者往往将通州"舟楫之盛"，与

---

 ① ［清］周家楣、缪荃孙等编纂：《（光绪）顺天府志》卷五十六，《经政志三·漕运》。

第一章 1860年前后的通州与世界

"皇都之神丽""辽野之旷阔",并称为三大壮观景象。①

每年三月初一,第一批漕船山东德正帮漕船到达通州,这天对通州漕运来说是个盛大的节日,标志着一年的漕运就此开始。户部仓场侍郎、仓场总督、巡仓御史、坐粮厅厅丞等官员亲自主持祭坝神仪式。仓监督、坐粮厅各股吏役和经纪、车户、船户、斛头等和抵通第一批漕船的领运、官兵等,还有通州的各级官员齐聚祭祀拜神现场。普通民众也参与其中,并形成了通州一个独特的节日,即"开漕节"。各省漕粮运抵通州,在通州城东门外的运河上形成了通州八景之一——"万舟骈集"的景象。

三、明清时期通州漕运经济的繁荣

通州是漕运仓储之重地,地位独特,有"天子之外仓"的称谓。②明清两代历朝皇帝对通州仓的安全十分重视,通州城经过四次建设,逐渐发展成熟。③

明清时期,通州经济繁盛,商业尤其发达,与漕运兴盛的关系是十分密切的,可以说没有漕运的兴盛就没有通州经济的发达。杨行中在《(嘉靖)通州志略》中有言:"通州密迩京师,当东西南北之冲,水路要会,天下财货集焉。是以逐末者多,务本者少。"④清代亦如此,"走集之交,聚会之所;

---

① [韩]林基中主编:《燕行录全集》卷七十七,《入燕记·潞河漕船记》,韩国东国大学校出版部,2001年。

② [明]张岱:《石匮书》卷三十六,《漕运志》有"京仓天子之内仓也,通仓天子之外仓也,徐、淮、临、德仓,置外所,以备凶旱,防不虞也"的记载。

③ 本人在拙作《通州文脉》《中仓》等书中有详细论述。第一次是建旧城:徐达攻占通州后,洪武元年(1368年),裨将孙兴祖因旧址修筑。第二次是建新城:正统十四年(1449年)到景泰元年(1450年),为应对蒙古也先大军入侵,在紧急状态下进行的,在形制上不很讲究。直到成化年间,再次施工,使新城与旧城在形制上统一。第三次是新城连接旧城:这次工程主要是将新城加高,并与旧城连接起来。第四次是新旧城合二为一:乾隆三十年(1765年),总督方观承奏请朝廷重修通州城,拆掉旧城的西墙,将新城和旧城合二为一。至此,明清通州城形制最终被固定下来。

④ [明]杨行中:《(嘉靖)通州志略》卷一,《舆地志·景致》。

通州大变局（1860—1949）

习为商贾，勇于奔竞"。①漕运的兴盛促进了通州商业的繁盛。南来北往的商品云集通州，形成了东关商业区、闸桥商业区和鼓楼商业区。

东关商业区　在通州城东关地区，形成了粮食市、江米店、果子市、瓷器市场、鱼市等各类专业市场，专门进行批发和零售。永茂、永成、福聚、勇源四大碓房就在此商业区。该商业区十分繁华，不仅有岸上的商业市场，还有河上的流动商船停泊。

朝鲜使臣李宜显18世纪初曾两次出使北京。他在《庚子燕行杂识》中记录了通州东关商业区的繁盛景象："由东城而入，街路之上，往来行人及商胡之驱车乘马者，填街溢巷，肩摩毂击，市肆丰侈，杂货云委，处处旗榜，左右罗列，如绒裘皮靴、红帽子、画磁器、米谷、羊、猪、姜、胡葱、白菜、胡萝卜之属，或聚置廛上，或积在路边，车运担负，不可尽数。至如壕堑之深广，城壁之坚致，楼榭台观之壮丽，署宇仓厂之宏大，非如沈阳之比，真畿辅之襟喉，水陆之要会也。"②

闸桥商业区　据《（嘉靖）通州志略》记载，早在明代，在闸桥地区就有不少专业的商业市场。如在闸桥北为布缕市，在闸桥南为杂货市，在城中十字大街有牛市，杂粮市在牛市东。骡马市在杂粮市东小巷内。③到了清代，专业市场有一定变化，例如杂粮市由闸桥商业区转移到东关，形成了州东关集场，骡马市转移到南关药王庙前。④牛市仍然在州城中十字街，这是一处老市场，紧邻南大街回民集聚区，因地势较高，被称为牛市岗。到了清代，随着杂粮市、骡马市等大型市场的转移，闸桥商业区逐渐汇聚了一批高端商号，走高端路线。闸桥商业区的商号都有高大的门面，他们都十分重视门面的楹联。因为好的楹联既能提升文化气质和形象品位，也能进行有效的广告宣传。商家往往不惜重金，请学养深厚的学者撰联，并请

---

① 《（康熙）通州志》卷一，《封域志·风俗》。
② ［韩］林基中主编：《燕行录全集》卷三十五，韩国东国大学校出版部，2001年。
③ ［明］杨行中：《（嘉靖）通州志略》卷一，《舆地志·市集》。
④ ［清］高建勋等：《（光绪）通州志》卷一，《封域·市集》。

第一章　1860年前后的通州与世界

著名书法家书写。这些商号早已不复存在，但是他们商号楹联则保留了下来，所以商号的名称因楹联传世而被后人所知。①

鼓楼商业区　明代此处仅有米市（在钟鼓楼前）。②后来，在鼓楼前西街形成了鱼市。到了清中后期，南北果子市从州东门搬到鼓楼后。③逐渐形成了以鼓楼为中心，辐射南北大街的繁华商业区域。到了民国时期，此处经营范围更加多元，但是规模更小。主要有服装鞋袜店、水果干果店、糕点铺、药铺、煤店、漆店、颜料铺、书店等商铺。

除此以外，在通州城的南关、北关等地区也形成了专业市场，如柴市，最早在北门大街，明嘉靖时期迁至南门内大街，到清光绪年间，又迁往南门外石桥南。④又例如明清时期，猪市在南门外，清代中后期，骡马市在南关药王庙前。但是南关和北关的市场，规模相对较小。

不仅通州城区商业发达，周边市集发展得也非常成熟。尤其是张家湾地区，除了张家湾集场，还在张家湾南门外大石桥形成了几个分工明确的专业市场，分别为菜市、猪市、草市、骡马市。其他周边集市还有燕郊集场、宏仁桥集场、西仪集集场、漷城内集场、永乐店集场、马头店集场、牛堡屯集场、于家务集场。⑤

朝廷在通州设有多处征收税款的关榷。早在永乐年间，朝廷在通州张家湾设竹木局，征税比例"有二八、九一之额"，"桴筏至者，各列其材，板枋之多寡、长短、阔狭、厚薄之差等，以达之关司长。关司长据所差等，较勘虚实，而上之巡仓御史。御史据所陈报，而下之竹木局，使如例抽之"。⑥

---

① 杨家毅：《通州文脉》，北京人民出版社，2018年4月，第161—162页。
② ［明］杨行中：《（嘉靖）通州志略》卷一，《舆地志·市集》及《（光绪）通州志》卷一，《封域志·市集》。
③ ［清］高建勋等：《（光绪）通州志》卷一，《封域志·市集》。
④ ［明］杨行中：《（嘉靖）通州志略》卷一，《舆地志·市集》。
⑤ ［清］高建勋等：《（光绪）通州志》卷一，《封域志·市集》。
⑥ ［清］周家楣、缪荃孙等编纂：《（光绪）顺天府志》卷十一，《京师志十一·关榷》，引《日下旧闻考》。

通州大变局（1860—1949）

张家湾宣课司一年征收商税的额度为"正余银二千四百七十九两二钱，铜钱二百八十八万七千七百六十二文"。①

据史料记载，明王朝建立后，除了在全国各府州县广设税课司、局，征收商税之外，朱元璋还在沿江、沿河等交通和商贸要道设立权关，征收货税。从宣德时期开始，朝廷以大运河沿线水路要冲为主，设立钞关征收财税。宣德四年（1429年），"令南京至北京沿河潞县、临清州、济宁州、徐州、淮安府、扬州府、上新河客商辏集去处，设立钞关，差御史及户部官照钞法例，监收船料钞"。②正统十一年（1446年）后，潞县钞关移至河西务。③也就是说从宣德四年（1429年）到正统十一年（1446年），有近20年时间，朝廷在潞县设有钞关，对过往商船设卡收税。

正德年间，朝廷曾于张家湾设关榷，"商贾舟车微至担负，亦皆有税，中外怨之"。由于税负过重，商贾意见很大，万历初年，神宗皇帝命令取消通州的权关，"令商货进京者，河西务给红单，赴崇文门并纳……其不进京者，河西务只收正税，免条船二税"。④但是到万历二十四年（1596年），又恢复了在通州的税关。

明清时期，朝廷在通州设坐粮厅关，由通州坐粮厅兼管征税。在通州城及周边，设有税口。光绪年间，摊派给通州坐粮厅"税务正税银六千三百三十九两二钱六分，盈余银六千两。税口设通州四门、杨富店、洪仁桥、浮桥、张家湾、新河口、崔家楼、东岳庙南北鹅房征收税银，晏公桥只收粮税，水南设役巡查，其税课仍归新河口报纳"。⑤以上关榷直接归户部管

---

① ［清］周家楣、缪荃孙等编纂：《（光绪）顺天府志》卷十一，《京师志十一·关榷》，引《春明梦余录》。
② ［明］徐溥等纂，李东阳等校正：《（万历）大明会典》卷三十五，《户部二十二·课程四·钞关》。
③ 《（正德）大明会典》卷三十二，《户部十七·金科·库藏一·课程·事例·船料钞》。
④ ［清］周家楣、缪荃孙等编纂：《（光绪）顺天府志》卷十一，《京师志十一·关榷·前代关榷考》。
⑤ ［清］周家楣、缪荃孙等编纂：《（光绪）顺天府志》卷十一，《京师志十一·关榷》。

辖,税款为"国税",直接上交朝廷。除此以外,还有上交顺天府通永道的"地税","通永道税务额征木税银七千一百十五两有奇;盈余银三千九百两,遇闰加增五百九十二两九钱八分"。①

朝鲜使臣也记录下了他们眼中的通州盛景。停在运河岸边的商船十分壮观,道光年间,朝鲜使臣李遇骏到通州,所见"沿河而进,见巨舰累百只泊在岸下,上设彩阁,甚坚致,此乃江南商船"。②有一种从南方来的商船,上下两层,称为楼船,十分壮观。某使臣特意写下了《江南楼船记》,为今人留下了江南楼船的详细资料:"江南楼船,间间连舳,望之如画图中。东人初见,莫不叫奇,遂登船。船制极精致,设二层,下层载物,上层设

图1-5:航行在北运河上的运粮船
图片来源:《百年沧桑——通州历史图片汇编》(通州图书馆编)

---

① [清]周家楣、缪荃孙等编纂:《(光绪)顺天府志》卷十一,《京师志十一·关榷》。
② [韩]林基中主编:《燕行录全集》卷七十六,《梦游燕行录》,韩国东国大学校出版部,2001年。

门扉。入其中，四面开窗，窗皆贴琉璃。其中设椅桌、器玩、笔床、茶炉、名画、法书，板壁帘楹，皆涂丹腰，映水照耀。又有内室厨房馈莞，间架井井。"①这类楼船不是普通民船，不仅体量大，而且生活设施一应俱全，可以供一家人在上面生活。有人看准了"万舟骈集"的商机。由于船上以男性居多，常年在河上行走，难免潮气很重，所以对白酒的需求很大。运丁在船上，不能随意离开，便有人撑船载酒，在河上售卖，形成了特有的"酒船"。"又有酒船五六来泊。方开，沽买者云集。"②

这些船都来自哪些地方呢？燕行使对这个问题很感兴趣。有人就做了调查："盖众船相接，江上便成陆地，周行观览甚是便好。所到处问其所从来，则皆称江苏船，山东、江西、闽浙、广东、湖广、河南、云南船间颇有之。"③

乾隆年间，朝鲜使臣金士龙入燕，在《燕行录》中记载："（通州）仓廪之富，实甲于燕。盖天下漕运之船，云集江边。百官颁禄自此中辨出，而春夏之间，帆樯如束，连续十余里云。南城门楼高二层，匾曰新京左辅。初来时，晓色喜微，不能领略矣，今则详视城池之壮，人物之众，店坊车马之络绎，下于燕京，而似胜于沈阳。"④金景善在《燕辕直指》中也说："城周二十里，殷富瑰丽，胜于盛京、山海关。跨大街建两檐高楼，亦有一白塔，高耸云霄。"⑤甚至还有使臣认为通州的繁华与皇都不相上下，如清光绪年间出使燕京的柳厚祚就是其中一位，他在《燕行日记》中写道："入其城，左右市廛，饰以黄金。物货之盛，人物之繁，与皇城几为相等。"⑥

---

① ［韩］林基中主编：《燕行录全集》卷九十八，《燕纪程》，韩国东国大学校出版部，2001年。
② ［韩］林基中主编：《燕行录全集》卷八十一，《燕行录》（八），韩国东国大学校出版部，2001年。
③ ［韩］林基中主编：《燕行录全集》卷八十一，《燕行录》（八），韩国东国大学校出版部，2001年。
④ ［韩］林基中主编：《燕行录全集》卷七十四，《燕行录》，韩国东国大学校出版部，2001年。
⑤ ［韩］林基中主编：《燕行录全集》卷七十二，《燕辕直指》，韩国东国大学校出版部，2001年。
⑥ ［韩］林基中主编：《燕行录全集》卷七十五，《燕行日记》，韩国东国大学校出版部，2001年。

第一章　1860年前后的通州与世界

还有随行人员以诗歌的形式描述通州商业繁盛的景象。一名叫申聂的朝鲜使臣，曾写《通州盛时歌》（五首）：①

之一
通州自古盛繁华，扑地闾阎十万家。
日出市门堆锦绣，满城光艳绚朝霞。

之二
通衢遥接蓟门长，表里山河护帝乡。
日夜江南常转粟，百年红腐海陵仓。

之三
楼观参差飐锦标，绿杨低拂赤栏桥。
东南贾客纷相集，白日车尘涨碧霄。

之四
青山如黛水如天，粉堞周遭带晚烟。
日暮帆樯齐泊岸，胡姬争迓浙江船。

之五
旗亭百队夹途傍，处处游人典鷫鹴。
日暮歌钟喧四里，夜深灯火烂星光。

不仅如此，通州的夜市还非常有名，朝鲜使臣对此印象深刻，并兴致勃勃地体验一番。如清乾隆壬子年（1792年），金士龙一行禁不住"（通州）夜市繁华自古有名"的诱惑，"初更时，（从）共松园东谷行，出店门。市

---

① ［韩］林基中主编：《燕行录全集》卷二十二，《燕行录》，韩国东国大学校出版部，2001年。

卷七十七

料船中粧點如是工妙間他船所飾亦皆如此乎
對之者曰餘船皆此船所領而船制皆同屋中所
無與此比板底名為艙艎直寫穀物於其中矣近
漕米多以折銀代納故此船所領亦只五六艘云

通州夜市記

通州距皇城五十里南通潞河舟車之所湊集市廛
殷盛亞於皇城夜必張燈為市五色琉璃燈隨燈色
燃燭紗燈之方者圓者不一其形畫山水樓臺人物
草虫於紗面對對成雙列挂廛舖熀朗洞澈如同白
晝及英夷之亂通州先被其鋒特無搶掠焚燒故市

四-二〇七

图1-6：申锡愚在《入燕记》中的《通州夜市记》

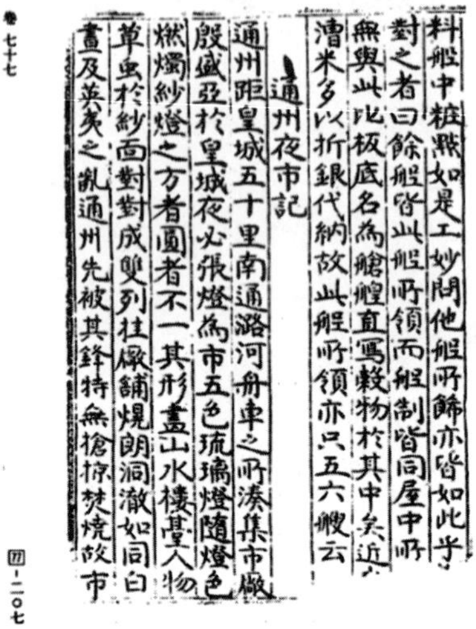

肆上下烛光照耀，开门迎客。有卖针者，有买茶者，有击钟诵经者，到处如是，可谓不寂寞。”[①]又如另一位朝鲜使臣姜时永记载了逛通州夜市的情形：“遂骑马由东门入城，从者于扇子店中买进一把扇，即所谓折叠扇……此时日已昏黄，路傍市肆栉比，金碧照耀，比沈阳不知几倍。而各铺各店张灯点蜡，一铺所燃，大约为数三十，而都是羊角灯，上下四旁通明如昼，无微不烛。夜亦交易，肩磨毂击而绝无喧哗，俗谓通州夜市者此也。未知成都、广陵比此何如，而此是两京通货水陆都会，故人殷物富，自尔如此。”[②]他们一行意犹未尽，待住宿安顿好后，又结伴继续逛通州夜市，有了更深入的体验：“夜与从者数三人便服出门，登所谓茶楼，店主泼茶以待，其味香洌，比他尤倍。楼左右积贮茶属，凡天下奇茗异芽无不存焉，可谓充栋汗牛矣。楼上即店主所居，文房四具，精洁清雅，座傍有《文文山集》。余抽阅数板而归。”[③]

在燕行使看来，通州老百姓的生活很有品位，室内布置很精致，还有花卉装扮，市容环境很典雅。使臣们这样记载：“行到通州城内，宿于陈姓人家，炕宇虽窄，颇精洁。”[④]“城外人家亦皆临水，茶房酒楼联带如画。城内花铺多蓄佳菊，其白者曰通州白，红者曰通州红。其余黄黑诸色，亦皆仿此。”[⑤]

---

① ［韩］林基中主编:《燕行录全集》卷七十四,《燕行录》，韩国东国大学校出版部,2001年。

② ［韩］林基中主编:《燕行录全集》卷七十三,《輶轩续录》，韩国东国大学校出版部,2001年。

③ ［韩］林基中主编:《燕行录全集》卷七十三,《輶轩续录》，韩国东国大学校出版部,2001年。

④ ［韩］林基中主编:《燕行录全集》卷六十一,《燕行日录》，韩国东国大学校出版部,2001年。

⑤ ［韩］林基中主编:《燕行录全集》卷七十二,《燕辕直指》，韩国东国大学校出版部,2001年。

四、明清时期通州文化的繁荣

明清时期,通州文教兴盛,在顺天府二十四州县中具有十分重要的地位。

教育十分繁荣兴盛。以书院为例,明代北京地区有八座民办书院,通州有四座,分别为通惠书院、杨行中书院、闻道书院、双鹤书院。① 清代,通州潞河书院延续近两百年,是通州名副其实的学术文化中心。

通惠书院建于明嘉靖二十七年(1548年),巡仓御史阮鹗主持创办于通州文庙右侧(西),为准备科考的士子们讲学之所。创办者阮鹗(1509—1567),桐城(今安徽省桐城市)人,既是官员,也是学者。少时好阳明心学,著有《礼要乐则》二卷、《枫山章文懿公年谱》二卷。嘉靖二十七年(1548年)九月,阮鹗到通州粮仓视察,首先到了文庙,拜谒先圣。"既毕,升堂开讲,闻诸生肄业无所,慨然念之,就学宫右地大为创辟。既成,名曰通惠书院。以地迩通惠河,且其河为督仓察院所经理者也。"②

杨行中书院为嘉靖时期都察院右佥都御史、通州乡贤杨行中在嘉靖末年创办,位于通州旧城水月庵。关于该书院的史料十分缺乏,在《(乾隆)通州志》有简单记载:"水月庵,一在州城东北隅,明为州绅杨行中书院。行中孙世扬舍作佛地。"③ 从这条史料可知,杨行中书院存在时间不长,其孙杨世扬把书院改为佛地,将杨行中书院改建为水月庵。

闻道书院由通州乡贤马经纶于万历十九年(1591年)创办。马经纶去世后,"门人私谥闻道先生"。④ 因此,该书院被称为"马闻道书院"。马经纶生前,此书院为何名称,不得而知。马经纶,顺天通州人。他从小就聪明好学,性格直爽。万历十七年(1589年)至万历二十二年(1594年)任肥城知县,官声颇佳。万历二十二年(1594年),经州府、司道、吏部层

---

① 赵连稳:《北京书院史》,研究出版社,2014年12月,第56页。
② [明]杨行中:《通惠书院记》,《(光绪)通州志》卷十,《艺文·记》。
③ 《(乾隆)通州志》卷二,《建置·寺观庵堂》。
④ 《明史》卷一百二十二,《列传第十·马经纶》。

层考选，以才、守俱优，入朝进都察院任河南道监察御史，在当御史期间，因言获罪，被贬为民。万历二十九年（1601年），他将好友李卓吾接到自己家中，共同研究《易经》，帮助李卓吾完成《九正易因》。《明史》为其立传，入祀通州文庙乡贤祠。马经纶去世后，闻道书院由其子马健顺维持经营了一段时间。

双鹤书院位于张家湾城内，由李三才创办。万历三十九年（1611年），李三才因反对明神宗所派太监充当矿监税使而获"罪"，回到家乡讲学授徒，在自家双鹤轩内创办书院，因名双鹤书院。《天府广记》对双鹤书院有简单记载："双鹤书院在通州张家湾城内，万历中淮抚李三才建。"①

潞河书院建于清康熙五十九年（1720年）。仓场总督张仪朝、知州朱英，在通州旧城西门内主持创办了潞河书院，后来多次移址，但是一直弦歌不绝，延续到清末。②

图1-7：潞河书院匾
图片来源：《百年沧桑——通州历史图片汇编》（通州图书馆编）

由于通州教育发达，朝廷在通州设贡院，用来承担顺天府部分科考的功能。通州贡院起初是明代监察御史到通州巡视的临时驻所，也被称为察院，后来改为试院。通州贡院不仅是小考（县考、府考、院考）试院，而且是顺天府乡试试院。根据明清科考制度，乡试为全省考试，应该在省城所在地考试。直隶省都应该在省城保定考试，鉴于顺天府所属州县距离保

---

① 《天府广记》（上）卷三，《书院》。
② 杨家毅：《通州文脉》，北京人民出版社，2018年4月，第268—277页。

第一章　1860年前后的通州与世界

定太远,规定顺天府除大兴和宛平两京县之外,其他二十二州县的秀才都在通州参加乡试。考中者称为举人,可以参加在京城举办的会试。

为确保考试顺利进行,从乾隆三十八年(1773年)开始,"每逢考试之前,先于通永、霸昌二道,库贮棚建项下,藉拨银两应用,再按大中小治提解归款。岁试摊银八百二十五两,科试摊银六百二十两"。① 如果需要大修,另行摊派银两。

据文史专家统计,金元明清四代,通州有贡监生1497名,文武进士175人,文武举人688人。②

志书编修　与教育繁盛相伴随的是,通州人十分重视史志编修。从目前的史料看,通州史志编修始于明初。明初编有《通州图志》,后又有永乐年间修纂的《通州志》。③ 弘治年间,"州人周通曾创为稿,所具皆当今之事"④。很可惜这三部志书都没有留下来。明万历年间(1573—1620年),张祥、徐玠、魏之幹、艾友芝等分别纂修《潞县志》,卷不详,均佚。清康熙十三年(1674年),通州知州阎兴邦主持,周士仪等增修明《通州志略》,得稿13本,卷目不详,未刊刻,已佚。明清时期,流传下来的通州志书,明代3部、清代5部。⑤

除了嘉靖《通州志略》、康熙《通州志》、雍正《通州志》、乾隆《通州志》、光绪《通州志》等地方志书外,还有一些独具特色的志书,如由明万历年间户部郎中周之翰编撰的《通粮厅志》,全十二卷,该志资料主要来自《大明会典》《户部会计录》《太仓考》《议单》《漕乘》《大明律》《大明官制》《宪章录》《皇明大政纪》《大明一统志》《方舆胜览》《皇舆考》《衍义补》《文献通考》《续文献通考》《元史》《通州志略》《通惠河志》《密昌二镇漕河志》

---

① 《(光绪)通州志》卷二,《建置·试院》。
② 通州区地方志编纂委员会:《通县志》,北京出版社,2003年11月,第630页。
③ [清]周家楣、缪荃孙等编纂:《(光绪)顺天府志》,《艺文志》。
④ [明]杨行中:《(嘉靖)通州志略》,《凡例》。
⑤ 杨家毅:《通州文脉》,北京人民出版社,2018年4月,第219—227页。

《河防一览》《司农奏议》,以及各署建置题名碑记,还有通粮厅并通州参府各衙门文卷。①有些资料,至今颇为罕见。

文史学术研究繁荣活跃　自古文史不分家,明清时期,通州文人辈出,文史方面的成果丰硕,作品可谓汗牛充栋。这其中的代表人物,明代通州漷县人岳正,著有《深衣纂误》《类博稿》《类博杂言》等。通州张家湾人李三才,官至工部尚书,著有《无自欺堂稿》《双鹤轩诗集》《诚耻录》等。通州乡贤杨行中之孙杨世扬,著有《妪解集》《潞河之什》《东郊风雅集》《瘿瓢记》等。清乾隆朝任国史馆纂修的王大鹤,著有《爱吾庐集》《思存集》《啸笠山房诗》等。

明清时期,通州可谓精英荟萃,为通州文学、学术发展起到不可估量的作用。如明代著名思想家、泰州学派代表人李贽,曾寓居在通州乡贤马经纶家中,著书讲学,并长眠于通州。清初颜李学派的代表人物李塨及其弟子臧琳曾任通州学正,主管通州地区的文化教育,对通州思想学术的发展,尤其是经学的研究,有很大的影响。清代著名学者朱彝尊,康熙年间曾作为潞河通永道佥事龚佳育的幕僚,居住在通州,与当时很多名士都有交游,带动了通州史学研究的发展。

通州文化繁荣还有一个表现,就是明清时期,在通州出现了不少文化世家,尤其是在史学、经学、艺术等方面都出现了代表家族,体现了通州最高学术水平。

史学方面,出现了以刘锡信家族为代表的史学世家。刘锡信的先祖"明世自绍兴徙为通州人",从其曾祖父刘乂国开始,其名出现在《通州志》中,家族逐渐发达。其祖父刘文灿"性孝友,尤勇于义",但是"屡应乡试不第"。②其父刘埙考中举人,并官至陕西三水知县。经过几代的积累,到刘锡信这一代,刘氏家族子嗣众多,而且出现了刘锡信、刘锡嘏等在史学方

---

①　[明]周之翰撰:《通粮厅志》,《纂辑诸书》。
②　《(光绪)通州志》卷八,《人物·乡贤》。

面很有影响的人物。

刘锡信，榜名锡侯，字桐村。乾隆三十年（1765年）考中举人，后曾出任山东即墨知县。在从政之余，刘锡信精于史学考证，著有《潞城考古录》《历代讳名考》《煮石山房存稿》《菱溪笔记》等。《潞城考古录》是刘锡信的代表作，对研究通州历史具有十分重要的价值。乾隆时期《四库全书》纂修官、《日下旧闻考》总纂之一的朱筠赏识其学问，称其为"北方第一学者"。① 刘锡信从弟刘锡嘏，字纯斋，号拙存。乾隆三十四年（1769年）中进士，选翰林院庶吉士，散馆授编修，任《四库全书》翰林院提调官。刘锡嘏官至淮徐道，后因故辞官，云游各地，交游甚广。刘锡嘏史学功底深厚，而且通晓满文。在任《四库全书》提调官时，负责校勘辽、金、元三史，并嗣奉旨校正《明史》。据同僚们记载，"四库全书暨辽、金、元、明四史，正在赶办，该员实系得力之员"②。刘锡嘏为官之余，在文学、史学、书画方面都有一定成绩，画梅笔墨苍秀，尤精书法，著《十砚斋集》《快晴小筑词》等著作。刘氏家族人才辈出，除了刘锡信、刘锡嘏两位杰出代表外，《通州志》等志书还记载了其他十余位人物，其祖父辈有刘文灿、刘文熙、刘文炳、刘文燨，其父辈有刘均、刘塓、刘坤、刘筠、刘圭、刘圻、刘坊，其同辈有刘锡名、刘锡庄、刘锡畴、刘锡方、刘锡麟、刘锡恭、刘锡辂、刘锡熊、刘锡瑞、刘锡福等，都有一定学术造诣，且有作品传世。

经学方面，出现了以雷学淇家族为代表的以研究经学而著名的学术家族。雷学淇家族从其祖父雷开基那一代开始，家族渐渐发达，为家族的显赫奠定了基础。其父雷镈从小就聪颖好学，为乾隆二十七年（1762年）举人，曾任江西省崇仁县知县，清正廉明，政绩卓著。乾隆四十八年（1783年），他担任抚州府乡试同考官，协同主考或总裁阅卷，"所取多名士"③。

---

① 刘锡信：《潞城考古录》（卷下），北京联合出版公司，2017年9月，第32页。
② 舒赫德等：《奏请仍将刘锡嘏留翰林院办事校书折》，《纂修四库全书档案》（三一一）。
③ 《（光绪）通州志》卷八，《人物·文学》。

他自己也十分重视对子女的教育,他的10个儿子都通过科举考取了功名。①雷氏父子在为官之余,都十分重视学术研究,尤其是对经学的研究,广为世人称道。雷镈本人著有《古经服纬》,是一本专门从礼制角度考证古代服饰的著作。②长子雷学海、次子雷学淦、三子雷学淇、四子雷学涛均有学术专著存世。尤其是雷学淇在经学研究方面卓有成就,被收入《清儒学案》。雷学淇为嘉庆十九年(1814年)进士,先后在山西、贵州等省任知县,颇有政绩。雷学淇深得其父经学研究的真传,并发扬光大。他除了校注其父著作《古经服纬》外,还著有《竹书纪年考》《纪年义证》《古今天象考》《夏小正经传考》《夏小正本义》《亦嚣嚣斋经义考》等,可谓著作等身。雷学涛的儿子雷树墉也继承了家学,为官之余,十分重视对经学研究,还成立了研经室对学术研究作品进行刊刻。③

在艺术方面,也出现了延续几百年的家族。以书画艺术书鉴赏收藏为例,出现了李玉棻家族。李玉棻先祖为江苏常州人,随明永乐皇帝北征,因为军功入籍通州。先祖到通州后延续到第七代,家族出了一个叫李国泰的人。此人在《通州志》上有记载,字仲开,号敬隍,"幼颖敏嗜学""七岁能文"。④当时通州乡贤、闻道书院创始人,也是著名思想家李贽好友的马经纶十分赏识李国泰的文才,让儿子马健顺与之结为好友。李国泰考中举人后,曾任山东省金乡县知县,为官清正,家风醇厚,子嗣绵延。自李国

---

① 据《(光绪)通州志》记载,10个儿子中,有2名考中进士,6名考中举人,2名到北京国子监学习后,也考取了功名。1名选拔入国子监秀才。

② 雷镈认为自古帝王统治天下,莫不立威严,明礼制,上下有别,天下各安其分,服饰等级分明尤甚。但是到汉代,服饰等级制被破坏,雷镈感慨古今礼制日坏,希有所发扬,故作《古经服纬》三卷,悉举古经三文,为之条理疏通,起于冕弁,以及服制之等,终于丧服之制,原原本本,为之说明。

③ 根据雷学涛的著作《学蚓集》(清同治二年雷树墉研经室刻本),可见雷树墉研经室是一个对经学研究成果进行刊刻、印刷、推广的机构。

④ 见《(光绪)通州志》(卷八,《人物·文学》)和明大理寺左寺副李敬隍墓志(现藏通州区博物馆)。

第一章　1860年前后的通州与世界

泰传到第四代，出了李遇春（字自东）和李逢春兄弟俩。李遇春热心慈善事业，不仅自己钻研书法，还喜欢收藏。他有三个儿子，其中有两个儿子李如珪（号梅坡）、李如瑗（号松崖）继承了收藏艺术品的嗜好。李逢春是否爱好收藏，不得而知，但是其后代李翰文不仅对书法艺术、经学有很深研究，而且是当时的大收藏家。李翰文，字墨缘，号西园，"少颖悟，癖于书籍"，开班授课，"一时，知名士多出门下"。①

李玉棻是李翰文之后，号均湖，不仅是享誉一时的大收藏家，也是在清代书画史上占有一席之地的大鉴赏家，著有《瓯钵罗室过目考》。全书共收清代书家、画家近千人，大致以时间先后为序，各撰小传，一家同擅书画或师承密切者附为一传。叙述字号、籍里、官秩、著作及书画专长，并记载自藏及友人所藏书画名目。作者编辑此书前后达30年之久，辑录资料较丰富，在史料方面，尤其是艺术史方面，具有很高的价值。

中外文化交流　明清时期，东亚地区不少国家和地区，如朝鲜、日本、琉球、安南等，对中华文化十分推崇。尤其是当时的朝鲜，自称"小中华"。朝鲜使臣到北京朝贡，十分注重学习中华文化，并通过各种途径带走不少文献典籍。北京琉璃厂是使臣们搜罗文献的重要场所，通州也就成为朝鲜使臣引进中国文化典籍的中转站。

据王振忠教授考证，乾隆朝在北京琉璃厂与江南各地，存在着图书流通的网络。将中朝各类文献综合考察，清晰地勾勒出中国汉籍流播的一个重要流向轨迹：江南藏书家—湖州书贾船只（经运河）—通州张家湾—北京琉璃厂—朝鲜。②可见通州在中外文化交流中的重要地位。

《入燕记》记载，朝鲜使臣李德懋有一次前往琉璃厂，发现"陶氏所藏，

---

① 《（光绪）通州志》卷八，《人物·文学》。
② 王振忠：《朝鲜燕行使者所见十八世纪之盛清社会——以李德懋的〈入燕记〉为例（下）》，《韩国研究论丛》，2012年8月。

尤为大家"。陶氏就是著名的"五柳居"书商陶庭学。①乾隆三十八年（1773年）开四库馆，因陶氏擅长版本鉴定，负责《四库全书》纂修的朱筠推荐他到京师为四库馆鉴别并搜访异书秘本。陶庭学与儿子陶蕴辉遂一起进京，在琉璃厂开张"五柳居"书肆。②据《入燕记》记载，陶氏自称有书船从江南来，泊于通州张家湾，运抵北京的书籍多达4000余卷。③可见，北京的书市与南方各地的出版印刷业有着密切的关系。以"五柳居"为例，其不仅在张家湾泊有书船，在通州城内有图书销售网络，并开展送书上门的业务。李德懋在《入燕记》中记载，自己在"五柳居"订购了大量图书，离京路过通州时，"五柳居陶生使其戚人，袁姓。载书装所购书于车，追及通州"④。

通州因"漕运通济"而得名，也因漕运而兴盛。但是到清中叶以后，随着漕运逐渐积重难返，再加上西方列强的觊觎，繁华的通州已经隐藏着致命的问题，后来的衰败也成为历史的必然。

第二节　1860年：关乎国运的八里桥之战

在人类历史上，爆发了数不清的战争，即使是近代以来，放在中国人反抗外敌入侵的无数次斗争中，八里桥之战似乎也没有什么特别之处。但是从文明、制度的层面看，这次战斗具有特殊的意义。这次战斗既可以看作是经历了工业文明洗礼的欧美列强与仍处于农业文明的清王朝的直接冲突，也可以看作是资本主义制度下的军队与封建主义制度下的军队的对抗。

---

① 其人原籍浙江乌程县（今属湖州），自其祖父移居姑苏，遂占籍于苏州。因姓陶，遂以五柳先生陶潜后裔自况，在苏州开"五柳居"。

② 关于五柳居陶氏的详细情况，参见瞿冕良《试论陶庭学父子及其与黄丕烈的关系》，载《苏州大学学报》1995年第1期。

③ 王振忠：《朝鲜燕行使者所见十八世纪之盛清社会——以李德懋的〈入燕记〉为例（下）》，《韩国研究论丛》，2012年8月。

④ ［韩］林基中主编：《燕行录全集》卷五十七，《入燕记》（上），韩国东国大学校出版部，2001年。

第一章　1860年前后的通州与世界

英法联军当时已经经历过拿破仑战争和克里米亚战争中的锤炼，兵员是义务兵役制加职业军官团，装备的是配备刺刀的前膛燧发枪和滑膛炮，部分还装备了刚刚发明不久最新的线膛火炮和线膛步枪。而八旗军是以冷热兵器混用为主的步骑混合军队，绿营军装备的是少数进口和仿制的旧式滑膛枪、自制的本国鸟铳、抬枪、抬炮、劈山炮和大刀、长矛等冷兵器。

尝到第一次鸦片战争的甜头后，英法殖民者在寻找新的时机侵略中国。克里米亚战争后，欧洲战场上的英、法军队便准备发动侵华战争，并很快找到了各自所需要的借口——"马神父事件"与"亚罗号事件"。由于清政府软弱无能，在对外战争中节节败退。从咸丰六年（1856年）开始，英法联军先后侵占了广州、上海，然后北上，控制了天津，并与清政府签订了《天津条约》。但英法侵略军并不满足，于咸丰九年五月二十五日（1859年6月25日），向大沽炮台突然发动进攻。让他们没想到的是，清军英勇抵抗，开炮反击，击沉击伤敌舰10艘，毙伤敌军近500人，英法联军惨遭失败，这也是鸦片战争以来，清军唯一一次的胜利。消息传到欧洲，英、法两国政府叫嚣着要对中国"实行大规模的报复"。

1860年2月，英、法两国分别任命额尔金和葛罗为全权代表，并分别任命格兰特（Hone Grant）和孟托邦（Montauban）为侵华军司令。同时，英国军舰及运输船173艘、军队近20000人，法国军舰32艘、军队7000余人陆续开到中国。

咸丰十年七月初五（1860年8月21日），侵略军侵占天津后继续向北推进。由于当时中国的南方爆发了太平天国起义，清政府无法将有战斗力的绿营和湘军、淮军调往北方卫戍北京。同时，由于当时太平军派出的一支北伐部队逼近山东、直隶，清政府只得紧急调集了八旗中最后能征善战的力量，即由扎萨克多罗郡王僧格林沁率领的近2万蒙古骑兵入卫京畿。①

清政府没能够利用北运河的军事防御功能，反而是西方列强将军舰开

---

① 戴逸主编：《中国近代史通鉴》（第一卷，鸦片战争），红旗出版社，1997年7月，第430页。

进渤海,突破大沽防线后占领天津,沿北运河水路直逼通州,然后进攻北京城。守将僧格林沁率大军在张家湾、通州、八里桥、北京城一线,沿途设防。面对沿河而上的英法军舰,守军的防御方式只是在河道中打木桩。随联军进犯的英国人芮尼记载了清军在张家湾城外的运河上布防的情况:

> 过了张家湾不远,我们发现河道上有许多木桩拦着,只留出一个狭窄的通道让船只行驶。这是僧格林沁防线的一部分。再顺流几里路之后,我们到了第二道木桩防线。在这防线的出入口,有人拦了一条绳,收了钱(大约是几元钱)才让船通过。情况似乎是附近一个村的农民曾参与浚通这个防线的河道,因此要求做些补偿。船夫告诉我们政府每年拨出金钱维修和开浚河道,但只有很少的一部分花在这个用途上,大部分的钱都是中饱官员的私囊。摩尔根先生提到僧格林沁建造这些防卫,必定用去许多金钱。一个船夫回答他:"是的,金额是很大的,但这是百姓的钱。钱来自政府对百姓的征税。"①

清代中后期,西方列强用坚船利炮打开了清王朝的国门,看到了北运河连接北京与渤海湾的军事价值,对清政府没有重视北运河军事防御感到很不解。同治十年(1871年),苏格兰人约翰·汤姆逊从烟台抵达大沽口,然后乘船由北运河到通州。在天津大沽,他写道:

> 我们再次搭乘汽船去天津,一段穿越渤海湾的短短的航行将我们带到白河口,在这里我参观了著名的大沽炮台,它镇守着白河的入口……那里的炮台、大炮和驻军看起来都很不正规。当然出现这种状况并不是没有原因,毕竟这是一条通达首都的河流,正常情况下应该

---

① [英]芮尼著,李绍明译:《北京与北京人》,国家图书馆出版社,2008年12月,第462页。

第一章　1860年前后的通州与世界

是重兵防守的。①

英法联军沿着北运河，继续往北，向北京进犯。咸丰帝急派大学士桂良为钦差大臣到达天津，会同直隶总督恒福向英、法侵略者谈判乞和。但双方谈判时，侵略者又增加新的条件，如天津开埠，赔款各八百万两白银。此外法国又提出保护天主教，允许华工出口等，英、法侵略者还要求各带侍卫一千人进京换约，并另派数十人先期去北京观看沿途及北京的住处。并要求咸丰撤退驻守通州一带的军队。

以上逼降条件中，带兵进京一项最使咸丰皇帝感到不安，担心外兵进京后，直接危及朝廷安全。因此命令桂良等不得签字，坚持先退兵，后订约。七月二十二日（9月7日），额尔金和葛罗照会桂良，以桂良无画押之权停止谈判，并带兵前往通州，以便与有画押之权的大臣进行谈判。英法联军随即直趋通州。在这种情况下，清政府几次照会额尔金，要求他停止前进，但额尔金予以拒绝。

七月二十四日（9月9日），咸丰帝派怡亲王载垣、兵部尚书穆荫与英法联军谈判。载垣起初还试图让联军退回天津再开始谈判，但是遭到联军的拒绝。七月二十七日（9月12日），载垣再次照会英法特使，称"择一适中之地商办，亦属可行。或在河西务，或在安平，应由贵大臣择定照复"。接此照会后，额尔金决定先停止进军，并派巴夏礼和威妥玛去通州会见钦差大臣载垣。②

英法联军谈判代表巴夏礼和威妥玛于两日后的中午到达通州，下午4点前往东门外东岳庙与怡亲王载垣、兵部尚书穆荫谈判。关于这次谈判，斯温霍在《1860年华北战役纪要》中有这样的记述："威妥玛先生这样描述怡

---

① ［英］约翰·汤姆逊著，徐家宁译：《中国与中国人影像：约翰·汤姆逊记录的晚清帝国》，广西师范大学出版社，2012年11月，第464页。

② 中国史学会主编：《中国近代史资料丛刊：第二次鸦片战争（五）》，上海人民出版社，1978年7月。

亲王载垣和他的帮办大臣：'前者身材魁梧，气质高贵，一副精明的样子，但是眼神让人有些不悦。兵部尚书穆荫处世更为柔和、圆滑，但是也很精明。两人都非常客气，亲王更是如此，既不谦卑也不友好。'亲王证实了自己具有行使全权特使的权力之后，领事给了他一份条约……我方代表提醒他看条约时，他几乎对条约规定的每一款都提出了异议。整个谈话是在友好的气氛中进行的……"①经过了8个多小时的谈判，双方达成协议：联军止于张家湾以南五里的地方，额尔金由1000人护卫到通州签约，然后继续前进到北京交换《天津条约》的批准书。

眼见和平在即，谁知八月初三（9月17日）风云突变。这一天，巴夏礼等人再次来到通州。谈判双方对其他一切安排细节都达成了共识，只是清政府代表对额尔金到北京向咸丰皇帝面呈英国女王签订的国书一项表示极力反对。载垣等认为谈判没有这一项，英法方不应在协议达成后再提新要求。而巴夏礼则认为亲递国书是国际惯例，没必要列入谈判。

翌日早晨，巴夏礼再次会见清政府代表，仍要求亲递国书。载垣认为"此事关系国体，万难允许"。联军向在张家湾附近的清军开火，战事又起。载垣立即通知驻守在附近的僧格林沁，派兵截拿巴夏礼等人。

通州谈判全面破裂，战斗一触即发。清军与英法联军在通州爆发了后来被历史学家称为"八里桥之战"的战斗。当时，清军在通州进行了周密的部署：僧格林沁的督师行营，设在通州与张家湾之间的郭家坟。由他统领的马步兵17000人，驻守于张家湾至八里桥一线。副都统格绷额率领马队3000人驻守于张家湾的东面和南面。署直隶提督成保率绿营兵4000人防守通州。原驻防通州的礼部尚书瑞麟所统京营万余人及副都统伊勒东阿率领的马步兵4000人防守八里桥，作为僧格林沁军的后援。此外又派驻张家湾西南2000余人，以防敌军直接西进，绕道趋京。又由副都统胜保统率京营

---

① ［英］斯温霍著，邹文华译：《1860年华北战役纪要》，中西书局，2011年1月，第125—126页。

第一章　1860年前后的通州与世界

5000人驻守齐化门（今朝阳门）以东的定福庄，以便增援僧、瑞军，保卫京师。①

八月初四（9月18日），英法联军向张家湾阵地发起攻击，并占领张家湾。僧格林沁率部退守八里桥，驻守通州的绿营兵也随僧军撤走，以期在八里桥重新布防，挡住联军西进之路。英法联军占据张家湾后，逼近通州城。

在这危急存亡之际，通州十万军民同仇敌忾。在此之前，鉴于"贼氛逼近天津"，从咸丰三年（1853年）开始，朝廷在通州一方面兴办团练，一方面对年久失修的通州城进行大规模修缮。当时，"通州城垣周围计长二千七百余丈，现通计里外城身倒塌一千一百余丈，已至十分之四"，"即敌楼门扇亦有损坏"。②外敌迫近，城防虚弱，城墙修缮迫在眉睫，通州官民上下同心，克服了资金缺乏、物料不足两个方面的困难，迅速对通州城进行了加固修缮。通州州府衙门和驻通各衙门，如通永道、东路厅、坐粮厅等官员带头捐俸，开明士绅也踊跃捐款，"所有脚价、工料等项，共用京钱四万二千六百四十九吊"，至工程结束，捐银"京钱六万三千八百九十八吊"，除支付工程所需款项后，"尚盈余京钱两万一千二百四十九吊"。③修缮城墙合计共用"整砖三十六万六百三十八块"，主要动用北塘炮台存砖"四万七千二百四十四块"和"中仓、西仓旧廒碎砖合整砖三十六万六百三十八块"。④

面对强敌入侵，通州知州萧履中一面派出德高望重的士绅毛毓璘、林长龄等人组成代表团与侵略军谈判，另一面招募兵丁，发放口粮，令兵勇

---

① 戴逸主编：《中国近代史通鉴》（第一卷，鸦片战争），红旗出版社，1997年7月，第421页。
② 《遵旨修理通州城垣择要粘补以资防御恭折》，《通州方志集成》（第12册），《（光绪）续修通州志》，《艺文志》，北京联合出版公司，2017年6月，第35、36页。
③ 《通州城工捐修完竣谨将办理情形据实奏闻》，《通州方志集成》（第12册），《（光绪）续修通州志》，《艺文志》，北京联合出版公司，2017年6月，第52页。
④ 《通州城工捐修完竣谨将办理情形据实奏闻》，《通州方志集成》（第12册），《（光绪）续修通州志》，《艺文志》，北京联合出版公司，2017年6月，第52页。

在城墙、中仓、西仓、土坝、石坝等要害地段日夜巡逻。鉴于通州的情势，联军主要目的是京师，所以联军主力没在通州城纠缠。他们在通州城外休整，于八月初七（9月21日）凌晨4时，向八里桥方向推进。上午7时，英法联军分东、西、南三路对八里桥守军发起攻击。东路为雅曼指挥的法军第一旅，西路为格兰特直接指挥的英军。南路担负着主攻八里桥的重任，是科林诺指挥的法军第二旅。

僧格林沁亲临前线，指挥蒙古马队穿插于敌人的南路与西路之间，试图从中分开敌军。由于胜保所部败退，只是与西路敌军进行激战，因此，僧格林沁指挥蒙古马队分割敌人阵势的计划未能实现。八里桥之战从早上7时打到正午时刻，战斗十分激烈。

图1-8：八里桥之战铜版画
图片来源：《百年沧桑——通州历史图片汇编》（通州图书馆编）

中午时分，英法联军占领了八里桥附近的几处战略要地。至此，八里桥保卫战以清军的失败而告结束。八里桥失守后，京师东大门被打开，联军直逼北京，咸丰皇帝携宫眷、重臣从圆明园逃到热河"木兰秋狩"。英法联军攻入北京，火烧圆明园。10月，清王朝被迫签订了丧权辱国的《北京条约》，华夏大地进一步沦为半殖民地半封建社会。

第一章 1860年前后的通州与世界

八里桥之战是清王朝军队最后一次与西方列强大规模正面军事交锋。战斗以清军失败告终,但是中国人民和军人在战斗中所表现出保家卫国的意志和决心足以彪炳史册。法国远征军中尉保罗·德拉格朗热(Paul Delagrange)在《第2轻步兵旅》(巴黎,1889年)中对清军骑兵有这样的描述:"炮弹和子弹无法彻底消灭他们,骑兵们似乎是从灰烬中重生。他们如此顽强,以至于一时间会拼命地冲到距大炮只有30米远的地方。我们大炮持续和反复地排射,炮弹于他们的左右飞驰,他们在炮火中倒下了。"瓦兰·保罗在《远征中国》中记载:"中国人和以勇气与镇定著称的鞑靼人在战斗的最后阶段表现得尤为出色。一些皇帝的禁卫军,身着引人注目的黑边黄袍在我们大炮的交叉火力下跑遍全桥,并且在枪林弹雨下挥舞着旗帜以鼓舞中国步兵的斗志。他们中没有一个后退,全都以身殉职。"①

第三节 后1860年:清王朝双重危机下的通州

第二次鸦片战争使中国进一步沦为半殖民地半封建社会,清王朝内外交困,危机进一步加深。对通州而言,战争的影响更加直接、深刻、全面。一方面,由于战争的创伤,使得通州损失惨重;另一方面,由于战争使清王朝更加虚弱,国家治理能力下降,导致维系经济命脉的漕运系统不能顺利运转,对因漕运而兴盛的通州而言,如同釜底抽薪,迅速走向衰落。更为深层次的影响是,在不平等条约的庇护下,西方传教士进入通州。为了传入基督教,传教士带来了西方教育、科技等新生事物,与以儒家传统为主的通州社会,不可避免地产生了深层次的冲突。

一、漕运的衰败与通州社会剧变

在这场战争中,通州见证了屈辱,遭受了劫难。通州是八里桥之战前

---

① 戴逸主编:《中国近代史通鉴》(第一卷,鸦片战争),红旗出版社,1997年7月,第295页。

夕，朝廷与英法联军的谈判地点，清军在此处扣押了联军谈判代表巴夏礼。在战斗之中，通州人民和团练乡勇积极协助清军参战，表现了同仇敌忾、保卫家园的勇气和决心。虽然联军的目的是侵犯京师逼迫咸丰帝签订屈辱条约，通州城不是战场，但从文献记载看，仍有部分联军"光顾"了通州城。夏尔·德米特勒西在《中国战役日志（一八五九——一八六一）》中有这样的记载：

> 只有到了通州，他们才不管什么东西都不肯交给我们……面对着这样一种态度，犹豫是没有什么用的；遂下令破门而入，夺取粮食。被吓坏了的居民四散逃亡，于是也就开始劫掠。在几家当铺里找到了大量的金片和银块、珠宝以及其他许多珍贵的东西；而在另外几家商店里则找到了大量可供联军食用的大米。①

八里桥之战后，联军开往北京，所以通州城侥幸躲过一劫。这在孟托邦向法国陆军部的报告函中可以得到印证，该报告函被收录在法国人埃利松著的《翻译官手记》一书中：

> 从我们在张家湾的营地向前推进5公里，是有40万人口的大城市通州，它由一条12公里长的先朝古道连接北京。这条道路，在八里桥村通过一座石桥，架在连接白河通向北京的大运河之上。我们决定不去关注已经没有驻兵的通州，而是奔向这座据我们所知桥头和桥尾均已驻扎了僧王（僧格林沁）营地的石桥。②

但通州城外遭受的劫掠是超乎想象的。八里桥大战后，英法联军在通

---

① 戴逸主编：《中国近代史通鉴》（第一卷，鸦片战争），红旗出版社，1997年7月，第307页。
② ［法］埃利松著，应远马译：《翻译官手记》，中西书局，2011年1月，第190页。

第一章　1860年前后的通州与世界

州八里桥一带屯兵20余天，一面拆民房、伐树木、造云梯，为进攻北京做准备，一面四处烧杀掳掠，无恶不作，给通州人民带来了深重的灾难。

第二次鸦片战争结束后，京杭大运河漕运受到毁灭性的打击。经由京杭大运河的漕粮，从嘉庆前每年平均在400万石左右，减少到道光时的300万石，乃至200万石。通州各粮仓每年结存情况变化更为明显。乾隆前期，通州粮仓常有盈余，通仓历年结存漕粮总数，常在100万石以上。乾隆中叶以后，仓耗渐多，积储日减。至嘉庆、道光时，社会动荡，天灾频仍，漕运渐颓，而支出不减反增。从道光朝开始，通仓结存漕粮仅10余石。①

漕运的衰败给通州带来了致命的打击，使通州从国际性的漕运枢纽逐渐沦落为普通小城。表现最为明显的是商业。漕运兴盛之时，客旅货运都依赖大运河运输，通州成为京城与外地客旅行商、江南塞北物资交流的水陆要冲。在东关黄亭子以南形成了粮食交易市场，出现了德裕等10余家麦子店。繁盛之时，交易额高达五六十万石。由于商业繁荣，在通州城形成了不少专业性市场，分布于州城各主要路口。除集市外，每年大大小小的庙会、香会、药王会是通州百姓与各地商帮从事商贸的好时机。通州有很多的庙宇寺观每年定期举行庙会，其间南北商货如同山积，交易量十分庞大。

清代后期，随着漕运的衰败，与漕运相关的商业也逐渐萧条，甚至破产。在粮业方面，通州原有的10余家麦子店相继关闭。东关地区继之而起的是本县地主投资的同济粮店、祥盛德粮店、同义粮店和京广力粮店四户，与原来的10余家麦子店不可相提并论，营业状况日渐萧条。粮食市、江米店、果子市、瓷器市场等由于漕运衰落而逐渐萎缩，仅作为地名存在。

咸丰十年（1860年），在通州爆发了张家湾之战和八里桥之战之后，朝鲜使臣申锡愚记载了通州商业凋零景象："及英夷之乱，通州先被其锋，特

---

① 各仓历年结存漕粮数，参见李文治、江太新《清代漕运》，中华书局，1995年11月，第54—58页表。

无抢掠焚烧，故市廛依旧。逃散之民，近始还集，稍稍开市，尚多闭铺者。昼之所见已是寥闃，乘昏出见，夹路左右，张灯者十之二三……潞河之舟，通州之灯，今不足为观。"①

通州城市也逐渐衰落，更遑论基础设施维护。为了确保漕运运转高效，通州的各项基础设施建设比较完备。以交通为例，为便于运输漕粮，清雍正七年（1729年）修建从通州到朝阳门石道，彻底解决了雨雪天饱受泥淖之苦的问题。石道"计长五千五百八十八丈有奇，宽二丈。两旁土道各宽一丈五尺……其由通州新城、旧城至各仓门及东西沿河两道亦皆建修石路，共计长一千五十余丈，广一丈二尺及一丈五尺不等，费帑金三十四万三千四百八十四两有奇"②。京通石道修通后，"此道行人既多，且系京城大小官员支领俸米必由之路，著由朝阳门至通州大道皆铺墁石块，酌量可容二车，两旁土道，亦著修理平整"③。关于这条石道是什么样子，咸丰十年（1860年），法军上校杜潘曾在书中有这样的描述：

> 路面由大块的石板铺砌而成……路的两边，每隔一段距离就有几座白色的大理石石雕，这些雕像的形态奇特且充满想象力。石雕的主题都是相同的：下面是一个巨大的大理石乌龟，乌龟的背上驮着一根方形石柱，石柱上雕刻着一些五爪的大龙，它们弯曲着相互缠绕在一起，形态奇怪。④

从这段记载可以看出，石道不仅具有实用功能，而且还体现着王朝的威严和曾经的盛世气象。

---

① ［韩］林基中主编：《燕行录全集》卷七十七，《入燕记》，韩国东国大学校出版部，2001年。
② ［清］于敏中等编：《钦定日下旧闻考》卷八十八，《郊坰》。
③ 《（光绪）钦定大清会典事例》卷九三二，《工部桥道》。
④ ［法］瓦兰·保罗著，孙一先、安康译：《远征中国》，中西书局，2011年1月，第134—135页。

第一章　1860年前后的通州与世界

光绪二十六年（1900年），美国传教士怀礼描述了他眼中的朝阳门至通州的石道：

> 这条路很宽，在很多地方路两边有很大的树，还铺着大而平的石头。人行道是在路的中间而不是两边……对于如何维护这条路，政府没有任何规定。结果是，那些大石板既光滑又破损，许多都已不在原位，大部分都损坏严重，以至于带轮子的车几乎不能在上面行走。①

从以上两段记载可以看出，由于通州的衰败，短短几十年，石道等基础设施损坏十分严重。

通州城内的不少居民，本来依漕运而生活，裁撤漕运管理机构后，众多的官吏、役丁顿时失去生活来源。"其余各胡同住户亦不如先年殷富，而居民之迁移平津各地者十之二三。至于四关则东门、北门外大街长二三里，

图1-9：坍塌的通州城墙
图片来源：刘福龙收藏

---

① ［美］怀礼著，王丽、戴如梅译：《一个传教士眼中的晚清社会》，国家图书馆出版社，2012年12月，第26页。

铺户居民相间，尚有可观。旧城南门外虽有大街，但铺户较多居民较少。"①此外，漕运停止后，通州城内外依靠漕运为生的经纪、仓花户、船户、车户、扛夫、差役等立时失去了工作，没有了生活来源，生活一下子陷入困境。

二、不平等条约为传教士进入通州披上"合法的外衣"

除了一些直观的变化外，第二次鸦片战争还带来了更为深刻的变化，外国传教士到通州自由传教，对通州人民在文化心理上造成深刻影响，这种影响无疑是深远的。

基督教在中国常单指新教，又称耶稣教，它是16世纪由天主教分裂出来的教派。鸦片战争以前，新教传教士入华已有30年，但在清政府的高压下，传教士传教活动只得秘密进行，所以收效甚微。鸦片战争后，中英双方签订了中英《南京条约》。道光二十四年（1844年），清政府被迫签订了中美《望厦条约》和中法《黄埔条约》，通过这两个条约，西方列强在中国的通商口岸获得了设立医院和教堂的特权。

然而传教士们并不满足只是在五个通商口岸传教的特权。在第二次鸦片战争期间，清政府又被迫与列强签订了《天津条约》《北京条约》等一系列不平等条约。在这些条约里，由于传教士的参与策划，全都强加了允许在华传教的"宽容条款"，将自由传教以条约的形式固定下来。

俄国首先与清政府签订条约，其中第八款规定：

> 天主教原为行善，嗣后中国于安分传教之人，当一体矜恤保护，不可欺侮凌虐，亦不可于安分之人禁其传习，若俄国人由通商处所进内地传教者，领事馆与内地沿边地方官按照定额，查验执照，果系良

---

① 通州区史志办公室整理：《民国通县志稿》（内部交流），2002年，第6页。

第一章 1860年前后的通州与世界

民,即行画押放行,以便稽查。①

美国与清政府签订条约,该条约第二十九条规定:

耶稣基督教,又名天主教,原为劝人行善,凡欲人施诸己者亦如是施于人。嗣后所有安分传教习教之人,当一体矜恤保护,不可欺侮凌虐。凡有遵照教规安分传习者,他人毋得骚扰。②

英国与清政府签约,其中第八款规定:

耶稣圣教暨天主教,原系为善之道,待人如己。自后凡有传授习学者,一体保护。其安分无过,中国官毫不得刻待禁阻。③

法国与清政府签约,其中第十三款规定:

天主教原以劝人行善为本,凡奉教之人,皆全获保佑身家,其会同礼拜诵经等事,概听其便。凡按第八款备有盖印执照安然入内地传教之人,地方官务必厚待保护。凡中国人愿信奉天主教而循规蹈矩者,毫无查禁,皆免惩治。向来所有或写、或刻奉禁天主教各明文,无论何处,概行宽免。④

---

① 王铁崖:《中外旧约章汇编(第一册)》,生活·读书·新知三联书店,1982年,第88页。
② 王铁崖:《中外旧约章汇编(第一册)》,生活·读书·新知三联书店,1982年,第95页。
③ 王铁崖:《中外旧约章汇编(第一册)》,生活·读书·新知三联书店,1982年,第97页。
④ 王铁崖:《中外旧约章汇编(第一册)》,生活·读书·新知三联书店,1982年,第107页。

传教"宽容条款"赋予传教士及天主教、基督教信徒在中国的特权。通过这些条款,基督教得以在华自由传播,外国传教士和中国信徒也受到保护。此外,担任翻译的法国传教士艾美(Louis Delamarre)在条约的中文本里擅自增加了"任法国传教士在各省租买田地,建造自便"的字句,这在法文本中是没有的,清政府居然签字承认。中文本第六款全文为:

> 应如道光二十六年正月二十五日上谕,即晓示天下黎民,任各处军民人等传习天主教、会合讲道、建堂礼拜,且将滥行查拿者,予以应得处分。又将前谋害天主教者之时所充之天主堂、学堂、茔坟、田土、房廊等件应赔还,交法国驻扎京师之钦差大臣,转交该处奉教之人,并任法国传教士在各省租买田地,建造自便。①

英美传教士也一同享有此权,到内地置产。此外,条约中还取消了以前关于传教活动限于五口通商的限制,中国内地因此向西方传教士敞开了大门。

第二次鸦片战争之后不久,西方传教士在不平等条约的庇护下,基督教各差会纷纷到华传教。作为北京的东部门户,通州成为西方传教士传播基督教的首选之地。

---

① 王铁崖:《中外旧约章汇编(第一册)》,生活·读书·新知三联书店,1982年,第147页。

第二章 西学在通州的初传

第二次鸦片战争后，西方传教士将通州作为华北地区传教的重要场所。为了便于传教，传教士通过兴办医院、学校等形式，拉近与当地百姓的距离，为当地带来了西方文化。从这时开始，到1900年义和团运动之前，可以视为西学在通州传播的早期阶段。

第一节 西方教育制度的传入和潞河书院的建立

第二次鸦片战争后不久，通州以其独特的战略地位和交通优势，成为基督教各派别的争夺要地。在通州有美国基督教公理会（以下简称美国公理会）、长老会、伦敦会和救世军等基督教差会传教，但影响最大的为美国公理会。其在华传教分为三大片区，分别为华南区、闽北区和华北区。华北区是其在华的第三个传教片区，也是最大的区。

一、美式教会学校在通州的建立

第二次鸦片战争之后，关于第一个到通州的传教士，有两种说法：一种说法是美国传教士马礼逊第一个来到通州传教，具体时间不详，传教的方式也很原始，他骑着毛驴到人多的地方散发介绍基督教的小册子；[①]另一种

[①] 王文续：《解放前的潞河医院》，《北京文史资料精选（通州卷）》，北京出版社，2006年10月，第195页。

说法，第一个到通州的传教士是富善（C.Goodrich），时间是同治四年（1865年）。① 翌年，美国公理会牧师姜戴德（Rev. Lyman Chapin）被派往通州，在通州设立了传教点。② 两年后，又派来安教士（Andrews）来通州，和姜戴德的妻子一起开展妇女工作，把教会影响扩展到家庭。教会在后南仓建立了证道堂，并陆续在燕郊、西集、永乐店、牛牧屯、张家湾、富豪村、草寺村设福音堂。③

起初，通州地区信基督教的人很少。"十数年之久，入教者仅崔、龚、全等数家。"④ 为了改变几乎无人入教的局面，传教士改变了早期"宣教"的方式，改为采用办学校、医院等形式。

清同治六年（1867年）年底，传教士在通州开办了一所男童寄宿学校。该校中文名称"潞河男塾"，亦称"潞河男学蒙馆"，实际就是一所小学。《民国通县志稿》记载："其教属于公理会，牧师为姜戴德、富善，租西街民宅，以临街之房为教堂。"⑤ 现存于通州区档案馆的《通县潞河医院始末记》（1949年）说得仔细："先在西大街租赁兴盛店租房传教，不久便购置路北长生园饭庄改建为会所。"⑥

潞河男塾开办之初，条件十分简陋，几乎没有什么经费，也没有配备教学设备，而且学生人数很少，只是一些无家可归的街头流浪儿童。师资力量严重不足，没有专职教师，教学内容也十分单一，主要是用中文讲解基督教教义和《圣经》故事。这样的情形持续了约两年，直到传教士谢卫楼（Devello Z.Sheffield）的加入，才得到改变。

---

① 霍培修、谢纪恩：《美国公理会在华北的扩张》，《近代史资料》1963年第3期，第182页。
② 《（民国）通县编纂省志材料》，《通州方志集成》（第12册），北京联合出版公司，2017年6月，第867页。
③ 通州区地方志编纂委员会：《通县志》，北京出版社，2003年11月，第20页。
④ 通州区史志办公室整理：《民国通县志稿》（内部交流），2002年，第47页。
⑤ 通州区史志办公室整理：《民国通县志稿》（内部交流），2002年，第46页。
⑥ 王文续：《解放前的潞河医院》，《北京文史资料精选（通州卷）》，北京出版社，2006年10月，第195页。

第二章 西学在通州的初传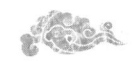

同治八年（1869年），美国公理会传教士谢卫楼来到通州。他一面学习中文，一面协助传教，同时也在该学塾教一些课。不久，他接手了潞河男塾。谢卫楼在通州及周边地区工作了七八年之久，效果不尽如人意。于是他把更多的精力投注到办学上，试图通过教育打开局面。

在谢卫楼等传教士的努力下，潞河男塾稳步发展。为了促进华北地区传教，也为各宣教站培养布道师，同治十年（1871年），华北基督教公理会（以下简称华北公理会）决定建立一所神学院，将地点选在通州。第二年，华北公理会又做出决定，主要依托潞河男塾和贝满女塾开展教育工作。又过了一年，华北公理会决定在通州正式建立"八境神学院"，传教士富善为首任院长。潞河男塾就成为八境神学院的预备学院。各传教站把传教工作者（布道师及其助手）送到八境神学院接受系统的神学知识和传教培训。同治十三年（1874年），潞河男塾第一名毕业生全启（字耀东）转入八境神学院就学。

随后，传教士"在东街立教堂，听讲者乃日众"[1]。该教堂具体位置在鼓楼前街，鱼市口北侧，并在教堂院内栽植几棵刺槐，因非本地品种，系由外国传教士从海外带来，名为"洋槐"。由于鼓楼前街是繁华的商业大街，人流量大，在此处设立教堂，影响较大，听者日众。潞河男塾和八境神学院随之搬至此处。

八境神学院建立后，由于各地将传教者送来进行培训，办学规模日渐扩大，原校舍难以满足需要，传教士不得不另寻新址。光绪四年（1878年），教堂迁到新城北后街（今中山大街东段），规模比之前有所扩大。传教士在通州的工作有了起色，形成了"男女入教者，教之以最新科学，其他学子欲求新学者，咸来请业"[2]的局面。光绪九年（1883年），负责通州众议会的姜戴德夫妇离开，由毕海澜（Harlan Page Beach）夫妇继任，负责通

---

[1] 通州区史志办公室整理：《民国通县志稿》（内部交流），2002年，第47页。
[2] 通州区史志办公室整理：《民国通县志稿》（内部交流），2002年，第47页。

州地区的传教工作。①

光绪十三年（1887年），潞河男塾23名毕业生全部转入八境神学院。鉴于该校办学有了起色，众位传教士商议，"增通州男学蒙馆之课程，立为诸处教会之学生会肄业之地"②。于是，在潞河男塾的基础上设立了"潞河中斋（学）"。

潞河中斋的发展给谢卫楼的以教育促宗教的主张带来了信心。他不满足于中学、小学，而是要在通州建立从小学到大学的一整套教育体系。光绪十四年（1888年），谢卫楼向美国公理会提出在通州建立一所大学，得到支持。为加强通州办学力量，传教士麦美德（S.Luella Miner）被派往该校，协助谢卫楼工作。后来，麦美德成为中国近现代有名的女性教育家，她的事业起步于通州潞河中斋。

光绪十五年（1889年）5月，华北公理会年会通过决议，规范各教会办学工作，并决定设立潞河书院（North China College）。华北公理会规定："诸处教会宜设立蒙馆，有四年之课程，四年功毕，则能升至通州中斋。中斋则定三年之课程，三年功毕，则能升至潞河书院。书院即定四年之课程，四年功毕，各学生随意定其一生之事业。然多得教会之培植，多明圣道之义理，则望其能专竭一生之力，或教读，或入道学院，以备后日传道，或在医学院以备施医。"③也就是说，在华北各教区都设立小学，但是中学和大学只设于通州，其生源来自华北各地。在本次年会上，华北公理会在通州建立了从蒙馆到中斋，再到书院的一整套西方教育体系。经华北公理会同意，八境神学院改名为戈登纪念神学院（Gorden Memorial Theological Seminary），学制三年。谢卫楼被选为潞河书院院长，富善被选为神学院院长。

---

① 霍培修、谢纪恩：《美国公理会在华北的扩张》，《近代史资料》1963年第3期，第183页。
② 《潞河书院之来历》，载于《潞河书院名册》，美国哈佛大学哈佛燕京图书馆藏。
③ 《潞河书院之来历》，载于《潞河书院名册》，美国哈佛大学哈佛燕京图书馆藏。

潞河书院在这一体系中地位十分重要,从潞河书院毕业的学生,既可以走向社会,选择合适自己的工作,也可以进一步在道学院深造,成为传道者。同年10月,美部会年会做出决议,支持创办潞河书院的计划,并拨款用以购买土地和建造校舍。第二年,哈佛大学毕业生都春圃(Elwood Gardner Tewksbury)到潞河书院,协助谢卫楼工作,主要负责扩建新校舍。①

光绪十七年(1891年),美国公理会在通州西门外以南,买下十英亩土地,修建新校舍。到光绪十八年(1892年),该校学生人数达到62人,其中10人已具大学程度。

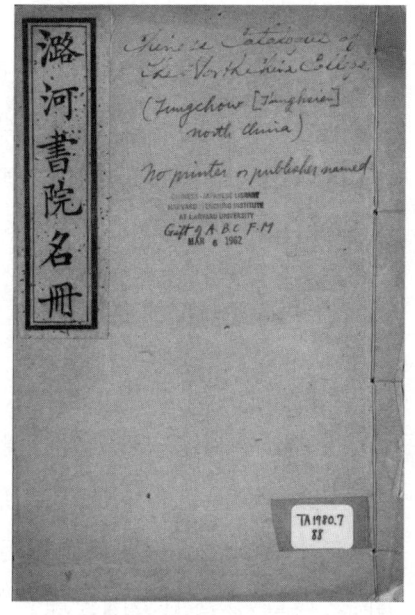

图2-1:《潞河书院名册》,美国哈佛大学哈佛燕京图书馆藏

除8人来自通州本地外,其他人分别来自天津、北京、张家口和保定府等地,他们都是各地公理会教会保送入学的基督徒子弟。光绪二十一年(1895年),新校舍建成使用,共五栋房子,其中最大一栋为学校,为纪念美国传教士、著名汉学家卫三畏(Samuel Wells Williams)而命名为卫氏楼。②光绪二十二年(1896年),Henry Kingmen夫妇被派往通州协助教会和学校工作。光绪二十五年(1899年),Henry Kingmen夫妇离去,由高厚德(Howrd S.Gait)③夫妇接任。

---

① 霍培修、谢纪恩:《美国公理会在华北的扩张》,《近代史资料》1963年第3期,第183页。
② 据孔凡英在《试论通州近代教育的起源——潞河书院》(《首都师范大学学报(社会科学版)》2007年增刊)介绍,因为卫三畏将其汉语拼音字典《汉音韵府》所得8000多美元收入捐赠用于潞河书院建设,故将此楼命名为卫氏楼。
③ 高厚德,美国传教士,燕京大学成立后,任燕京大学教育系首任主任,后来任燕京大学副校长。

创办于通州的潞河书院，与山东登州学院（1776年美国北长老会设立）、北京文汇书院（1888年美国卫理公会设立）、上海圣约翰学院（1890年美国圣公会设立）、杭州长老学院（1893年美国长老会设立），为19世纪中国五所教会大学，是中国最早一批按照西方现代教育体制建立起来的高等教育机构。

二、潞河书院的办学制度

为使教育走上正规化道路，进一步促进传教事业的发展，华北公理会认为很有必要制定一整套教学管理规章制度。光绪十九年（1893年）5月，由谢卫楼、富善、都春圃3人组成制度起草小组，制定出通州潞河书院（包含潞河中斋）之章程条例，然后由五位专家把关修订，最终形成了《潞河书院之典章》。尽管美国公理会在通州由潞河书院（包括一所中学）和戈登纪念神学院（由八境神学院发展而来）两个部分组成，但是考虑到神学院的特殊性，该典章制度规定"公理传教会在通州设立二塾，名为潞河书院、潞河中斋者，道学院不在其中"①。也就是说该规章制度是针对潞河书院、潞河中斋而制定。

根据该规定，设立董事会代表华北公理会主理书院与中斋事务。董事会"人数或十名，或十余名"，要求"自华北公理传教会中精选六名，而众理事均宜驻扎华北境内，以便查办"，人员构成及任期为"首选之三人必职司三载，次选之三人必职司二载，又次选之三人必职司一载"。②实际上，潞河书院第一届董事会由11人组成：其中任期三年者3人，分别为柏教师（北京）、贾教师（北京）、博教师（庞庄）；任期二年者3人，分别为文教师（北京）、富教师（通州）、山教师（天津）；任期一年者5人，分别为惠教师（北京）、罗教师（张家口）、鲍大夫（保定府）、巴先生（天津）、谢

---

① 《潞河书院之典章》，载于《潞河书院名册》，美国哈佛大学哈佛燕京图书馆藏。
② 《潞河书院之典章》，载于《潞河书院名册》，美国哈佛大学哈佛燕京图书馆藏。

子荣（即谢卫楼，通州）。①其中富善为戈登纪念神学院院长、谢卫楼为潞河书院院长，巴先生为财会人员。涉及书院与中斋的重大事项，如"当有如何先生、如何房屋，且当有几何款项，以备书院之需费"等，董事会必须向华北公理会汇报。对于一些日常事务，由董事会负责处理，例如"院长与中外之诸教习，均由诸董事提举，而传教会选定课功会宜相议，各位教习所当教之学课将所议者，举陈于诸董事之前，听其或许定，或更张"。董事会必须每年至少举办一次董事议事会，如果有四位董事提议，院长要"另召集议事会"，同时董事会每年必须向华北公理会述职，"将书院与中斋之况，及所需者报于传教会"。②

潞河书院采用董事会领导下的院长负责制，院长同时为董事会之会正。其中一董事兼任书记，负责文书、会议、档案等内务工作，"必将诸董事之议会与所拟之诸事汇册录存"③。另外，书院的司银（财务主管）由华北公理会司银兼任，也是董事会成员。董事会下设课功会和考课委办两个办事部门。课功会履行招生、课程安排、学生管理等职责，考课委办负责考试等事务。

董事会制定了《课功会之条例》，对课功会组成、权限、职责、义务等进行了规定。课功会由教习组成，副教习可以旁听列席课功会之会议，但是没有提议和选举等权利。课功会之诸先生由董事会推选，但是必须报华北公理会批准，方可生效。根据选举，潞河书院第一届课功会由8人组成，分别为书院院长谢卫楼、神学院院长富善，还有盈亨利（J.H.Ingram）、都春圃、孙炳文、刘作砺、谢涉氏、安姑娘、麦姑娘等在学术上有一定成就者。④课功会每礼拜召开一次会议，由院长主持会议，按照少数服从多数的原则研究决定有关事项。

---

① 《潞河书院诸董事之姓名》，载于《潞河书院名册》，美国哈佛大学哈佛燕京图书馆藏。
② 《潞河书院之典章》，载于《潞河书院名册》，美国哈佛大学哈佛燕京图书馆藏。
③ 《潞河书院之典章》，载于《潞河书院名册》，美国哈佛大学哈佛燕京图书馆藏。
④ 《诸教习即课功会》，载于《潞河书院名册》，美国哈佛大学哈佛燕京图书馆藏。

根据《课功会之条例》，课功会在招生方面十分严格。不仅要考试，看学习成绩，还要对申请者进行考查。重点查验其学习情况、学习成绩如何，对于录取者，要发给学生证件，并"指明其课程之位次，且就其位次，则录其功课，何者有余，何者有缺"①。课功会负责课程安排、教师上课情况等事务的统筹安排。课功会制定教学大纲、每日课程安排，提交董事会研究决定，"书院与中斋所定之课程，若欲增改，必课功会举意，而董事会参订"②。对于学生学习、生活都有严格要求，制定"诸学生考课执证之式样"，学生平时言行表现，"如夙兴夜寐，上学、下学、持身、礼拜诸事"，都要详细记录。除此以外，学生礼拜日如何言行也有约束，"拟定诸学生于礼拜日如何守分与上堂礼拜之规则"。③

董事会下属另一个机构考课委办，主要负责学生考试工作，每学年组织期中和期末两次考试。潞河书院一年分为两个学期，分别为前季、后季。前季自西历九月初五（礼拜二）开学，"自入学至中历年底"；后季为西历二月十五日（礼拜四）开学，"自入学至夏季"。④寒假仅十余日，暑假为两个半月。中考即前季之考试，"拟于西历二月初一（礼拜四）、初二（礼拜五）、初三（礼拜六）"；末考即后季之考试，也就是学年考试，"拟于西历六月初六（礼拜二）、初七（礼拜三）、初八（礼拜四）"。⑤考课委办亲自指导潞河书院和潞河中斋，组织好考试工作，并将考试情况汇报给董事会。

从潞河书院的各项制度看，该校与中国传统教育制度完全不同，是一所完全按照美国高等教育制度运转的大学。这些制度的建立，标志着西方

---

① 《课功会之条例》，载于《潞河书院名册》，美国哈佛大学哈佛燕京图书馆藏。
② 《潞河书院之典章》，载于《潞河书院名册》，美国哈佛大学哈佛燕京图书馆藏。
③ 《课功会之条例》，载于《潞河书院名册》，美国哈佛大学哈佛燕京图书馆藏。
④ 《潞河书院日期》，载于《潞河书院名册》，美国哈佛大学哈佛燕京图书馆藏。
⑤ 《潞河书院日期》，载于《潞河书院名册》，美国哈佛大学哈佛燕京图书馆藏。

第二章　西学在通州的初传

教育制度正式传入中国，对中国教育事业的发展有着十分深远的影响。①两年之后，中国人兴办的第一所近代大学——北洋西学学堂正式建立。②五年之后，京师大学堂正式建立。③以潞河书院为代表的西方教会大学，在办学制度、课程设置等方面，对中国教育，尤其是高等教育产生了直接或间接的影响。

三、潞河书院的办学理念与学生培养

潞河书院在办学理念上有自己的特色，这与院长谢卫楼的教育思想有直接关系。谢卫楼主张教会学校的办学宗旨是为教会服务。潞河书院在课程设置上，没有设置专门的英语课程，因为谢卫楼认为用中文传授西学比用英文传授西学要容易得多，而且容易转授他人。如果设置了英语课程，有人会为了英语而学习，毕业后就会有脱离教会的危险。④光绪十六年（1890年）2月，谢卫楼在北京传教士协会上发表了题为《基督教教育同其它教会分支工作的关系》的演说，明确表达了他的观点。随后，在华新教传教士第二次全国大会上，他宣读了题为《基督教教育与中国目前的条件和需要的关系》的论文。他又一次表示：教育和传播福音是统一于一体之中的，所有传播福音的工作本质上都是教育性的，基督教教育的最高目标是传播福音。他还注意到在中国人学习西方的浪潮中教育的地位和作用，认为"教

---

① 关于教会大学能否作为中国近代大学的起源，学界还存有争议。本书认为教会大学不能作为中国近代大学的起源，主要有三个原因：一是教会大学是半殖民地的产物，表现出外国势力对于中国教育主权的侵犯；二是教会大学举办者与管理者是外国教会和传教士，而不是中国组织和法人；三是教会大学批准举办机关不是中国政府，而是外国机构。

② 1895年10月18日，光绪皇帝御批为"西学学堂"，获得御批之后，政府公告则是名为"天津头等学堂"，1903年正式易名为北洋大学堂。

③ 1898年7月3日，京师大学堂正式成立。该校是中国第一所近代国立大学，其成立标志着中国近代国立高等教育的开端。

④ D.Z. Sheffield, "the North China College and theological seminary", *The Chinese Recorder*, Vol.26（1895），P224—228. 转引自张建华《传教士谢卫楼的教育活动》，《近代史研究》1993年第4期，第89页。

会应该使之成为为基督服务的力量"。①

关于潞河书院的办学宗旨,谢卫楼院长明确指出:"潞河书院是一所基督教训练学校,它有意识地在狭窄的方向和确定的目的上经营。我们的基本目标是满足我们教会对本地基督教工作者不断增长的需求,我们也高兴地帮助其它教会……我坚定的信念是训练本地基督教工作者比派遣传教士更为迫切。传教士不仅要造就一批基督教信徒,他们最后还必须产生出一个自立和自己发展的本地教堂,这就必须借助于一群学过训练的聪明而信仰坚定的基督教领袖,走到教众面前以自己的亲身为例传播基督教义。"②

潞河书院完全贯彻了谢卫楼院长的教育思想,但是为了适应"西学东渐"的大形势,使学生具有传教所具备的基本知识,培养高素质的传教者队伍,谢卫楼逐渐认识到在服务传教事业大前提下,很有必要学习西方自然科学知识和中国传统思想文化。正是基于这个原因,潞河书院的课程设置,谢卫楼认为教会学校首先要注重基督教教育,但同时他也强调知识的重要性。潞河书院成立之初,所学课程分为三类:中国传统文化,"讲读四书五经兼学鉴书、古文、时文、试帖、诗文、理论";基督教宗教知识,"讲读两约圣经,考其事迹,究其蕴蓄";西方自然科学知识,"学西国纲鉴、算法与格致各书"。③

根据其学制安排,蒙学四年,中学三年,大学四年。其课程安排循序渐进,教学方法方式多样,既有诵读、讲解,还有书法、作文、辩论等。显然,经典诵读这种教学方法是借鉴了中国传统私塾的教学方法,辩论等方法显然是西方常见的教学方法。教学内容既包括宗教知识,也有世俗的

---

① Records of General Conference of the Protestant Missionaries of China, *Held at Shanghai*, May7—20,1890,P467—476. 转引自张建华《传教士谢卫楼的教育活动》,《近代史研究》1993年第4期,第88页。

② D.Z. Sheffield, "the Preparation of a native ministry in North China", *The Chinese Recorder*, Vol.29(1898),P69—71. 转引自张建华《传教士谢卫楼的教育活动》,《近代史研究》1993年第4期,第88页。

③ 《潞河书院之来历》,载于《潞河书院名册》,美国哈佛大学哈佛燕京图书馆藏。

科学知识；既有理论知识，也有文艺体育等课程；既有中国传统的课程，也有西方前沿知识理论。

根据华北公理会批准，各地蒙学四年课程如下：

第一年，念（中西）《三字经》、念《真理问答》、念《论语》（上）、写仿认字。第二年，念《约翰》（前十章）、念《论语》（下）、心算（上）、写加减表、《地理初阶》、写仿认字。第三年，念《约翰》（后十一章）、念《孟子》（上）、心算（下）、写乘除表、讲《论语》（上）、《旧约史记》、写帖认字。第四年，念《马可》、念《孟子》（下）、讲《论语》下、笔算上、《新约史记》、写帖认字。①

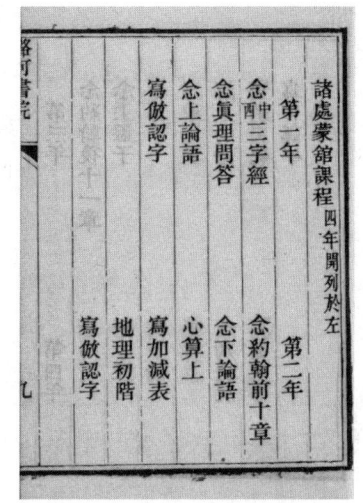

图2-2：潞河书院蒙馆课程表，图片来源：《潞河书院名册》，美国哈佛大学哈佛燕京图书馆藏

蒙学课程从诵读入手，培养学生学习兴趣，逐渐加入认字、写字、算数，最后达到讲、写的能力。四年课程设置有延续性，这样有利于学生学深学透。以《论语》课程为例，第一学年和第二学年将《论语》分两部分，进行诵读，第三学年和第四学年，对《论语》进行讲述，加深理解。在蒙学阶段，用四年时间来持续对传统经典进行学习，这样的基础是很扎实的。当然，作为教会学校，宗教知识的传授也十分必要，从第一年念《真理问答》开始，让学生接触宗教知识，从第二年开始读新约经典《约翰福音书》（前十章），第三年读《约翰福音书》（后十一章），又加入《旧约史记》的内容，第四年念新约经典《马可福音书》，学习《新约史记》。通过这样的培

---

① 《诸处蒙馆课程》，载于《潞河书院名册》，美国哈佛大学哈佛燕京图书馆藏。

训,逐渐掌握了一定的宗教知识。另外,学校还注重实用知识的学习,如认字、写字、算数等。这样对学生有一个比较全面的培养,通过四年教育,培养了学生基本的认读、心算、书写、讲演的能力。

潞河中斋学制三年,其具体课程如下:

> 第一年,念《路加》(上十二章)、念《大学》《中庸》、讲《孟子》(上)、笔算(中)、讲《旧约》。第二年,念《路加》(下十二章)、念《诗经》、讲《孟子》(下)、《地理志略》、讲《旧约》、笔算(下)。第三年,念《罗马书》、念《书经》、讲《大学》《中庸》、代数、动物学、植物学、地质学、耶稣言行。①

从以上课程设置可知,中斋课程与蒙学课程关系密切。蒙学课程深入诵读和讲授《论语》,诵读了《孟子》,到中斋课程就讲《孟子》,并从中斋第一年开始念《大学》和《中庸》,第三年讲《大学》和《中庸》。中斋第二年第三年,念《诗经》《书经》。也就是说,一个学生从蒙学到中斋毕业,已经全面学习了"四书",并开始接触"五经",对中国传统文化中最精华的部分有了比较深入的了解。从宗教知识上讲,中斋阶段继续学习新约福音书,念《路加福音》《罗马书》,并讲解《旧约》,到中斋毕业,已经比较全面地掌握了《圣经》新旧约。从数学教育看,在蒙学的心算基础上,继续学习笔算,到中斋毕业就全面掌握了算数方法。从第三年开始,加入代数、生物、地质等西方自然科学知识。并且还规定加强写字的基本功训练,还加强了辩论演说能力的培养,学校规定"此三年中,每日写大小楷,每隔三礼拜,六日午后辩论、说辞、念论"②。这样的课程安排具有一定的合理性,不会因为学习新知识,而忽视了以前所学。

---

① 《潞河中斋课程》,载于《潞河书院名册》,美国哈佛大学哈佛燕京图书馆藏。
② 《潞河中斋课程》,载于《潞河书院名册》,美国哈佛大学哈佛燕京图书馆藏。

潞河书院学制四年，其具体课程如下：

第一年，念《诗篇》(拣选)、念《古文》、讲《诗经》、《西国史记》、形学、讲《使徒行传》。第二年，讲《古文》、讲《书经》、《中国史记》、格物学、三角学、量地学、《物证之神道》。第三年，《〈易经〉〈礼记〉摘要》(隔日讲)、天文学、化学、活物学（上半年）、体学（下半年）、是非学。第四年，《富国策》(上半年)、《万国公法》(下半年)、心学（上半年）、定论学（下半年）、地学（六月）、石学（二月）、《圣道证据》。①

图 2-3：19 世纪末的潞河书院
图片来源：《流光旧影认通州——通州区图书馆藏老照片集》(通州区图书馆编)

由此可见，虽然通州的传教士一直强调基督教发展教育事业的直接目的是为传教服务的，但是也为通州带来了西方科学文化知识，并且在其学校课程中占了相当大的分量。尤其是大学阶段，在中斋生物学、地质学等自然科学的基础上，继续加大了西方自然科学的学习，如加入了形学（即几何学）、格物学（即物理学）、量地学（相当于计量地理学）、天文学、地理学等西方自然科学的课程。除此以外，还引入了伦理学、心理学、经济、法律等西方人文社会科学，加入了是非学（即伦理学）、《富国策》、《万国公法》等课程。

---

① 《潞河书院课程》，载于《潞河书院名册》，美国哈佛大学哈佛燕京图书馆藏。

正是在这样的办学理念的指导下,潞河书院和潞河中斋有着浓厚的宗教氛围,要求每个学生都必须参加学校举行的包括主日崇拜在内的全部宗教活动,并且对学生的约束更为严格。根据《潞河书院之学规》,每学年开始,由院长确定学生所住之屋,并且在各屋选定一学生头目,相当于宿舍之舍长,管理屋内诸事。另外,学规还规定不许吸烟、饮酒,按时作息,学生外出必须请假。如果学生违背了学规而不改者,发现"某学生为学不勤,为人不诚"等情况,书院可将其开除,以达到正风肃纪之目的,确保教会大学为一个传道授业的清洁之地。

作为一所由美国公理会举办的大学,潞河书院不仅管理模式完全采用西方教育制度,而且其师资力量十分雄厚,其管理者不乏学养深厚的学者,教师当中也有不少是在某一方面有较深造诣的专家。从生源来看,学校从蒙学阶段就对学生有严格要求,采用招收学生"少而精"的"精英式"培养模式对学生进行培养。以光绪十九年(1893年)为例,在通州的蒙馆毕业班(第四年)仅有8名学生,中斋毕业班(第三年)仅有6名学生。①

潞河书院尽管是教会大学,但也介绍西方先进的科学知识,开阔了学生的视野。在光绪二十四年(1898年)的结业仪式上,据一位传教士记载,学生们的演讲题目有《强国之径——科学教育》《唤醒中国之方式》《中国与列强条约关系之起始》《中国何以与西方国家维持和平》《帝国瓜分之短长》《力量生于逆境》。②

从这一时期毕业学生的去向看,潞河书院无疑是达到了其办学初衷。以光绪十九年(1893年)为例,本年出馆学生24人,其中有7人继续深造学道,1人故去,其余都从事与传教有关的工作:"有为牧师者,有传教者,

---

① 据《潞河书院名册》记载,8名蒙馆学生分别为李文铎、全绍唐、焦桂林、杨庆堂、张志清、杨坚、刘攀龙、贺启宝;6名中斋学生分别为荆彼得、王文顺、杨成林、高志广、刘顺通、张衍广。

② 转引自张建华:《传教士谢卫楼的教育活动》,《近代史研究》1993年第4期,第97—98页。

第二章 西学在通州的初传

有教读者,有在医院施医者。"①

潞河书院是在清政府陷入半殖民地半封建社会的大背景下,由美国公理会设立的一所新式大学,是西方列强侵略中国,进行文明输出的产物,其目的是培养教会工作者,传播基督教文明。作为一所按西方教育制度兴办的大学,潞河书院带来了西方教育制度,传播了西方科学文化知识,对通州社会,乃至对华北地区都产生了深远影响。

第二节　西方医学的传入和潞河医院的初创

早期在通州的传教士,为了配合基督教的传播,不仅兴办了西方新式学校,还在通州创办了医疗机构,既为传教士和信众服务,也为一些相信西医的人士提供服务。这样进一步拉近了传教士与民众的距离,有利于传教事业,也客观上促进了西方医学、医疗手段传入通州。

一、潞河医院的创办及早期发展

近代来华的传教士首要目的是传教,但是中国民众对传教士的布道接受度很低,甚至很反感,只是对他们施医舍药颇感兴趣。有传教士这样报告:"医院所收到的效果比赈灾还要大,因为灾荒不常有,而贫困可怜的病人却总在我们的周围。办医院是发展教会特别有效的方法,医院所表现的仁慈引起的误解最少,而需求却最大。"②

在传教过程中,传教士常常要面临疾病的困扰,被派往世界各地的传教士及其家人,常常由于无法适应当地气候环境而罹患疾病,很多人不幸客死他乡。有统计数字表明,美国公理会差会部自成立之日起到1838年的

---

① 《出馆者名录》《潞河书院之来历》,载于《潞河书院名册》,美国哈佛大学哈佛燕京图书馆藏。

② 连警斋编:《郭显德牧师行传全集》,广学会,1940年,第586页。

20年间,派出了100名传教士,有76人因自身和家人的健康原因而不得不中断传教事业。①美国公理会差会部在向海外派出传教士时,不得不在训练课程中加入必要的医学课程,所以传教士或多或少都掌握一定的医疗技术,这为近代医院制度传入中国提供了现实可能。道光二十二年(1842年),《南京条约》签订以后,尤其是第二次鸦片战争后,随着《天津条约》《北京条约》的签订,传教士获得到中国内地传教的特权,教会医院被推广到全国各地。传教士发现在传教过程中,底层老百姓看病很困难,他们决定通过给人看病,引起人们的兴趣和好感,从而达到有利于传教的目的。就是在这样的情况下,教会医院传入通州。

光绪四年(1878年),教堂迁到新城北后街(今中山大街东段),"路南为住宅,路北为医院"②。名为医院,实际上仅能进行一些简单的治疗,提供一些简单的药品,但是这被视为潞河医院的开端。

光绪七年(1881年),传教士又购置了位于新城北后街的一块土地,并在路北紧靠新城北城墙处建立独立诊疗所,内设五个科室,即候诊室、医疗室、药房、割症室,还有男女病室。③诊疗所的工作主要由来自美国的博医师负责。由于通州民众对西医还不了解,加上医疗设备不周全,医疗水平也有限,所以普通民众来此就医的人几乎没有,前来就诊的只有传教士、信徒和学生。

至于专业的医务工作,则到光绪八年(1882年),另一说为光绪七年(1881年)年底,美国传教士侯美丽(Mary Anna Holbrook)受派来到中国才

---

① 据胡成在《晚清"西医东渐"与华人当地社会的推动》(《史林》2012年第4期)一文的统计,有45名传教士因病殉职,还有31人由于个人或家庭健康原因而终止了传教士事业,提前返国进行治疗。

② 通州区史志办公室整理:《民国通县志稿》(内部交流),2002年,第47页。

③ 《通县潞河医院始末记》(中华民国三十八年五月二十日呈报),北京市通州区档案馆藏:潞河医院案卷(档号:65—01—01)。

第二章　西学在通州的初传

真正开始。^①因博医师回国休假，光绪八年（1882年）年初，侯美丽医师接替博医师负责诊疗所的工作。也许因为自己为女性医师，侯美丽十分关注女性病人，"于当年秋天，开办了一所妇女诊疗所"^②。光绪十三年（1887年），为潞河医院初创期工作了7年的医师传教士（Medical Missionary）侯美丽医师退休。第二年，美国公理会派医师传教士盈亨利医师接任，盈亨利偕夫人一起来到医院。他们千方百计地扩大诊所的服务，增开了男诊所。^③

随着潞河医院在传教事业的地位越来越重要，美国公理会总部从人力、物力方面加大了对潞河医院的支持。尤其是在医院成立初期，所需人才十分缺乏。不仅美国公理会先后派出侯美丽和盈亨利两位医师传教士，其他基督教差会也为通州派了医师传教士。如 Bliss、Kelsey、Neal 三位医师传教士分别于1872年、1878年、1883年被美国长老会（A.P.M）派往通州。^④

在诊疗所成立初期，由于医务人员有限，诊疗所于每周二和周四下午开放。但是在传教士的努力下，民众对西医有更多的了解，诊疗所的门诊量较最初有了明显增加。光绪十二年（1886年），有门诊病人3085人，住院11人。^⑤光绪十四年（1888年）时，潞河医院已经能做前臂断肢、拇指截肢、肿块切除、包皮环切术、针挑切除鱼刺、骨关节复位、放腹水、脓肿和疖子切开、骨坏死、拔牙等手术。^⑥一年后，借助新西兰某女士的捐款，通州

---

① 中国博医会编：《博医会报》(The China Medical Journal, 1887—1931)（第二册），国家图书馆出版社，2013年，第232页。

② 季理斐编：《基督教在华传教百年史，1807—1907》，广学会，1907年，第277页。

③ 霍培修、谢纪恩：《美国公理会在华北的扩张》，《近代史资料》1963年第3期，第183页。

④ 中国博医会编：《博医会报》(The China Medical Journal, 1887—1931)（第二册），国家图书馆出版社，2013年，第231—235页。

⑤ 哈佛大学豪顿图书馆：《美国公理会海外差会文献》第3部分，中国差会：1860—1919，第275卷，第512页。

⑥ 王康久主编：《北京卫生大事记（远古—1948）》，北京科学技术出版社，1994年，第22页。

诊疗所扩建为医院，命名为妇婴医院。①盈亨利为院长，谢卫楼夫人为副院长，又在学生中选拔龚香谷、崔秀岩二人为实习医护人员，医院的医疗水平和服务水平进一步提高。此时，医院得到更多人的认可，门诊量有进一步增加，当年诊治女病人达1513人。②光绪二十年（1894年），医院又开设了眼科，增置了病床，重病者可以住院治疗。③

随着民众对西医了解的增多，四邻八乡前来就诊、住院养病的人日渐增多。

二、潞河医院积极推进传教事务

作为一所教会医院，潞河医院是为传教事业服务的，其目的是为了传教。为了拉近与当地民众的距离，医院除了进行医疗工作之外，还十分热心当地的社会生活，积极参与到通州的社会生活中，如在重大疫情防控、救灾、破除迷信、帮助戒鸦片、提高女性社会地位等方面，都能见到潞河医院的身影。在参与通州社会救助的同时，医院抓住一切机会，吸引了更多的人皈依基督教。

我国是一个自然灾害频发的国家，历朝历代都有自身特色的救助体系，但是在朝廷政治腐败、国力衰微之时，这些救灾制度就形同虚设。晚清时期，由于国力衰退，政府腐败无能，一遇到重大灾害，就民不聊生，哀鸿遍野。教会机构十分注重救灾工作，不仅有救济组织，还有专门经费，而且他们很注重宣传，以此赢得民心，扩大教会的影响。潞河医院建立后，华北公理会组织很注重利用潞河医院的资源，参与到通州和华北地区的救灾工作中。如光绪二十一年（1895年），通州暴发了霍乱疫情。潞河医院派出了专业医生参与救治。据记载，潞河医院"派救治过40人家，只有两人

---

① 毕晓莹：《从潞河医院看教会医院与近代社会》，《史学月刊》2012年第11期，第44页。
② 哈佛大学豪顿图书馆：《美国公理会海外差会文献》第3部分，中国差会：1860—1919，第275卷，第563页。
③ 《潞河医院大事记》，潞河医院档案室藏。

第二章　西学在通州的初传

未康复"①。这为潞河医院赢得了良好的社会声誉。

随着声誉的积累，潞河医院越来越得到民众的信任。正如英国医师传教士巴慕德（Harold Balme）所言："中国民众有重病时，首先请中医来诊治，如果处方没有立即产生效果，他们就会寻求其他的方法，但是要在家庭经济能承受的范围内。"②而西医，尤其是外科手术，往往能起到"药到病除"的神奇效果，使他们对西医产生好感，从而有助于降低对迷信的崇拜。实际上，早期来潞河医院看病的人中，有很多是在求神问药无效的情况下，抱着试试看的态度来就诊的。据传教士讲，"通州的老百姓听说有人吃了西药治好牙疼病后，对西医表示出信任，并乐于接受"③。

晚清时期，西方列强为了利益，在武力威吓下，输入大量鸦片维持贸易平衡，导致中国的鸦片问题十分严重。当时通州烟馆遍地，吸食鸦片的人很多。在通州的传教士十分反对吸食鸦片，因为他们认为吸食鸦片与基督教教义不符。潞河医院在帮助烟民戒烟方面积极作为，极力宣传戒烟，并通过医学手段帮助人们戒烟。据记载，盈亨利院长曾到一位高级官员的家中，"以帮助士绅及女士戒掉鸦片"④。

传教士在关注通州女性社会地位，促进男女平等方面，做出了积极努力。如前所述，光绪八年（1882年），潞河医院在医学传教士侯美丽的主持下，开办了通州第一所妇女诊疗所，对通州妇女医疗事业有开创性贡献。侯美丽十分耐心医治病人，不仅给她们看病，还和病人交流，减少病人的心理负担。"侯美丽就经常在诊所开放日诚恳地教导那些前来治疗的妇女，

---

① 哈佛大学豪顿图书馆：《美国公理会海外差会文献》第3部分，中国差会：1860—1919，第283卷，第333页。

② 巴慕德：《中国与现代医学：在华医学传教发展史研究》，伦敦教育传教联合出版部，1921年，第83页。

③ 哈佛大学豪顿图书馆：《美国公理会海外差会文献》第3部分，中国差会：1860—1919，第284卷，第178页。

④ 美国公理会海外传道部：《美国公理会海外差会年度报告》，亚瑟斯坦利出版社，1888年，第76页。

其中一些很有兴趣地倾听并进入主日学校学习。"①

在治病救人的过程中，潞河医院的传教士认识到医疗等慈善事业拉近了他们和民众的距离。在救治病人的同时，他们积极宣讲基督教教义，劝导更多的人信奉基督教。院长盈亨利在报告中提到一个例子，"有一个青年人，曾经是赌徒，在做手术后的康复时间，阅读了大量基督教书籍，进而产生兴趣入教"②。随着潞河医院的发展，一些医疗工作者更加注重治病救人工作，而传教工作由一些专业布道者来做。在医院的候诊室、病房及接待室，都可以见到布道人员的身影。此外，相关教会组织也派人到医院传播教义，基督徒勉励会派遣一位妇女每天到女候诊室与病人谈话，妇女布道会也派遣女读经员到医院。③

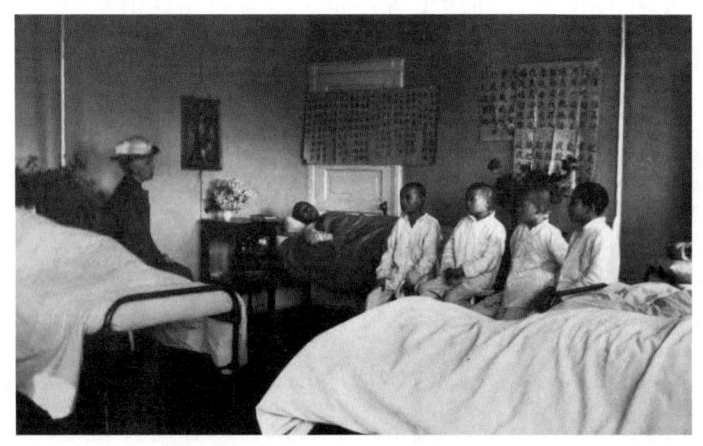

图2-4：传教士在潞河医院传教
图片来源：潞河中学校史馆

医院的核心管理人员和医师为外国传教士，他们也会发展中国助手从事具体工作。医务人员在分发药品后轮流与住院病人谈话，中国助手们在

---

① 美国公理会海外传道部：《美国公理会海外差会年度报告》，河畔出版社，1882年，第61页。
② 哈佛大学豪顿图书馆：《美国公理会海外差会文献》第3部分，中国差会：1860—1919，第283卷，第716页。
③ 毕晓莹：《从潞河医院看教会医院与近代社会》，《史学月刊》2012年第11期，第44页。

第二章 西学在通州的初传

安息日到布道站分发药物和传教。①由于有专业医生的专业化的治疗,病人自然对教会医院产生了好感,有一部分病人痊愈后逐步接受了基督教。这样的结果使传教士意识到,开办潞河医院对传教是有帮助的。传播基督教教义的传教士则更多地将医院视作传教的工作场地。由此可见,美国公理会在通州教会医院,通过治病救人,树立教会形象,最终目的是传教,向当地输出西方文化。

第三节 通州基督教青年会的创立及其影响

19世纪中期,工业革命在创造了工业文明的同时,也带来了一系列对传统文化和伦理的冲击,造成精神空虚、归宿感缺失、道德危机等一系列深刻的社会问题。基督教敏锐地注意到这个社会问题。为了以宗教活动改善都市青年人的精神生活,应对工业革命带来的社会危机,1844年,在工业革命的中心英国伦敦诞生了基督教青年会(The Young Men's Christian Association)。1851年,基督教青年会传入美国,发展成以"德、智、体、群"四育主张的基督教机构,成为在海外推行"美国生活方式"的重要力量。19世纪后期,美国综合实力跃居世界前列,逐步加入全球扩张的狂潮中,其首要目标是亚洲-太平洋地区和拉丁美洲地区。美国的海外传教运动是美国海外扩张的重要组成部分,美国成为青年会发展最具活力的国家。正是在这样的背景下,在通州的美国公理会传教士,依托潞河书院,成立了通州基督教青年会。

通州基督教青年会是由美国公理会传教士毕海澜发起的。毕海澜于1854年出生于美国新泽西州,1883年从安多佛神学院毕业后,加入美国海

---

① 据毕晓莹博士在《从潞河医院看教会医院与近代社会》(《史学月刊》2012年第11期,第44页)中介绍,其具体做法是,男、女工作人员分别在男、女候诊室布道,为病人宣讲福音,发放宗教书籍,他们教导住院的病人祈祷,唱赞美诗。

外传教团（American Board of Commissioners for Foreign Missions），并被派往中国。从1883年到1889年，他在中国华北开展工作，在通州潞河书院和戈登纪念神学院任教。

到通州任教后不久，毕海澜在通州潞河书院成立了基督教青年会。关于通州基督教青年会成立的史料十分稀少，目前所见的几则史料几乎都来自创始人毕海澜的回忆。

目前能见到较为详细的资料，是毕海澜在1926年10月16日，致来会理（D.W.Lyon）的一封信。① 来会理是天津青年会的创始人、中国近代体育的外籍专家，也是基督教在中国传播史方面的专家，是《百年中华基督教宣教史》（A Century of Missions in China）的作者。毕海澜给来会理的这封信，就成为通州基督教青年会成立的史料，"希望至少你（来会理）能够知道我认为关于这件事（通州基督教青年成立）的事实。将来有人编纂中国基督教青年会运动史时，（我想没有人再比你更合适做这种工作）我希望你能把这件事写得更翔实一些"②。据毕海澜在信中介绍，他成立通州基督教青年会的目的是："要使学生们认清宣教基督福音的责任，不只在那些从事神学中读过几年书，后来由教会支给薪水去传道的几个青年身上，使他们感觉在他们桑梓之地，为基督从事义务工作的荣耀。"③ 毫无疑问，成立通州青年会是为了推动通州及周边地区的传教事业。

据毕海澜介绍，他原本计划在1885年春季把通州青年会组织起来，但是学生们并不了解什么是基督教青年会，对这个组织并不热心，所以就暂时搁置下来。当年暑假，有两个学生到他家来，他将美国基督教青年会所

---

① 《通州潞河书院青年会创始人H.P.Beach致来会理博士的函》，《同工》1934年第136期，第9—12页。

② 《通州潞河书院青年会创始人H.P.Beach致来会理博士的函》，《同工》1934年第136期，第11页。

③ 《通州潞河书院青年会创始人H.P.Beach致来会理博士的函》，《同工》1934年第136期，第11页。

出的《前锋报》给他们阅读。随着对基督教青年会这个组织了解的深入，学生们渐渐有了兴趣，并着手建立通州基督教青年会。秋季开学之初，通州基督教青年会成立，毕海澜出任第一任会长。

关于通州基督教青年会成立的实物资料，毕海澜曾多次提到在成立之时的会员名单。这个名单是在青年会成立之时，由学生们设计制作，毕海澜将其曾发表在《青年时代》(*Young Men's Era*) 1894年合订本（6月14日）上。但是早在1926年，毕海澜给来会理写信之时，这个资料就很难找到，只有在基督教青年北美协会图书馆或者春田大学图书馆才能看到该杂志。但此时的毕海澜已经年老多病，无法查询资料。夫人因为要照顾他，也无法成行。毕海澜去世后，夫人找到了这个名册，并拍成照片，于1935年寄给北京神学院费克理院长。名册照片原件当时在北京神学院宗教博物馆，并公开发表在《同工》1939年第182期上。

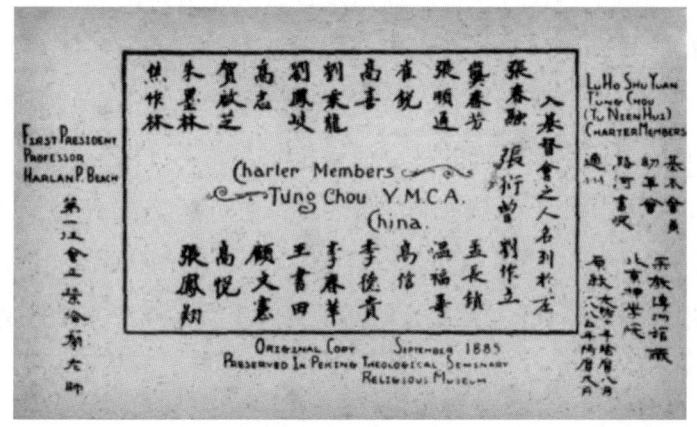

图2-5：潞河中学青年会创始会员名册，图片来源：《同工》1939年第182期，封2页

在成立之初，通州基督教青年会主要是让潞河书院的学生利用星期六、星期日到通州及周边地区进行福音传道。由于当时潞河书院的学生都是基督徒，毕海澜为他们制订了一个宏大的传教计划：他购置了一幅很详细的通州地图，用红线标出一个方圆十二英里的圆圈（约涵盖当时通州600余个

村庄），使他们认识到这是他们星期六下午和星期日布道的工作区。①毕海澜十分注重在乡村的传教活动，认为在乡村游行布道比在城市传教更有效果。他曾在自己的著作中介绍了在乡间传教的方法。他认为"在中国布道最有利的方法，就是传教士与个人接触"。来到一个乡村，"或坐在井旁，或站在庙台上，很快地刚下工的农民围观来看外国人并听他讲。特别是其中有不少妇女，她们在城市中是不可能在公众场合露面的"②。地点选好了，对象也有了，便进一步采取手段："简短的说教，友好的表示，散发教会问答和宗教小册子，或在地上写几个简单的字。"③为了调动大家的积极性，当学生们到一个指定的村庄去过三次，并得到布道活动的机会，毕海澜就在舆图上用红点对该村庄进行标记，"表示福音的真光已经通到那里了，当学生们见到朱点逐渐地多起来，他们心里充满了快乐和盼望"④。

基督教青年会传入中国后，主要分为城市青年会和学校青年会，通州基督教青年会属于学校青年会。通州基督教青年会是由美国公理会传教士推动成立的，具有美国基督教青年会的特点。当时美国基督教青年会已经形成固定模式：以会所为中心，聘用专职的干事，并在会所中提供四育项目，成为专门为青年人服务的社会活动机构，而不再像伦敦青年会那样是一个单纯的宗教组织。⑤从毕海澜的描述看，通州基督教青年会以布道为主，与美国当时通行模式并不相同。基督教青年会举办各种各样的宗教活动，不遗余力地传播"福音"。青年会的活动方式丰富多样：安息日晚上的义务

---

① 《通州潞河书院青年会创始人 H.P.Beach 致来会理博士的函》，《同工》1934年第136期，第11页。

② 转引自谢纪恩：《美国公理会教士鼓吹加紧对华文化侵略》，《近代史资料》1963年第3期，第161—162页。

③ 转引自谢纪恩：《美国公理会教士鼓吹加紧对华文化侵略》，《近代史资料》1963年第3期，第162页。

④ 《通州潞河书院青年会创始人 H.P.Beach 致来会理博士的函》，《同工》1934年第136期，第11页。

⑤ 赵怀英：《基督教青年会的起源与北美协会的"世界服务"》，《美国研究》2010年第2期。

第二章 西学在通州的初传

服务,每周一次;星期日晚上的《圣经》学习会;每周一次接待非教徒咨询,并在街头礼拜堂布道;每周一次讨论会,讨论其他国家的传教方式及如何适用于中国;招待会,招待会员及受会员邀请的会外人员;农历每逢十逢五的晚上,在街旁礼拜堂讲演;到邻近村庄传教;冬季放幻灯,有外国风景和《圣经》画片;假期中要从事教会工作。①

通州基督教青年会从成立之日起,就成为潞河书院一个很重要的学生团体,后来学生会的许多工作和职能都源于青年会。通州基督教青年会通过下设的部门,将美国的体育、音乐、戏剧、艺术以及美国的生活方式等介绍到学校,并进一步传播到通州及华北地区。这与美国海外传教战略是一致的,是文化侵略的结果,客观上为当时的通州社会文化注入了新鲜血液,增添了活力。

第四节　早期外国传教士在通州传播西学的努力
——以富善、谢卫楼为例

早期在通州的传教士有10余位,《民国通县志稿》记载了10位:"如牧师谢卫楼、都春圃、万卓志、费慕礼、雷思德,教士如安美瑞、范坚内、麦美德,医师如何美瑞(又译为'侯美丽')、盈亨利等由美国相继来华。"②除了这十位,还有姜戴德夫妇、毕海澜、博医师、谢卫楼夫人、富善夫妇、Bliss、Kelsey、Neal等人。

这些早期传教士都是以传播基督教为目的,大部分传教士学识渊博,在某一方面有专长。他们在传教的同时,也将西方思想文化带入中国,这其中尤以富善和谢卫楼为代表。这二人不仅是学养深厚的传教士,长期在通州工作、生活,对通州近代教育的产生和发展发挥了重要作用。本节以

---

① 耿宝珍:《清末民初欧美文化传到通州》(交流资料),2014年3月。
② 通州区史志办公室整理:《民国通县志稿》(内部交流),2002年,第47页。

通州大变局（1860—1949）

这两人为重点，介绍早期传教士传播西学的情况。

一、富善在通州的传教事业及在中西文化交流方面的实践

富善是19世纪后半叶在中国的著名外国传教士，中文《圣经》官话和合本译者之一，也是最早来通州传教的美国公理会传教士之一。他出生在美国马萨诸塞州，1865年，受美国海外传道部的差派，与新婚妻子一起来到中国。到北京稍事安顿后，富善开始学习中文，并为自己取了中文名字"富善"。富善长期在中国工作和生活，精通汉语特别是北京周边地区的方言，除了翻译《圣经》外，还主编过《华英袖珍字典》（1891年）、《官话萃珍》（1898年）。1925年，来华传教整整60周年之后，富善去世，终年89岁。①

同治五年（1866年）11月，富善在通州城内建起一座小礼拜堂。为了便于传教，不久后即创办潞河男塾，即今天通州潞河中学的前身。他坚持每天向当地百姓分发传教宣传册页，并借一切机会向大家宣讲基督教教义。为了便于传教，拉近与当地民众的距离，他尽可能地融入当地社会生活，在生活方式上，尽可能与当地人一样。

坚持了6年之后，受美国公理会的委派，富善到潞河书院和八境神学院（后改名为戈登纪念神学院）任教，并任神学院的院长。由于他知识渊博，有丰富的教学经验，学校安排他教授天文学、讲道学、神学、教会历史和《旧约》历史等科目。第二年，华北地区发生严重饥荒，受华北公理会的委派，富善牧师与另外两位传教士前往灾区发放美国的救济金。光绪三十一年（1905年），戈登纪念神学院与长老会联合创办协和神学院，富善被派往新建的神学院任院长。

为了便于传教，富善积极学习中文，并在中英文翻译方面有一定建树。光绪十七年（1891年），他出版了英文版《华英袖珍字典》（*A Pocket*

---

① 此据富善之子L.Carrington Goodrich为《华英袖珍字典》所写的介绍。

Dictionary Chinese-English and Pekingese Syllabary）。富善自称该字典收汉字10587个，实为10574字，其中异体字、异读字均分别计数。汉字读音用威妥玛式拼音注音，按字母顺序排列。该字典初版1891年，其后多次印刷。①他还出版了一本《官话特性研究》，有近4万句汉语。这两本书是当时西方人学习汉语的必备参考书，也为西方世界了解中国文化提供了一个难得的渠道。

富善在中西文化交流方面的另一个重大贡献是全程参与《圣经》的翻译工作，并力主将其翻译成白话文。到19世纪末，在中国各地的教会有不下10余种《圣经》译本。光绪十六年（1890年）5月，传教士联合译经大会在上海举行，决定翻译出版一部统一标准的《圣经》译本，务求做到文笔顺畅而又忠于原文。次年，共成立了3个委员会，分别负责3种不同文体的版本：深文理、浅文理以及官话本。富善被推选为《深文理和合本》《官话和合本》两个执行委员会的成员。

光绪三十三年（1907年）四五月间，译经大会再次举行。大会接纳了富善等人所翻译和修订的《官话和合本（新约）》，决定对《浅文理和合本（新约）》和《深文理和合本（新约）》进行合并，并启动《官话和合本（旧约）》和《文理和合本（旧约）》的翻译。这次会议还成立了《官话和合本（旧约）》翻译委员会。富善再次被推举为委员会的5位成员之一，并于一年后接任委员会主席。

经过10年不懈努力，《官话和合本（旧约）》于1917年翻译完成。紧接着是对译本的编辑工作。《官话和合本（旧约）》和《官话和合本（新约）》在文笔风格上有很大不同，因此富善和另外两人一起，被委派对整部《圣经》译本进行修订。1919年，《官话和合本新旧约全书》正式出版。

在富善的主导下，《圣经》被翻译成了白话文。传教士的翻译工作不

---

① 张树铮：《19世纪末北京话中的异读——以富善〈华英袖珍字典〉为标本》，《吉林大学社会科学学报》2014年第2期。

仅对基督教在中国的传播产生了重要影响,也对中国近现代的文化发展产生了一定影响。胡适在《五十年来中国之文学》一书中,对此给予了高度评价。

二、谢卫楼教育思想的演变及其对西学传入的实践

谢卫楼是美国公理会传教士,在教会教育和西学东传上有丰富实践。1841年8月31日,谢卫楼出生于美国纽约州。1866年,考入纽约州奥伯恩神学院(Auburn Theological Seminary)。在学院学习期间,受到海外宣教运动的影响,他立志成为传教士,到海外从事传教事业。1869年5月,毕业后的谢卫楼正式成为一名牧师。不久后,他受美国公理会委派,前往中国传教。1869年,谢卫楼抵达通州。到通州后不久,他接手了潞河男塾,直到1913年因病辞世,先后担任通州潞河中斋、潞河书院和华北协和大学的校长。

谢卫楼有丰富的教育实践,其基本教育理念前后有很大不同。最初他认为,传教士的首要目标是传教。虽然可以借助文字、教育和医疗等方法来传福音,但这些都不过是辅助手段,不能成为传教士主要的工作。为了更好地传教,谢卫楼并不反对兴办教会学校。但是在相当长一段时间内,将他所从事的基督教教育活动,严格限定在为宣教事业服务方面,而不是用来传播西学。在他看来,教会设立学校的目的就是为传教,即为传扬福音和培养本地传道人服务,而不是向中国人传授世俗的西方学术文化。如果以提供世俗知识或西学为教学目的,就会导致学生进入教会学校是为了学习西方文化知识,或者学习某种谋生手段,而与传教的初衷大相径庭。在这种思想指导下,通州教会学校的办学宗旨,就是让各公理会宣教站选送男生前来接受培训,毕业后作为传教士的助手服务教会。①

---

① 吴义雄:《谢卫楼与晚清西学输入》,《中山大学学报(社会科学版)》2007年第5期,第45页。

光绪十六年（1890年），谢卫楼在发表的一篇专门论述基督教教育的文章中说，"教育是一种曾经被利用，而且还在被用来反对基督教的力量"，西方近代教育与学术，"已经被反基督教的精神严重污染，以致利用其学识反对基督教的人数不比运用知识保护基督教的人数少"。①他认为基督教宣教事业所遭遇的最为严峻和长久的抗拒，来自那些被异教哲学和宗教迷信盘踞的学问。

图2-6：谢卫楼
图片来源：潞河中学校史馆

后来，谢卫楼的教育理念有所变化，尤其对传播科学文化知识的态度，不再完全排斥。他仍强调教会学校的教学严格限于基督教教育，但同时也强调知识的重要性，所谓世俗知识还是在其学校课程中占了相当大的比例。如前所述，在服务宣教事业的大前提下，潞河的教学中也包含了西方近代学术文化的内容。

在长期的传教和教育实践中，谢卫楼在学术上成绩斐然。尤其是在清廷宣布实行全面改革的"新政"后，谢卫楼主张基督教应当积极介入西学输入。在教学活动的基础上，他先后编译、撰写、出版了一批学术著作，如《万国通鉴》（1882年由上海美华书馆首次印刷发行）、《圣教史记》（1890年由通州公理会刊印）、《理财学》（1902年由上海美华书馆铅印）、《是非要义》（1907年由华北协和书院出版），以及《心灵学》《神道要论》《政治源流》等。此外，他还先后在《万国公报》上发表文章，将西学介绍到中国来。

谢卫楼第一本中文教科书是刊刻于光绪八年（1882年）的《万国通鉴》。全书分四卷，共三十一章。第一卷是亚洲史，第二卷是西方古世史，第三

---

① D.Z. Sheffield, "Christian Education: Its Place in Mission Work", *The Chinese Recorder*, Vol.21, P248.

卷是西方中世纪史，第四卷为西方近代史。各卷书内还配有许多地图。最后一章"论格物之学术兴起"，介绍了欧美近代科学技术的发展，特别提到哥白尼的日心说与开普勒在天文学上的贡献、牛顿的万有引力、富兰克林在电学方面的成就，以及近代化学、地质学等学科的发展，西方近代机械工艺的进步等①。该书用浅文言写成，是一部关于世界历史的著作，其中以西方历史为主要内容。他一再强调西方学术发展与基督教的关系，谓"宇宙万物皆为一位全能全知的上帝所造"。该书出版后，成为当时广泛使用的教科书，不仅在基督教界内具有一定的影响，对中国的官员和知识分子也有一定影响。

谢卫楼先后出版的关于西方学术文化的专著中，影响较大的有四部，即《理财学》《政治源流》《是非要义》《心灵学》。

《理财学》是一本经济学著作，实际上就是政治经济学。《理财学》正文四卷，分别是"论生财"（内容有"论地与地产""论人工""论资本由何而生如何而用"）、"论易财"（内容有"论交易于生资财之关系""论诸国互相交易""论钱币与钱币之值""论金银钱票于贸易之损益""论所出之物与所散之物何涉"）、"论分财"（内容有"论地租""论利息""论总办""论工价""论赋税"）和"论用财"（内容有"论用财有关于民生""按理财学之理见之于事者推论数端"），分别涉及生产、交换、分配和消费这几个经济学的基本领域。谢卫楼采用"理财学"这一名称，而不再使用19世纪末流行的"富国策"之名，以"学"替"策"，凸显其作为正规学科的学术性，这是中国近代经济学说史上值得注意的进展。②谢卫楼在书中用了相当篇幅介绍当时在英美学术界有一定影响的单一地税理论。谢卫楼还专门介绍了亨利·乔治（Henry George）的学说，这一学说后来对孙中山的民生主义思想的形成产生

---

① 吴义雄：《谢卫楼与晚清西学输入》，《中山大学学报（社会科学版）》2007年第5期，第46—47页。

② 吴义雄：《谢卫楼与晚清西学输入》，《中山大学学报（社会科学版）》2007年第5期，第48页。

第二章 西学在通州的初传

了重要影响。

《政治源流》是谢卫楼为潞河书院及华北协和书院学生所编教材。本书参考了时任普林斯顿大学校长、后为美国总统的伍德罗·威尔逊的《论国家》(The State)。该书主要是通过叙述西方主要国家政治史的形式，来讨论政治学的理论问题，希望通过对西方政治制度和学说的介绍，来影响清政府实行"新政"。谢卫楼以西方近代政治学说的一般原则为基础，详解政治之义理，法律之裨益；论述了立国之大旨、习俗与政治之关系、成文总律（即宪法）之益、定律（即立法）之责、行政之责、审律（即司法）之责、政党操权（即党派政治）等政治学的基本问题。①

《是非要义》讨论的是"是非学"，即伦理学。全书分两卷，上卷论是非之理，属理论是非学，共九章，分别讨论"善之原由""是非学与他学相关""人心关乎是非之运动""人是非不同之故""人之是非当有主领之权""关乎是非之天理""定志之才""道德""邪恶"；下卷论是非之用，属应用是非学，共八章，分别讨论人"对上帝之本分""对己之本分""对人之本分""对家庭之本分""万国当以仁义为交涉之准""对国之本分""儒教论是非之大旨""基督教论是非之大旨"。谢卫楼的《是非要义》出版时，中国学界尚无"伦理学"之名，故翻译为"是非学"。谢卫楼为"是非学"所下之定义为："究考人关系善恶之思念言行，而推明其所以为善为恶之理，即谓之是非学。前者乃考究善所以为善，恶何以为恶；人因何以善为是，以恶为非；如是考究，乃寻求善恶之原因，及其定理。是非学者，不但陈明是非之理，并究问此理之由来，与人持守遵行之本分也。"其宗旨是"造就人才，成全人德，俾为完人"。②

1911年，谢卫楼出版了《心灵学》(即心理学)。《心灵学》一书内容除了"总论"外，共分为三章。在总论部分，他解释了灵（spirit）、性

---

① 谢卫楼：《政治源流》，通州协和书院印字馆，1910年。
② 谢卫楼：《是非要义》，华北协和书院，1907年，第1—2页。

（nature）、心（mind）之分别。第一章论及思悟（understanding），讨论良知良能、感觉、知觉和思考等问题；第二章论及情欲（affection），讨论属身之欲、属心之情、是非之情等各种情感；第三章论及定志（will），论证定志（即意志）为人身运动以及人心运动之主领，等等①。谢卫楼认为心灵学是最为深奥的学问之一，在他看来，心灵学之研究范围有三：心灵由何理启发习练，人与人之心如何相感相连，世人之心与上帝之心如何相感相连。与上述几本著作不同，《心灵学》出版时，已经有多种心理学的著作刊行，但是作为中国心理学开端时期的教科书，该书的出版对心理学在中国的传播，仍发挥了一定作用。

除了富善和谢卫楼外，其他一些传教士在传教的同时，也致力于教育事业和中西文化交流。如协助谢卫楼创办潞河书院的麦美德，为西方教育传入中国发挥了积极作用。1888年，麦美德受美国公理会委派，到通州协助谢卫楼创办潞河书院，在学校教授地质学和心理学。1903年，受聘为北京贝满女校校长后，借鉴谢卫楼在潞河中学基础上创办大学的做法，于次年创立了中国第一所女子高等学校——华北协和女子大学。又例如柯慕慈女士（富善夫人）于光绪三十年（1904年）在通州创办了安士学道院，是女童蒙馆，为七年制小学，是通州富育女校的前身。这所学校培养出了冯玉祥将军夫人、新中国第一任卫生部部长李德全和中国现代妇幼事业创始人杨崇瑞等。还有一些人是医学传教士，如侯美丽、盈亨利、博医师、Bliss、Kelsey、Neal等，他们将西方医学传入通州。

传教士为了服务在华传教事业，通过办学校、医院等机构，为中国带来了西方文化，用西方的学术方法研究中国，促进了中西文化的交流。在通州的这些传教士，长期在通州传教、工作、生活，使通州成为华北地区接受西学较早也是较深入的地区。随着中西两种文明冲突的加剧，通州也成为矛盾冲突较为激烈的地区。

---

① 谢卫楼：《心灵学》，华北协和书院，1911年。

第三章　文化侵略背景下的致命冲突

在近代基督教传入之前，在中国古代历史上，基督教曾有三次传入的经历。①此次基督教传入中国，是在美国推行海外传教运动，对外进行"文化输出"的大背景下进行的。他们带着文化优越感，以救世主的心态来到中国，首要目的是传播基督教。在输出基督教文明的同时，难免对以儒家思想为核心的中国文化进行贬低甚至是污蔑，引起了两种文明的冲突，最终间接导致了义和团运动的兴起。八国联军以此为借口进行疯狂的报复，引起了历史性的大悲剧。

第一节　教会的特权与义和团运动的兴起

近代基督教传入中国后，在各地爆发了教案。在通州，教民关系逐渐紧张，最终以义和团运动和八国联军侵华达到冲突的顶点。

一、传教士的特权

中华文明有一个特点，或者说中华文明之所以绵延几千年，未曾中断，

---

①　最早传入中国是在唐代，当时传入的"景教"是基督教的一个分支。最早记载景教传入中国的《大秦景教流行中国碑》，现藏于西安碑林博物馆。第二次传入中国发生在元代。1289年，罗马教皇派出传教士出使东方，经元朝廷的允许后，开始了基督教另一个派别天主教的传教活动。第三次进入中国，发生在明末清初，以利玛窦、汤若望、南怀仁、马礼逊等为代表。

有一个重要原因，就是中华文化不封闭保守，而是抱着开放、包容的态度借鉴吸收外来文化，这就是中华文化"会通"精神的具体体现。[①]"会通"精神是中华优秀传统文化的核心理念之一，强调的是融合、创新，而不是冲突、对抗。中国文化中的"会通"精神体现了思想文化上的再创造。佛教、伊斯兰教、基督教等不同的思想、宗教传入中国，中华文明总能够"厚德载物""兼容并包"。从异域来的宗教、思想、文化传入中国后，与以儒家思想为核心的中华文化进行交流互鉴，实现了中国化，成为中华文明的组成部分。最为明显的例证就是佛教传入中国，实现了"佛学的中国化"。所谓"佛学的中国化"就是佛学与儒学会通的结果。[②]

中国历史上前几次基督教传教，基本上没有发生大的冲突。为什么近代基督教传入中国后，引起了罕见的深层次、大规模的冲突？这与此次基督教传入的方式有直接关系。前几次基督教传入是文化传播行为，而这次大规模传入，发生在鸦片战争后，尤其是在第二次鸦片战争后，在不平等条约的庇护下传入，是西方列强利用强权的侵略行为。传教既是西方列强侵略行为的"成果"之一，也是进一步侵略的重要内容。

在被迫签订的《天津条约》和《北京条约》中，加入了允许基督教在华传教"宽容条款"。这一"宽容条款"列入条约的正式条款，也与传教士息息相关。美国长老会传教士丁韪良（William Alexander Parsons Martin）作为翻译，于咸丰八年（1858年）亲自参与起草了中美《天津条约》，并且在另一位传教士，时任美国公使团秘书卫三畏的支持下，将允许传教写入条款。该条约第二十九款规定："耶稣基督教，又名天主教，原为劝人行善，凡欲人施诸己者亦如是施于人。嗣后所有安分传教习教之人，当一体矜恤保护，不可欺侮凌虐。凡有遵照教规安分传习者，他人毋得骚扰。"[③]这不但干涉了

---

① 张岂之：《中华文化的会通精神》，长春出版社，2016年12月，第276页。
② 张岂之：《中华文化的会通精神》，长春出版社，2016年12月，第276页。
③ 王铁崖：《中外旧约章汇编（第一册）》，生活·读书·新知三联书店，1982年，第95页。

第三章　文化侵略背景下的致命冲突

中国内政,也为日后爆发冲突埋下了祸根。

在不平等条约的庇护下,各国擅自赋予传教士更多特权,并通过外交途径迫使清王朝各地方政府予以承认。尤其在直隶地区,传教士更是为所欲为,朝廷官员不仅不能干涉,还要以礼相待。法国驻北京公使施阿兰曾给法国传教士林懋德发了传教执照,蛮横地要求"大清执政大臣及各省文武官员边疆大吏,自此以后,教士林公在直隶省内来去传教居住,无论何处租买田地、建造天主堂屋宇,均听其便,丝毫不可留难,当以宾礼相待,并望随时照料,切勿袖手旁观,庶臻妥协"①。而当时直隶总督荣禄不仅没有丝毫质疑,而且还认为林懋德在处理保定教案一事上,"办事出力,深为可佩"②。荣禄还向皇帝请求,"赏赐"给林懋德三品顶戴,"嗣后直隶地方遇有民教交涉之事,可与林教士商办"③。如果清王朝的子民与传教士有了矛盾,其处理权完全交给了外国传教士。林教士有了三品顶戴和在直隶省内的特权后,为了保护教会和传教士特权,经常向直隶省各级官员发号施令,而各级官员"不惟各府州县,即至顺天府尹、直隶总督等大宪,未有不答之以礼者"④。有的是普通的民事纠纷,只要涉及传教士或者基督教信众的利益,林懋德直接向当地县府官员施压。如京南某县有一个会首向基督教教民靳永奎摊派银两修庙,京南教务向知县函告,要求追究查办。该县府官员没有及时回复,林懋德马上派专人前往县府交涉,并函告该知县,"务请贵县将此案妥为了解,是为至祷"⑤。林教士对直隶省内各级官员颐指气使,俨然是"太上皇"的做派。

---

① 见林锋源辑:《樊国梁等函牍》,《近代史资料》1963年第3期。
② 见林锋源辑:《樊国梁等函牍》,《近代史资料》1963年第3期。
③ 见林锋源辑:《樊国梁等函牍》,《近代史资料》1963年第3期。
④ 见林锋源辑:《樊国梁等函牍》,《近代史资料》1963年第3期。
⑤ 见林锋源辑:《樊国梁等函牍》,《近代史资料》1963年第3期。

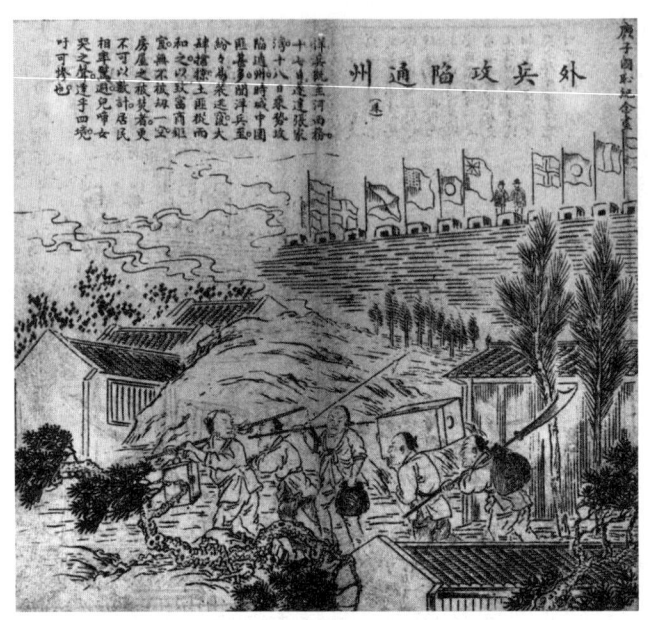

图3-1：漫画《外兵攻陷通州》
图片来源：《图画日报》1910年第221期

在不平等条约确定的"治外法权"的保护下，欧美列强的教会神职人员在华活动，不受清政府管辖，成为特权阶层。不仅如此，中国信徒也受到教会势力的庇护，部分不良教民仗势欺压当地民众。最初，有稳定收入的人，很少对基督教感兴趣，只有无稳定生活来源的人，乞丐、流浪汉或者遭受挫折的人成为最初传教的主要对象。这从传教士在通州创办的"潞河男塾"（亦称"潞河男学蒙馆"）招收对象也可以得到印证。这些人入教后并不都真正皈依基督教，其中有些人滋事害民，但是得不到应有的制裁。以至清政府官员发出感慨："府县厅镇凡建有天主堂者，地方辄不能安其生，而教士之势乃张，为祸至于无穷。"[①]可见，这种事在当时相当普遍。

传教士激起民愤牵涉面最广的原因就是霸占土地。传教士还享有"在各省租买田地，建造自便"的权利，在不平等条约的保护下，传教士在各地

---

① 王彦威、王亮辑编：《清季外交史料》第10卷，湖南师范大学出版社，2015年5月。

第三章 文化侵略背景下的致命冲突

侵占土地,开辟新教区。他们"谋田地房产,不先禀报地方官,硬立契据"的事件已遍及全国。①他们在各地购买土地房产,有的还侵害普通百姓的利益,导致老百姓的反抗。他们针对不同的对象,瞄准不同的时机,采用不同的霸占手法。传教士对教徒采用宗教语言诱使他们捐献,给他们开出"死后可以到天堂住更大的房屋"的空头支票。在发生灾荒的时候,传教士往往以拯救者形象出现,在农民逃荒之际,用极低代价收购。

由于不平等条约的保护和列强枪炮的威慑,传教士有恃无恐,为所欲为,损害当地老百姓利益的事多有发生。而地方政府却往往害怕外国势力,不能秉公处理,造成教案。从19世纪40年代开始,少数地方因教民相争而酿成教案,第二次鸦片战争后,发生教案的次数明显增多。

从鸦片战争之后到清王朝覆灭的约70年间,发生在直隶地区的教案多达240起,从数量看,仅次于山东省。②而当地官员不敢得罪传教士,只好压制当地老百姓。这样的处理方式,并不能从根本上解决问题,只能集聚更大的怨恨。通州作为教会活动重地,教民之间的冲突愈演愈烈。

二、冲突的深层次原因探析

这种冲突从表面上看是传教士及信徒与当地民众之间的利益冲突,其实有更深层次的原因:基督教和以儒家思想为核心的中华传统文化之间的冲突。当时的一些传教士,对冲突的深层次原因直言不讳。美国公理会传教士、通州潞河书院院长谢卫楼就是有这种思想的代表人物。

作为美国传教士,谢卫楼对美国文化有一种骨子里的优越感。光绪二十二年(1896年),谢卫楼在《万国公报》上发表了《泰西之学有益于中华论》一文,认为中国文明开化虽早,但历代儒者"自诩其学有渊源",没

---

① 顾长声:《传教士与近代中国》,上海人民出版社,2013年,第112页。
② 尹智辉:《晚清直隶官绅与教案》,《聊城大学学报(社会科学版)》2011年第2期,第313页。

有勇气"言圣人所未言,究圣人所未究","凡古圣所未论及者,概视为无稽之谈,鄙弃之而弗道","虽有以泰西实学相传述者,必多方阻遏之,疑忌之",对来自西方的各种新学视若不见,"如在梦中,屡唤之而不寤"。① 而在大致论述了西方近代科学的发展后,他介绍了作为近代西方文化基础的教育制度,并指出中国接受西学的裨益有八:"广见闻,拓才识,普教化,得真乐,开利源,辅政治,崇正教,明真道。"②

光绪二十八年(1902年),他又在《万国公报》上发表了《论基督教于中国学术变更之关系》一文。在该文中,他论述了儒家思想六大弊端,归纳为"儒教误于敬拜,疏于考察,杂于虚妄,泥于古圣,昧于物理,于泰西新学,终难知其意,得其益,识其总归矣"③。主张只有将基督教和西方新学同传于中国,才能真正使中国有光明的前景。他论述道:"新学的根本,在于基督教。只有基督教与新学同传于中国,其活泼感人之能力,足令新学得其善美之成效。因为只有基督教才真正合乎天理,并将真理启示于人,其道能大感人心,令人研究真理,即新学之本源也。"④最后他主张在社会变革之际,教会当多设学堂,令圣道与新学,互相辅助,多结善果。他的目的就是要基督教在中国学术思想变迁之关键时刻,全方位输入西学,占领精神和文化上的制高点,为基督教在中国传播清除深层次阻力和思想上的障碍。

谢卫楼认为阻碍基督教在华传播的障碍是儒家思想。在他看来,儒教最核心的内容即是天理、性善、伦纪等伦理观念。他曾发表文章,论述孟子性善说与基督教的人性说无法融通。他的信念是:"基督教来到中国,不

---

① 谢卫楼:《泰西之学有益于中华论》,《万国公报》1896年第93期,第11—17页。
② 谢卫楼:《泰西之学有益于中华论》,《万国公报》1896年第93期,第11—17页。
③ 谢卫楼:《论基督教于中国学术变更之关系》,《万国公报文选》,中西书局,2012年8月,第146页。
④ 谢卫楼:《论基督教于中国学术变更之关系》,《万国公报文选》,中西书局,2012年8月,第147页。

是为了补充儒教,而是为了取代儒教";基督教不需要儒教作为它的"基础",也不需要儒教作为"装饰"。①故基督教思想与儒家伦理不能混为一谈。他在其著作《是非要义》的最后部分,对儒教和基督教二者"论是非之大旨"进行评述:对儒教的天理、性、气、圣等概念和学说以及儒家以三纲五常为核心的伦理体系都进行了抨击;相应地,对以上帝、基督为中心的基督教伦理学说,则进行大力渲染。

而当时中国的士大夫阶层,即使是开明的洋务派、维新派,也是将维护儒家的纲常伦理作为重要目标。他们已经看到了基督教传入给中国社会带来的深层次危害。洋务派代表人物张之洞在《劝学篇》发出了"保国、保教、保种"的大声疾呼,其所谓保教即保护以三纲五常为代表的人伦教化。维新派代表人物康有为针对当时中国民间社会由于基督教传入,对旧有道德体系的致命冲击,也提出了"保教"主张。他所谓"保教",即是建立面向民间的孔教制度。无论是洋务派思想,还是维新派思想,在通州民众中,尤其是士大夫和知识分子阶层中影响都很大。

受儒家思想熏陶的民众对基督教极为不解,也感到其中的思想令人害怕。例如,儒家文化讲仁爱,是一种有等差的爱,一个人首先要爱身边的人,然后才爱其他的人,不同人之间的爱的内容和程度是不一样的。父亲对子女的爱的表现形式是"慈",子女对父母的爱的表现形式是"孝",即所谓"父慈子孝";丈夫对妻子要有情义,妻子对丈夫要贤惠,也就是要"夫义妻贤";哥哥姐姐对弟弟妹妹要友爱,弟弟妹妹对兄长姐姐要恭敬,就是要"兄友弟恭"。所以,有人说中国人不善于表达爱,进而说中国传统文化没有爱的教育,这是不对的,是对传统文化的误解。而基督教讲的爱是一种没有等差的爱,这和墨家的"兼爱"相似,主张爱无差别等级,不分厚薄亲疏。基督教不仅认为爱没有差别,而且讲在上帝面前,人人都是平等的,

---

① D.Z. Sheffield, "A Discussion on the Confucian Doctrine Concerning on Men's Nature at Birth", *The Chinese Recorder*, Vol.19, P23.

也就是父母孩子都是上帝的子民，都是教友，是兄弟姐妹。接受儒家文化的中国人就理解不了，也接受不了。在家族中，长辈的权威和地位受到挑战，推及国家、社会，依靠儒家文化建立起来的伦理道德都受到了挑战。

不少通州民众，尤其是深受传统文化教育的知识分子，对潞河书院院长谢卫楼的行为和言论十分反感。但由于处于弱势地位，他们无法与传教士平等地进行交流，处处受到压制，人们只好用最原始的方式表达愤怒。光绪二十一年（1895年）六月的一天，潞河书院附近的通州民众，包围了谢卫楼，将他痛打了一顿，致使谢卫楼"负伤30余处，4个月后才治愈"①。

对普通民众来说，从一开始就把医疗传教士视为治病救人的医生，而非拯救灵魂的传教士。尽管有一些人抱着试试看的态度来医院就医，并在形式上皈依了基督教。但是，不能否认的是，有不少人入教是因为教众不受中国法律制约的特权，而且还能得到不少物质上的帮助。更有甚者，由于并没有了解基督教教义，或者说他们成为基督教信徒的目的，就是借助信徒的身份，享有特权，得到教会的保护，使社会各界大为反感。

实际上，不仅普通通州民众不能理解基督教教义，甚至一些被医疗传教士招收的学生，对基督教的一些教义和宗教故事也感到不可理解。一位承担医学院教学的医疗传教士写道："在我的教学生涯中经常遇到的难题，是如何向中国学生解释圣母是处女却又能够生子的教义。"②

尽管传教士在通州兴办了教育、医疗等机构，在社会上为教会树立了良好的形象。但是人们很快意识到传教士真正的目的，是为了传播基督教。随着意识的觉醒，民族主义情绪不断高涨，反对教会势力成为一种潮流，义和团运动将这种不满推向了极端。

---

① 霍培修、谢纪恩：《美国公理会在华北的扩张》，《近代史资料》1963年第3期，第183页。

② Karen Minden, Bamboo Stone: The Evolution of a Chinese Medical Elite, University of Toronto Press, 1994, P55.

三、义和团运动在通州

19世纪末,起源于山东的义和团运动,参与者多为农民,他们通过秘密结社组织起来,以"保卫身家,防御盗贼"为宗旨。到光绪二十五年(1899年)下半年,义和团又提出了"扶清灭洋"的口号。分布在各地的传教士及其家属成为义和团灭洋的首要对象,并危及皈依基督教的中国信众,后来扩大到与教会有关的教堂、学校和医院等机构,甚至一切带有"洋"的东西都成为义和团消灭的对象。

光绪二十五年(1899年),袁世凯出任山东巡抚,严格限制义和团的活动。从翌年6月起,袁世凯开始采取严厉手段,在山东境内镇压义和团。在这样的情况下,义和团只能向山东周边地区转移,首选直隶等地。虽然山东义和团残余被赶入直隶,但是直隶义和团是以当地人为主,很多成员为无业游民和盗匪。与山东义和团中不少拳民精习武术不同,直隶义和团中真正精通武术的人不多,所以装神弄鬼、请符念咒是他们社坛办场活动的主要特点。①

通州是京师东大门,义和团进入北京城之前,必先到通州地区。光绪二十六年(1900年)年初,通州人傅德寿、陆德文、于源三人,得知天津西北运河两岸村庄,有人练习义和神拳,就前往学习。回到通州后,在位于通州城北关的三官庙和东关的铜关庙设坛,聚众传授神拳,城乡民众云集,迅速发展到三万余人。②通州是漕运枢纽,在漕运繁盛之时有大量以漕运为生的从业者,如运丁、水手、舵工、纤夫等。而随着漕运的衰败,这些从业者失去了生活来源,成为无业流民。当义和团运动蔓延到通州后,这些曾经依托运河而生的流民也参与了进来。

1900年3月26日,在通州的美国传教士致函美国驻清政府使馆,"该处

---

① 相蓝欣:《义和团战争的起源》,华东师范大学出版社,2003年12月,第176页。
② 周良:《通州反教会抗联军始末》,《文史选刊》(内部交流)第8期,1990年12月。

通州大变局（1860—1949）

无数拳民在彼操练，且声言与洋人为难"①。其实，在这之前，美国驻华公使康格（Edwin H.Conger）就应传教士的要求，照会清政府，要求采取强力措施镇压义和团运动。迫于内外压力，清政府严禁义和团，先后派出多批军队进行镇压。但是清政府此时已经没有充足的精力对待义和团。在数次交战中，义和团不仅没有得到遏制，反而势力更加壮大，直隶地区的义和团运动已呈现出"诛不胜诛"的局面。

1900年恰好是阴历一个甲子的末年。因为第一次鸦片战争爆发于1840年，于是就有六十年甲子一轮回，将洋人赶出中国的说法。②当年5月，义和团随运粮船经运河来到通州。③他们遍贴匿名揭帖，其词曰："神助拳，义和团，只因鬼子闹中原。不下雨，地发干，都是教堂遮住天。女无洁意，男不嫌，鬼孩不是人所产。如不信，仔细观，鬼子眼珠俱发蓝。神也怒，仙也烦，一等下山把拳传。焚黄表，生香烟，请来各洞众神仙。不用兵，只用拳，要废鬼子不为难。挑铁路，拔电杆，海中去翻火轮船。大法国，心胆寒，英吉俄德哭连连。洋鬼子，全杀尽，大清一统并江山。"④

通州群众纷纷响应，无论城镇还是乡野，大街小巷，墙边路旁，都设了拳坛。《民国通县志稿》记载："无知愚民也亦立坛数处。"⑤这里的"立坛"也就是设立拳坛，是义和团每到一处练拳集会之所。设坛有一定仪式，一般都要摆香案，祭祖师，上香磕头。他们经常头包大红粗布，身穿大红兜肚，黄裹脚，红裹带，手持长矛大刀进行武装游行。一边游行，一边高呼："还我江山还我权，刀山火海爷敢钻。哪怕皇上服了外，不杀洋人誓不完。"当时，通州城里的铁匠铺日夜不停地为义和团打造武器。与此同时，通州

---

① ［日］佐原笃介辑：《拳匪纪事》卷二，杭州古旧书店，1981年2月。
② 相蓝欣：《义和团战争的起源》，华东师范大学出版社，2003年12月，第177页。
③ 《（民国）通县编纂省志材料》，《通州方志集成》（第12册），北京联合出版公司，2017年6月，第868页。
④ ［日］佐原笃介辑：《拳匪纪事》卷二，杭州古旧书店，1981年2月。
⑤ 通州区史志办公室整理：《民国通县志稿》（内部交流），2002年，第229页。

的西集、侉店、马头、郎府、永乐店、牛堡屯、马驹桥的团练，动员了所有青壮年，矛头直指传教士和教堂及相关机构。

当时直隶一带的教堂里，几乎都有洋枪武装。通州贾后疃教堂，当时有"教士一位，教民约六七百名"①。到当年4月18日，传教士发现当地民众聚集起来声称灭洋教，显得十分恐慌。法国天主教主教樊国梁向通永道致函写道："邻右村庄，拳匪甚伙，日演邪术，意图灭教，声势甚张。以致教民惊慌无措，颇形危险。"要求通永道派兵镇压，"若不及早派兵前去保护弹压，势必酿成巨案"。②地方政府处于两难境地，左右摇摆。过了几日，教堂周边的拳民人数更多了，并且情绪更为激动，声称要灭洋教。仍不见地方政府派兵镇压，樊国梁又致函通永道，声讨地方官被拳民首领所蒙蔽，"犹复坐观成败，昧于先几，万一酿成巨变，事情决裂，想该管有司亦难辞咎"，并威胁通永道"如有瞻顾因循，不肯先事预防，任令激成事变，即惟该地方官是问"。③贾后疃天主教堂做了充分的准备，等到义和团发起攻击时，"带有军器，聚有数千人之多"，而义和团"聚众万余，进攻贾后疃，至晚败归，受伤者百余人"④。

陷入恐慌的传教士躲进教堂，只能默默祈祷上帝的保佑，凭借坚固的防御暂时避难。被困人有什么所见所闻呢？一个被义和团困住的外国官员曾留下了详细的记录：

> 我们听见能想象得到的最可怕的声音。"杀""杀"声震天，仿佛整座城市的人都在猛击城门，渴望着我们的鲜血。那是疯狂野兽的怒吼，无法用文字形容，我们血管里的血完全凝结了。那不是对他们能怎么样的恐惧——他们大部分，实际上几乎所有人都只佩有刀剑。但那是

---

① 见林锋源辑：《樊国梁等函牍》，《近代史资料》1963年第3期。
② 见林锋源辑：《樊国梁等函牍》，《近代史资料》1963年第3期。
③ 见林锋源辑：《樊国梁等函牍》，《近代史资料》1963年第3期。
④ 国家档案局明清档案馆编：《义和团档案史料》，中华书局，1959年。

我们第一次窥视中国人的内心深处，在那里，我们看到了他们对外国人狂兽般不共戴天、无穷无尽的仇恨——那是我们之前从未想到的。①

5月底至6月初，山东、天津的义和团进入北京，众多的义和团众会聚在一起，清政府也感到害怕。袁世凯、荣禄企图把义和团镇压下去，但是驻通州的清军不仅没有镇压义和团，部分士兵还加入其中。

6月3日，美国公理会传教士梅子明向美国驻华公使康格求助，请求他派兵救出被困在通州的传教士，遭到拒绝。4日，通州义和团开始焚烧教堂、洋房。此时，适逢通州公理会传教士开完年会。见此情景，传教士和部分信众立即逃往北京。日本人佐源笃介在《拳匪纪事》中记载："光绪二十六年五月十二日通州起火，五月十六日通州教堂、房屋俱被团匪焚毁，幸教士早经脱逃，现已安抵北京。"②

朝廷面临如此乱局，对义和团是剿还是抚，举棋不定。为了利用义和团对抗外国侵略者，慈禧太后默许了义和团进京。当月20日，大沽口被侵略军占领，天津告急，她正式招抚义和团抵御侵略军，并发出向各帝国主义"宣战"的命令。清政府正式"宣战"鼓舞了通州军民共同抗击侵略者的斗志。

仓场总督衙门立即联系义和团，请求他们与协标合作，共同保卫通州，保卫仓储重地。7月4日，军机大臣"着即派长萃（仓场总督）就近招抚义和团民扼要防范，如有教民聚众滋事，随即剿捕、以靖地方，巩固门户"③。

义和团冲破防御，冲进教堂和教会学校、医院，捣毁基督教神像，杀害传教士和教民，抢走财物，然后将其付之一炬。通州"到处盲从蔓延，

---

① ［英］乔治·林奇著，［美］王铮、李国庆译：《文明的交锋——一个"洋鬼子"的八国联军侵华实录》，国家图书馆出版社，2011年，第86页。
② ［日］佐原笃介辑：《拳匪纪事》卷七，杭州古旧书店，1981年2月。
③ 国家档案局明清档案馆编：《义和团档案史料》，中华书局，1959年。

第三章　文化侵略背景下的致命冲突

全境枪杀教民，焚毁教堂"①。通州官方统计："妄杀信徒及受逼惨亡者男女共一百二十二人之多，焚毁教堂、学校、医院、住宅十余处。"②而教会方面统计："通州公理会总堂完全被毁，殉道信徒达140人之多。"③

为解决进北京义和团的吃粮问题，通州的义和团还打开粮仓运粮到北京。"五月，拳匪装运入城者甚多，犹不下数十万石也。"④

义和团不仅杀"洋人"，烧教堂，他们还毁坏一切带"洋"字的东西，大至铁路设施，拆铁轨、除枕木、烧车站，毁电报线及木杆，小至洋油灯、洋火（火柴）、洋布、自鸣钟等，凡是沾上"洋"字的边，都要毁灭。⑤不仅如此，义和团也伤害了许多无辜的中国人，其数量甚至远超过传教士及教民的数量。这在当时许多人的记载中都有体现。例如，一个满族贵族这样记载：

> 最近义和拳获得了随心杀人的权力，因此，在路上看到任何他们厌恶的男人、女人或者孩子，他们会就地杀掉……像义和拳自己说的那样，他们可以通过庙宇和额头上的十字区分基督徒和佛教徒，但这并非全是真的……大部分人都到义和拳的祭坛接受检查。去了祭坛的人大约十个中有九个额头带有十字印。⑥

在通州城南二十八里的"南乡，有一村叫麦庄，庚子年，有公理会教

---

① 通州区史志办公室整理：《民国通县志稿》（内部交流），2002年，第229页。
② 通州区史志办公室整理：《民国通县志稿》（内部交流），2002年，第47页。
③ 中华续行委办会调查特委会编：《中华归主：1901—1920年中国基督教调查资料》，中国社会科学出版社，2007年，第194页。
④ ［日］佐原笃介辑：《拳匪纪事》卷四，杭州古旧书店，1981年2月。
⑤ 顾长声：《传教士与近代中国》，上海人民出版社，2013年，第167页。
⑥ ［英］乔治·林奇著，［美］王铮、李国庆译：《文明的交锋——一个"洋鬼子"的八国联军侵华实录》，国家图书馆出版社，2011年，第76—77页。

友祁马氏一家六口，为该村拳匪所弑"①。

义和团运动代表了中国下层民众对西方势力的一种态度，其发生有深刻而复杂的原因。义和团运动席卷了华北地区，沉重打击了西方列强在华的侵略活动，尤其是以传教为主要内容的文化侵略活动。曾在通州传教，并创办了通州基督教青年会的毕海澜发出这样的哀叹："仅在短短的一个夏天中，三百年来的天主教工作和将近一个世纪基督教的努力，毁坏殆尽。"②

第二节 八国联军在通州的疯狂报复

为了镇压义和团运动，扩大对华侵略，光绪二十六年（1900年）下半年，八国联军发动侵华战争。直隶总督李秉衡力排众议，临危受命，领兵出战。但慈禧太后和朝廷重臣纷纷西逃。8月6日，联军乘胜分路进攻天津杨村，武卫军宋庆所部一触即溃，与马玉昆残部一起，向通州方向败退。李秉衡率领残兵败将退至通州张家湾，见实力悬殊，绝望至极，服毒自尽。武卫军董福祥部进行了奋力抵抗，但不堪一击，逃往北京，通州知州孙寿臣带领官员弃城而逃。③

一、列强在通州的大肆屠杀

光绪二十六年七月十八日（1900年8月12日），八国联军抵达通州。此时，通州城内已无中国军队抵抗，侵略军将枪口对准平民，肆意屠杀。八

---

① 前人：《重立纪念碑》（北通州），《通问报：耶稣教家庭新闻》1910年第418期，第3页。

② 转引自谢纪恩：《美国公理会教士鼓吹加紧对华文化侵略》，《近代史资料》1963年第3期，第158页。

③ 面对八国联军的入侵，也有一些有气节和风骨的官员，坚守自己的岗位。例如当时的顺天府学政张英麟，正在通州主持顺天府乡试。他不顾危险和劝阻，在通州主持完乡试，才回到京城。八国联军进攻北京时，慈禧太后与光绪皇帝西逃，百官纷纷外逃，张英麟却留在京城，守护着学政关防而不退避。并在炮火声中安葬了因抵抗八国联军入侵，负责京城保卫而阵亡的学者官员、京城团练大臣王懿荣，鼓舞了国人的斗志和士气。

国联军中日军人数最多，充当了急先锋的作用。日本侵略中国蓄谋已久，早在此前10余年，就测绘了从天津到北京的军用地图。当天凌晨，日军首先占领通州旧城南门外。日军在新、旧城门口和进城通道上派兵把守，在高坡上架起大炮，向通州城内轰击。日军炮击主要是为了制造混乱，日本特务乘机杀死城门守卫，混入城内。

炮声停后，位于现在中仓小区西侧的

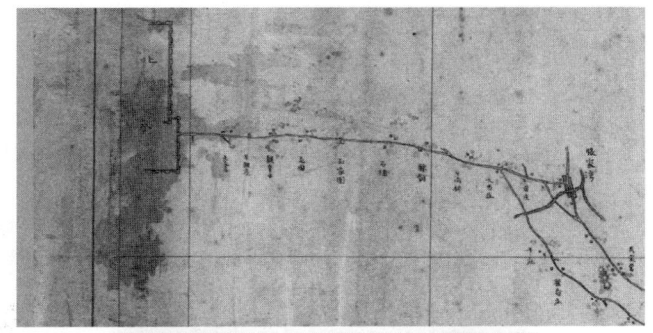

图3-2：1888年日谍秘密测量北京至天津行军图

华严寺就出现了大量日本兵。他们威逼各家门前悬挂日本国旗，或者贴上"大日本国顺民"的帖子。由于日军情报准确，占领清皇家粮仓等富裕地区。除了抢劫，日本人还在城内滥杀无辜，根据老人回忆，日本人在城隍庙前（今中仓街道中仓小区西北部）进行屠杀，当年逃难的人顺着悟仙观东和神路街向北跑，到城隍庙时，日本人在此设障，并向平民开枪。大部分人死于枪下，不少人跳入旁边的大水池，淹死者不计其数。①

---

① 陈乃文：《八国联军血洗通州城》，《北京文史资料精选（通州卷）》，北京出版社，2006年10月。

图 3-3：日军占领的通州粮仓，[日] 小川一真摄于 1900 年
图片来源：《八国联军侵华时期照片集》

侵略军抢夺之后就开始放火焚烧，通州城内一片火海。仓场衙门、通粮厅、通永道衙门、东路厅署等衙门，以及寺庙、商铺、民房多被付之一炬。法军点燃了位于西水关清军留下的火药库，"震塌其旁大关庙及城内官民房屋甚夥"①。

侵略军以搜查义和团为名，进行大规模屠杀。日本军队在南城搞了数次大屠杀。法军则将藏匿于北门一带的青壮年被悉数搜出，用绳索捆绑牵到葫芦湖滚水坝旁集中屠杀。对于丧失人性的联军来说，小规模的屠杀是家常便饭，屠杀进行了两个月之久。

联军入城后，还对手无寸铁的妇女实施毫无人性的奸淫兽行。在洋兵入城之前，条件稍好的家庭纷纷外逃。大量贫民家庭无处可去，只能留在通州城内。由于当时的妇女缠足，不便行走，大部分妇女不能逃走或者逃离不远。为免遭奸污，她们用泥土黑烟灰抹脸毁容。而投井、上吊、自焚、服毒自杀者不计其数。深受儒家文化教化的家族不堪受辱，为保清白，集

---

① 《（民国）通县编纂省志材料》，《通州方志集成》（第 12 册），北京联合出版公司，2017 年 6 月，第 869 页。

第三章 文化侵略背景下的致命冲突

体自杀的情况也屡次发生。如意胡同毛焕枢一家31口都自杀了，年长者81岁，最小者2岁。①有29名妇女为免遭侮辱，共同跳入三官庙（位于今中仓街道四员厅社区）前井中。②究竟有多少可敬的女性无奈之下毅然选择了自杀的方式？"仅在通州一地……就有573名中上层妇女，因不堪忍受联军士兵污辱羞愤自尽……"③这只是通州城内自杀的中上层女性的不完全统计，加上下层百姓中没被统计在内的自杀女性人数，一定十分惊人。据史料记载，"男女殉难者约二千有奇。……街巷皆空，诚为空前之浩劫"④。八国联军奸淫掳掠，无恶不作，真是罄竹难书，令人发指。

除了杀害无辜贫民，奸淫我女性同胞，侵略军还大肆劫掠。他们在大街小巷，挨家挨户搜寻，不放过任何财物。在这帮强盗眼中的通州城是什么景象？一个英国士兵在书中赤裸裸地写道：

> 从商业上说，通州或许比北京更富有。它是所有下至天津的水路贸易的必经之地，并拥有比北京更富有的当铺。在中国，当铺是十分重要的机构，不仅有着可以预支现金的大量当票，还是老百姓储存贵重物品的地方——珠宝、昂贵毛皮、贵重玉器和各式各样的艺术品，都可以在当铺中找到。对于想要抢劫的人来说，再没有比一家兴隆的当铺更好的地方了。很显然，大约三分之二的居民逃离了这座城市。几乎所有的房屋和店铺都被遗弃了，一切有钱人都走了，他们的房子大多留给一两个忠实的仆人看管。⑤

---

① 通州区史志办公室整理：《民国通县志稿》（内部交流），2002年，第203页。
② 通州区史志办公室整理：《民国通县志稿》（内部交流），2002年，第204页。
③ 《日本邮报》编辑刊发的弗兰克·布林克利的讲话，转引自[美]阿瑟·贾德森·布朗的《辛亥革命》，解放军出版社，2011年。
④ 《（民国）通县编纂省志材料》，《通州方志集成》（第12册），北京联合出版公司，2017年6月，第869页。
⑤ [英]乔治·林奇著，[美]王铮、李国庆译：《文明的交锋——一个"洋鬼子"的八国联军侵华实录》，国家图书馆出版社，2011年，第34页。

通州大变局（1860—1949）

根据《北京市通州区军事志》记载，仅德军抢夺财物就装运了400辆大卡车；日军情报准确，占据当时的仓场衙门，抢走藏在地下室的185万两白银。①

对于当时的情况，我们很难完整而真实地再现，只能借助亲历者的回忆和研究者的记述。通州区文史专家陈乃文回忆，在随祖父逃出城外的过程中，看到这样的情景：

> 西水关一带到处都是被洋兵打死的中国人尸体，死人压着死人，血水横流……出了北门死人更多，还有被踩烂的婴儿、哭喊找妈的孩子。将到卧虎桥，就听到桥下传来阵阵婴儿的哭声，到桥头往河里一看，人们惊呆了。只见河中流水已经被母亲和婴儿的尸体阻塞，有的孩子淹死时仍旧偎依在死去母亲的怀抱里，有的婴儿在尸体上边爬边哭。……我小时候还见华严寺、城隍庙、中山街、西水关等处有残垣断壁，有小块空地，杂草树棵子丛生乱长，老人们说通州城内有很多这样的地方，都是庚子年死绝了的人家，没人提（说起）了。②

除了中国亲历者的记载，还有当时联军军官的日记。毕耶尔·洛谛是法国军官，也是事件的亲历者。光绪二十六年（1900年），他作为法国特使赴中国向八国联军中的法军和法使馆传达指令，他从大沽口登陆，从天津到北京，将沿途所见所闻记述下来，并寄回法国，在报纸上发表，事后结集成书出版。1932年，一个叫允若的年轻中国人首次将其翻译成汉语，以《庚子外记》之名出版。这本书改名为《撕裂北京的那一年》于2009年进行了再版。在这本书里，作者辟专文对通州的情形进行了记述，这篇文字的

---

① 北京市通州区军事志编纂委员会：《北京市通州区军事志》，北京出版社，2010年，第374页。

② 陈乃文：《八国联军血洗通州城》，《北京文史资料精选（通州卷）》，北京出版社，2006年10月。

题目叫《一片废墟的通州》。毕耶尔·洛谛在文中记载了这个因漕运曾经无比繁华的古城通州当时的模样:

> 岸上和城里都看不见旁的什么,除了侵略者的一些兵士、一些大炮和一些战斗的需用品……一些哥萨克兵骑着抢来的马匹,来来往往地飞跑……在给炮弹打穿了的高城上,在各处营幕上,在河里的船上,在残破的房屋上,各处都有联军盟国的旗子花花杂杂地高扯着。冷风不断地吹,把有毒的灰尘和死尸的臭气都扬了起来。①

多么可悲啊!在自己的土地上,侵略者横行霸道,而我们自己的人民正遭到强盗肆意的屠杀,正如毕耶尔·洛谛记载的那样,"疯狂般的杀人和摧毁的事情,在这里竟一直延长到两个月之久"②。

图3-4:经八国联军蹂躏后的通州城惨状,摄于1900年
图片来源:《八国联军侵华时期照片集》

---

① [法]毕耶尔·洛谛著,允若译:《撕裂北京的那一年》,九州出版社,2009年8月,第51—52页。
② [法]毕耶尔·洛谛著,允若译:《撕裂北京的那一年》,九州出版社,2009年8月,第52—53页。

那个时代的通州人要活下来实在是不容易的事,无数的通州人死去了。然而死了并没有解脱,他们的尸骨受到各种非难,没有一点尊严。毕耶尔·洛谛曾在书中写道:

> 从一堆破碎的盘碟下,我们看见一只狗在那里拖什么东西。走近一看,才知是一个小孩的尸首,他的头顶骨已破了,这狗正在吃小死人腿上的肉。
>
> ……
>
> 在一家宅子里——这是很富有的人家的宅子了……地板上摆了一只木桶,桶里似乎有什么东西长伸出来……原来是一支削去了肉的女子的大腿……这是华美内室女主人的下肢无疑了……尸体呢?……谁知道人们把她拿去做什么呢?……不过,啊,她的头是在这里呀,和一只小儿的玩具一起滚在椅子下面,已经完全变黑,在长发纷披之间,我只能看见从口里露出的白牙而已。①

当时的通州,无异于人间地狱。

二、脱去"道袍"的传教士

在近代西方列强侵略中国的历史事件中,都能见到传教士的身影,他们充当了急先锋和助手的角色,同时也得到列强提供的各种保护。在通州的传教士为了扩大基督教在通州影响,推广传教事业,在通州兴办教育、医疗机构,为通州带来了西方先进的科学知识。但是在不平等条约的保护下,他们享有各种特权,不可避免地与当地老百姓发生冲突。除了极少数还保有一点良知的传教士,对这场战争进行了谴责和反思,对中国人民给

---

① [法]毕耶尔·洛谛著,允若译:《撕裂北京的那一年》,九州出版社,2009年8月,第54—56页。

第三章 文化侵略背景下的致命冲突

予了同情。①大部分传教士纷纷脱下"道袍",参与到八国联军侵略的队伍中,为他们提供各种帮助。

在向北京进军前,不少传教士都加入了侵略军的行列。如法国主教樊国梁在给巴黎遣使总会白登卜的报告中说:"我们在京城有一所中法学堂,为法国远征军提供了五十多名翻译官,其中有八名是精通中国话的传教士……在此我还要向你们报告,我手中已掌握义和团头目的全部名单,知道他们中的许多人逃遁的去处。"②

美国美以美会(后来的卫理公会)在天津的传教士宝复理(Frederick Brown),在天津战役期间就加入了八国联军的队伍。他在1902年出版了《随联军从天津到北京》(*From Tientsin to Peking with Allied Forces*),记录了他为联军提供情报的情况。宝复理在书中还多次记载了他利用基督教两名中国教众给他作"探子",收集大量情报。联军从天津出发之前,他派出两个教众,探听清军布防情况,探听到了"大炮口径和数目、战壕、水雷、地雷情况等等,回到天津向我报告",然后,宝复理将他们带到司令部,"把他们的情报全部在地图上标明。这种工作每日如是"。③潞河书院院长谢卫楼对这两个教众的表现高度评价,他说这"反映了基督化的训练,发展成为一个高尚无私的人格"。④

---

① 曾在通州潞河中学任教的麦美德博士就是其中一位。联军攻入北京的第三天,从通州逃到京城的麦美德在日记中表达了对侵略者的控诉和对中国人民的同情:"我们看到一群一群的难民,男女老少都有,正在逃离这个死寂的城市。我们看到几个城门的门楼在燃烧,还看到城中很多地方有大火……俄军的行为极其残暴,法军也好不了多少,日军在残酷地烧杀抢掠……数以百计的妇女和女孩自杀而死,为免落入俄军和日本兽军之手,遭受污辱和折磨……在通州的一个井里有12个姑娘,在一个大水塘里,有位母亲正在把她的两个小孩往死里淹……人们会说中国是自取其祸……这不是战争,而是惩罚,但是,当我们能够分辨善恶的时候,我们为什么还要采用使欧洲文明史蒙羞的残暴行为,在19世纪的最后几页留下污点呢?"
② 《遣使会年鉴》1902年(合订本),第71—72页。
③ 转引自刘清芬:《宝复理屠杀义和团》,《近代史资料》1963年第3期,第124页。
④ 转引自刘清芬:《宝复理屠杀义和团》,《近代史资料》1963年第3期,第124页。

图3-5：占领通州后，向北京行进的八国联军
图片来源：《流光旧影认通州——通州区图书馆藏老照片集》（通州区图书馆编）

另一位在通州的传教士万卓志，从通州跑到天津支援当地教会。《天津公理会冈纬路礼堂落成庆祝专号》内有《庚子受难记》一文，对此事有记载："西牧万卓志电美总会求援。复电派兵保护。5月11日，津乱大作，万牧送教民至怡和洋行避难。美兵到千余人，扎驻教会。"①据当年在怡和洋行避难的教友回忆，万卓志还曾亲自开枪屠杀无辜贫民。②

1900年6月，华北公理会传教士梅子明从通州救出被困的传教士和中国助手。之后他立马参与到抢劫的行列中。③不仅如此，他还将大批赃物公开拍卖，捞取大量现金。到四乡扫荡时，梅子明还私设公堂，随意抓人进行非法审讯，强令农民跪在他跟前，进行逼供和敲诈；对每一个受害的教徒，还强逼地方当局赔款数百两银子和附加罚款。④梅子明还丝毫不知廉耻地以一个胜利者的姿态，得意地向国内的亲朋好友写信，汇报其"成果"。在8月20日所写的信中，他这样写道："我已带领二百余名教徒占领了那座蒙

---

① 转引自曹维周：《美国教士万卓志》，《近代史资料》1963年第3期，第122页。
② 转引自曹维周：《美国教士万卓志》，《近代史资料》1963年第3期，第122页。
③ 据顾长声在《传教士与近代中国》（上海人民出版社，2013年）一书的介绍，早在使馆解围前梅子明就已经谋划好了，要设法抢占一座蒙古王府。八国联军攻入北京城后，梅子明会同几个传教士，带领200余名教徒，一同到北府抢劫并占领王府……在他的指挥下，兵分两路，一路在王府里搜劫，一路到王府周围的富豪人家进行抢劫。
④ 顾长声：《马克·吐温揭露传教士对义和团的镇压》，《学术月刊》1983年第5期。

第三章　文化侵略背景下的致命冲突

古王府……由于我现在是王府的头头，我突然变成了一个显赫的人物，周围的邻舍把我当作一位王子对待，他们给我送来了蛋、鸡、鸭和葡萄酒等等。"8月28日写的信中说："我必须把义和团的头目们搜查出来，并尽可能地给予惩办。我马上就要开始去干这个行当……我们已经抢劫到足够的东西可以过冬了。"8月29日写的信："今天我在这里前主人藏财宝的阁楼中发现大量的珠宝、纹银和四只表。我将尽快地把这批财宝全部运送到美国驻华公使馆的保险库中去。"9月18日写的信："我离开北京城出外讨伐已有五天了。福西士上尉带了二百名骑兵到北京东郊沙河和别的地方进行扫荡，我担任向导和翻译。我们放火烧了两个义和团的总部，摧毁了一些军事设施……义和团像野鹿一样从我们面前逃走，我们发现无法在青纱帐里追捕他们。"1901年1月1日写的信："我们都被邀请从十一点到一点钟到查飞将军处报到。目前在四乡还发生一些新的战斗，特别是那些外国军队扫荡过但是没有适当镇压过的地方……现在又要重新进行征讨了。"①

在通州的传教士在干什么？有的逃到北京城区，为联军提供各种情报，一雪前耻；还有的加入了抢劫的队伍，从中获取不义之财。都春圃和雷思德两位牧师的所作所为，被另一个传教士丁韪良记录下来："美国公理会在一处王府驻扎，都春圃牧师发现该处和附近一带房屋里有大量的皮货、绸缎和其他值钱的东西。他向军队和使馆做了广告，把这些物品搬出来公开拍卖。另一个雷思德牧师……买了四大箱皮货，打算运到纽约去转售。"②

义和团运动席卷通州之时，潞河书院院长谢卫楼正在美国休假，之后不久即回到北京。他发表文章鼓吹基督教文明，并为传教士和教民的罪行开脱，他说许多教民在义和团运动中遭受了家破人亡的巨大痛苦，指责他们是残忍的。他甚至说"只有私人的复仇才与基督精神不符""传教士不是

---

① 顾长声著：《从马礼逊到司徒雷登——来华新教传教士评传》，上海人民出版社，1985年，第375页。
② 丁韪良：《北京被围：中国对抗世界》(*The Siege in Peking*, *China Against the World*)，The Caxton Press，1900年。

嗜血者"。①

　　这些传教士在这时忘记了基督教教义，撕掉了布道时虚伪的面具，露出了狰狞的面目：他们的操作方式是先在富人的住宅上挂起旗子，从而防止士兵进入。然后在大门上贴上告示，上书这是作为某些用途的房产。接下来，可敬的绅士就会进入某个房子，开始售卖其中的物品。东西卖完之后他会搬到另一家，继续如此这般。②

　　光绪二十六年（1900年），先后经过义和团运动和八国联军的野蛮入侵后，经历了长达一年的杀戮、动荡后，当时的华北地区，尤其是京津地区，哀鸿遍野，赤地千里，京津一带死尸遍野，惨不忍睹。

图3-6：经八国联军蹂躏后的张家湾城，摄于1900年
图片来源：《八国联军侵华时期照片集》

　　义和团运动被镇压后，传教士凭借联军的威势，大肆扩张宗教势力。传教士向当地政府施压，勒索大量赔款，乘机侵占大量房地。在美国军队

---

① 转引自张建华：《传教士谢卫楼的教育活动》，《近代史研究》1993年第4期，第91页。
② ［英］乔治·林奇著，［美］王铮、李国庆译：《文明的交锋——一个"洋鬼子"的八国联军侵华实录》，国家图书馆出版社，2011年，第126页。

第三章 文化侵略背景下的致命冲突

和美国基督教教会的支持下,传教士借助不平等条约,积极为各传教点争取赔款等各种利益,为恢复和扩大传教事业做准备。

《辛丑条约》签订后,在通州传教的公理会牧师都春圃首先回到通州,与通州知州吴兆毅谈判,议定赔款、割地事宜。本来按照樊国梁给李鸿章的函表明,"通州赔款减至四万两"①。可是,都春圃采取各种手段,最后敲诈了通州六万两白银,加上国库的十万两白银,共计"议定赔款抚恤银十六万两",用于"凡各牧师住宅、医院与教堂、学校、楼房及重要物件之被焚毁者,有死亡信徒所遗留孤儿寡妇之无依者"。②当时通州财政空虚,这些钱最终向通州百姓征收。根据当时通州的人口,大约平均一人一两白银。除了赔款外,他们还议定割地给通州公理会使用,割地两块,分别是南仓官地和南地。"将南仓官地全景划归公理会,专做教堂、学校之用……各牧师与知州并议定用赔款以公理会名义购买新城南门外谢家园、北园、晒米厂三庄之地以为建学校、医院之用,并为教中孤儿寡母谋居住于复兴庄(即晒米厂),统名为南地。"③双方还约定以上各地仍然属于中国领土,但实际上地方政府无法干预。

另外,传教士还干预司法,为在义和团运动中遇难的教友复仇。光绪二十七年六月初十(1901年7月25日),传教士樊国梁向顺天府致函,反映通州知州对庚子年间发生在通州的两起教案办理不及时。在该函中,传教士将不及时的原因武断地定为:"该州吴牧烟瘾过重,怠于从公,兼之松岱等村拳匪贿赂胥差,夤缘门丁,竟得上下其手,致事延至年余,案仍冰搁。"④并提出不要让通州办理这两起教案,要么顺天府尹亲自处理,要么"另委干员秉公办结,以安民教之处"⑤。

---

① 见林锋源辑:《樊国梁等函牍》,《近代史资料》1963年第3期。
② 通州区史志办公室整理:《民国通县志稿》(内部交流),2002年,第47页。
③ 通州区史志办公室整理:《民国通县志稿》(内部交流),2002年,第47页。
④ 见林锋源辑:《樊国梁等函牍》,《近代史资料》1963年第3期。
⑤ 见林锋源辑:《樊国梁等函牍》,《近代史资料》1963年第3期。

更有甚者，传教士还干预地方人事，推荐官员。如樊国梁曾多次向奕劻、袁世凯等人写推荐信，为10余人"要官"。这些人要么在镇压义和团中很得力，要么与教会关系密切。如樊国梁推荐的陈礽绮，"于光绪廿六年在房山县邑办理善后事宜，异常出力"①。武清县知县赵炳文，"保教办匪，劳苦异常。曩为保护法国戴神父之命，几为拳匪所杀"②。

可见，传教士依仗特权，对地方官员完全不放在眼里，即使是对顺天府官员，也随意支使。

---

① 见林锋源辑：《樊国梁等函牍》，《近代史资料》1963年第3期。
② 见林锋源辑：《樊国梁等函牍》，《近代史资料》1963年第3期。

第四章　教会势力的返回和通州向西方学习的探索

经历了义和团运动和八国联军入侵后的清政府,已经积重难返,奄奄一息了。为了能够延续自己的统治地位,清政府不得不宣布实行"新政",连续颁布了一系列上谕,实行一系列的改革措施,接纳西方的新生事物。清末十年是西方文化在通州快速传播的时期,不仅教会创办的学校、医疗等机构得到重建,进行了大规模扩张,而且在"新政"的大背景下,一部分通州人也积极学习西方科学文化知识。

第一节　教会势力在通州的快速扩张

基督教教会从光绪二十六年(1900年)的事件中得到很大教训,认为以前的传教方法有改革的必要。各差会积极改变传教政策、方式和方法,对传教士的活动进行了一些限制,减少与中国社会和民众的冲突。虽然经历了义和团运动的打击,但是大家一致认为应继续在中国的传教事业。[①]传教士毕海澜在其著作《基督教差会的地理与地图》中就这样写道:"中国是

---

① 在八国联军攻陷北京后不久,1900年9月21日,美国国内有17个重要的基督教差会负责人在纽约召开大会商讨是否撤回在华传教士及未来在华传教相关事宜。据亚瑟·布朗在《在中国的未来传教政策》(《教务杂志》1901年8月,第398页)记载,与会代表一致认为:"将传教士全部召回既无必要,也不适当……因此一致同意除因健康原因或神经衰弱必须立即回国者外,仍在国外者必须继续留在高丽、日本和认为是安全的中国沿海港口,等待形势的发展,准备及早恢复工作,看管与重建差会产业,尤其是指导和安慰中国教徒。"

一个庞大的标准传教区域。……虽然在最近的乱事（指义和团运动）爆发后，过去的一些活动形式都终止了……但在未来的岁月中，各教区依然有必要作好那些基本工作形式，使不受中国新生的影响。"①

正如他们期望的那样，清末民初，基督教宣教会数目增长明显，从1900年的61个增至1919年的130个，青年会和女青年会将其影响扩大到全国33个城市，1907年以后，外国传教士的人数增长了103%，信徒人数增长了105%。②在这样的背景下，在通州的教会机构强势返回，并迅速扩张。

一、教会学校的重建及其发展

义和团运动爆发后，位于通州的潞河书院，同其他教会机构一样，于庚子年（1900年）五月间遭到义和团焚毁。书院部分学生随大部分传教士逃亡到京城，还有部分学生后来也辗转到了北京，大约有40余名。为了给困境中的传教士以希望，院长谢卫楼决定在京城择地办置潞河书院临时学校，其地址在"京师东安门外之草场（胡同）"，对原有房屋进行了简单装修，"除屋数椽，略施涂即课子弟读书"，并在当年九月正式开学，学生们感到"书院去旧更新，虽不禁新亭之感，亦足以蔽风雨也。他人之书任我诵读，他人之器便我取携，依然潞河书院也"。③在北京避难的两年时间，有一个班在这里毕业。

光绪二十七年（1901年），京城至通州的铁路建成通车，自北京前门火车站起，东至通州城东南。通州因此与北京的联系更加紧密，公理会决定仍然把通州作为传教的中心据点。翌年，公理会用赔款在新占的南地重

---

① 毕海澜：《基督教差会的地理与地图》（第一章《中国及其属地》），转引自谢纪恩：《美国公理会教士鼓吹加紧对华文化侵略》，《近代史资料》1963年第3期，第158页。
② 参见中华续行委办会调查特委会编：《中华归主：1901—1920年中国基督教调查资料》上卷，中国社会科学出版社，2007年，第327—328页。
③ 李近方：《潞河书院开学记》，《万国公报》1901年第146期，第9页。

第四章　教会势力的返回和通州向西方学习的探索

建书院，把教会和大学并在一个大院。同年秋，信徒和学生从北京返回通州，教会和大学比以前扩张更为迅速。光绪二十九年（1903年），大学两所新楼卫氏楼、谢氏楼竣工，潞河书院正式恢复重建。

为了恢复通州的教会学校，集中力量发展通州的教育工作，光绪二十七年（1901年），谢卫楼提出了由美国公理会、卫理公会、长老会和英国伦敦会联合设立一所大学的建议。但此举并不容易，因为各教会之间对很多问题看法不同，尤其是在办学方针上存在很大差别。卫理公会开办的汇文书院注重英语教育，广收非基督徒学生，而潞河书院正好与之相反。光绪二十九年（1903年），伦敦会迈出了合

图 4-1：《潞河书院开学记》
图片来源：《万国公报》1901年第146期

作的第一步：该会的一个老师带领一些学生加入潞河书院，潞河书院因此改名为协和书院，谢卫楼任院长，从伦敦会派来毕金（Biggin）夫妇协助工作。

光绪三十年（1904年），基督教华北教育联合会正式形成，对教育工作进行了规划和分工：美国公理会负责通州的协和书院；长老会负责戈登纪念神学院，并改名为华北协和神学院；伦敦会负责北京的华北协和医学院。① 光绪三十一年（1905年），华北协和神学院由通州迁往北京，富善任院长。同年，麦美德被调往北京协和女子大学任校长。

这一时期，美国公理会将协和书院的学制进行了改革，由原来的蒙学

---

① 张建华：《传教士谢卫楼的教育活动》，《近代史研究》1993年第4期，第92页。

四年、中学三年、大学四年,改为蒙学六年、中学四年、大学四年。①在课程安排上,协和书院明显更加丰富,例如从蒙学一年级就增加了"音乐、练身、凭物施教"等课程。由于是教会学校,为服务教会唱诗班的需要,所以十分重视对音乐的教育。在教学方法上也更灵活,例如针对蒙学一年级学生的特点,由以前单纯讲《圣经》,变成在一年级的时候"讲些《圣经》所载之典故",借助"地球仪与东西两半球图"讲地理。②这说明,在教学内容和教学方法上,都更加注重针对不同年龄段的特点。

但是在课程的结构上,仍然由三个部分组成,即宗教知识、中国传统文化和西方科学知识。院长谢卫楼的教育理念也有转变,最初他认为教会学校要严格限于基督教教育。在传教的实践中,为了便于传教,他认为传教士作为一个神学教师应该细心地研究他所在国家的儒教和佛教环境,并且训练他的学生理解基督教与中国人的伦理和宗教思想的关系。西方科学知识包括自然科学和社会科学。关于自然科学,谢卫楼认为自然物理是自然神学的一部分,"自然是启示的第一部大书,物理科学的每一分支,如果正确展开,都是自然神学中美好且令人难忘的一章"③。而西方的社会科学,则被谢卫楼当成了宣扬基督教教义的基础和阵地。

值得一提的是,美国公理会利用华北协和书院的有利条件,在校内办起了印书局,通州近代出版印刷历史由此开始。由于华北公理会所属的北京印书局被毁,协和书院的印书局就承担了以前北京印书局的工作。④文字印刷工作对教会的传教事业至关重要。翻译《圣经》并到人多的地方散发,成为他们传教的一种重要手段。传教士之所以重视文字印刷工作,毕海澜

---

① 张宗平、吕永和:《清末北京志资料》,北京燕山出版社,1994年2月,第214—217页。

② 张宗平、吕永和:《清末北京志资料》,北京燕山出版社,1994年2月,第214页。

③ D.Z. Sheffield, "the Importance of Ethical Teaching in the New Learing of China", *The Chinese Recorder*, Vol.29(1898), P345—349. 转引自张建华:《传教士谢卫楼的教育活动》,《近代史研究》1993年第4期,第96页。

④ 霍培修、谢纪恩:《美国公理会在华北的扩张》,《近代史资料》1963年第3期,第183页。

第四章 教会势力的返回和通州向西方学习的探索

曾这样说:"慕道友受训,学校与训练班都离不开文字资料。同时,基督教文字是唯一能接触官员、绅士的最好媒介,其影响可从地方官府到皇帝宝座。"①

隶属于书院的基督教青年会也很快恢复了在通州的工作,并逐渐步入了正轨。之前通州基督教青年会主要是从事传教布道工作,这其实与在美国的基督教青年会以传播美国生活方式的初衷不符。到这一时期,通州的基督教青年会的组织结构、工作目标和内容逐渐与美国的做法一致。通州基督教青年会不仅具有传教布道的功能,还以推行"四育"为主要职责,发展成为学生社团,开后来潞河中学学生社团的先河。

这一时期,传教士还创办了一所女子学校。光绪三十年(1904年),柯慕慈女士(Sarah Boardman Clapp)创办了安士学道院,为美国传教士女童蒙馆,只招收女学生,是一所七年制寄宿制教会学校。光绪三十一年(1905年),该校改名为通州富育女子学校。也在这一年,美国女传教士鲍爱丝(Alice Browne)被派到通州,负责新建的富育女中,使通州的女子中学有了较大起色。②

清末十年,是教会学校在通州迅速发展的时期。从小学到大学的教育体系得到迅速恢复,并且成立了女子学校。以1905年的统计资料为例,这一年通州有大学1所,学生20人;男子中学2所,30人;女子中学1所,35人;小学6所,105人。③从1903年潞河书院正式在通州恢复办学,到1905年,仅3年时间,有如此成绩,可见其发展态势。

二、潞河医院的重建及其发展

由于教会医疗事业在半个世纪的发展过程中,对传教事业起到很大帮

---

① 转引自谢纪恩:《美国公理会教士鼓吹加紧对华文化侵略》,《近代史资料》1963年第3期,第160页。

② 霍培修、谢纪恩:《美国公理会在华北的扩张》,《近代史资料》1963年第3期,第183页。

③ 霍培修、谢纪恩:《美国公理会在华北的扩张》,《近代史资料》1963年第3期,第190页。

助，所以基督教各差会更加重视教会医疗事业。同时，在欧美国家，19世纪末出现的社会福音在20世纪初兴起，学生海外志愿布道运动依然保持强劲发展势头，这都为教会医疗事业的发展提供了有力支持。医学传教士的数量增加就证明了这一点。据统计，1902年，中国有医学传教士106人，1905年达到301人。①

光绪二十八年（1902年），华北公理会重建被毁的潞河医院。教会从上海聘请工程师，在新城南门外建造了一所欧式风格的平面为"十"字形的二层洋楼，作为医院主楼。一楼东为门诊室，西为化验室，南为发药室，北为药库。二楼东是普通病房，设床位八张；西也为普通病房，设床位七张；南为两个单间，作为贵宾专用病房；北是手术室。除主楼外，还建有附属用房。主楼东面是医院的大门，建有亭式门房一间，是医院的挂号室，也兼做传达室。楼北沿护城河南岸建有平房20间，作为医院后勤用房，主要设置厨房、饭厅、洗衣房、储藏室和员工宿舍等。医院南墙外的路南高坡上，建有欧式平房20间，作为医师、护士的住宅。②光绪二十八年（1903年）9月，"医院在通州新城南门外正式建成，设病床33张"③。重建后的医院正式命名为"潞河医院"（Tung Chow Hospital），盈亨利担任院长。

重建后的潞河医院建筑设计现代，布局设计合理，改变了过去采光不足、供水不便的弱点。作为现代化专业医院，改变了中国传统的郎中式诊疗形式。中国传统的诊疗模式是病人在家，请郎中上门诊断，然后开药方到药铺买药，回家自己熬药，由家人照顾病人。这种方式虽然很人性化，但是弊端也很明显：极不方便，容易耽误病情，代价极高，而且只有诊断，没有专业护理。郎中平时在家，有人请就出去给人看病，没人请时在家还

---

① K. Chimin Wong and Wu Lien-Teh, *History of Chinese Medicine*, Second Edition, P842—844。

② 王文续：《解放前的潞河医院》，《北京文史资料精选（通州卷）》，北京出版社，2006年10月，第196页。

③ 北京卫生志编纂委员会：《北京卫生志》，北京科学技术出版社，2001年，第73页。

要从事其他工作，这样不利于医学研究工作。而潞河医院就克服了这些弊端，有专职医生、专业护理人员，内科外科分工科学，有专业的手术室、病房等。对眼疾、结核症和牙病的医治是潞河医院擅长的领域，并且具备了先进的医疗水平。

图4-2：重建后的潞河医院职工合影
图片来源：潞河医院档案室

重建后的潞河医院，根据需要设置有业务类和事务类部门，使医院合理有效地运转。医院还制定了规范的人事管理、财务管理、业务管理等制度。

在人事管理上，医院将员工分为医师、助手、护士、工作人员四类岗位。医院对院内职工管理十分严格，传教士要求职工不计报酬、不计工时地为医院工作，如有违抗就会被解雇。

在财务收入方面，重建后的潞河医院开始向患者收费。建立之初，为了吸引更多的人来医院就医，进而向更多的人传教，医院规定，"对住院病人不收费，这样可以保证他们接受福音布道，进而信教"①。"每名病人看病

---

① 哈佛大学豪顿图书馆：《美国公理会海外差会文献》第3部分，中国差会：1860—1919，第283卷，第715页。

只需要支付10个铜钱的挂号费,不需支付住院、医药费。"[1]尽管如此,某些极度困难的家庭仍然无法负担,加之大部分人对西医不了解,不少人不敢到教会医院就医。然而,维持医院的运转和治病救人工作是一项花费甚巨的事业,随着医院参与活动及病人的增多,医院的经费开始紧张。而美国公理会总部不同意对潞河医院大幅度增加款项支持。为了解决医院的经费问题,确保医院持续发展,重建后的潞河医院决定对病人收取手术、住院及医药费。但仅靠这部分收费仍然不能满足医院的经费需求,医院还通过向华北公理会申请拨款和获得捐助等方式解决医院的财务问题。捐助的来源较广,来自美国的商人、财团,也来自曾在医院就医的病人。例如,"一名孔先生由于到医院就诊,对基督教产生浓厚兴趣,遂向医院捐献了60吊钱"[2]。医院在财务上开始有预算、收入和支出制度,而且每年要向华北公理会执行委员会汇报。

在业务管理方面,潞河医院对手术室和设备、护理、消毒和住院病人都有规范的管理,另外还有出院巡诊制度和对外提供病情咨询,并且将这些情况记录在案,对病人的情况分类统计。以1907年为例,全年接诊人数超过15000人:全年住院病人130人;施药(Dispensary)14962人,其中原有病人(Return)男性8697人,女性4017人,新增病人(New)男性1672人,女性576人;巡诊(Itinerating)802人;电话咨询17人次,男性5人次,女性12人次。[3]鉴于女性在家庭中的重要地位,尤其是女性对子女往往有潜移默化的影响,医院十分关心女性病人,在看病的同时,还对她们进行精神慰藉,拉近与她们的距离,从而寻找宣讲基督教教义的机会。

---

[1] 哈佛大学豪顿图书馆:《美国公理会海外差会文献》第3部分,中国差会:1860—1919,第275卷,第562页。

[2] 哈佛大学豪顿图书馆:《美国公理会海外差会文献》第3部分,中国差会:1860—1919,第283卷,第493页。

[3] 中国博医会编:《博医会报》(*The China Medical Journal*,1887—1931)(第八册),国家图书馆出版社,2013年,第246页。

第四章 教会势力的返回和通州向西方学习的探索

随着当地人对潞河医院逐渐信任，到医院就医的病人不断增多。如前所述，到1907年，全年接诊人数达15781人，仅靠现有的医师是不能满足需求的。光绪三十三年（1907年），《美国公理会赴华调查团报告》认为："随着民众对医院的偏见日渐消除，病人越来越多，这就要求我们需要更多的医生。"① 同时，潞河医院从学生中招募助手和实习生，缓解医院人手不够的问题。这些助手和实习生在医院接受了正规的训练和实践，为潞河医院以后的发展，乃至通州地区医疗事业的发展奠定了人才基础。

潞河医院的医师盈亨利，接受了完整的西式医学教育，他本人也很敬业，"努力扩充除普通医疗外，又有防疫卫生种痘等工作"②。对于某些病症，传统中医不能很快见效，而教会医院中的外科手术却十分奏效。经过外科手术治愈的病人将这一治疗手段视为神奇之术。通州本地人首先享受到潞河医院带来的便利，也最先适应了这种变化。不仅如此，医院里也逐渐迎来了毗邻地区，如三河、香河、顺县、蓟县等地之病人。

潞河医院治疗肺病的设备、经验比较完善，北京各大医院，如协和医院、崇内妇婴医院经常送肺病患者到此休养。由于潞河医院医生高超的医术逐渐得到民众的认可，"已取得本地居民之信仰，有病者宁住本院，不去北平，且由北平来住本院者亦不少"③。人们在对西医产生信任和好感的基础上，不少人进而关注、了解西方科学文化知识，从而促使通州人去进一步了解外面的世界，也潜移默化地改变了通州人固有的观念。

潞河医院还积极参与霍乱、鼠疫等传染病的防治工作。如前所述，通州在光绪二十一年（1895年）暴发了霍乱，潞河医院医治了40人。光绪二十六年（1900年），通州又发生了瘟疫，"医院派人诊治，施医舍药，花

---

① 美国公理会海外传道部：《美国公理会赴华调查团报告》，1907年，第43页。
② 《通县潞河医院始末记》，北京市通州区档案馆藏。
③ 《北通县潞河医院民国二十三年报告书》，1934年，天津市档案馆藏：教会战后医院报告及公理会文件（档号：401206800—J0252—1—003019）。

费了200鹰洋"①。

作为教会医院,此时潞河医院的职员大部分为基督徒,他们宣传并身体力行教会制定的一些规则。清宣统三年(1911年),北通州公理会刊印《教会圣礼规则》,对婚礼、丧礼、记名、施洗、施圣餐、选立执事、选立牧师、敬献贺堂等都做了详细规定,其中有一些规定是针对当时社会陋习的。例如在婚礼规则中,有"不可在幼儿时订婚""定亲之时不可专视人家之贫富,唯重人之品行如何""教中办事不可过于费靡,亦不可专尚虚文"等规定。②这些规定针对当时"童养媳""嫌贫爱富""奢侈浪费"等社会陋习而定,潞河医院的职工带头遵守,为通州社会带来了一股新风。

教会医院的初衷就是为传播"福音",但是随着教会医疗事业的发展,行医与传教的关系也发生了变化。行医受到更多的重视,以至于许多教会医院将布道制度化。然而,随着医院在当地影响力越来越大,前来就医的病人日益增多,医生越来越将主要精力和时间放在医治病人上,医疗传教士在不自觉的情况下转为专业医生。潞河医院的宗教色彩也日益褪色,在通州及周边区域的民众心目中,潞河医院逐渐变成一个专业医疗机构,而不是传播教义的场所。

三、传教事业的扩张

义和团运动后,通州的教会机构通过教育、医疗工作来推动宣教工作,但是随着分工越来越专业化,学校和医院的宗教色彩逐渐淡化,协和书院和潞河医院逐步成为专业的学校和医院。传教士们只能通过其他途径进行传教,并取得了快速发展。

为了进一步在社会上营造宣教的良好氛围,传教士们大造声势,让教

---

① 哈佛大学豪顿图书馆:《美国公理会海外差会文献》第3部分,中国差会:1860—1919,第302卷,第527页。

② 北通州公理会:《教会圣礼规则》,1911年,美国哈佛大学哈佛燕京图书馆藏。

第四章 教会势力的返回和通州向西方学习的探索

会在通州社会有更大的影响力。他们首先为在义和团运动中死去的传教士和信徒举办盛大葬礼。葬礼于光绪二十七年（1901年）举行，美国公使夫妇特地从北京赶来参加，并强迫通州地方政府官吏参加送葬。①这不是一次普通葬礼，而是公然为教会造势的行为，通过举办声势浩大的葬礼，为教会和教民制造社会舆论氛围。第二年，公理会将协和书院南侧的50多亩林地购下，作为教会墓地，称为"圣教佳城"。②

不仅如此，教会还为普通教民撑腰。即使在一些正常的民事纠纷中，教会也乘机大做文章，造成声势。例如，通州南乡有一家六口皆为教民，在义和团运动中被杀。之后，通州的教会组织为他们立碑。但是在宣统二年（1910年）二月间，该碑被该村村民石某砸毁。教会牧师出面将此事禀明通州知州，但是不满知州行动迟缓。政府不便出面，让该村负责人出面说和，"重立新碑，并挂帐子一块，文曰：以恩代人"，并于八月初二搞了一次盛大的重立纪念碑的活动："由该村备轿车十余辆。本会先生教友十五位，乘车前往。相距二里，即由该村村首来接，并有八人音乐抬送，鸣鞭炮迎接至坟地。沿途看热闹者足有千人。周君宜堂唱诗开会，后读《雅各书》（三章）。李绍周先生演讲，劝勉一遍。"③

外国传教士及其工作人员利用一切机会，通过为特定群体提供物质帮助和精神慰藉等方式，使其皈依基督教。为了巩固传教成果，这些人还成立教会小团体，发展更多的会员。在通州的协和文学堂的同仁会就是在这样的背景下诞生的。在文学堂的义务教员、英国伦敦会教士金女士，见到该学堂有得疾病的学生，"看护无人，欲思美食，无处可得。一人独卧一楼，不免想象家中亲人之厚爱，以至病势不减反而日增"，"有鉴于此，常有时至犯病学生处看望，且送可口之美食"。然后还"请金修贞牧师每日下午一点

---

① 霍培修、谢纪恩：《美国公理会在华北的扩张》，《近代史资料》1963年第3期，第183页。
② 霍培修、谢纪恩：《美国公理会在华北的扩张》，《近代史资料》1963年第3期，第183页。
③ 前人：《重立纪念碑》（北通州），《通问报：耶稣教家庭新闻》1910年第418期，第3页。

给学生看病，众学生于是共立一会，名曰同仁会，又名红十字架会"。①同仁会成立后，该会成员感念金牧师的恩德，也想到与自己相同遭遇的学生，他们主动辅助金牧师为学生看病。这样就让更多的学生加入同仁会，其传教自然就有了更多的收获。这些学生在学校互相帮助，互相学习鼓励。假期期间，他们回到家乡，"莫不竭力为主作工"②。该会一教友杨国相更是利用一切可以利用的机会进行宣教，有一次他被抓到衙门监狱，仅一日半，在狱中为二十多人讲道。③

在当时那样动荡的社会环境下，个体是很渺小的，而教会为传教士提供各种帮助，让他们有归宿感。例如上文提到的该会教友杨国相被当地衙门兵丁抓到监狱后，"教会朋友一闻记者（作者）送了衙门，无不着急。鼓楼前福音堂周君宜堂、杨君崇恩、王君均、赵君起明、梨园张教友数位，见万牧数次，一夜均未得睡"。第二天早上8点，"万牧师与周君宜堂先生，到衙门安慰一切，后将冤情白之州尊。州尊立用名刺，派人向记者送回"。④

美国公理会在通州传教的扩张情况，仅在光绪三十一年（1905年）一年就新增了50名教徒，共计为293名教徒。⑤在这一年，通州传教机构7处，传教士及其工作人员人数达42人，其中外国传教士及工作人员14人，中国传教士及工作人员28人。⑥这说明，通过多年努力，外国传教士在华传教的境况得到改变，由中国传教士及其助手向通州当地人传教，也是谢卫楼等传教士办学及相关工作的初衷。

---

① 《教会通信们：直隶北通州杨君国相函述协和文学堂同仁会近状》，《画图新报》1909年第30卷第10期，第20页。

② 杨国相：《狱内布道》，《通问报：耶稣教家庭新闻》1910年第414期，第23页。

③ 杨国相：《狱内布道》，《通问报：耶稣教家庭新闻》1910年第414期，第24页。

④ 杨国相：《狱内布道》，《通问报：耶稣教家庭新闻》1910年第414期，第24页。

⑤ 霍培修、谢纪恩：《美国公理会在华北的扩张》，《近代史资料》1963年第3期，第189页。

⑥ 霍培修、谢纪恩：《美国公理会在华北的扩张》，《近代史资料》1963年第3期，第189页。

第四章 教会势力的返回和通州向西方学习的探索

第二节 通州民众"向西方学习"的探索
——以潘宗礼为例

随着西方列强的坚船利炮打开了清政府的国门,鸦片战争后,当时的社会精英已经看到了西方科学技术的长处,开启了轰轰烈烈向西方学习的"洋务运动"。但是当时的通州仍然是漕运枢纽,"洋务运动"对通州几乎没什么影响。只有极少的通州有识之士认识到西方文化的优长,并极力主张向西方学习。潘宗礼就是其中的代表人物。

一、通州"向西方学习"的开端

直到19世纪末,通州社会对西方科学知识仍持排斥态度,从当时通州人对修铁路的态度,就可见一斑。光绪二十二年(1896年),建京津铁路时,朝廷原定线路从北京经通州,向东南直达天津。这应该是通州发展近代交通的一次绝好的机会,然而通州社会各界极力反对,认为通州自古为漕运码头、水陆要冲,交通便利,无须耗费巨资修建铁路。更有甚者,认为火车依赖火力行驶,会毁坏铁路两旁的庄稼,震天动地、噪声不断,会破坏风水,因而百般阻挠。在这种情况下,朝廷改变了原来的规划线路,改为由北京,经过丰台,转向东南到达天津。

随着铁路的修通,经北运河的货物运输业受到极大的打击:"自去年铁路告成,所征货税日渐减少,今天开河后,通关税务异常短绌,若不设法整顿,将来通关税口直同虚设,且通郡商民以及车船引线人等,均无养生之计,何堪设想!不但课款无着,民情亦大有关碍!……再查上年铁路货运不甚畅旺,由十月内出示减价招商,而今云集!……役等共同商酌:到通之货,通郡售者,仍按旧章投报;凡遇京号,实系起京者,减税四成……"①

---

① 朱向如:《漕运·通关税口旧闻》,《文史选刊》(内部交流)2006年第23期,第30页。

通州大变局（1860—1949）

光绪二十四年（1898年），在通州西大街成立通州邮政分局，隶属北京邮务总局。① 新式邮政系统出现在通州后，通州人民很快感受到新旧邮驿系统巨大的不同，从而对从西方传入的科学技术有了直观的认识。

这正反两个案例给通州上了生动的一课，尤其是"庚子事变"后，大家逐渐认识到西方科学技术的重要性。光绪二十七年（1901年），修建京奉铁路的支线京通铁路时，通州人的态度与前完全相反，社会各界都极力支持，于是就有这段通州历史上最早的铁路。关于这段铁路，在民国《通县志要》上有记载："西起北京正阳门，东至本县东门外运河西岸，计长二四点九公里。"② 同年秋季通车，方便了来往的旅客。

也就是在京通铁路通车的这一年，慈禧太后宣布实施"新政"，其中一项重要内容是废科举，开新学。清政府采取系列措施发展新学，学习西方科学文化知识。当时"朝廷孜孜求治，百度更新……所谓变亦变，不变亦变，风气之郁，也久矣"③。在"新政"的大背景下，求变之风日益浓厚。此时，一个不具名的通州人向社会发布了一则启事，即《拟办通州书报公社启》。在该启事中，作者首先指出"天下之变亟矣"，然而当时四万万中国人"其衿缨綦履终身不学者居半焉"。另外"所谓农焉、工焉、商焉、官焉者，托言……以无暇学问自鸣"。④ 所以读书为知识分子的专利，但是这些知识分子终其一生沉陷在故纸堆之中，与现实世界严重脱节，最终导致思想僵化，民众愚钝，国家羸弱不堪。此文作者看到了学术落后的严重后果，或者说国家的衰弱最终与学术的落后有很大关系。这样的认识不可谓不深刻，可以说找到了问题深层次的原因。

---

① 民国初年，邮政事业在通县得到进一步发展。辛亥革命后不久，在通县燕郊、永乐店、马驹桥、西集、牛堡屯、张家湾各集镇分设了邮政代办所，并办理小额汇兑。1931年，在通县各乡村增设邮柜，从此新式邮政系统覆盖了通县城乡。

② 《通县志要》(卷四·交通·铁路)，1941年铅印，成文出版社，第189页。

③ 《拟办通州书报公社启》,《北京新闻汇报》(辛丑七月初一)，第6页。

④ 《拟办通州书报公社启》,《北京新闻汇报》(辛丑七月初一)，第6页。

第四章　教会势力的返回和通州向西方学习的探索

找到了问题的症结所在，作者从最根本入手，就是购买书报供人阅览，即创办"书报公社"，以开启民智。为什么叫"公社"？因为"本社以鉴古知今为本，合群求学为用。事为公理所宜美，非一人敢擅。故定名为公社"①。其要害就在一"公"字，是一个公共服务机构，凡来阅读者，填写名姓即可，无须付费。而且还备有茶水以备阅者不时之需。这显然不同于传统的藏书楼和书院。藏书楼只是文人雅士为了收藏，供自己或者好友阅览之用，而书院虽然是教育机构，但是在很多时候成为一些有政治抱负之人培植党羽的工具，或者被一些人用来牟私利。为了使公社不走老路，所以"本社……力杜借名植党之风，尤严借端牟利之禁"②。通州书报公社可供阅览的书籍，不仅有中国古典书籍，还有东洋（日本）、西洋（欧美）典籍的中译本，还有国内外前沿的报纸杂志，介绍东西各国政治、艺术、山川、形胜、风俗、民情等知识。

书报公社由几个志同道合的有识之士集资兴办，资金来源很有限。其地点是暂借试院东边的点名公所，也就是清代通州贡院。清代贡院曾经是顺天府22个州县乡试之所，到清末已经衰败，利用其点名公所开办书报公社，是一个很好的选择。除了向社会雇用的工作人员需要付一些微薄的薪水外，管理人员都没有开支。社中书刊，除了自购部分外，其余应置各书暂向热心读者酌借。公社还定有《开办章程》和各种管理制度。

可见，书报公社是一个具有近代意义的公共阅览场所。其开办的意义不仅仅在于提供了一个可供阅览的公共场所，还在于为通州民众提供了主动了解西方、向西方学习的一个尝试，在通州近代史上具有重要意义。

---

① 《拟办通州书报公社启》，《北京新闻汇报》（辛丑七月初一），第6页。
② 《拟办通州书报公社启》，《北京新闻汇报》（辛丑七月初一），第7页。

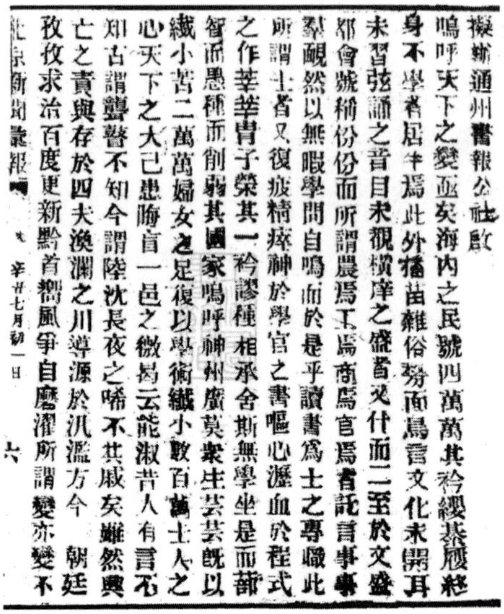
擬辦通州書報公社啟
嗚呼天下之變亟矣海內之民號四萬萬其衿纓甚履綷
身不學者居半焉此外播苗雜俗勞而鳥言文化未開耳
未習弦誦之音目未覩橫庠之盛者又什而二至於文盛
都會號稱份份而所謂農焉工焉商焉官焉者託言事事
擊醜然以無暇學問自鳴而於是乎讀書爲士之專職此
所謂士者又復疲精瘁神於學官之書嘔心瀝血於程式
之作莘莘胄子榮其一衿謬種相承舍斯無學坐是而蔀
智而愚種而剏弱其國家嗚呼神州廣莫衆生芸芸既以
纖小苦二萬萬婦女之足復以學術纖小數百萬士人之
心天下之大已患晦盲一邑之微曷云能淑昔人有言不
知古謂聾瞽不知今謂陸沈長夜之晞不其戚矣雖然興
亡之責與存於四夫渙瀾之川導源於汎濫方今 朝廷
孜孜求治百度更新黔首瞿風爭自磨濯所謂變亦變不
北京新聞彙報 辛丑七月初一日 六

图4–3：拟办通州书报公社启
图片来源：《北京新闻汇报》（辛丑七月初一）

从此之后，民众对从西方传入的新鲜事物的态度逐渐转变为学习、接纳。电报、电话等从西方传入的新鲜事物逐渐出现在通州，并且潜移默化地改变了人民的生活。光绪末年，在沙竹胡同设立了通州电话局；民国初年，在马家胡同设立了通州电报局。通州电话局和通州电报局均隶属交通部。电报电话等新鲜事物在通州的出现，不仅对通州本土社会发展具有十分重要的意义，甚至对北京地区近代发展都发挥了不可替代的作用。

二、潘宗礼学习西学的努力

潘宗礼，字子寅，号英伯，顺天府通州人，生于同治五年（1866年）。史载："君少英敏，负隽才，卓荦有大志……专致力于经史，髫龄补博士弟子员。"[①]除此以外，他还学习剑术，"郡人有文侠之称"，后又学习诗词书画诸艺。可是多次参加乡试而不中，直到"戊戌变法"之时，他才将目光投

① 《纪通州烈士潘宗礼自沉仁川海事》（录《晋报》），《国文报》1906年第3期，酉编第1页。

第四章 教会势力的返回和通州向西方学习的探索

向西学,即研究算学、舆地、政治诸学。

作为有担当的知识分子,看到民众思想愚钝,风气不开,潘宗礼决心行动起来,在文化教育领域采取了一系列举动。光绪三十一年(1905年)三月,他在通州靳家胡同高等小学堂首先创办了通州教育研究会,并担任会长职务。他请著名学者来演讲,传播新思想,自己也亲自上台演讲。其演讲稿在他自沉大海后不久,被友人整理出来,以《通州高等小学堂董事潘宗礼演讲辞遗稿》为题,发表在《直隶教育杂志》1906年第8期上。从该演讲稿可知,潘宗礼不仅学识渊博、学贯中西,还能看出他对以儒家思想为核心的中国传统文化和西方哲学思想、科学知识等西学的态度。这篇遗稿比较全面地反映了潘宗礼当时的思想。

潘宗礼虽然认识到西学的重要性,但是并没有因此对传统思想,尤其是儒学思想进行否定。针对当时以康有为为代表的一些人提出儒学为宗教,并倡导孔教会,潘宗礼明确指出:"孔子为教育家,非宗教家。"并提出其理由:"宗教如佛、如耶、如回,大抵不出圣人神道。设教之一言,特宗教有传道之人,孔教无传道之人耳,何以言之?"① 也就是说,孔子并没有把自己当成教主,而是以教书为生的学者,而且孔子之后,也没有传道之人。

潘宗礼对当时"稍知新学者,又复痛诋孔教为弱国之由"、将国家的腐败衰弱归结为儒家思想的观点进行了反驳。他认为一些人对某些孔子之言断章取义,误读了孔子的思想。现在之所以国家衰弱,不是孔子思想之过,而恰恰是"孔教之实先亡,而国乃弱"。不仅如此,潘宗礼还认为,孔子的某些思想与西方新学思想是相吻合的。他举例说明,孔子说"不在其位,不谋其政"可以与西方专业人士干专业之事相类比:"西人贵以专门之学任专门之事。学法律者,只能任法律之事,不能代理财部。谋地理者,既已任地理之事,不能兼天文之职。是即不在其位,不谋其政之理。"② 而且,潘宗

---

① 《通州高等小学堂董事潘宗礼演讲辞遗稿》,《直隶教育杂志》1906年第8期,第3页。
② 《通州高等小学堂董事潘宗礼演讲辞遗稿》,《直隶教育杂志》1906年第8期,第4页。

礼认为孔子思想与西方哲学思想有不少相通之处，如他认为赫胥黎在《天演论》中有"撇耶释而趋重人，怠隐然与中庸之道相合"，"又斯宾塞著《群学肄言》，名言东方圣人，中庸之道可贵"。①潘宗礼得出结论：儒家思想不仅不是国家衰弱之缘由，而恰恰相反，国家民族复兴要弘扬真正的孔子之学。

可见，潘宗礼不仅有深厚的传统学术的功底，还对西方主要思想有深入了解，对中西文化都有深刻的理解和思考，既具有国际视野也有独立思想。他创办教育研究会，并不是要教授具体知识，而是传播思想，开启民智。

创办通州教育研究会不久，潘宗礼又创办了阅报处，还被任命为通州学董，创办了小学10余处。在潘宗礼的努力下，通州的教育很快呈现一片欣欣向荣的景象。1905年5月30日，潘宗礼主持了教育研究会的一次活动，从这次活动可见其繁荣景象。参加的学生主要为初等小学学生百余人，出席活动者有包括通州主要领导在内的城内外绅衿数十人，教员数人。演说内容十分丰富：有说家庭教育，注重胎教者；有说中国前途者，以人之有耻无耻为判决；有说中国之问题与缺点者，在读书识字人太少；有说组织社会，研究学术者。不仅有学者上台演说，还有学生也上台发表演说。潘宗礼自己在台上向学生展示动物标本，又"演说新旧一源：谓新学之理，恰得孔教之真"。演说会之后，还有丰富活动，学生在操场试习柔软体操；民立第一初等小学教员朱友山，率生徒随步武唱军歌。这次会议不仅有演讲会、体操和唱歌展示，还组织成立通州初级师范传习所。通州查学陈泽圃还鼓励"初级师范生宜变换旧思想，以教育为己任；初等小学堂学生，自待宜重，自持宜高"②。虽然仅仅几年的努力，"通州高等小学堂讲堂，改作焕然一新；学生文明程度，一日千里；初等学生皆精神爽健，衣履亦整齐洁净"③。

---

① 《通州高等小学堂董事潘宗礼演讲辞遗稿》，《直隶教育杂志》1906年第8期，第4页。
② 《记通州教育研究会》，《教育杂志（天津）》1905年第10期，第57页。
③ 《记通州教育研究会》，《教育杂志（天津）》1905年第10期，第57页。

第四章　教会势力的返回和通州向西方学习的探索

值得注意的是，潘宗礼于光绪二十二年（1896年）创办了潘氏私立女子半日初等学堂。①这是通州历史上第一座女子学堂，比传教士柯慕慈创办的女童蒙馆——安士学道院还早了8年。该学堂借用潘宅前厅，按照潘宗礼的思想设立，其课程、教具都符合新式学堂的要求。潘宗礼在世时，凭借其强大的影响力，学堂发展顺利。潘宗礼去世后，该学堂由其子潘智周负责，勉强支撑。由于缺乏经费，缺乏专业师资力量，到1908年，该学堂仅有6名学生。②潘氏私立女学堂不仅在通州的教育史上具有十分重要的意义，在通州女子教育事业发展史上也具有开创性的贡献。

除了教育，潘宗礼还热心实业，创办了织工场数所。直隶藩司毛庆蕃视察通州，"见其所设施，深器之"③。织工场采用先进技术和管理方式，潘宗礼可视为通州近代轻工业的先行者。

三、潘宗礼自沉事件及其影响

潘宗礼在通州创办新学和实业的工作如火如荼，受到社会各界的关注和好评，尤其是受到直隶藩司毛庆蕃的赏识。但是潘宗礼深感对西方的知识来自书本，欲行报国之志，时常感到对西方新学了解不够。这时候，直隶省正计划资助一批青年才俊到日本留学。在毛庆蕃的推荐下，潘宗礼以通州学董的身份，与其他直隶学务处官生一起公派赴日留学。

潘宗礼怀着迫切的心情，计划早日学成归国，大展报国之志。史料记载："是行也，去而求学观光，归而建言立事，复我国权，强我民族，在此一举，公之抱负当何如也。"④在日本留学期间，他如饥似渴地学习，除了课堂学习之外，还学习体操、音乐等专业。他利用节假日，自费到日本各地参观，深感祖国的落后，并谋划学成后，如何运用于改造国家，发展自己

---

① 通州区地方志编纂委员会：《通县志》，北京出版社，2003年11月，第633页。
② 《查视通州学务情形报告》，《直隶教育杂志》1908年第19期，第79页。
③ 《纪通州烈士潘宗礼自沉仁川海事》(录《晋报》)，《国文报》1906年第3期，西编第1页。
④ 《潘烈士略传》，《大公报》1906年4月25日。

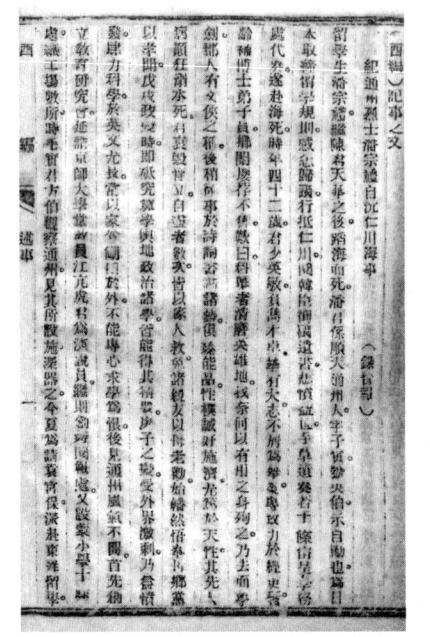

图4-4:《纪通州烈士潘宗礼自沉仁川海事》
图片来源:《国文报》1906年第3期

的家乡通州。当时有这样的记载:"公之至日本也,随所见闻称,量彼已慷慨激昂之气时,发现于日记中,盖十年以来之素志,自审既熟矣。一感触于日人新民之政略,印于脑中,故其铭汤盘鉴禹鼎之笔舌,盘旋而不停,其贯星斗泣风雨之文章,光芒而益上,公之心何盖欲携此一卷日记,以效用于时也。"①

但是不到半年,日本政府颁发《清国学生入学之公私立学校规程》(简称《取缔规则》)。该规程共15条,内容系整顿日本各地招收中国留学生之公私立学校。其中有条文明确规定:"受选定之公立或私立学校,必须使清国学生住居宿舍或指定之旅馆,以加监督","受选定之公立或私立学校,不得招收他校以性行不良而被饬令退学之学生"。中国留学生强烈反对,认为该规程是日本政府与清政府勾结,为取缔中国留学生而制定,随即采取联合罢课和集体退学归国的抗议行动。湖南籍留日志士陈天华于1905年12月8日在东京写下绝命书,决心以死来唤醒国人的觉醒,在日本蹈海而死,以示抗议。陈天华之死在中国和日本都引起了巨大反响,尤其是在留日学生中,影响尤甚。潘宗礼深受感召,愤而决心回国从事救国活动。当时,韩国与日本签订了《乙巳保护条约》(《日韩保护条约》),沦为了日本的保护国。他和同学们于1905年农历十二月初九,乘船行至朝鲜半岛的仁川。得知韩国的命运,潘宗礼既同情韩国,更为祖国的前途担忧,

---

① 《潘烈士略传》,《大公报》1906年4月26日。

第四章　教会势力的返回和通州向西方学习的探索

于是效法陈天华，以死唤醒国人。

关于他的死，同行之人后来在《纪通州烈士潘宗礼自沉仁川海事》中有详细记述。初八那天，轮船在仁川靠岸。初九早晨，潘宗礼随同人登岸，看到韩国人受到日本人的侮辱虐待，顿生怜悯恻隐之心。以至同人约赴酒馆用饭，他感叹唏嘘，食不下咽，所以他自己上了轮船。当时，有一个华商持闵泳焕殉国书，请同人们传看，"君接之，痛哭失声，急呼曰：忠臣，忠臣，汝死晚矣。纵能唤醒国民，亦有何济同人劝之。乃复破涕为笑"①。

当天晚上六七点钟，有同行二人下棋。潘宗礼在旁观看，笑言其中一好友棋艺不精，给了他精心包裹的几页纸，说这里面有提高棋艺的妙招，说完了就上到了船的甲板。这二人仍在下棋，等这局棋结束，这位朋友打开裹纸，这其实是潘君留下的绝命书。其大意为"从此永别！仆唯有日记及条陈十四条，求带递严督办"②。到这时，人们才发现潘宗礼自沉大海。当时在船上负责管理留学生事务的卢观察大哭，请求船主回到故处，搜寻尸体。搜了两个多小时，没有发现任何踪迹。会办向中国驻仁川的领事发电，拜托他们继续寻找潘宗礼的尸体。领事馆十分重视这件事，允派专船往觅。根据洋流推断，很有可能其尸体会漂至中国的芝罘岛，所以卢观察在仁川、芝罘二处竖碑。

到农历十二月十四日晚，同行人到达天津。当晚同人向直隶藩司毛庆蕃汇报事情原委。十六日早上，毛庆蕃向直隶总督袁世凯汇报此事，袁世凯十分感慨，指示要办好潘宗礼的后事，还要安排好其家事，并向朝廷请求抚恤。

潘宗礼自沉事件影响很大，社会各界将其与同为留日学生陈天华投海相提并论。《大公报》有"与湖南烈士陈天华并为二十世纪历史之烈士"的

---

① 《纪通州烈士潘宗礼自沉仁川海事》（录《晋报》），《国文报》1906年第3期，酉编第1页。
② 《纪通州烈士潘宗礼自沉仁川海事》（录《晋报》），《国文报》1906年第3期，酉编第1页。

评论。①

为了引起社会各界关注，达到潘宗礼以死唤醒国人的目的，直隶、通永道、通州等各级有关官员和潘宗礼的同人，一起在通州召开了盛大的追悼会。追悼会在农历腊月十八举行。关于这次追悼会的盛况，当时的多家媒体进行了报道。1906年1月11日，《大公报》向社会报道了追悼会的日期："学务处会办卢观察定于本月十八日，借城隍庙后西马路宣讲所举行追悼会，凡津邑各学堂教员学生及士绅均往伸敬，以志景慕云。"② 1月13日，《大公报》又报道了追悼会盛况："闻是日学生前往者均系鼓号操衣，一律齐楚，秩然可观。"③ 当天全通州城"文武官及士商，一切均来会追悼，共表感情"④。

不仅在通州召开了追悼会，在天津、北京、保定等地都召开了盛大的追悼会，社会影响进一步扩大。天津与通州同日召开了盛大的追悼会，媒体报道称："十八日开追悼会于天津，官场及学界到者甚多。"⑤ 由于当时已届中国农历新年，所以北京和保定的追悼会在年后举行。

北京是京城，在此举办追悼会引起了全国的关注。媒体的报道起到推波助澜的作用。在追悼会召开之前，《大公报》将举行追悼会的大致时间向社会进行了通报："天津通州等处均于年前开会追悼，北京为人文荟萃之区，学堂林立之地，不得不有是举，盖因彼时学界诸人年假归里者多，是以未能举行，刻闻北京城内外阅报处诸君，拟于（农历）二月上旬开会追悼。"⑥ 后来，在北京举办的具体日期确定后，《大公报》连续三天，进行了详细

---

① 《陈天华以后复有烈士》，《大公报》1906年1月10日。
② 《举行潘烈士追悼会》，《大公报》1906年1月11日。
③ 《再纪追悼会》，《大公报》1906年1月13日。
④ 《纪通州烈士潘宗礼自沉仁川海事》(录《晋报》)，《国文报》1906年第3期，酉编第2页。
⑤ 《烈士蹈海纪实》，《新闻报》1906年1月28日。
⑥ 《开会追悼》，《大公报》1906年2月20日。

第四章 教会势力的返回和通州向西方学习的探索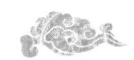

报道。①

除了召开追悼会，媒体的报道也极大地扩大了其影响，直隶总督袁世凯还将潘宗礼遗留下的十四条条陈上奏朝廷，从而使潘宗礼的思想主张影响到朝廷的最高层。关于上奏的具体过程，也有史料记载。潘烈士十四条主张，其主旨是请朝廷真心推行新法，而不是糊弄国人，以"新政"之名，行独裁专制之实。条陈言辞十分激烈，有换装、剪发、推行宪政的主张，这在当时显然是大逆不道，罪当问斩。为了能够顺利向朝廷上奏，尽最大限度得到朝廷的认可，十四条建议中关于宪政、剪发等触及统治者底线的内容均被删除，修改过程极为机密，并对原文具体内容严格保密。经过润色后，潘宗礼的十四条主张变为十三条：曰宜设女子师范传习所；宜编小学浅易教科书；宜多设实业学堂；宜开游学预备科；宜清查官山官地海滩，充学堂经费；宜颁预算决算表；宜设市镇区役所；宜改用阳历；宜简送迎跪拜之礼；宜多设电话；宜设会计检查院；宜设培养森林专官；宜多设译

---

① 《大公报》于1906年3月14日—16日连续三天，以《详志追悼会情形》为题进行了报道，具体内容为："十七日，北京政界学界之直隶同乡，为潘子寅烈士开追悼会于杨椒山先生故宅。是日七点钟各会员业已预备整齐，门挂二龙旗示国徽也，内设潘烈士小照，设花圈于中，供桌成行，各种名花树木罗列其间；祭室外之前有松门，亦悬二龙旗，其会员执事者一百二十人分任会中之事，学界中占十之九。是日来宾约有一千七百人，自下午一点钟至三点钟为致祭时，先为实业学堂，次顺天中学堂，次北洋第一小学堂，次日新学堂，次测绘学堂（潘烈士之公子现为测绘学堂头班生），次大学堂，次译学馆，次进士馆，以上均操衣行三鞠躬，礼毕烈士之公子答揖。又次为衣冠来宾，次便服来宾，皆行三揖礼，礼毕答揖如前，末为各会员，操衣者在前，便衣者在后，行礼如仪。少时读祭文毕，而江君亢虎演说……演毕同仁拍掌，继其演说者为杨君湛霖。此君为大学堂派赴东洋留学而与潘烈士同归国之人，且目睹日本之对待情形与夫韩之现状以及潘烈士蹈海各情形，故言尤痛切，且深言在日本留学生之腐败状，而甚愿学界诸君努力向前，演说最久，而最动人听闻。甫毕而五城学堂全班学生至矣，致祭之前先由某君恭读祭文，不啻为林君琴南之演说也（祭文为琴南君所撰）。然后行礼，礼毕复有李君滋园演说，揭示烈士系为国而死，且演说国家思想而使闻者有奋然兴起之概（慨）。又杨君志伊顺天时报白话演说员也，亦演说一段愿全国学界努力兴学，则烈士有知亦应瞑目。尚有多员欲演说者，因时已迟，先行拍照，第一幅追悼会全景，第二幅来宾，第三幅会员，拍照已毕，已四点钟矣，来宾亦渐渐散去，而追悼会于是毕。是日挽联有三百余联，又有东西国人前来参观，叹我中国人死事之奇国体之坚云。"

131

通州大变局（1860—1949）

书局。①从后来的情况看，在通州地区，这十三条主张部分得到了落实。

值得一提的是，潘宗礼投海事还被搬上了戏台，形成了多个版本。②剧作在保留了古典戏剧既有的传统元素之外，还融入了许多新题材和新知识，被誉为是"中国现代剧场起步阶段的重要代表作品"③。在当时特殊大背景下，潘宗礼投海的事迹推动了中国戏剧的改良和发展。与此同时，人们对该戏剧的追捧，让潘宗礼的影响急剧扩大。不过半年左右，此故事已经成为知识分子宣扬爱国主义的理想教材，从中国北方逐渐传遍全国。④

潘宗礼因日本侵略韩国，希望以自己的死激起中国人民的警醒和觉醒，也以实际行动表达了对日本暴行的抗议和对韩国人民的同情、声援。潘宗礼蹈海的消息传到韩国，引起了不小的关注。韩国人罗炳奎在1906年6月10日的《大韩每日申报》上，发表了吊唁文章《吊清国义士潘公宗礼文》，悼念潘宗礼的悲壮之死。⑤韩国学者黄玹在《梅泉野录》，宋相焘在《骑驴随笔》，朴殷植在《韩国痛史》中，都有关于潘宗礼蹈海事件的记载。其中，朴殷植在《韩国痛史》中作诗悼念潘宗礼曰：

呜呼哀哉！
有美一人兮，于今之鲁连；
性燕赵之慷慨兮，每伤时而泗涟；

---

① 《光绪实录》卷五百五十六，光绪三十二年二月乙卯条。

② 剧作《潘烈士投海》的版本记述杂乱，唐海宏在《清末时事剧〈潘烈士投海〉本事及版本考述》(《江南大学学报（人文社科版）》2016年第2期）归纳有五种：乔荩臣编演的《潘烈士投海》、王鸿寿编演的《自强传》、李琴湘编创的《潘公投海》、赵中鹄编创的《潘公投海》、白云词人谈小莲编创的《潘烈士投海》。

③ 钟欣志：《晚清"烈士剧"初探——从〈潘烈士投海〉和〈黄勋伯义勇无双〉说起》，《文化艺术研究》2012年第3期，第136页。

④ 钟欣志：《晚清"烈士剧"初探——从〈潘烈士投海〉和〈黄勋伯义勇无双〉说起》，《文化艺术研究》2012年第3期，第126页。

⑤ 《吊清国义士潘公宗礼文》，《大韩每日申报》1906年6月。

第四章 教会势力的返回和通州向西方学习的探索

航瀛海而求珠兮，拂若木而言旋；
次仁港而容与兮，佳哉檀箕山川；
凤凰出于是邦兮，绵宝箓于四千；
蓝中华之文物兮，自昔敦夫血缘；
际寰宇之新辟兮，独掩扉于桃源；
有长蛇其喷毒兮，黑风簸而海翻；
六鳌死而三山漂兮，哀仙种之不天；
鸟兽嗥而鬼神啾兮，槿域忽其桑田；
嗟前辙之既覆兮，恐来轸之将颠；
噫吁乎神州圣族兮，尚鼽鼽其沉眠；
盍舍身而赎众兮，我则后而孰先？
掷腔血而作雷兮，庶可警夫聋顽；
条十四而披沥兮，瞻北极而呈玕；
诏鱼龙使前导兮，于以从夫屈原；
冀同胞之大觉兮，闪闪扬其英魂；
献一身于两国兮，焯千秋而永存；
听海风之鼓浪兮，恍乎白马之怒奔；
仗君灵而吁帝兮，挽天河而澄氛；
勖我人于无穷兮，佩高义而勿谖。①

第三节 清末"新政"在通州的探索
——以办"新学"为重点

在清廷推行"新政"的背景下，由于通州地区有传教士长期以来传播西学的影响，通州民间也逐渐掀起了学习西学的潮流，政府层面也积极以

---

① ［韩］朴殷植：《韩国痛史》（第三编·第三十九章），大同编译局，1915年6月，第112页。

推行"西学"为己任。"新政"涉及官制、军事、经济、教育、文化、社会等方方面面的内容，其实施效果往往与各地方督抚有直接关系。新政诏书颁布后，直隶总督袁世凯不仅第一个响应，设计了第一个新政方案，还成为新政核心领导成员。①尤其是在练新兵、办巡警、开新学、推新官制、兴实业等方面，成为各省楷模，被学者称为清季新政的"直隶模式"。②

作为直隶重要地区的通州，主要在开办新式学堂方面成效最为显著，本节主要论述教育改革方面的内容。

一、推行"新学"的制度设计

这里所谓"新学"，是相对过去以科举为目标的"旧学"而言，指与清末"新政"相适应的，借鉴西方教育制度而形成的新式教育方式。在教学内容上，除了传统文化的课程外，还包括西方自然科学知识等实用的学问；在教学方式上，也不同于旧式私塾，而是采用启发、互动等新的方式。兴办新式学堂、培育新型人才是直隶地区推行新政的重要内容。在清末"新政"中，直隶地区不仅恢复了被八国联军破坏的第一所中国官办的近代化大学北洋大学，还创办了中国第一所地方大学——山东大学堂（今山东大学之前身），直隶地区还掀起了创办新式学堂的高潮。③直隶地区在推行新学过程中，不仅注意普通教育，而且还非常重视专门教育，诸如女子教育、

---

① 张华腾：《袁世凯与清末新政》，《历史教学》2014年第2期，第9—10页。
② 肖宗志：《清季新政中的"直隶模式"》，《安庆师范学院学报（社会科学版）》2010年第10期，第56—60页。
③ 据《光绪三十三年教育统计图表》（学部总务司编：《第一次教育统计图表（光绪三十三年）》，文海出版社，1985年，第1—8页）统计，1907年直隶学校计有专门学堂12所，实业学堂20所，优级师范学堂3所，初级师范学堂90所，师范传习所5所，中学堂30所，小学堂7391所，女子学堂121所，蒙养院（即幼儿园）2所，总计8723所，学生164000余人，位居全国第二，而直隶学务财产480万两，名列各省之冠。此外专门学生人数、师范学生人数，直隶均居全国首位。

第四章 教会势力的返回和通州向西方学习的探索

职业教育、留学教育、私人教育等，建立起一个比较完整的教育体系。①

为了在直隶地区推行新学，直隶在布政、按察两司之外，设有学校司，作为全省教育行政的最高管理机构（后改为学务处）。在州县以上地方学务机构中，直隶还增设学务公所、劝学所、宣讲所等教育行政与研究机构。州县以下，分置劝学员，辅导基层办学。

通州地区的教育仍延续旧制，由通州学正负责，协助通州知州推行新式教育。在具体执行上，通州设有劝学所、宣讲所和传习所等机构。光绪三十年（1904年）四月，通州劝学所成立。②该所办公地点利用义仓的北室（五间）改建而成。光绪三十一年（1905年）学部成立后，各省改"学政"为"提学使司"，府、州、县设立"劝学所"，作为地方教育的行政机关。按照光绪三十二年（1906年）的《学部奏定各省劝学所章程》规定，劝学所一切事宜均由地方官监督。③劝学所主要负责劝导地方政府和有条件的绅民兴办学堂。通州劝学所设总董事一名，下设劝学员若干名。根据管理权限，总董事由顺天府东路厅负责委任、考核，劝学员由通州政府负责委任、考核。④在实际工作过程中，劝学所的劝学员人数很不稳定。据通州学正高奎照在光绪三十二年（1906年）的条陈，通州有劝学员十数人，到光绪三十四年（1908年），"劝学员仅有戴旭一名，乡下未能遍及"⑤。

关于通州宣讲所的正式设立时间，还有待进一步考证。从目前资料看，早在光绪三十一年（1905年）成立的通州教育研究会，即承担了宣讲所的功能。正式成立应在光绪三十二年（1906年）前后。由于潘宗礼已经去世，宣讲所由其子潘智周负责。根据光绪三十四年（1908年）的《查视通州学

---

① 张华腾：《袁世凯与清末新政》，《历史教学》2014年第2期，第12页。
② 《通县志要》（卷二·政治·大事），1941年铅印，成文出版社，第87页。
③ 苏全有：《清末宣讲所探析》，《河南理工大学学报（社会科学版）》2014年第2期。
④ 《通州学正高奎照条陈顺属东路厅及通州应办学务事宜禀并批》（光绪三十二年二月），《直隶教育杂志》1906年第5期，第7页。
⑤ 《查视通州学务情形报告》，《直隶教育杂志》1908年第19期，第79页。

务情形报告》记载,"讲员潘智周讲东西教育,娓娓动听,口齿便利"①。可见,潘智周颇有乃父之遗风,知识渊博,热心教育。

1906年颁布的《学部奏定各省劝学所章程》对宣讲所的设置和宣讲工作进行了规定:"各属地方,一律设立宣讲所,遵照从前《宣讲圣谕广训章程》,延聘专员,随时宣讲。其村镇地方,亦应按集市日期,派员宣讲。一切章程规则统归劝学所总董经理而受地方官及巡警之监督。"此外,还制定了8条宣讲规范:1.宣讲应首重《圣谕广训》,凡遇宣讲《圣谕》之时,应肃立起敬,不得懈怠。2.忠君、尊孔、尚公、尚武、尚实五条谕旨为教育宗旨所在,宣讲时应反复推阐,按条讲说,其学部颁行宣讲各书及国民教育、修身、历史、地理、格致等浅近事理以迄白话新闻,概在宣讲之列,惟不得涉及政治,演说一切偏激之谈。3.宣讲员由劝学所总董延访,呈请地方官札派以师范毕业生及与师范生有同等之学力,确系品行端方者为合格,如一时难得其人,各地方小学堂教员亦可分任宣讲之责,不合以上资格者,概不派充。4.宣讲时,无论何人均准听讲,即衣冠褴褛者亦不宜拒绝,惟暂不准妇女听讲,以防弊端。5.宣讲时限日期得由劝学所总董随时酌定。6.宣讲员每星期宣讲事项,应备簿存记目录以备地方官及劝学所总董随稽查。7.宣讲附在劝学所或借用儒学明伦堂及城乡地方公地,或赁用庙宇,或在时通衢。8.凡宣讲时,巡警官得派明白事理之巡警员旁听,遇有妨碍治安之演说,可使之立时停讲。②

根据光绪三十二年(1906年)学部颁发的《学部采择宣讲所应用书目表》,列有三十余种书籍(报纸),涵盖了五个大的方面:

第一个方面是农业、工业、商业常识,发展经济的书籍,有《农话》《普通农学浅说》《穑者传》《蚕桑浅要》《蚕桑简明图说》《冶工轶事》

---

① 《查视通州学务情形报告》,《直隶教育杂志》1908年第19期,第79页。
② 《学部奏定各省劝学所章程》,《四川官报》1906年第20期,第64—68页。

第四章 教会势力的返回和通州向西方学习的探索

《致富锦囊》《普通商业问答》八种。这类书籍是除政府的政策和规定之外比例最大的一类。第二个方面是日常生活规范与伦理道德的宣传,有《人谱类记》《养正遗规》《训俗遗规》《劝学篇》《国民必读》《劝不裹足浅说》共六种。第三个方面是西方传记和小说,有《鲁滨逊漂流记》《纳耳逊传》《克莱武传》《澳洲历险记》《万里寻亲记》《黑奴吁天录》六种。第四个方面是知识普及类的书籍,有《世界读本》《普通新知识读本》《普通理化问答》《富国学问答》《蒙学卫生实在易》《启蒙画报》六种。第五个方面是新的教育观念和方法的普及的书籍,有《欧美教育观》《儿童教育鉴》《儿童修身之感情》《蒙师箴言》四种。各地宣讲的内容基本上都依据这个宣讲书目表,但不同地区也有所变通,加进了一些报纸作为宣讲内容。①

通州宣讲所宣讲员每天利用半天进行宣讲,效果也很明显,"每日午后一点至四点止,听者至百余人……检视宣讲日记簿,所讲各种新书,甚为富有。立言宗旨亦颇纯正"②。

关于办学经费,私立学校由私人筹措,公立学校的经费来自政府财政经费。由于西方列强强迫清政府签订了大量屈辱的不平等条约,面临数额巨大的对外赔款,朝廷已经没有经费支持各地办学,办学经费主要由各地方筹措。从已有资料看,清末通州各类官立学堂的经费,来源大不相同。如高等小学堂的经费,一半来自通永道道库银(通永道是直隶省顺天府下设的派出机构),即来自直隶省财政。还有一半主要来自村捐,也就是向老百姓摊派。以通州高等小学堂为例,根据光绪三十四年(1908年)的学务报告,总计一年需要办学经费两千余金,其中"道库津贴一千二百金;村捐分

---

① 转引自苏全有:《清末宣讲所探析》,《河南理工大学学报(社会科学版)》2014年第2期。
② 《查视通州学务情形报告》,《直隶教育杂志》1908年第19期,第79—80页。

通州大变局（1860—1949）

三等：上（等）每年六金，中（等）四金，下（等）二金，共集一千四百金"①。初等小学堂主要由当地政府筹措。以城关地区六所小学堂为例，共计每年可供支配的经费为一千八百吊，由六所学堂分配。

由于经费有限，学堂尽量利用旧有的荒庙，如通州药王庙官立第四初等小学堂、南街正阳祠官立第一初等小学堂、东关火神庙官立第六初等小学堂、文帝祠官立第三初等小学堂、新城北街药王庙官立第二初等小学堂等即如此。除了减少开支外，还尽量扩大经费的来源，例如"拆荒庙，卖废料得数百金，移作（城管初等小学堂）六堂之用。勉强支撑，苟延敷衍而已"②。其他地区的初等小学堂，以及半日学堂等经费没有保障，有的勉强维持，有的不能维持，只能关闭，不少初等小学堂刚刚开办，就不得不停办。此外，各级政府官员捐廉银，顺天府、通永道、通州"三署捐廉：道署每月十二两，府四两，州八两"③。但是这样不能解决根本问题，所以经费问题是当时通州教育发展的一个主要制约因素。

直隶地区在推行新式教育过程中，建立分层和分类教育体系，强调启蒙教育、普通教育与继续教育结合，全日制与半日、半夜制结合，培养通才与专才、技术与管理人才、专业技术人才与普通劳动者的素质技能结合，男学与女学、家庭教育与学校教育并重。④通州地区办新学按照直隶的总体要求进行，并结合具体实际进行了完善，开展了轰轰烈烈的推广新学运动。

二、清末开办新学情况

在清末新政的背景下，通州开办新学，面临着重重困难，也经历了一

---

① 《查视通州学务情形报告》，《直隶教育杂志》1908年第19期，第76页。
② 《查视通州学务情形报告》，《直隶教育杂志》1908年第19期，第77页。
③ 《查视通州学务情形报告》，《直隶教育杂志》1908年第19期，第80页。
④ 肖宗志：《清季新政中的"直隶模式"》，《安庆师范学院学报（社会科学版）》2010年第10期，第57页。

第四章 教会势力的返回和通州向西方学习的探索

些挫折，但是总体上取得了一定成果。初步建立了覆盖城乡的，涵盖启蒙、小学、中学、专科学校的教育体系。

1. 小学堂的开办情况

通州先后成立了州立高等小学堂和初等小学若干所。清末，通州开办了高等小学堂：最早开办于光绪二十九年（1903年），到光绪三十四年（1908年），已有高等小学堂2所。① 根据1908年的学务报告，高等小学堂分为前后两堂，前堂学生有17人，为三年级；后堂学生24人，为二年级。② 教师主要来自省师范学院，课程除了传统的国文外，另有算学、英语、代数、各种科学等实用课程，③ 还有体操、体育、唱校歌等文体课程。④ 显然新式学堂在教育理念、方式、课程、管理等各方面已不同于传统教育，是新式教育。

在政府的鼓励下，初等小学堂如雨后春笋般建立起来。光绪三十年（1904年）秋，添设城内六处初等小学，翌年，在城关增设初等小学堂4所，在剪子巷开办公立潞贞女学堂。据《通县志》记载，仅光绪三十二年（1906年），在张家湾等乡村新建公立初等小学堂89所。光绪三十三年（1907年），通州城乡初等小学堂111所，就读学生1210人。但是由于战乱等多种原因，不少学校刚刚设立就停办，所以数量变化很大。到光绪三十四年（1908年），城乡初等小学堂锐减到37所，含女学堂3所，半日学堂1所，就读学生910人。⑤

据光绪三十四年（1908年）的学务报告，初等小学堂学务情况各不相同。从教师教学、校舍、学生学习、教科书、资金保障等方面综合衡量，

---

① 通州区史志办公室整理：《民国通县志稿》（内部交流），2002年，第101页。
② 《查视通州学务情形报告》，《直隶教育杂志》1908年第19期，第76页。
③ 《通州学正高奎照条陈顺属东路厅及通州应办学务事宜禀并批》（光绪三十二年二月），《直隶教育杂志》1906年第5期，第6页。
④ 《查视通州学务情形报告》，《直隶教育杂志》1908年第19期，第76页。
⑤ 通州区地方志编纂委员会：《通县志》，北京出版社，2003年11月，第633页。

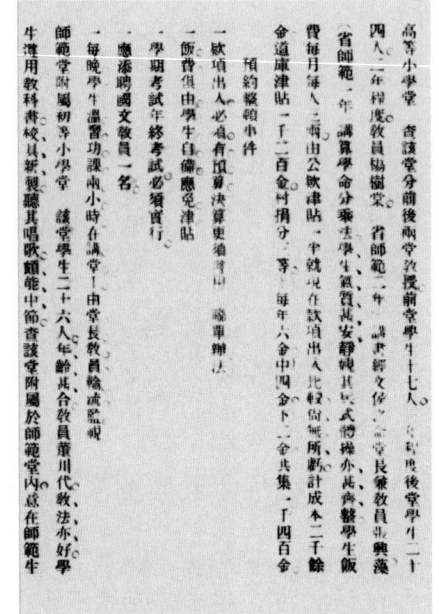

图4-5：查视通州学务情形报告
图片来源：《直隶教育杂志》1908年第19期

可以分为三类：

第一类，情况较好，校舍完整，教师负责，学生少有请假现象，资金也有保障，如师范附属初等小学堂、城关初等小学堂、赦孤台官立第五初等小学堂。师范附属初等小学堂在师范学堂内，不仅校舍有保障，师资和生源俱佳，教员"教法亦好"，学生"二十六人，年龄甚合……学生遵用教科书、校具新制。听其唱歌，颇能中节"[1]。城关初等小学堂共有六处，资金基本有保障，校舍外观尚可将就。而赦孤台官立第五初等小学堂，分甲乙丙三班上课，"学生五十名，一座不虚""学生一律用教科书""教员素具热心，学生亦颇上进"。为了表彰先进，学务查视组"拟请州尊泰封赐以荣之"。[2]这几所学校整体状况很好，得到查视官员的肯定，可归为较好类别。

第二类，情况一般者，教习较为负责，学生常有请假现象，有教科书，如通州药王庙官立第四初等小学堂、南街正阳祠第一初等小学堂等。通州药王庙官立第四初等小学堂有学生24名，南街正阳祠第一初等小学堂有学生27人，均"分甲乙丙三班""多虚座"，但是"学生一律用教科书。取课本令甲乙班生回讲，极清朗"。[3]这两所学校最大的差别是教员水平不同，通州药王庙官立第四初等小学堂"教习谦和无滞气，充初小教员颇为合宜"，

---

[1]《查视通州学务情形报告》，《直隶教育杂志》1908年第19期，第76页。
[2]《查视通州学务情形报告》，《直隶教育杂志》1908年第19期，第77页。
[3]《查视通州学务情形报告》，《直隶教育杂志》1908年第19期，第77页。

而南街正阳祠第一初等小学堂"教习笃实少精神，未能引起蒙童之兴味"。①这两所学校整体状况还不错，可归为中等。

第三类，各方面情况都比较差，如东关火神庙官立第六初等小学堂、文帝祠官立第三初等小学堂、新城北后街药王庙官立第二初等小学堂、半日学堂等。这类学堂，都存在比较严重的问题，在教学方式上和传统私塾无异，教员随意请假，且对科学知识不很了解。如文帝祠官立第三初等小学堂，教习告假，由腾姓老师代理，"惟教法未合。参观时，腾教员安坐椅上，令学生立桌前背书，仍一私塾也"②。据查视学务报告，这类学堂，没有统一的教科书，而用手抄本，而学生也很随意，有的到了中午仍没有到齐，状态也很呆滞，毫无生气。

在政府的鼓励下，通州地区小学堂数目不少，但是主要集中在通州城区和下辖集镇，广大农村地区的教育主要依赖私塾。到光绪三十四年（1908年），通州各村筹设学堂仅有三处，且"孟家坟公立初等小学堂，学生竟少至四人，殊属有名无实"③。

鉴于这种情况，政府采取了相关措施，进一步发展通州小学教育。到辛亥革命前夕，学堂数量和就读人数又有所上升。如宣统二年（1910年），通州城乡有小学堂57所，学生1175人。④

2. 中学堂的开办情况

由于经费有限等各种原因，清末在发展官办学堂时，主要精力放在发展小学上，对中学着力不多。早在光绪二十七年（1901年）十一月，直隶省批准通州建立一所中学堂，并派英文教员，持文凭来通州，创办中学堂。但是通州当时刚经过义和团运动和八国联军的屠城，元气未复，艰于筹款，开办不久即不得不停办。

---

① 《查视通州学务情形报告》，《直隶教育杂志》1908年第19期，第77—78页。
② 《查视通州学务情形报告》，《直隶教育杂志》1908年第19期，第78页。
③ 《文告录要：通州申筹设学堂情形请立案由》，《北洋官报》1908年第1733册，第8页。
④ 通州区地方志编纂委员会：《通县志》，北京出版社，2003年11月，第633页。

通州大变局（1860—1949）

光绪二十八年（1902年）七月初五，直隶总督袁世凯向朝廷上奏《筹设直隶各属中学堂拟定暂行章程折》，拟定了直隶各地兴办中学堂的办法。光绪三十年（1904年）1月13日，清政府颁布《奏定学堂章程》，将中学教育定位为普通中学教育，不包含实业和师范教育。从此，直隶地区的新式教育，纳入全国教育发展的整体之中。中学教育，无论是在中学堂的发展上，还是在教育教学的内容上，大都按照《奏定学堂章程》推进。光绪三十四年（1908年），《直隶全省中学堂现行详章》颁布，规定直隶官立中学堂以"该府、直隶州官为总办，专任筹尽经费及检查各学堂一切行政教育等事宜"，"中学堂应设监督一员统辖全学员、董司事、人役、主管一切教育事宜"。①

随着新政的推行，顺天府各厅州逐渐都设有中学堂，通州也逐渐修复了战争的创伤。光绪三十二年（1906年）二月，通州学正高奎照申请按照光绪二十七年（1901年）直隶省的批准，"东路厅所辖七州县，宜设一中学堂"，并得到了批准。②同年，东路厅同知许东藩、通州张子明、香河乔书阁在通州大红牌楼建立东路厅中学堂和附设初级师范班。③直隶地区所有中学堂教员由直隶教育主管部门统一选派，考核、管理也由直隶教育主管部门负责。光绪三十四年（1908年），《直隶全省中学堂现行详章》规定："中学堂教员无定额，按照级数之多寡，以足数分教各科学为限，无论何项，教员均由提学使司择派。"④

中学堂的学生来源为高等小学堂，在当时大部分学生高等小学堂毕业后就步入社会，承担家庭责任，所以中学堂的生源常常不足。因此，整个东路厅七州县仅有一处中学堂。为了解决生源不足的问题，直隶各种学堂不得不放宽了学生年龄的限制。《钦定中学堂章程》规定："中学堂学生以

---

① 《直隶全省中学堂现行详章》，《东方杂志》1908年第3期，第77页。
② 《通州学正高奎照条陈顺属东路厅及通州应办学务事宜禀并批》（光绪三十二年二月），《直隶教育杂志》1906年第5期，第6—7页。
③ 通州区地方志编纂委员会：《通县志》，北京出版社，2003年11月，第638—639页。
④ 《直隶全省中学堂现行详章》，《东方杂志》1908年第3期，第77页。

第四章 教会势力的返回和通州向西方学习的探索

十六岁为入学之年。……现在甫经创办,应予以变通,准二十五岁以下学过初级普通者得以入学。"①

1911年,东路厅中学堂改为东路厅第三中学,为通州三中前身。

3. 其他类学校的开办情况

政府除了大力推进中小学教育外,在通州还有师范、初等商业学堂等专科学校。随着新式学堂的推行,各学堂都需要大量能够从事新式教育的教师,师范学校在直隶地区大量涌现。《奏定学堂章程》规定了师范的相关内容,为直隶地区师范学校的发展提供制度保障。

在这一时期,通州地区也有了初等师范学堂和传习所。光绪三十二年(1906年)东路厅同知许东藩、通州张子明、香河乔书阁在通州大红牌楼建立东路厅中学堂附设初级师范班,第二年改为东路厅初级师范学堂,教习3人,学生40人。②东路厅初级师范学堂为通州及整个直隶地区中小学教育提供了师资力量。

通州师范传习所至迟在光绪三十一年(1905年)就已经有学生毕业,为通州的高等、初等小学堂培训了大量教师。光绪三十一年(1905年)八月招考传习学生30余人,年终毕业,但是及格者只有10余人,充作初等小学堂教员。③光绪三十二年(1906年)正月十六,通州传习所招考学生200余人,不少学生品学兼优。通州学正高奎照就建议:"拟俟传习六月毕业,择优充补两等(学堂)教员。……(通州)两等学堂教员宜就地入传习所。"④在通州传习所成立之前,通州初等小学堂的老师主要来自高等小学堂毕业生。通州两等小学堂的师资水平有明显提升,如赦孤台官立第五初等

---

① 璩鑫圭、唐良炎:《中国近代教育史资料汇编·学制演变》,上海教育出版社,1991年,第267页。
② 通州区地方志编纂委员会:《通县志》,北京出版社,2003年11月,第638—639页。
③ 《通州学正高奎照条陈顺属东路厅及通州应办学务事宜禀并批》(光绪三十二年二月),《直隶教育杂志》1906年第5期,第6页。
④ 《通州学正高奎照条陈顺属东路厅及通州应办学务事宜禀并批》(光绪三十二年二月),《直隶教育杂志》1906年第5期,第6页。

小学堂教习杨式震、东关火神庙官立第六初等小学堂教习詹常委为传习所毕业。①

通州在清末还开设了初级商业学校。该学校于宣统元年（1909年）成立，地点在通州城内南大街回民胡同。该校设有两个班，教习2人，学生82人。②

三、民国初期新式教育在通的发展

辛亥革命之后，政府于1912年设立教育部，蔡元培出任第一任教育总长。在1912年（壬子年）至1913年（癸丑年），教育部制定公布了推行新学制的系列政令，推动全国教育事业发展，史称"壬子癸丑学制"。③

辛亥革命之后，顺天府改为京兆地方，通州改为通县，为京兆地方下辖县。1913年12月到1921年10月，李杜任通县知事（县长）。在此期间，1915年6月到1916年5月，由汤铭鼎署理。此二人均为前清举人，有较深的文化修养，十分重视发展教育。清末通州新式学堂都在通州城区及近郊，在农村地区还是传统的私塾教育。汤铭鼎署理期间将国民学校大规模推广到通县广大农村，在近现代通州教育发展史上具有重要意义。

要发展村立国民学校，当时面临很多困难，其中最大的一个困难就是经费十分缺乏。起初，汤知事（署理）计划召集有一定财力和名望的当地士绅，募集办学经费，但是这些士绅采取了抵制态度。这条道路显然行不通，史载"汤（铭鼎）于地方教育经费将有所提议，乃召集各地绅董之重

---

① 《查视通州学务情形报告》，《直隶教育杂志》1908年第19期，第76—78页。
② 通州区地方志编纂委员会：《通县志》，北京出版社，2003年11月，第645页。
③ 1912年9月3日，《教育部公布学校系统令》规定："小学校四年毕业为义务教育，毕业后得入高等小学校或实业学校；高等小学三年毕业，毕业后得入中学校或师范学校，或实业学校；中学校四年毕业，毕业后得入大学或专门学校，或高等师范学校。"1922年，正式实行新学制，《教育部公布学校系统改革案（1922年9月29日）》规定："小学校修业年限六年，分初高两级，初级修业年限四年，高级修业年限二年；义务教育年限定为六年，但依地方情形，得暂以初级修业年限为义务教育年限；中学校修业年限六年，初级中学四年，高级中学二年。"

第四章 教会势力的返回和通州向西方学习的探索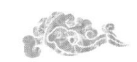

要分子开会研究，嗣以出席未全"①。于是汤知事（署理）采取了"随粮带征"的办法，筹集办学经费。所谓"随粮带征"，也就是按照全县农田数量，按亩向农民征收办学经费。为了推行这个政策，他将全县六百余个村，划分为十三个区。每个区有区董、区副，村有村正、村副。县政府有什么任务，先分派到区董，再由区董下达给村正。这样"民情之上达，县令之下施，以区董为枢纽"，为"随粮带征"奠定了基础，于是"乃究及乎村立国民学校"。②

其具体做法是，根据初步普查核定，将全县地亩以七千顷为总数，每亩随征学费铜圆二枚。每年征收一万余元，以两千元抵补村捐，作为县立高等小学经费，以千元作为师范讲习所经费，以两千元作为备荒金，以五百元作为县立乙种商业学校经费，以五千五百元作为补助国民学校之用款。③

有了经费，汤知事（署理）就开始了大力推进村立国民学校的建设。根据最初的计划，斥资一万五千元，建设一百五十所村立国民学校。但是这样由上而下地推进，效果并不好。于是县政府出台政策规定："凡村住户有一百以上者，即责令设国民学校一。住户递多，校数亦递增。不满百户之村，则数村联合设立。如不能联合，则无国民学校之村，以改良私塾代之。"办学方法亦"改由村自行组织，而由县酌予补助"。④根据劝学所的统计，到1916年，仅用了一年时间，全县设立国民学校一百余处，达到汤知事（署理）最初的设想。1915年3月，初等小学校改称国民学校，全县恢复开办90所，其中高级小学校2所，就读学生总计2810人。这些学校主要分布在城区及其近郊。随着全县大力发展村立国民学校，到1916年，全县小

---

① 讷生：《通县村立国民学校之状况》，《都市教育》第26期第二编第二册，第1页。
② 讷生：《通县村立国民学校之状况》，《都市教育》第26期第二编第二册，第1页。
③ 讷生：《通县村立国民学校之状况》，《都市教育》第26期第二编第二册，第1—2页。
④ 讷生：《通县村立国民学校之状况》，《都市教育》第26期第二编第二册，第2页。

学校发展到209所，学生5977人。①可见新增的百余所国民学校几乎都在城区之外的各村。

伴随着新式学校在各村的发展，政府还采取了严格措施取缔私塾。这一方面是发展形势的需要，也是为了解决国民学校成立之初师资力量不足的需要。在中国历史上，私塾曾对传统教育的发展和中华文明的传承起到十分重要的作用。但在当时全社会都积极向西方学习的大背景下，退出历史舞台是私塾的必然命运。但是通县私塾经过政府的强制措施，在很短时间内就退出了，这与汤知事（署理）的强悍的作风有直接关系，也从一个侧面证明通县人民对新事物的接纳是很积极的。

汤铭鼐署理县政后，将全县划分为13个区，责成区董直接要求各塾师参加检定考试。检定考试科目有国文、教育、算术、历史、地理。由于担心各区同时举行，阻力太大，便以开化较早的第七区为示范。当天，署理亲自前往考试现场视察。第一次没有参加者，要求五日之内必须到场，参加第二次考试。第七区塾师检定打开了局面，然后在全县各区都进行了检定考试。按照考试成绩，将塾师分为甲、乙、丙、丁四等，甲等者直接派到各村国民学校当教员，乙等者允许其自设改良私塾，丙等者入师范传习所学习，丁等者被遣散。

汤铭鼐开创的村立国民学校的事业得到了李杜的继承和发扬。知事李杜亲自抓总，推动村立国民学校的设立和管理事项，各区区董负责办学。1916年3月，通县恢复劝学所，负责监督劝导，劝学所设所长一人，劝学员三人。全县除城内第一自治区外，四乡共十二个自治区，三个劝学员每人负责督导四个区的办学事宜。为了加大督导力度，县知事赋予了劝学所较大的权力。劝学员到某区督导办学事宜，先到区董办公处，将劝学方法告知区董，并会商区董召集本区由各村村政、村副参加的会议，宣讲劝学事宜。然后到各村查看学校开办、经费落实办法、补助是否到位等情况。为

---

① 通州区地方志编纂委员会：《通县志》，北京出版社，2003年11月，第633页。

第四章 教会势力的返回和通州向西方学习的探索

了使补助科学有效地发挥作用,通县出台了补助办法。根据办法,按照三种标准分两期予以补助。根据1916年的规定,标准分为甲乙丙三等,分别为二十元、十五元、十元。甲等学校的标准为"校址宽阔适中,校舍课室三间,宽敞适用;教院宿室两间,操场一处;设备有适用桌凳、黑板、讲台及应用器物、图画、标本;学额四十名以上;课程照章办理者"①。学校校舍条件稍逊甲等,学额三十名以上,不满四十名者,课程照章者为乙等;校舍条件比乙等还次,学额二十名以上,不满三十名者,课程照章者为丙等。

为了弥补办学经费不足,李知事要求有一定经济实力的家庭要多出资,规定凡有子弟之家而种田在五十亩以上者,必须令子弟就学。这样的家庭一人就学,每年令出学费五元。合三十家则得一百五十元。以百二十元充教薪,以三十元充杂费。加上县财政的补助,为村立国民学校提供了充足的经费保障。针对有条件但不许孩子上学的家庭,"罚缴四年之学费,以助贫寒之家"。②这些政策虽然加重了老百姓的负担,但是在当时的条件下,没有更好的办法,这一举措对通县村立国民学校的普及有一定积极作用。

在师资的配备上,随着师范学校和师范讲习所培养的毕业生日渐增多,劝学所要求各区新成立学校必须聘用师范学校或师范讲习所毕业者充任教员,如果实在没有合适人员,只准暂用检定塾师甲等者。1917年,一位叫讷生的官员参观田家府、大高丽庄两村之国民学校及张家湾之模范国民学校,"教员均系京兆尹立师范讲习所毕业者"③。可见,这一规定落实得较为到位。由于国民学校不能全部覆盖,所以私塾的退出也不是"一刀切"。对既不能设立国民学校,也不能将所有学生送入邻村学校的情况,将私塾进行改良,仍可以招收学生,以免有村童失学之虞。但是改良私塾的老师也必须是经过检定考试后,认定为甲乙两等者才可以任教。虽然私塾设备较国

---

① 讷生:《通县村立国民学校之状况》,《都市教育》第26期第二编第二册,第3页。
② 讷生:《通县村立国民学校之状况》,《都市教育》第26期第二编第二册,第2页。
③ 讷生:《通县村立国民学校之状况》,《都市教育》第26期第二编第二册,第4页。

民学校稍逊，但是一切课程，不准稍事通融，要与国民学校一致。但是这只是过渡时期的一个办法，到1919年，《通县整顿国民学校办法》明确规定："村中不准设立私塾。"① 至此，私塾在通县正式退出了历史舞台，也标志着新式学校覆盖了城乡。

国民学校覆盖城乡，但是城乡学校和教学质量的差别是显而易见的。据视学员张鹤浦在1921年下半年视察通县学务情况看，以高等小学校为例，县立高等小学校校长潘文翰，责任心强，管理严格，学校后勤服务工作有条不紊："贩卖部则物表账簿之誊写尚清；工作部则纸表册之装订通用；至表簿则教室日志填写颇齐；学生出席缺席一览表，校长填注，尤为详细。"② 教学情况也颇令人称赞，视察之时，学校正举行考试："试英文，背诵尚熟；试农业经学各种问题四道，亦多能答；图书如水彩图案，颇有可观；手工如陶泥竹木多切实用，成绩尚优。"③ 另外两所农村地区的高等小学，与县立高等小学相比，其情况明显欠缺。西集高小国民学校，校舍简陋，教室光线不足，设备简略，管训方面，也不严格，学生甚少，且多有缺席者。从教学情况看，老师水平有限，方法单一。国文老师"讲国文尚清楚，但于虚字讲解有模糊处……指问国民语文，大致能回讲，深究则有不能答者，成绩平常"；数学老师"不用心算，揭示试题，亦未令学生试读，法稍疏"。漷永高小国民学校为新设，校长侯维藩颇热心校务，学校经费也能够保障，学生颇有朝气。但是老师教学水平不高，如国文老师，"三组同时默写，教员无所事事，教法未合……（学生）成绩幼稚"④。又以国民学校（即初等小学）为例，县立国民学校办学水平参差不齐，既有教学水平颇高的县立第三国民学校，也有设在无主破庙中，几乎处于停滞状态的县立第一国民学校。

到20世纪20年代初，除了多所教会学校外，通县自身教育体系已经较

---

① 《通县整顿国民学校办法》，《京兆通俗周刊》1919年第二期，第7页。
② 张鹤浦：《视察通县学务报告书》（民国十年下半年），《京兆旬刊》1922年第5期，第27页。
③ 张鹤浦：《视察通县学务报告书》（民国十年下半年），《京兆旬刊》1922年第5期，第27页。
④ 张鹤浦：《视察通县学务报告书》（民国十年下半年），《京兆旬刊》1922年第5期，第28页。

第四章 教会势力的返回和通州向西方学习的探索

为完备。从学校类别看，有国民学校（初等小学），有高等小学，还有师范讲习所，商业学校和工业学校。从办学性质看，既有公立学校（分县立、区立、村立），还有民立学校。如民立第一国民学校，由朱江创办于光绪三十一年（1905年），到1921年，"学生毕业十二个班，成绩昭然。迭蒙奖励，又毫无的款，不收学费，校中经费，悉由自己筹募而来"，"管训颇佳，学生异常发达，精神活泼，且有秩序。成绩文字，均有佳构。手工仿作陶器，颇切实用。销售余利，学生悉得分润，办法甚善"。① 除此以外，还有针对弱势群体设置的学校，如女子学校、半日学校、贫儿学校。

清末民初的通州教育改革，直到今天仍可见其影响。今天的通州，有不少学校仍可以追溯到这一时期。除了前面已经提到的潞河中学、富育女校外，通州还有几所学校存续至今。后南仓小学前身是光绪二十九年（1903年）由美国传教士创立的教会小学校，初名"蒙馆"，后改为"端蒙小学堂"，1918年改为河北省通县私立潞河中学附属小学（又名潞河小学），1930年迁至今址（北苑街道新仓路），1949年后改名为后南仓小学。贡院小学的前身是光绪二十九年（1903年）在通州潞河书院基础上创立的通州官立小学堂，科举制度废除后，明清时期的贡院旧址成为该小学的操场，1969年依地名改为贡院胡同小学，简称贡院小学。通州区教师研修中心实验学校前身是光绪三十年（1904年）在东关药王庙兴办的"东关初等小学堂"，几经变迁，2013年4月，改为今名。张家湾镇中心小学前身是创立于光绪三十二年（1906年）的镇立张家湾初等小学堂，校址在张家湾村关帝庙。中山街小学其前身是1912年建立在卢沟桥的京兆师范学校附属小学，1920年迁入通县城内中山街今址，1969年，改名为中山街小学。还有创建于1915年的京兆女子师范学校，是通州三中的前身，也有百余年的历史。

---

① 张鹤浦：《视察通县学务报告书》（民国十年下半年），《京兆旬刊》1922年第5期，第30页。

第五章 新文化运动洗礼下的
通县社会转型（上）
——基督教"本色化"运动在通县的发展

辛亥革命结束了中国两千多年的封建统治，但是胜利果实很快被袁世凯窃取，继之而来的则是军阀混战和持续的社会动荡。一批先进知识分子逐渐认识到，要从根本上改变中国，必须从文化觉醒和思想启蒙入手，造就一代具有新思想的新国民。最先吹响启蒙号角的是曾经参与辛亥革命的陈独秀，他高举"民主"和"科学"两大旗帜，以其创办的《新青年》为主要载体，拉开了新文化运动的序幕。在蔡元培的支持下，陈独秀带着《新青年》进北京，与李大钊、胡适、鲁迅、钱玄同、刘半农等学人，同时也是新文化运动骨干一起，推动了新文化运动向全国扩展。新文化运动不仅是一场文化领域的运动，在政治、社会、思想、教育、文学、伦理、宗教等方方面面都产生了深刻的影响。新文化运动的影响一直延续到今天，我们言行举止、语言表达（如使用白话文）、日常生活，仍然能够感受到新文化运动带来的潜在影响。

通县位于北京东部，因其独特的地理位置和战略地位，自古以来就是各种文化交会的前沿阵地。新文化运动在通县产生了全面、深远的影响，突出表现在两个方面：一方面，作为美国公理会在华北的主要领地，通县成为非基督教运动的前沿阵地，以潞河中学、潞河医院为代表的基督教机构经历了彻底的"本色化"运动；另一方面，随着民众的觉醒，通县人民

第五章　新文化运动洗礼下的通县社会转型（上）

立足本土社会实际，学习引进国际先进做法，进行了全方位的具有试验性质的社会实践探索。①

新文化运动是中国近现代史上一次影响深远的思想启蒙运动。它在对中国国内宗教进行批判的同时，对从西方传入的基督教也发出了质疑和挑战。1919年巴黎和会上中国外交的失败，进一步激起了中国人民的民族主义情绪。中国知识界开始了对以基督教为主的西方宗教的深刻剖析和批判。非基督教运动在很大程度上促进了中国基督教徒的反省和中国基督教"本色化"运动②。30年代前后，基督教"本色化"运动有广泛的社会基础，在教会内部也逐渐形成主导思潮，教会机构领导权的交接势在必行。此时，在通县的教会机构也完成了"本色化"转型，并在通县结合本土社会，进行了一系列的"本色化"活动。

第一节　基督教"本色化"运动传入通县

新文化运动中，一批受过新式教育洗礼的知识分子在思想领域进行了一次深刻变革。在以往人们的观念中，新文化运动只是"打倒孔家店"，将矛头直指儒家思想。其实，新文化运动在"反孔"的同时，也开展"非耶"的批判。基督教信仰作为帝国主义文化侵略的主要工具，给中国人民带来了压迫和奴役，以及基督教信仰与科学精神之间的不可调和性，使其不可避免地遭受批判。20世纪20年代，非基督教运动席卷全国，加速了基督教"本色化"运动在各地的深入。在这样的大形势下，该运动传入通县，与本土社会进一步融合。

---

①　本章主要论述第一方面，即非基督教运动在通县的实践。下一章主要介绍第二方面，即通县人民立足本土社会的社会改造实践。

②　所谓"本色化"，主要包括两方面内容：一是基督教与中国文化有机融合，"使基督教在东方适合东方人之需要，使基督教事业融洽东方之习俗环境历史思想"；二是由中国人主持教务，统一于中国基督教名下，消除"洋教"不良影响。

一、短暂的"北京学生归主运动"

第一次世界大战后,美国基督教差会派出大量传教士到海外传教,在数量上和经济实力方面都跃居首位。到1919年,基督教各派在华差会为6330个,其中主要为美国基督教差会。① 由于美国在华基督教差会数量巨大,加上国际形势的变化,美国基督教不得不减少在华的传教津贴,由之前直接从本土派出大量传教士、医生到中国,转为重点发展中国青年学生。

在这样的情况下,从1920年到1922年间,在北京地区的学校,主要是教会学校,由传教士主导的"北京学生归主运动"由此开始。该运动本意是吸引更多的学生皈依基督教,但由于中国人民民族意识的觉醒,以及越来越多的青年学生加入,促进了非基督教运动的爆发。通县的潞河中学是"北京学生归主运动"的重要阵地,对北京地区"非基督教运动"的发生也起到了重要的促进作用。

第一次世界大战结束并没有带来人们期盼已久的太平景象,欧美列强各国政府仍心怀侵略野心,进行着战争的准备。当时的中国,辛亥革命已近10年了,但是孙中山倡导的民主共和仍是幻想,军阀相互攻伐,战争不断,政治腐败,民生凋敝。此时的通县,成为直系、皖系、奉系争夺的重要地区,人民生活极为困苦。

针对丛生的社会问题,各种学说、思潮纷纷涌现,使传教士们感到基督教在华的处境不容乐观。当时在中国兴起的新文化运动等新思潮,使在华基督教人士感觉受到威胁。他们认为现在的新思潮运动"不是从感情里发生的,是由于经验而发生的……不是偶然的","这次新运动里的领袖,有很多的从前革命首领,尽力奔走于政治之改革的人。因为受了多少的挫折,均觉悟政治的竞争是肤浅的,是终归于失败的。非从人心思想上作根本的

---

① 见中华续行委办会调查特委会编:《中华归主:1901—1920年中国基督教调查资料》,《附录一:各省基督教事业统计表》,中国社会科学出版社,2007年。

第五章 新文化运动洗礼下的通县社会转型（上）

改革不能有革新的希望。就都弃了他们政治上的地位，从生活上来做文化运动的事业"。①新思潮直指人心，比起政治、军事运动具有更深的影响。一些教会人士，如司徒雷登对马克思辩证唯物主义传入中国，表达了自己的看法，"现在唯物主义盛倡，一时纵使物质进化，便利人生。然苟不加以正当的指导，势必至以强权为公理，是否危险可想而知"②。为了应对新的挑战，传教士们认为基督教要适应新的形势，"刷新教制，改革遗规，以牺牲精神服务于社会，方可挽正人心，维持和平，调剂物质文明于不济"③。要达到这样的目的，只有牢牢抓住青年一代，主要是学生群体。

为了扩大基督教在青年学生中的影响，北京基督教第十二次习职会于1920年4月16日至18日在潞河中学举行。这次大会以推进北京学生归主运动为主要内容。清华大学、潞河中学、崇实学校、北京税务专门学校、北京青年会财政商业学校、北京协和医学院、汇文中学、燕京大学、北京大学信徒团、北京高等师范学校信徒团负责人或委派代表参会。为了便于推动北京学生归主运动，这次习职会改组了北京基督教学校事业联合会，并讨论了北京学生归主学生信徒代表团有关章程草案。在精心筹备下，一个星期后，即1920年4月25日，北京学生归主运动学生信徒代表团正式成立。

传教士认为，要改造社会，首先要了解社会的需要，要从社会调查入手。其主要方法是基督教青年会所采用的方法，即编制调查簿、划分调查区域、设置调查单。作为北京学生归主运动的发起学校之一，潞河中学按照有关章程，积极推进有关活动。除了重视社会服务以外，为了推进北京学生归主运动，教会还十分重视学校事业。为了促进学生归主运动，教会十分注意在各学校培养未来的领导者。同时，教会学校利用自身优势，培

---

① 胡笃生在北京第十二次习职会上的演讲，转引自《北京校会第十二次习职会记（四月十六日至十八日）》，《生命（北京）》1920年第1期，第10页。

② 司徒雷登在北京第十二次习职会上的演讲，转引自《北京校会第十二次习职会记（四月十六日至十八日）》，《生命（北京）》1920年第1期，第1页。

③ 司徒雷登在北京第十二次习职会上的演讲，转引自《北京校会第十二次习职会记（四月十六日至十八日）》，《生命（北京）》1920年第1期，第1页。

养了一批在社会上有影响力的人物。

  学生归主运动最终目的是为基督教事业服务，所以各学校十分重视查经和布道活动。所谓查经，就是考查《圣经》的学习情况，其目的就是了解基督教基本知识，即所谓"欲引人知耶稣，须先使班友自己觉悟"。规定每个学校指定一人负责调查本校查经班学习情况，如果遇到困惑或者问题，将问题交给另一指定负责人，然后由其转请在圣经方面有造诣的研究者进行解答。有人借学习《圣经》来学习英语，这在教会看来，"与查经宗旨相背驰"，但是"若专设中文查经班，又难择深谙中文之西人"，所以"西人领查经班宜用西文，华人领查经班宜用中文"。①

  向普通老百姓，尤其是下层穷苦人员传教，传教士往往要给予小的物质利益进行诱导，让其觉得有利可图。通州基督教青年会创始人毕海澜，曾谈到游行布道时，"人们成群聚集……由于殷勤的招待，听完唱诗人们便会坐下来。……如能供应茶水更妙……这工作不是白费的，有人会留到午夜……"②基督教学校的宗教课程和宗教活动带有强制性，一些学生来自非基督教家庭，也被要求入教。但是相比普通民众，学生有一定的思考能力，所以在布道传教时，会遇到深层次的问题。不少学生原先已经接受了儒家、道家等中国传统文化思想，对宗教并不热心。所以"如何除去儒佛道""祭祀祖先之礼是否仍存留""如何对待新思潮及科学家之反对宗教者""如何使不热心之信徒兴奋"等都是基督教传播要面对的问题。③这些问题其实是不同文明之间深层次的差异，很难用简单的语言向学生们解释。这也为不久后在学生群体中首先爆发的"非基督教运动"奠定了思想基础。

---

  ① 《北京校会第十二次习职会记（四月十六日至十八日）》，《生命（北京）》1920年第1期，第7页。

  ② 转引自谢纪恩：《美国公理会教士鼓吹加紧对华文化侵略》，《近代史资料》1963年第3期，第161页。

  ③ 《北京校会第十二次习职会记（四月十六日至十八日）》，《生命（北京）》1920年第1期，第7页。

第五章　新文化运动洗礼下的通县社会转型（上）

二、非基督教运动在全国的蔓延

非基督教运动的发端要追溯到1920年少年中国学会内部发生的一场矛盾。少年中国学会是五四运动前由李大钊、王光祈等人在北京发起的进步社团。①当时学会发布了《评议部纪事》，在涉及学会会员宗教信仰问题时规定："凡有宗教信仰者，不得介绍为本会会员"，并且"主张已入本会而有宗教信仰者，自请出会"。②规定一经刊登，立即在少年中国学会内部引发争论，继而引发关于宗教问题大讨论，成为非基督教运动的前奏。

1921年6月，世界基督教学生同盟决定于1922年4月4日在北京清华学校（清华大学前身）召开第11次大会。这明显地带有向中国方兴未艾的宗教批判思想挑战的意味，强烈地刺激了中国知识界特别是青年学生，成为非基督教运动的导火索，酝酿已久的反宗教情绪终于迸发出来。③

1922年2月7日，为了反对帝国主义的侵略，上海青年学生率先组织"非基督教学生同盟"，并于3月9日发表《非基督教学生同盟宣言》，声讨帝国主义利用宗教侵略中国的罪行，抗议世界基督教学生同盟在中国召开会议。由于世界基督教学生同盟第11次大会的会址设在北京清华学校，北京知识界、学界的反应更加强烈。

3月20日，北京大学学生成立"非宗教大同盟"，参加者包括著名学者和社会名流。3月28日，他们颁布《非宗教大同盟简章》。4月4日，即世

---

① 1918年6月，由李大钊、王光祈、曾琦、陈淯、张尚龄、周太玄、雷宝菁发起。1919年7月，在北京召开成立大会。学会总会设于北京，在南京、成都、巴黎设分会，会员遍布上海、天津、广州、湖南、湖北、山东、山西、陕西、安徽、辽宁等省市，以及德国、美国、英国、日本和南洋等地。学会会员成分比较复杂，既有信奉无政府主义者，也有信奉社会主义者。1921年7月，在南京召开年会，在关于信仰社会主义问题上发生争论。1925年底，少年中国学会停止活动。

② 《评议部纪事》，见《少年中国》第2卷第4期，第87页。

③ 薛晓建：《非基督教运动始末》，《中国青年政治学院学报》第20卷第2期，2001年3月，第110页。

图5-1:《非宗教论》,该书收入李大钊、陈独秀、罗章龙、萧子升等人的文章及演说词共31篇,反映了他们的宗教观

界基督教学生同盟第11次大会开幕的当天,李大钊、邓中夏等人发表《非宗教宣言》。4月9日,大会刚刚闭幕,非宗教大同盟在北京大学召开讲演大会,指出宗教违背科学、阻碍进化,抨击基督教是帝国主义侵略的工具,基督教的罪恶之处莫过于毒害青年,笼络青年。翌日,非宗教大同盟通过同盟章程,李大钊、蔡元培、邓中夏等30多人被推举为干事。6月18日,非宗教大同盟第一次干事会决定召集全国各非宗教团体总同盟大会,筹备创办刊物,开展定期演讲,并出版了《非宗教论》一书。该书收入李大钊、陈独秀、罗章龙、萧子升等人的文章及演说辞共31篇,反映了他们的宗教观。

运动引起广泛的社会反响,各地纷纷组织反宗教同盟。据不完全统计,从3月下旬到4月下旬仅20多天,全国便成立反基督教及反宗教同盟50余个,不仅知识界行动起来,许多社会团体,如中华心理学会、工人周刊社、共进社、唐山工学界等也相继成立反宗教团体。[①]

1924年4月,非基督教运动再度活跃起来。与前次非基督教运动集中讨论宗教违背科学方面不同,这次运动的矛头则指向教会教育,提出"收回教育权",运动从理论批判发展到政治行动。其间,教会学校的学生脱颖而出,成为运动的一支先锋力量。一些教育工作者和教育家的加入,又进一步扩大了这次活动的影响。10月15日,全国教育联合会在开封举行第10届

---

① 薛晓建:《非基督教运动始末》,《中国青年政治学院学报》第20卷第2期,2001年3月,第110页。

第五章 新文化运动洗礼下的通县社会转型（上）

年会，通过《取缔外人在国内办理教育事业案》及《学校内不得传布宗教案》等提案，得到各省区教育会的响应，并纷纷制定取缔教会学校的决议案。

1925年5月，在五卅运动的推动下，非基督教运动融入全民族反对帝国主义侵略的斗争中，成为反帝斗争的重要组成部分。在此期间，许多著名的教会学校的学生都以罢课、退学的方式参与到这场运动中。随着全国各地纷纷爆发反宗教的群众游行运动，各省教育联合会决议请求教育部取缔教会学校。政府当局迫于压力也不得不进行收回教育权的运动。1925年11月16日，北洋政府教育部布告第十八号《外人捐资设立学校请求办法》，明确规定应由中国人担任学校负责人，且不得强制安排宗教课程。①

在非基督教运动中，陈独秀、李大钊等新文化运动的代表人物，发挥了十分重要的作用。以李大钊为例，他秘密组织成立的马克思学说研究会，在促进马克思主义在中国传播的同时，还多次在研究会内部商讨组织非宗教同盟的事宜，积极探讨科学与宗教的关联问题，强调在思想领域内不应当回避宗教问题。②非宗教大同盟就是以马克思学说研究会会员为成员基础的，再广泛联络北京部分高校的师生参与其中。③作为非宗教同盟的主要发起人和常务干事，李大钊积极出席各种集会并发表演说，对非基督教运动的发展起到了直接推动作用。

除了积极参加非宗教大同盟集会活动外，李大钊还就宗教问题撰写了《非宗教者宣言》和《宗教与自由平等博爱》等多篇文章，有力地声援了非基督教运动。

---

① 北洋政府《政府公报》第三千四百五十九号（1925年11月20日）刊载《外人捐资设立学校请求办法》，规定："学校名称上应冠以私立字样；学校之校长，须为中国人，如校长原系外国人者，必须以中国人充任副校长，即为请求认可时之代表人；学校设有董事会者，中国人应占董事名额之过半数；学校不得以传布宗教为宗旨；学校课程，须遵照部定标准，不得以宗教科目列入必修课。"

② 谈思嘉：《李大钊在非基督教运动中的独特贡献与历史价值》，《唐山学院学报》第31卷第1期，2018年1月，第13页。

③ 罗章龙：《椿园载记》，生活·读书·新知三联书店，1984年9月，第91页。

三、通州教会机构的"本色化"转型

到20世纪20年代,随着中国人民的进一步觉醒,发生在中国的"非基督教运动"加速了中国基督教"本色化"运动的进程。1922年,世界基督教学生同盟即将在北京召开大会。同年3月,上海学生成立"非基督教学生同盟",掀起了"非宗教"风潮。不久,北京学生宣布组成"非宗教大同盟"。这是五四运动以来中国最大的一次非宗教浪潮,迅速得到全国各地学生的响应,号召反对基督教及其所办的一切事业。"非基督教运动"的爆发为中国基督教"本色化"与自立运动提供了重要机会。

在这样的背景下,基督教"本色化"运动深入通县。基督教与通县本土文化进一步融合。最显著的标志是到20世纪30年代,在通县的教会机构,如潞河中学、潞河医院的领导权逐渐为中国人掌握,中国教职员比例也显著增加。

1.潞河中学的"本色化"转型

潞河中学前身为潞河书院中斋。光绪二十九年(1903年),潞河书院改名为协和书院(North China Union College)。辛亥革命爆发当年,美国公理会、伦敦会、长老会协商决定将原协和书院改名为华北协和大学,由美国牧师高厚德任校长。①1917年,华北协和大学大学部与北京汇文大学合并,翌年改名为燕京大学。原华北协和大学产业移交给协和中斋,不久改称通县私立潞河中学,至此,潞河中学完全独立。

1918年9月,美国公理会牧师田和瑞(Harry S.Martin)任校长。②约同一年,李清贤、陈昌祐、樊恩荣相继任副校长。③田和瑞任校长期间,学校

---

① 陈昌祐、刘汝英:《回忆通县私立潞河中学》,《文史资料选编》第16辑,北京出版社,1983年1月,第130页。

② 潞河年刊编辑委员会编:《1932年潞河年刊》"本校沿革",河北通县私立潞河中学。

③ 根据田和瑞在1928年所写的校史记载,三位副校长任职时间为1928年,但是陈昌祐在《回忆通县私立潞河中学》(《文史资料选编》第16辑,北京出版社,1983年1月,第130页)中记载:"1918年北京公理会调育英中学校长美国人田和瑞牧师任潞河中学校长。约一年后,公理会聘请陈昌祐为副校长。"推测陈昌祐任副校长是在1918年年底到1919年上半年。

规模有了更大发展,"先后建筑膳厅、大礼堂,及学生宿舍,共计楼、房百余间"①。教学上也有革新,为了与当时北洋政府教育部规定的中学学制相一致,1923年秋,改四年制中学为三三制两级学校。自此潞河中学由初中和高中两级中学组成,入学人数也显著增加。

图5-2:民国初年华北协和大学学生,图片来源:《燕大年刊》1940年刊

在此期间,全国性的"非宗教学生同盟"成立,在教育界掀起了"收回教育权运动"。迫于压力,北洋政府教育部发布公告,明确规定应由中国人担任学校负责人,且不得强制安排宗教课程。

潞河中学作为一所有影响力的教会学校,通县基督教"本色化"运动首先在该校开始。1926年1月,遵照《外人捐资设立学校请求办法》,学校呈请京兆尹公署立案。同年6月,美国校长田和瑞辞去校长之职,改由委员会维持校务。1926年10月,北洋政府大学院公布《私立学校校董会设立规程》,进一步规定了私立学校不得以外国人任校董,且董事名额须国人占多数。②1927年6月,经校董事会选举,陈昌祐任潞河中学校长。③

---

① 潞河年刊编辑委员会编:《1932年潞河年刊》"本校沿革",河北通县私立潞河中学。

② 《大学院公报》(1928年1月)第一年第1期刊载《私立学校校董会设立规程》,规定:"外国人不得为校董;但有特别情形者,得酌情充任,惟本国人董事名额占多数;外国人不得为董事长或董事会主席。"

③ 潞河年刊编辑委员会编:《1932年潞河年刊》"本校沿革",河北通县私立潞河中学。

北伐战争结束后，根据教育部章程，潞河中学在河北省教育厅立案，受河北省教育厅管辖监督。潞河中学校董会约于1928年正式成立，其组织办法规定：校董会由地方代表4人、校友代表2人、公理会代表2人、公理会干事或总干事2人，共10人组成，任期为二年，每年改选二分之一，可连任。①后来，根据需要，董事名额有所增加，《1932年潞河年刊》所载潞河中学的董事14名。名单如下：

董事：全绍文、祁国栋、李如松、吴雷川、吴卓生、胡本德（美国人）、孙润生、高厚德（美国人）、陈克明、杨继宗、宝广林、苏英俊；

自然董事：管叶羽、陈昌祐。②

在14名董事中，美国人仅2名。可见，潞河中学严格落实了《外人捐资设立学校请求办法》《私立学校校董会设立规程》等有关规章制度。不仅如此，此时的教职员也基本由中国人担任。职员共计13人，仅1人为美国人，其余均为中国人。③共有教员35人，仅有7名美国人。④

随着潞河中学的董事及教职员实现了"本色化"，潞河中学基督教青年会也打破了宗教界限，非基督徒也可以加入其中。在此之前，由于学生都是基督徒，入会的会员理所当然全部为基督徒。到1926年后，学校在河北省教育厅立案后，开始有非基督徒入会，到1934年，"会员中基督徒的百分

---

① 陈昌祐、刘汝英：《回忆通县私立潞河中学》，《文史资料选编》第16辑，北京出版社，1983年1月，第130页。

② 潞河年刊编辑委员会编：《1932年潞河年刊》"董事及教职员"，河北通县私立潞河中学。

③ 据潞河年刊编辑委员会编《1932年潞河年刊》"董事及教职员"，潞河中学的职员名单：校长陈昌祐，教务主任靳铁山，斋务主任李宝璞，会计主任［美］田和瑞，会计赵宝荣，庶务主任张芳田，注册主任刘学儒，图书馆主任吴文魁，事务员翟振华，录事阎约翰、王安宇，校医田文斌、张志勋。

④ 据潞河年刊编辑委员会编《1932年潞河年刊》"董事及教职员"，8名美国人，为英文教员亨德夫人、侯万德、盈美丽、费思儒夫人、万卓志夫人，西文历史教员田和瑞，农科主任兼养鸡教员亨德（James A. Hunter），宗教科主任万卓志。

第五章　新文化运动洗礼下的通县社会转型（上）

率保持在50%的光景"①。可见，从人员构成看，潞河中学基督教青年会也完成了"本色化"。

除了人员构成外，潞河中学在陈昌祐的带领下，推进"人格教育"，培养学生关注社会现实，与通县社会融合，完全融入本土社会发展。关于这方面内容，本书将在本章第二节详细介绍。总之，到20世纪20年代末30年代初，河北通县私立潞河中学已经完成了"本色化"转型。

2. 潞河医院的"本色化"转型

清末，重建初期的潞河医院只有盈亨利夫妇为医生，盈亨利为院长，其夫人擅长护士学，夫妇二人一起经营潞河医院。盈亨利担任院长直至1918年退休。在此需要指出的是，盈亨利从1887年开始主持潞河医院的院务工作，除中间因义和团运动中断三年，到1918年，在潞河医院担任领导职务长达28年。他在担任管理工作的同时，注重学术研究，著有《屈光学》《贺氏疗法》等，还译有《疗学》（二卷）、《美国医学道德主义条例》等作品。

据《通县潞河医院始末记（中华民国三十八年五月二十日呈报）》记载，盈亨利退休后，潞河医院的院务工作由罗医师接任，侯医师为助手。1924年，罗医师回国，柯医师、马大夫主持潞河医院工作。三年后，巴厚之医师被美国公理会派到潞河医院工作，出任院长。正当他集思广益，准备大刀阔斧推进潞河医院工作之时，不幸染病去世。美国公理会总部派来美国医师瑞春生担任院长，魏金鸥负责护士工作。②

潞河医院开始有中国医师始于1918年。这一年，日后享誉国际的著名医学泰斗级人物马文昭医师来到潞河医院工作，这是潞河医院首次迎来中国医师。后来，协和医学院毕业生周文渊、张志勋，齐鲁医学院毕业生田

---

①　孙东元：《潞河青年会之过去与现在》，《消息（上海1934）》1935年第8卷第1期，第17页。
②　《通县潞河医院始末记（中华民国三十八年五月二十日呈报）》，北京市通州区档案馆藏：潞河医院案卷（档号：65—01—01）。

文斌相继来到潞河医院工作。①张志勋最受瑞春生院长的赏识，从1926年开始，协助瑞春生院长工作。

　　到1936年，潞河医院的员工中，中国人占绝对多数。根据《北通县潞河医院民国二十五年报告书》，当时，潞河医院董事会由崔贻之（主席，北平区公理会众议会推举）、王杰泉（副主席，北平区公理会众议会推举）、陈昌祐（书记，潞河中学校董事会推举）、马文昭医师（委员，本院特请）、饶秉森牧师（委员，美华学校董事会推举）、寇润岚太太（委员，北平区公理会众议会推举）、卫仪来医师（委员，本院董事会特请）、杨崇瑞大夫（委员，华北公理会董事部推举）、崔岫苍校长（委员，富育女校董事会推举）、毕俊德护士（委员，本院职员会推举）、瑞春生医师等11人组成。董事会是潞河医院的决策议事机构，在该机构中，只有卫仪来、饶秉森、瑞春生、寇润岚太太四位是美籍，中国人占绝大多数，也就是说中国人已经取得潞河医院的领导权。在本院的职员中，中国人比例也占绝大多数。②

图5-3：马文昭像

　　值得注意的是，在潞河医院服务的董事和医生中，有几位中国本土的国际一流的医学专家，马文昭、杨崇瑞等是其中的代表。

　　马文昭是国际著名组织学家、医学教育家，跟通州渊源颇深。他曾就读于潞河中学，1918年至1919年，在潞河医院当医生。20世纪30年代，他作为潞河医院的董事，也是医院的顾问，为潞河医院提供学术和医疗方面的支持。马文昭是潞河医院的杰出代表，也是医学界学习的

---

　　① 姚宝莹：《打开尘封的历史——北京老医院访踪·潞河医院篇》，《首都医药》2010年第23期。

　　② 据1949年5月20日呈报《通县潞河医院始末记》（北京市通州区档案馆藏：潞河医院案卷）记载，中国医生有瑞春生、张志勋、卫仪来、王杰泉4位，护士有聂美丽、魏金鸥、崔瑞、毕俊德、张玉秀、张爱伦、田敏义、曹建宁等8位，技术员有王贵海1名。

第五章　新文化运动洗礼下的通县社会转型（上）

楷模。其事迹被收入中国科学技术协会主持编纂的《中国科学技术专家传略》。①

另一位代表人物杨崇瑞是中国近代妇幼卫生事业创始人，中国助产教育的开拓者，也是著名的妇产科医师，医学教育家。光绪十七年（1891年），她生于通州一个农民家庭，中学毕业于通县的富育女校，还曾担任潞河医院董事会董事。其事迹亦被收入中国科学技术协会主持编纂的《中国科学技术专家传略》。②

图5-4：杨崇瑞像

除了人员构成实现了"本色化"外，潞河医院还立足通县社会，积极发展医疗卫生事业，改良社会风气，从社会文化等方面进一步与本土社会融合。

---

① 中国科学技术协会编：《中国科学技术专家传略·医学编·基础医学卷1》（"马文昭"条），人民卫生出版社，2005年。根据该书介绍，马文昭通过增强细胞内线粒体和Golgi氏体的功能，增强细胞抵抗疾病侵害的能力，帮助中国人戒掉鸦片并恢复健康。他的实验成果在20世纪30年代应用于戒烟患者，获得预期的效果。抗日战争胜利后，因其在医学领域的巨大成就，出任北京大学复校后的首任医学院院长。1953年全国高等院校院系调整后，北京大学医学院独立成为北京医学院，马文昭担任了组织学胚胎学教研室主任。他领导的细胞学研究室终于实现了对于磷脂类为细胞器主要成分和能增强机体细胞的生活能力这一论断继续探索的愿望，开展了大量以磷脂治疗各种疾病以及抗衰老的实验。1956年中国科学院成立，他又当选为生物学地质学部委员。1963年他总结了这些研究成果，编写了《磷脂类对于组织的作用》一书。马文昭是中国解剖学会的发起人之一，自1947年成立以来，曾历任理事长、常务理事等职务，为中国解剖学会的发展壮大做出了不懈的努力。

② 中国科学技术协会编：《中国科学技术专家传略·医学编·临床医学卷2》（"杨崇瑞"条），人民卫生出版社，2005年。根据该书介绍，1917年，杨崇瑞以优异的成绩毕业于协和医学院并获得医学博士学位。1933年，她创办了南京中央助产学校。之后几十年间，在全国范围内，她相继建起了60余所助产学校，培养了大批妇幼卫生人才。1937年，中国的全面抗日战争爆发，正在日内瓦工作的杨崇瑞博士毅然回国，参加了中国红十字医疗队，投身于抗战救护工作。新中国成立后，她受到了毛主席和周总理的亲切接见。1949年11月，被任命为中华人民共和国卫生部妇幼卫生局第一任局长。

通州大变局（1860—1949）

第二节 潞河中学的"人格教育"

在20世纪20年代基督教"本色化"运动和"收回教育权运动"的大背景下，政府接连下达了规范教会学校的法令。不仅要求教会学校校长必须由中国人担任，而且规定教会学校不得以传播宗教为目的。潞河中学首任中国人校长陈昌祐在学校废除宗教课程，力推"人格教育"，使潞河中学褪去了宗教色彩，逐渐成为一所在全国有影响力的普通国民教育学校。

一、陈昌祐与潞河中学"人格教育"

陈昌祐是土生土长的通州人，也是潞河中学首位中国校长，在潞河中学担任领导职务30余年，是知名的教育家、爱国教育工作者。[①]他生于光绪十八年（1892年），1915年毕业于潞河中学前身的华北协和大学，毕业后在北京育英中学任教。约1918年年底，担任潞河中学任副校长。1923年至1926年在美国的哈特福德大学留学。接任潞河中学校长后，陈昌祐摒弃"神学教育"，努力推行"人格教育"，使潞河中学由一所以传教为目的的教会学校，转变为培养健全人格、服务社会发展的普通中学校。陈昌祐在潞河中学推行的"人格教育"理念，深受蔡元培"完全人格"教育思想的启发和影响。

蔡元培早年接受儒家传统教育，后曾通过清政府科举考试，被授翰林院编修。戊戌变法失败后，因对清政府极度失望，他辞职返乡投身教育事业。辛亥革命后，蔡元培受孙中山邀请出任民国政府首任教育总长。他两度游学欧洲，对文艺复兴后的科学精神及法国大革命后的思潮有切身感受和深入研究。他任北京大学校长时提出的"兼容并包"的学术思想，吸引了一批具有新文化、新思想的代表人物进入北大。蔡元培领导的北京大学，

---

① 陈昌祐1918年担任潞河中学副校长，1927年担任校长，直至1951年，共计33年。

成为中国思想最活跃的学术教育机构。因此，北大成为新文化运动的中心、五四运动的策源地，也是马克思主义在中国早期传播的主阵地、中国共产党的主要孕育地。他提倡的美育、健康教育、人格教育等新的教育观念和在北大的一系列具有开创性的举措，如大力倡导社团活动、鼓励学术研究、创办学术期刊等，对中国的教育界、思想界产生了深远影响。

图5-5：蔡元培像

教育的根本问题是培养什么样的人，蔡元培鲜明地提出了自己的主张，造就具有完全人格的个人。"完全人格"是蔡元培培养的自由、民主、平等社会新人的目标。为实现对国民进行完全人格教育，蔡元培提出了"五育"并重、和谐发展的教育方针。①

陈昌祐十分推崇蔡元培关于完全人格的主张，言必谈人格教育。他曾对学生这样讲："若问现在国家根本的大问题是什么？不是别的，还是人格问题；此事已渐为国内一般人所公认。因为人格不修，道德不讲，礼教不求，无论社会的组织怎样好，人才怎样多，经济怎样富，国事还是办不好。"②他还明确将"人格教育"作为校训，将其镌刻在文氏楼礼堂的讲台上，还将"造就健全人格，培植升学和职业知能，并养成农村领袖"作为潞河中学的办学宗旨。③

基督教"本色化"运动之前，潞河中学的宗教氛围仍很浓厚，其课程设

---

① "五育并举"的教育方针，即军国民教育、实利主义教育、公民道德教育、世界观教育和美育教育（蔡元培提出以美育代替宗教）。

② 陈昌祐在1928年毕业班的训词，转引自徐华、张洪志编著：《潞河中学史话》，社会科学文献出版社，2014年12月，第27页。

③ 徐华、张洪志编著：《潞河中学史话》，社会科学文献出版社，2014年12月，第27页。

图5-6：陈昌祐像

置包含有不少宗教的内容。潞河中学是国内较早实行选修、必修课制的学校，宗教课程列为必修课。以1922年选修、必修课程为例，初中与高一不设选修科目，高二年级，必修包括：圣经、汉文、英文、历史（西史）；选修包括：物理、算学、经济学。高三年级，必修与高二同，历史则为西洋与中国近代史；选修包括：化学、算学、社会学、心理学、体操、音乐。①不仅如此，由于学校完全为培养教会人才服务，学校的运行完全按照教会的制度进行。要求师生在晨起盥洗后早餐前，"这是一天最好的时候"，"以清净头脑，诚实心灵，与上主晤对"。②另外，早晚要进行祷告。一般早祷较为正式，首先由牧师进行主领读经，然后进行祈祷。如遇礼拜日，在读经之前，还要进行唱诗活动。平时学校还有查经班、布道团，对学生进行传教，使其皈依基督教。学生完全是在宗教的氛围中学习生活，也都基本皈依了基督教，成为为基督教服务的人才。

通过陈昌祐校长的改革后，在课程设置上，取消与基督教有关的必修课程，不允许以任何形式强迫学生学习宗教课程，参加宗教活动。但是作为私立的教会学校，一些宗教团体，如青年会、勉励会、查经班还继续发挥作用，但是也渐渐朝着世俗化方向发展。学校中一些非基督徒学生也可以加入青年会，并且占了很大的比例。学校还保留有宗教哲学、伦理学等宗教课程，有极少数学生选修。据《1932年潞河年刊》可知，当时课程（包

---

① 1922年学校详章对课程的规定，转引自徐华、张洪志编著：《潞河中学史话》，社会科学文献出版社，2014年12月，第44—45页。

② 《北京校会第十二次习职会记（四月十六日至十八日）》，《生命（北京）》1920年第1期，第2页。

第五章　新文化运动洗礼下的通县社会转型（上）

括选修和必修）：国文、英文、中国历史、西洋历史、心理学、伦理学、社会学、地理学、数学、物理、化学、生物、科学、生理卫生、农业、养鸡、养蜂、书法、音乐、体育、操军、宗教等科。①

除了课程改革，陈昌祐校长还废除了之前必须严格遵循的宗教生活和宗教活动，更不允许强迫学生参加宗教活动。1936年秋，语文老师王乃堂为新入学的学生出了一道作文题目《假若我有一天工夫》。77名学生在90分钟内，写了自己对可以自由支配的一天时间的畅想式的安排，这实际也是对学生们对自由时间的支配能力和真实意愿的调查。事后，王乃堂对学生们的想法进行了统计，发现学生们在一天中计划的事项，可以归为理科、体育、艺术、社会、外国语、课业、旅行、生活、修养、宗教、一般人事等十一大类；每一大类下为具体事项，如艺术类有诗词、整理作文、绘画、参观画展、音乐、看戏、写字、装订书等8项，共计89项；每一项目少者1人次，多者10余人次（如温功课、散步等），共计228人次。②从统计情况看，旅行类和社会类项目较多，旅游类为17项，分别为高山、河岸、乘船、大自然、田园、高歌、狂喊、野餐、露宿、打猎、登城、长城、公园、南口、江南、看碑、谒李卓吾墓；社会类为16项，分别为教平民学校、对农民宣传、一般农作、浇旱苗、捕蝗、复兴农村、开农民庆祝会、调查乡俗、调查汉奸的心理、调查吸毒者心理、劳资对立心理、政治、救国、改造社会、为人类谋福。宗教类的项目和人次均为最少，仅为祈祷、查经、遇神三项，各一人次。③从学生一天的活动安排的调查可知，到20世纪30年代中期，潞河中学的学生几乎不再有参加宗教活动的意愿。

而在通州另一所教会学校富育女中，情况则完全不同。不仅仍然推行宗教教育，而且宗教氛围仍很浓厚。直到1930年，学生中每逢礼拜日守礼

---

① 潞河年刊编辑委员会编：《1932年潞河年刊》"学生数目表"，河北通县私立潞河中学。
② 王乃堂：《一天工夫的统计》，《协和湖》1936年第6卷第1期，第2—6页。
③ 王乃堂：《一天工夫的统计》，《协和湖》1936年第6卷第1期，第2—6页。

拜者约十分之八九。① 可见，尽管北洋政府教育部于1925年11月发布了《外人捐资设立学校请求办法》，明确规定教会学校应由中国人担任学校负责人，且不得强制安排宗教课程，但是每个学校执行起来，是有很大差别的。

陈昌祐认为教师队伍的能力素质，对推行"人格教育"至关重要。为此，他主导制定了《聘请教师之主要标准》，对选聘的教师做了明确规定："以教授为终身职业者；对于教育本身发生兴趣者；对于所授课程有志继续研究者；有教学经验或曾经特别训练者；喜与学生共同生活不欲旷课者；学生课业负传授解惑之责者；有人格势力而为真理之舌人者。"② 可见，陈昌祐更看重教师对教育工作的热爱和对学生的喜爱，认同"人格教育"理念，至于具体的教学技能要求实在其次。鉴于当时教师跳槽很普遍的现象，频繁更换教师不利于教学工作的问题，他还制定了鼓励教师长时间坚守岗位的措施。如规定普通教员每六年一任，任满后有一年的假期，假期内照常发薪，并由学校介绍到国内外有名的学院做深入研究。

为了将"人格教育"落到实处，陈昌祐校长十分重视从细节入手，培养学生的操行修养。1928年，学校制定了《学生修养之标准》，明确规定："养成正直公民及家庭健全分子；养成善用余暇之良好习惯；培植公诚温敏之品格；增进师生合作，相见以诚，相接以礼，彼此互助之精神。"③ 为了对学生修养进行考核，学校制定了操行考核表，要求对学生操行进行考核。操行考核分为自评、同学互评和老师评价三种形式，每月一评，季度总评。考核分为十五项："体格：身体强健、姿势端正；精神：精神健全、活泼可爱；服装：整齐、清洁；用费：节俭、正当、有概算；态度：诚恳、安详、大方；公德：

---

① 姜汇丰：《华北基督教会教育会中学宗教教育讨论退修会会员报告》，《教育期刊》1930年第35期，第29页。

② 陈昌祐担任潞河中学校长不久后，制定的《聘请教师之主要标准》，转引自徐华、张洪志编著：《潞河中学史话》，社会科学文献出版社，2014年12月，第29页。

③ 1928年潞河中学《学生修养之标准》，转引自徐华、张洪志编著：《潞河中学史话》，社会科学文献出版社，2014年12月，第28—29页。

发达、当有义务心肠；言语：温和、诚实、慎重；卫生：清洁、注意个人及公共卫生；行为：对己守时刻、有反省、有纪律，对人有礼貌、有宽恕、有节度，对物有秩序、知爱护、不苟取；思想：正确、有秩序；性情：和平、安详、不乖戾；感情：热烈、理智化；课程：有兴趣、喜自动、好创作；服务：富有责任心、有领袖才能；反应：劝诫，复能自新、能持己。"①

陈昌祐不仅将人格教育贯穿学校教育全过程，而且希望以健全的人格步入社会，服务社会，将践行"人格教育"作为人生的追求。他曾对即将毕业的学生发出忠告："在你们择业的时候，万不可为陋俗成见所拘，以为读书为宦是上等职业，而农工商次之。岂不知'劳工神圣'是现代的潮流。不管哪种职业，只要它于人我都有益处，只要它和我的个性相合，就可以选为终身职业。不过既选之后，就当有坚固不拔的自信力，无论经过如何的困难，仍当努力前进，然后才有成就伟大事业的期望。"②

在教学过程中，潞河中学本着"循循善诱，三育全备"的方针施教；③在课余生活中，学校鼓励学生组建学生社团，培养学生多方面的兴趣；除了注重学生校内学习生活，学校还十分注重培养学生关注社会，从而服务国家，养成爱国意识。

二、以课程改革为重点，优化教学安排

从学校成立之初到20世纪20年代之前，宗教课程是学校课程的主要内容，即使设置的非宗教课程，也多是传教所需的课程。以协和书院中斋（四年制）的课程设置为例：

---

① 潞河中学于1935年制定的操行考核表中的十五项考核内容，转引自徐华、张洪志（编著）：《潞河中学史话》，社会科学文献出版社，2014年12月，第29—30页。
② 陈昌祐在1928年毕业班的训词，转引自徐华、张洪志（编著）：《潞河中学史话》，社会科学文献出版社，2014年12月，第27—28页。
③ "三育"是陈昌祐任校长后提出来的，即智育、德育、体育。

第一年

写：习写撒格；背：《诗经》（选读），诗篇（选读）；讲：下《孟子》（完）；圣书：《旧约》《史记》（由《列王纪》下读完）；算：笔算下（每礼拜四五次），《形学初阶》（每礼拜一次）；地理：地势学（四五次）；格致：《中国近世地理志》，总论及本省图志宜细加讲读；念：《蒙学课本全书》五、六、七篇，先生随意教读或念，类此书亦可；论：作官话论；杂：音乐，练身。

第二年

写：如前；背：《诗经》（选读），诗篇（选读）；讲：上《论语》；圣书：《福音合参》《使徒行传》；算：代数；地理：地势学（四五次）；格致：《格致教科书》（半年完）、天文；念：选读《天文格致》等书，以扩充教科书之义；史书：中国史书（秋季简选要者）；论：作官话论；杂：音乐，练身。

第三年

写：如前；背：古文（选读），《旧约》（春季选读），书信（秋季选读）；讲：下《论语》；圣书：参核《新旧约》列传（中名）徒生平事迹功德（春季），参考《新约》书信（秋季）；算：代数（春季完），形学（秋季完）；格致：《省身指掌》《教育准绳》；史书：中国《史记》（春季完），《万国通鉴》（秋季完）；论：作官话论；杂：音乐，练身。

第四年

写：如前，习小楷；背：古文（选读），书信（选读）；讲：学《中庸》；圣书：参考《新约》书信（完），每礼拜考三次；算：形学（完）；格致：动物学、植物学；史书：《万国通鉴》（完）；论：作文理论；杂：音乐，练身。①

---

① 张宗平、吕永和：《清末北京志资料》，北京燕山出版社，1994年2月，第216—217页。

第五章 新文化运动洗礼下的通县社会转型（上）

陈昌祐担任校长后，与之前培养基督教神学人才的目标完全不同，使潞河中学成为一所培养面向社会需求的世俗学校。根据学生的情况，其课程主要分两大类：一类是为学生升入大学服务，注重理论知识的传授；另一类是为学生步入社会服务，教授他们一些工作技能，类似今天的职业教育。在潞河中学的教学过程中，教材和课本是分离的：教材通常是在一个范围内，由教师选定、组织或者编写，甚至油印分发，而课本则作为参考。这其实对教师提出了更高的要求，也赋予了更大的自由空间。对学生而言，在这里死读书是行不通的，不仅要掌握课本的内容，还可以根据自己的兴趣，扩展知识和视野。

每门课程根据教学安排，又分为不同的科目。以高一国文为例，分为国文、文字学和文学史。学校每年的"详章"中列有"课程概述"，对初一到高三的所有课程进行了规定，确定了课程要达到的目的、教材、教师教学方法和课本。以高一文字学课程为例，课程概述这样规定：

  高一文学史：
  目的：使学生略知中国文学源流派别之演进、各时代代表作家之
     身世、新文学运动以来文学界之概略；
  教材：于课本外取名家译著，油印分发，以补未备；
  教法：由教师制定参考书与教材，俟上课时讨论，并引导使之能
     作研究批评之文字；
  课本：《中国文学史》（商务印书馆）。①

潞河中学注重培养学生的科学研究和学术兴趣。学校创办了《协和潮》杂志，鼓励学生投稿，"凡关于政治、社会、经济、科学、文学，以及其他

---

① 1933年潞河中学"课程概述"，转引自徐华、张洪志编著：《潞河中学史话》，社会科学文献出版社，2014年12月，第43页。

各方面之研究、讨论、介绍、批评、创作、翻译,以及学校内生活之记载,本刊均一律欢迎","本刊不限于中文,如有英文小品作品,本刊亦得酌登之"。①该杂志不仅开设了散文、诗词、小说等栏目,还专门开设了"论文"栏目,刊登学生学术研究成果。如1933年第10期刊登了《"同性相亲其生不繁"在遗传学上的解释》《我对学校考试制度的一个商榷》《中国社会现象谈》《论借债》四篇论文,同年的第11期刊登了《由飞机救国想到教育的实用》《论辛亥革命之成败》《救国的根本办法——到民间去》三篇论文。学生们对当时政治、经济、社会、科学等领域思考的深度,对当时前沿的思想、科技的涉猎,对一个中学刊物来讲,实属难能可贵。

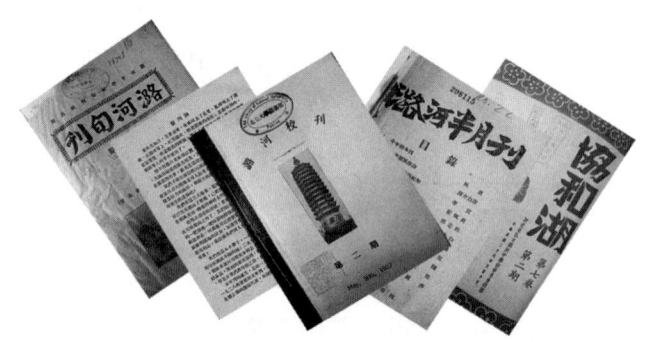

图5-7:潞河中学创办的部分刊物
图片来源:潞河中学校史馆

为了满足学生在学习研究方面的兴趣和需求,潞河中学十分重视图书馆的建设。潞河中学承接了华北协和书院的大量图书,除了少量移交燕京大学外,学校藏有古今中外图书5万余册,有不少是中外名著和线装古籍,有些是很珍贵的图书。这对当时的中学校而言,是很少见的。②除了有厚实的家底外,学校还通过购买和接受捐赠等途径添置大量图书。由于学校巨大的社会影响力,不少社会团体愿意向学校捐赠图书。1935年消费合作社

---

① 《协和湖投稿简章》,《协和湖》1933年第12期,封底。
② 徐华、张洪志编著:《潞河中学史话》,社会科学文献出版社,2014年12月,第47页。

第五章　新文化运动洗礼下的通县社会转型（上）

向学校捐赠了大量图书，这也是学校第三次大规模补充图书。根据此次新增图书目录可知，有读书指南、中国学术史、伦理学、中国外交、国际关系、经济类、教育类、邮政类、习俗类、世界语、中国字源学、中国文法、英语类、科学概论、算学类、天文学、物理学、化学、生物学、无线电、美术类、音乐类、营外运动、文学概论、演说、中国文学史、中国现代史别集、中国现代文别集、中国词话、中国剧史、中国小说、外国小说、世界名人传记、史地类等34类，共计112种。①从这些新增图书看，都是自然科学和人文社会科学类图书，没有宗教类图书。

为了实施"人格教育"的目标，学校除了在课程设置上注重学生全面发展外，还十分重视借助学生的课余生活，提升学生的综合素质。潞河中学虽为教会学校，但是已经完全褪去了宗教色彩，实现了"本色化"转型，成为一所普通的中学。

由于潞河中学良好的教学质量，来潞河求学的学生，毕业后大部分都会进入高等学府深造。以1933年为例，毕业班共有52人，其中考学者42人，被录取者有38人：燕京大学9人，齐鲁大学5人，北京大学、清华大学、辅仁大学、河北医学院各3人，天津工商学院2人，唐山交通大学、南开大学、金陵大学、青岛大学、北平铁路学院、焦作工学院、天津水产专科、中央航空学校、中央军官学校、暨南大学各1人。②由于学校的升学率很高，学校的影响力日渐扩大，来校求学者也逐年增多。据统计，1929年度为300名，1930年度为350名，1931年度为450名。③到1932年度，学生增加到502名，其中初中220名，高中266名，宗教班16名。当年仅高一年级注册新生就达121名，来自河北省、辽宁省、北平市等十一省、三特别市。④由于学生人数逐年增加，1932年对原有学校房屋进行了调整和扩建。

---

① 《本校图第三次新增图书目录》，《协和湖》1936年第5卷第2期，第124—166页。
② 《离校余音——一九三三班之总结算》，《协和湖》1933年第10期，第80—81页。
③ 潞河年刊编辑委员会编：《1932年潞河年刊》"董事及教职员"，河北通县私立潞河中学。
④ 《本校教务处报告》，《协和湖》1932年第12期，第50页。

为了克服经费不足之难题,学校向校友和社会知名人士进行募捐。冯玉祥、李德全等社会知名人士都踊跃捐助,很快就募集了二万五千四百余元。于1934年建成一座两层楼的图书馆,命名为潞友楼。① 由此可见,潞河中学的社会影响力,也从侧面说明了潞河教学改革是有成效的。

潞河中学以培养国家需要的人才为己任,在课程设置上十分注重与学生的就业紧密结合。早在20世纪20年代初期,当时的校长高厚德就认为:"中国真正需要者,不是多数有志于高等教育……倘是受过中学训练的青年,能够回到家乡、田间、市场、商业,以及其他职业渐渐增多,则对于社会上的影响,将比能够应用在专门学校和大学所受的教育的少数人之贡献更为直接而有效。"② 学校认为高中毕业后,除了部分学生会步入高等学府深造外,还有部分学生会走向社会,所以学校不仅开设了一些当时社会急需的实用选修课。如1932年,学校在高三年级开设了农村教育(4人选修)、制革法(10人选修),高二年级开设了广播电话(28人选修),高一年级开设了园艺(29人选修)等选修课,为将来由本校毕业即将从事于职业者所设。③ 此外,学校还开设了社会、经济、养鸡、养蜂等实用技术课程。

三、学生的"自治"管理

潞河中学一直致力于将学生培养成未来社会的"领袖"。在"本色化"之前,学校是以培养将来为教会服务的"领袖人物"为目标;在"本色化"之后,学校将培养"农村领袖"作为学校的宗旨之一。陈昌祐就任校长后,"提倡学生自治不遗余力"。④ 为了培养学生自我管理和参与社会治理的能力,

---

① 陈昌祐、刘汝英:《回忆通县私立潞河中学》,《文史资料选编》第16辑,北京出版社,1983年1月,第130页。

② 亨德:《十年来潞河冬期农业学校》,《消息季刊——潞河乡村服务部冬校十周年纪念特刊》,1938年9月,第2页。

③ 《本校教务处报告》,《协和湖》1932年第12期,第53—54页。

④ 《自治会史》,《1928年潞河年刊》(创刊号),转引自徐华、张洪志编著:《潞河中学史话》,社会科学文献出版社,2014年12月,第78页。

学校提供一切可能的机会,让学生成为主人,实现自我治理,提升多方面的能力和素质。学校指导学生成立自治委员会,负责学生"自治"事宜。潞河的学生"自治"以"村治"和"膳厅委员会"最具代表性。

1. 学生自治会

社会组织是现代社会的重要组成部分,自我治理也是现代公民的一项重要素质。学校指导学生成立学生自治会,通过学生"自治"来培养"领袖"的能力。按照潞河中学《1928年潞河年刊》(创刊号)中刊载的《自治会史》的考证,学校的自治团体始于1913年,这是学校有正式自治团体的开始。但是到1926年秋至1927年春秋两季,体育部归教会所有,学生董事部无人参加,学校自治团体就名存实亡了。陈昌祐就任校长后,十分注重发展学生"自治"能力,自治团体也开始活动。但是鉴于自治团体存在的问题,陈校长进行了大刀阔斧的改革。在他的努力下,"自治团体遂复活,且痛加改革。治旧有之三团体为一,补其缺乏,更名为自治会焉"①。

学生自治会采用了"三权分立制",也就是将决策权、执行权、监督权

图5-8:1930年潞河中学学生会成员
图片来源:潞河中学校史馆

---

① 《自治会史》,《1928年潞河年刊》(创刊号),转引自徐华、张洪志编著:《潞河中学史话》,社会科学文献出版社,2014年12月,第78页。

分立，且相互制约。自治会的决策机构为评议部，"代表学生意见者也"；执行机构为干事部，"执行事务者也"；监督机构为审理部，"为学生排难解纷者也"。①其中干事部下设七股，分别负责饮馔、体育、宿舍、交际、出版、服务、庶务等具体事务。部、股设有正副职，其余为成员。自治会及部、股负责人，均由会员选举而产生，同时他们也对选民负责。这样无形中就培养了学生的积极参与公共事务的意识。

2. 潞河"村治"

关于潞河中学的"村治"，《1932年潞河年刊》有明了的介绍。为什么在潞河实行"村治"？年刊明确说，"村治……是养成学生自治唯一的途径"，也是学校管理的需要，"因为团体太大不容易认识个人的需要和责任，学校当局也不能体察入微地晓得各个学生的起居和品德，加以潞河之环境，后临大道，门路不属学校管理，闲人很容易匿迹于此。为防意外起见，所以才组织村治"。②实行"村治"得到学校的高度认可和大力支持，被认为可收"一箭三雕"之功效："一则练达学生自治和养成责任心；二则村民可以直接与当局共同促进全村之治安与卫生；三则村治收分工之效，集中力量以防意外，这是村治在潞河之意义。"③

根据需要，将校园分为数村。始为十村，即丁香村、兰石村、菊隐村、桂槐村、紫薇村、槐荫村、翠松村、碧竹村、雪梅村、五槐村。随着师生增加，后来数目有所增加，但仍称十村。每村设村长一人，村长负全村之责。村之下每屋设屋长一人，负责管理一屋之责任。各村村长组成联合会议，附设于学生自治会。由于独特的"村治"，使在此求学者兼有学生和村民的双重身份。不同年级的学生生活在一个村里，村长、屋长都由"村民"选举出来，平时大家互相照顾，有事大家共同商量，如同生活在一个和谐

---

① 《自治会史》，《1928年潞河年刊》（创刊号），转引自徐华、张洪志编著：《潞河中学史话》，社会科学文献出版社，2014年12月，第78—79页。

② 潞河年刊编辑委员会编：《1932年潞河年刊》"十村续闻"，河北通县私立潞河中学。

③ 潞河年刊编辑委员会编：《1932年潞河年刊》"十村续闻"，河北通县私立潞河中学。

第五章　新文化运动洗礼下的通县社会转型（上）

的大家庭一样，所以潞河校友之间的感情是不同于其他学校的。正如一位校友写道："进入这个优美的校园，高度的向心力在无形中培养出来。高年级的'老大哥'与低年级的'小弟弟'们熙熙攘攘生活在一个环境里，相辅相成的学风是必然的发展……正因为如此，学校才真正有民选的学生自治会。"①

保持村里的卫生状况，是"村治"的一项重要内容。每季组织卫生比赛，由斋务主任和学生会卫生部门负责人、各村村长组成考察组，对各村卫生状况进行评定："最清洁村为模范村，更择宿舍之最清洁者二，曰模范室，特赠挂屏一幅，以示奖励，藉资提倡卫生。"②学校的公益、竞赛、游艺等课外活动也大多以村为单位组织起来。"村治"不仅锻炼了学生的管理能力，更重要的是对学生进行了"群性教育"③。

3.膳厅委员会

除了"村治"，学生自己管理食堂也是学生自治的一项重要内容。学生自治会下设膳务股，也称膳厅委员会，管理学生食堂。膳务股设股长一人，另下设财务司、菜务股、米面股、湿调和股、干调和股、杂务股、肉务股、储藏股、煤务股、客饭股等部门。④每个部门一般为一人，协助股长管理食堂。膳厅委员由学生会推荐、学生选举产生，并由校长同意生效。每个委员履职有期限，每个人均有机会参与。根据财务预算，由学生计划每餐安排、管理账目、食料的采购、厨师的聘用等工作。校友回忆，"每天送来的肉、菜等食品都得由无课的同学过秤验收，绝不含糊。厨师的任用和解雇

---

① 潞河中学校友林从敏回忆，转引自徐华、张洪志编著：《潞河中学史话》，社会科学文献出版社，2014年12月，第56页。

② 潞河年刊编辑委员会编：《1932年潞河年刊》"十村续闻"，河北通县私立潞河中学。

③ 也称"群育"，为建立和谐的人群关系而培养群性的教育。以梅贻琦等为代表的教育家十分推崇的主张，被当时国民政府列为初等教育的目标之一。

④ 《本季学生会委员名单》，《协和湖》1936年第6卷第1期，第52页。

通州大变局（1860—1949）

全由膳厅委员会决定……"①。

学生们还利用自己所学，对食堂食料所含的营养成分进行分析，写出了一篇论文，发表在《协和湖》上。从该文作者对食料分析列表看，食料是很多样的，不仅有米、馒头、窝头等主食；蔬菜很丰富，有菠菜、马铃薯、白菜、西红柿等；还有猪肉、牛肉、鸡肉、火腿、鸡蛋、白卵、黄卵等肉蛋类和葡萄等水果，各种食料竟有24种之多。②作者不仅在改善口味上提出了自己的建议，还在药理学方面对改善饮食，提出了自己的建议："生活素A能扶助生长，并能防止眼病……存于肝、乳汁、奶油、鱼肝油、鸡蛋、绿色蔬菜；生活素B存于新鲜蔬菜、酵母及五谷类的胚芽及种子，缺乏生活素B，易患脚气病等症；生活素C能防止血斑病，存于西红柿、橙子及柠檬汁中；生活素D能防止小孩的软骨病，存于鱼肝油及若干绿色蔬菜中；生活素E存于植物油内，为幼小动物的生殖及生长所必需。"③

学生们自己管理食堂效果如何呢？一位学生这样评价："本校食堂伙食由同学自办，因诸办事人之负责努力，尚能称人心意。"④由于对资金精打细算，管理有方，时常还能有所结余。膳厅委员会将节余的钱通过放电影等同学们喜欢的形式回馈给同学们，如《协和湖》中曾有"上季膳厅又以余款演第二次电影"之记载。⑤可见，学生管理食堂是极为成功的尝试，极大地调动了学生热情和积极性，深受大家的喜爱。其意义不仅仅在于管好了食堂本身，而在于在管理的过程中，学生们在经济、社会、管理、科学知识、人际关系等方面的能力都得到提升，从而锤炼了学生们"自治"的能力。膳厅委员会是潞河中学历史上延续时间最长、校友们印象最为深刻的

---

① 校友郑大贞回忆，转引自徐华、张洪志编著：《潞河中学史话》，社会科学文献出版社，2014年12月，第58页。

② 富宇平：《本校食堂日常食料所含营养之分解》，《协和湖》1936年第1期，第119页。

③ 富宇平：《本校食堂日常食料所含营养之分解》，《协和湖》1936年第1期，第121页。

④ 富宇平：《本校食堂日常食料所含营养之分解》，《协和湖》1936年第1期，第118页。

⑤ 《校闻》，《协和湖》1937年第2期，第125页。

第五章 新文化运动洗礼下的通县社会转型（上）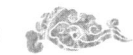

学生自治的有益尝试。

四、多姿多彩的学生社团活动

如蔡元培在北大重视学生社团一样，陈昌祐甫一就任潞河中学校长，就在《本校今后之计划》中，明确将发展学生社团作为学生课外作业："甲、学生自治会；乙、师生友谊会；丙、学艺会；丁、文学会；戊、青年会；己、勉励会；庚、同乡会；辛、音乐会（下设国乐部、西乐部、俱乐部）；壬、平民夜校；癸、新剧团，等等。"①学校注册的学生社团不仅有熟知的自治会、学生会、各村村长联席会议、青年会、足球队、网球队、篮球队、歌咏队、剧社、国乐社、文学研究社、年刊编辑部、《协和湖》编辑部、膳厅委员会等，还有无线电学会、同乡会、平民夜校等社团。每一个社团都有数人至数十人参加。②

1.潞河的文艺活动

学生社团中，最为丰富多彩的是艺术方面的社团。潞河歌咏队历史悠久，脱胎于潞河书院时期的教堂唱诗班。正如1935届校友滕建耀撰文所言，潞河歌咏队在潞河中学一切团体组织内，可算是最老的了。在潞河书院时期我们就有了四部合唱……那时每班都有唱诗队。唱诗队的队员是无资格限制的，凡本班学生尽是唱诗队队员。③1927年，王振华率领潞河歌咏队参加北平歌咏比赛获得冠军。此后，潞河歌咏队屡得冠军。学校十分重视潞河歌咏队，曾以村为单位，在全校举行村际音乐比赛，为歌咏队选拔人才。据载，1933年11月4日，"比赛毕，被选者不下四五十人"④。潞河的乐队（国

---

① 陈昌祐：《本校今后之计划》，《1928年潞河年刊》（创刊号），转引自徐华、张洪志编著：《潞河中学史话》，社会科学文献出版社，2014年12月，第78页。
② 据《1932年潞河年刊》"学生社团"介绍，以1932年为例，当时成员多者，如学生自治会27人、青年会34人，少者如学生会议员8人、国学社9人。
③ 滕建耀：《漫谈歌咏队》，《1935年潞河年刊》，河北通县私立潞河中学。
④ 《校闻》，《协和湖》1933年第12期，第71页。

179

乐、西乐)、剧社等艺术剧团都是以歌咏队为基础，逐渐发展起来的。潞河、汇文、富育（女中）、贝满（女中）、育英等学校轮流坐庄，经常组织比赛，使潞河歌咏队声名鹊起，远近闻名。

除了各种西方艺术社团外，潞河中学也为中国传统艺术社团保有一席之地。国乐社是潞河唯一一个以弘扬国粹为志向的学生社团。在当时，不仅是潞河中学，在整个中国社会，尤其是精英阶层，崇尚西洋文化的势力十分强大。而对中国传统文化持以批判为主的态度。正如国学社成员所言："纯粹国粹的牛皮鼓、铜喇叭，合奏起来，谁敢不说是金革之声。但是把这般富有高尚艺术的人们，称为吹鼓手，比起前清时代的剃发匠，还低几层阶级。那么我要替不能坐正席而能保存国粹者叫苦！"① 而在潞河中学，就有这么一群人，敢于用实际行动，组织国乐社，来破除这样一种错误观念。这充分说明了这些学生具有独立思考的能力，也从另一个角度说明潞河"人格教育"收到了成效。

2. 潞河的体育活动

潞河的体育有着光荣的历史，也是潞河人引以为傲的事情。早在1932年，潞河中学体育老师曹竹芳有这样的概括："昔日协和体育全盛之时，曾于国内外运动会中，屡夺锦标。斯时也，与清华、汇文鼎争角逐，时人舆为华北三霸。厥后改组今校，于历届竞赛会中，亦殊有迈进之记录。此一段光荣之校史，诚与诸同学以深刻之纪念也。"②

早在潞河书院时期，学校就从西方引入了体育教育，后又多次派出运动员参加国内外大赛，屡获大奖。早在1910年，学校派出代表队参加第一届全国运动会，陈昌祐、孟继懋、李如松、刘明义、白葆堃等人，既是学校代表队成员，也是全国体育代表队的代表。③ 1914年，在北京举办的全国

---

① 汝楫：《国乐社的几句话》，《1932年潞河年刊》，河北通县私立潞河中学。
② 曹竹芳：《一年来体育之回顾》，《1932年潞河年刊》，河北通县私立潞河中学。
③ 陈昌祐、刘汝英：《回忆通县私立潞河中学》，《文史资料选编》第16辑，北京出版社，1983年1月，第130页。

第五章 新文化运动洗礼下的通县社会转型（上）

图5-9：学生积极参加体育活动
图片来源：潞河中学校史馆

运动会上，学校派出了多名运动员。李如松获得100码、220码、440码第一，十项全能第三。白葆堃获5英里长跑第一名。陈昌祐获得十项全能第二，铅球、铁饼第三。从1913年到1917年，学校派出代表团参加了三届远东运动会。刘明义、李如松、白葆堃、陈昌祐、董守义、崔峙如等均参加了比赛且有上乘表现。①

陈昌祐担任校长后，为学校体育工作设定了目标：以供给全校学生身体活动之机会，借以增进全校学生之健康率；使学生明确体育教育之意义及价值，增进其技能及兴趣，养成健全体格，并鼓励学生在运动上之任侠精神。②为了促进学校体育工作，陈校长亲自负责学校体育代表队的教练工作。学校设体育主任1人、助理2人，分掌矫正操、课内教授及课外运动事宜。又设体育委员会，由教职员若干人及学生自治会代表1人组成，参加组

---

① 徐华、张洪志编著：《潞河中学史话》，社会科学文献出版社，2014年12月，第62页。
② 徐华、张洪志编著：《潞河中学史话》，社会科学文献出版社，2014年12月，第65页。

织协议全校体育改进计划。①体育委员会负责校内各种体育比赛的组织工作。一年到头，校内体育赛事不断：9月下旬至10月中旬网球赛；10月下旬秋季分组田径运动会；11月足球班际比赛；12月篮球班际比赛；1月上旬越野赛跑；3月篮球队际比赛；4月中旬排球班际比赛；4月下旬至5月中旬田径赛年际运动会；5月下旬班际棒垒球比赛。②

在学校的重视下，足球队、篮球队、网球队、棒球队等一批体育社团踊跃成立，并且得到学生们的积极参与。某些热门项目，如足球赛，不仅举办班际比赛、村际比赛，还举行校际比赛，甚至社会团体比赛。一般情况，班际比赛在11月中旬举行；村际比赛在11月下旬到12月上旬举行；校际比赛或者与社会团体比赛在12月。以1933年为例，"十一月十九日起举行足球班际比赛"，"村赛亦于十二月六日起始矣"，"于十一月二十七日下午二时与财商，及十二月三日下午与清华做足球友谊比赛……十二月十一日……与北平高射炮队赛足球"，都取得了全胜战绩。③

图5-10：潞河中学运动会部分运动员合影
图片来源：潞河中学校史馆

---

① 徐华、张洪志编著：《潞河中学史话》，社会科学文献出版社，2014年12月，第65页。
② 徐华、张洪志编著：《潞河中学史话》，社会科学文献出版社，2014年12月，第66—67页。
③ 《校闻》，《协和湖》1933年第12期，第70页。

第五章 新文化运动洗礼下的通县社会转型（上）

由于学校的体育活动太丰富，以致引起了体育老师曹竹芳的担忧："学生体育之发达，宜与诸学科并重，不可侧重……如使学生荒废学业，而专攻运动，即使体育优良，而学业落后，充其量不过如斯巴达之国民。虽如虎如狼，又奚以为？"①为了避免学生过分热衷体育而荒废学业，学校规定运动队选拔队员必须为功课达到一定分数之学生。所以在潞河体育发达之学生，也是功课优良之学生。

通过参与和组织体育活动，学生们不仅增强了体魄，还增强了团队协作精神和领导组织才能，在寓教于乐中完成了潞河中学的"人格教育"。

3. 积极开展服务社会的活动

在"本色化"之后，潞河中学逐渐脱去宗教色彩，而是着眼于培养社会所需的人才。学校就理所当然地要引导学生，了解社会，关注时事，进而热爱国家。一些学生团体十分关注社会，结合社团优势，积极服务社会。学校还鼓励学生利用假期了解社会，进行社会考察。尤其是春假，是学生们踏青休闲的好时节，更是学生们走向社会的好机会。学生们常规踏青路线有三条：其一是前往山东方向，登泰山，游曲阜，领略中华优秀传统文化；其二是青龙桥、张家口方向，既可领略万里长城之雄伟，亦可体验京张铁路，增强民族自豪感；其三为天津方向，主要考察实业发展之前沿情况。②

除了学生自发利用假期考察社会，每年春季，教师还会率领毕业班学生前赴各大工厂暨实业等机关分别参观。1924年、1925年连续两年，学校曾组织部分学生前往财政部印刷局参观，并得到该局热情接待。③潞河中学1935届校友祁连升、黄宛参观了位于天津的塘沽永利碱厂后，写出了《参观塘沽永利碱厂的报告》。报告分烧碱厂和纯碱厂两个部分，对主要设备、工艺流程等做了详细考察，而且还对当时处于民族工业龙头地位的永利碱

---

① 曹竹芳：《一年来体育之回顾》，《1932年潞河年刊》，河北通县私立潞河中学。
② 徐华、张洪志编著：《潞河中学史话》，社会科学文献出版社，2014年12月，第51页。
③ 《北通潞河中学校来函》，《财政部印刷局月刊》1925年5月，第32页。

厂和爱国实业家范旭东表达了崇高的敬意。①从报告中可以感知作者忧国忧民的爱国情怀。

图5-11：潞河中学学生野外训练
图片来源：潞河中学校史馆

鉴于当时的形势，潞河中学十分重视军事训练活动。潞河军训可以追溯到1929年，大规模军训开始于1931年"九一八事变"之后。面对内忧外患，学生们已经认识到中国虽大，已容不下一张平静的书桌，更时刻准备着为国而战。爱国的学生们，都认为军训的必要，甚至认为军训在当时胜过了其他所有的课程。随着日寇步步紧逼、国土沦丧，学子们已不满足基本步伐操练，他们希望能够实弹练习。汝辑在文中记载了当时学生们的心情："枪是不能发，子弹摸不着，受刺激的学生们，都感着'心中欲除虎狼豹，手中缺少杀人刀'的感想。"②

1931年10月至翌年1月，学生们在平日军训的基础上，组成了义勇军团。学生们"每晨六时，单衣鹄立于操场，赤足蹈雪，凿冰盥手"。在1931

---

① 徐华、张洪志编著：《潞河中学史话》，社会科学文献出版社，2014年12月，第52页。
② 汝辑：《军训的回顾》，《1932年潞河年刊》，河北通县私立潞河中学。

第五章　新文化运动洗礼下的通县社会转型（上）

年12月的一天，学生们徒步行进至北平城，以磨炼意志，也是对近一个时期义勇军团的检验。学生们"早四时起床，起床钟响，校长披衣而至，因眼方张，谓半夜鸣钟，以为有警"。① 义勇军团是学生们自发成立的，尤其是他们徒步锻炼，学校并不知情，这不仅证明学校实行的学生自治管理的方式取得了实际效果，更说明了学生们的爱国意识是发自内心的，而不是从外灌输的。可见，潞河中学推行的"人格教育"这种方式，取得了良好的效果。

随着日本侵略者对华北的侵略步伐的加快，学校已经认识到仅在校园内的军训远远不能满足需要。1932年"一·二八"淞沪抗战后，学校更加重视军训工作，加上了手榴弹投掷、爬城、跑拦阻等种种练习。② 1935年夏季，潞河中学学生第一次赴保定军训。原计划是4月到7月，由于华北形势吃紧，军训提前于6月14日结束。赵慧城在日记中记载了最后一天的情形："眼前站着两千多人，没有一个咳嗽的，这是与往日超乎不同的现象……等到（军训主教练黄师长）说'我们想不到，短短三个月也不能得到圆满……我们对不起你们……'时，已是语不成声，于是我们的泪和抽泣声全发出来了。"③ 这些文字充分体现了人们同仇敌忾的必胜决心和誓死不当亡国奴的民族气节。深深融入学生们血液中的爱国精神，与学校引导学生关注社会的教育是密不可分的。

随着东三省沦入日寇的铁蹄之下，华北地区也成为日寇的觊觎对象。国难当头，学生们以实际行动投入抗敌救国热潮。在后来的日伪统治时期，潞河中学也一直是反抗日伪的重要阵地。

---

① 潞河年刊编辑委员会编：《1932年潞河年刊》"十村续闻"，河北通县私立潞河中学。
② 汝辑：《军训的回顾》，《1932年潞河年刊》，河北通县私立潞河中学。
③ 赵慧城：《军训日记》，转引自徐华、张洪志编著：《潞河中学史话》，社会科学文献出版社，2014年12月，第94页。

第三节　潞河乡村服务部与通县乡村建设

20世纪二三十年代，中国掀起了轰轰烈烈的乡村建设运动。[1]最繁盛之时，从事乡村建设的团体有一千多个，与之相关的农学会有一万多个。[2]最著名的要数梁漱溟在山东邹平创办的山东乡村建设研究院和晏阳初在河北定县创建的中华平民教育促进会（以下简称平教会）。

20世纪20年代非基督教运动兴起后，教会开始关注中国的乡村社会，参与到中国的乡村建设运动中。在这样的背景下，美国公理会从20世纪20年代初，开始关注通县周边的农村，并成立了潞河乡村服务部，推动开展了乡村建设。这项带有探索性质的活动一直持续到1941年年底，建设内容涉及教平民识字、农业学校、农业改良、培养乡村人才等方面，对通县及周边地区，乃至整个华北地区的乡村发展都产生了较大的影响。

毫无疑问，美国公理会传教士在通县推动乡村建设的根本目的，是吸引更多的人加入基督教，服务基督教传教事业。如在1928年举办的第一期潞河冬期农业学校，"第一个班之四个人中有三个人加入我们的教会"[3]。这与当时在中国进行的"非基督教运动"是背道而驰的，是基督教传教士针对中国当时广泛兴起的基督教"本色化"运动的一次反向尝试。

---

[1] 中国是农业大国，有重视乡村建设的传统。早在春秋战国时期，老子、孔子、孟子等思想家均有重视乡村的思想。但是国人关注乡村建设，并成为一个发展潮流，始于清末。据陈序经在《乡村建设运动》（大东书局，1946年）中考证，光绪三十年（1904年），米鉴三、米迪刚在河北定县翟城村开始乡村建设实验，主要在教育和农业方面进行推进。真正形成全国范围内的潮流，是在20世纪二三十年代。

[2] 陈序经：《乡村建设运动》，大东书局，1946年，第1页。

[3] 亨德：《十年来潞河冬期农业学校》，《消息季刊——潞河乡村服务部冬校十周年纪念特刊》，1938年9月，第2页。

第五章　新文化运动洗礼下的通县社会转型（上）

一、亨德与潞河乡村服务部

潞河乡村服务部脱胎于潞河中学农产部。早在清末，在通州的基督教传教士为了接近农村民众，便于向农村传教，在潞河书院设立学校农产部。开办农产部有两方面的目的：一方面是开展农科课程教学、实验和技术推广；另一方面是为学校师生提供丰富的农产品，以补后勤供给之不足。① 当时学校农科课程包括植物病害、百谷六畜、土质养料、农村教育推广等，还有实践项目，如林果木栽培、养猪养蜂、农事管理等。

潞河中学独立后的第一任校长田和瑞本人也是一位农学专家，十分重视学校的农学教育。在他的重视下，学校还开设了养蜂、养鸡等课程。农产部还经常举办丰富多彩的活动，每年进行招生宣传，还向周边农村宣传使用新农具、推广新技术，以及引进优良农产品。这为后来在通县进行乡村建设运动培养了人才，奠定了坚实的基础。

1930年，"基督化乡村社区"倡导者包德斐再次来华推广"乡村牧区"理念。也就是用本土化的方法，在一位受过训练的牧师的领导下，在信徒和专家的支持下，将乡村生活建立在基督教基础上。包德斐在华期间，通过举办会议、演讲等方式，利用基督教在华势力，推广了其传教思想。受其影响，华北公理会按照乡村牧区的模式办理乡村建设。为了在通县的广大农村地区进行传教，1930年，在亨德的主持下，潞河乡村服务部正式成立。② 潞河乡村服务部的正式成立，为公理会大规模开展乡村建设提供了保障。

从现有资料看，亨德早在20世纪20年代初就依托潞河中学，和一群志同道合的同事，在通县开展了乡村工作。早期主要通过举办展览、宣传等

---

① 徐华、张洪志编著：《潞河中学史话》，社会科学文献出版社，2014年12月，第48页。
② 还有一种看法，早在1922年，潞河中学农科主任兼养鸡教员亨德与一群热心农村服务的青年，组建成立了潞河乡村服务部。见华中师范大学教授刘家峰：《中国基督教乡村建设运动研究（1907—1950）》，天津人民出版社，2008年6月，第59页。

活动，引起人们的关注和支持，后来发展到举办识字班。为了培养乡村建设领袖，1928年开始举办冬期农业学校。

亨德是美国农业传教士，曾就读于美国伊利诺伊州大学畜牧专业。1914年大学毕业后来到中国，先在北京高等师范担任体育主任和英文教员，后来到通县的潞河中学任教，负责学校农产部。据学生回忆，亨德体格健壮，曾是美洲运动会的百米冠军。他讲授畜牧知识，主要讲养鸡学，且讲课风趣幽默，很受学生们的欢迎。[①] 为了推广良种鸡，他还在通州南地东南侧城墙与护城河之间办过一个养鸡场，据学生回忆，此养鸡场采用较为先进的养殖技术和管理手段，"出入的人都要经过消毒，脚要踩过一段石灰粉路，那里有不少我从未见过的鸡种，如来航鸡、九斤黄、洛岛红等。……亨德曾数次领我们到那里实习"[②]。亨德领导的潞河乡村服务部，举办农产品展览会、养蜂、养鸡、改良农业技术、推广优良品种，每年举办暑期学校，使乡村工作者得到补习机会，在冬季举办农业学校，培养乡村建设所需的领导人才，从而为教会占领广大农村地区提供人才保障。

传教士认为当时中国最急迫的问题是农村的问题，"教会如在乡村建设运动中尽相当的职责，做适宜的贡献，使多数农民得沾实惠，那基督教会在中国的地位不但愈增巩固，而社会国家的复兴也深赖于此"[③]。可见，传教士开展乡村建设运动的目的，是通过参与中国的乡村建设运动，发挥其影响力，争取广大农民加入基督教。

二、开展平民教育

当时，以晏阳初为代表的在中国从事乡村建设运动的一些有识之士，认识到中国要发展，必须要将广大的平民唤醒起来。唤醒的一个重要途径

---

① 王翰章：《潞河时光》，《校友回忆录》（内部交流），潞河中学，2017年，第33页。
② 王翰章：《潞河时光》，《校友回忆录》（内部交流），潞河中学，2017年，第33页。
③ 郑佑安：《农村改造运动中中国教会应有的贡献》，《中华归主》，1936年第168期。

第五章 新文化运动洗礼下的通县社会转型(上)

就是开展平民教育,而中国平教运动的发端和发展,与晏阳初有直接关系。① 以晏阳初领导的平教会在河北定县的实践为典范,从而在中国各地形成了轰轰烈烈的平民教育运动。在华传教士也深感中国农民,不但知识缺乏,而且文盲占绝大多数,对基督教福音传布也造成很大困难。为了满足传教事业的需要,美国公理会在通县持续开展了平民教育活动。

当时中国农村的识字率极低,通县地区也不例外。这使得进行农业技术推广和传教工作困难重重。针对这种情况,传教士在通县的部分村落开设了识字班。识字班的课本为青年会出版的千字课本,需要农民自己购买。教员主要由潞河乡村服务部选聘,多数来自潞河中学、富育女校等教会学校师生,属于义务工作。识字班开设的目的就是为了帮助村民认识一些日常所需的基本汉字,并能够进行日常运用。这本质上就是最初的"扫盲运动"。起初,服务部主要帮助农夫,也就是以男人为主。但是服务部很快认识到一个好的农妇对一个家庭的重要性,"能使一个农夫健康快乐、教育子女、积蓄金钱、计划工作,并且在需要的时候,在田地里工作,这样帮助农夫完成他的工作"②。服务部认为应该像帮助农夫一样帮助农妇,并进而开设了妇女千字班。

服务部以附近地带为中心区,辐射到全县各处,广设妇女千字班。以良各庄为例,1927年春,该村开设了妇女千字课班。在良各庄的千字课班持续了10余年之久,在识字班初期,村民的热情并不高,认为这不仅没有

---

① 关于平民教育的发端,晏阳初在《乡村建设实验》中论及:"在欧战的时期,当时各国招募华工到欧洲工作,兄弟从美国到法国办理华工教育,目睹华工不识字之痛苦,从那时得了一些经验。同时联想到国内一般不识字的文盲,关系国家民族前途的重大,所以回国以后,就从事识字运动。"1922年年初,晏阳初发起全国识字运动,号召"除文盲、做新民"。3月他到湖南长沙组织平民教育讨论会,在长沙推行《全城平民教育运动计划》,获得成功。1923年3月,在北平成立中华平民教育促进会。从1926年开始,晏阳初在河北定县开展平民教育实验,成为全国平民教育的典范。

② 费宾闰臣:《服务部妇女工作报告》,《消息季刊——潞河乡村服务部冬校十周年纪念特刊》,1938年9月,第69页。

好处，反而会耽误农活。为了扩大识字运动的声势，引起村民学习热情，1927年5月15日，该村召开了一个识字运动大会，到会民众来自附近的16个村庄及8所男童小学和2所女童小学，还邀请了七八位公理会的演讲员及10余位潞河乡村服务部的工作人员，大会参加之民众总计不下2000余人。①

在潞河乡村服务部的努力下，村民们逐渐对识字班有了新的认识，并积极参与其中。到后来，人们已经不再满足于识字这样简单的内容，而是对新式的文化活动表现出更大兴趣。如1937年在良各庄举办的妇女千字班，有富育女校的学生帮忙开"母亲会"。所谓"母亲会"就是教育妇女们如何做一位合格的母亲，"使她们明白儿女不只是家庭中进款的来源，老年人的保险金，民生的保障，而是长成后成为国家负责任的公民；并不是专为父母的继承人，而是训练子女成一个诚实肯帮助别人，有合作精神的人"②。"母亲会"的授课方式也较为多样，有画片挂图、演说、唱歌、新剧等。潞河中学和富育女校的学生表演的新剧，很受妇女们的欢迎。

服务部举办的文化活动包含了自由、平等、发展等现代理念，对农妇们的精神、思想、视野等都产生了一定的影响。过去的农村妇女，深受落后思想的束缚，充当生儿育女、传宗接代的工具，面对丈夫的辱骂，也只能逆来顺受。但是经过平民教育后，妇女们在家庭中的作用更重要了，"妇女的手工品，刺绣、纺织、鞋、家庭用品、粗布玩具等，一切都表现着努力工作的精神。关于食物方面也有很多新的方法，如将不同的杂粮面杂合在一起，做成窝头之类和年糕等"③。随着她们在家庭中越来越重要，她们对男人的依附度也在降低，地位得到改变，敢于对不公正的社会恶习说不。在通县就有妇女因此除掉旧式的婚姻制度和缠足等陋习。

---

① 刘永廉：《良各庄识字运动》，《消息季刊》1937年第14期，第32页。

② 费宾闺臣：《服务部妇女工作报告》，《消息季刊——潞河乡村服务部冬校十周年纪念特刊》，1938年9月，第70页。

③ 费宾闺臣：《服务部妇女工作报告》，《消息季刊——潞河乡村服务部冬校十周年纪念特刊》，1938年9月，第69页。

第五章　新文化运动洗礼下的通县社会转型（上）

　　由于一些村落不具备开设识字班的条件，为了让更多的村民有受教育的机会，服务部还开设了巡回学校。仅1937年春，潞河乡村服务部就开设了七处乡村巡回学校。巡回学校有识字课、农业改良、乡村教育及宗教教育等课程，授课方式除了常规课堂外，还有讨论会、演讲会、游艺会等。"每日正式上课，农民平均30余人，特别大会则有不下三四百人。"①

　　潞河乡村服务部也采用平民教育运动的方法，培训乡村卫生工作者。潞河乡村服务部与潞河医院有十分密切的合作，二者同为教会机构，相互帮助支持，在通县广大农村推广各项服务工作。潞河医院依托乡村服务部开展农村地区防疫工作，而潞河乡村服务部依托潞河医院的人才优势，举办医学方面的培训班。"冬期潞河乡村服务部开设之短期学校，（瑞春生、张志勋）二位大夫担任教务工作。"②抗日战争胜利后，华北公理会明确要求："为谋公共卫生有所遵循而便推展，建议其应与乡村服务部及其所属各社会中心及我会各部门所属友会，并 Miss Uan Kirk 所要创办的工业等团体极力合作。"③为此，潞河乡村服务部进一步加强了与潞河医院的合作，加强防疫知识等公共卫生服务工作。在通县乡村开展的平民教育使通县底层民众的精神面貌有了明显改变，也为现代思想、知识、技术等在通县的普及，乃至对通县社会的转型发展，都产生了潜移默化的影响。

三、冬期农业学校与乡村领导人才的培养

　　潞河乡村服务部不仅重视普通民众的教育，还十分注重培养乡村建设的带头人。随着乡村建设在通县的推进，农民们逐渐有了兴趣，并热心参与其中，但是他们缺乏相关知识，而服务部亦不能手把手去教育众多的民众。服务部领导者认为："有我们近年来，工作经验中，就感觉一种需

---

① 《巡回学校报告》，《消息季刊》1937年第14期，第47页。
② 《北通县潞河医院民国二十五年报告书》，北京市通州区档案馆藏：潞河医院案卷（档号：65—01—01）。
③ 《华北基督教公理会复员大会记录》（1946年），美国哈佛大学哈佛燕京图书馆藏。

要——告诉了我们,无论办理哪种建设事业,或提倡自立自养的教会,必须训练一班义务领袖不可,否则只是'纸上谈兵'而已。"① 于是,在1928年冬,在农闲之时,服务部在通县开展了第一期冬期学校,之后每个冬季开办为期两个月的培训班。

由于冬期农业学校是以培养乡村建设的骨干人才为目标,所以对入学者设定了一定限制:年龄一般为18岁以上,50岁以下;学历以完全小学毕业,或具备同等学力。②从招收学员实际情况看,学员以25岁至35岁居多,其身份也不限于农民,还有小学教师、办理地方自治及协助教会工作者。学校免收学费,但需支付伙食费、宿舍及杂费等费用。费用根据物价等因素也有变动,如1933年,规定膳费九元、宿舍费二元、杂费一元,共计十二

图5-12:冬期农业学校职员在校门口的合影(1933年)
图片来源:《消息季刊——潞河乡村服务部冬校十周年纪念特刊》,1938年9月

---

① 张铁珊:《卷首语》,《消息季刊——潞河乡村服务部冬校十周年纪念特刊》,1938年9月。

② 1938年冬期农业学校招生广告,《消息季刊——潞河乡村服务部冬校十周年纪念特刊》,1938年9月。

第五章　新文化运动洗礼下的通县社会转型（上）

元；^①到1938年则为膳费十三元、宿舍及杂费两元，共计十五元。^②

学校最初只招收男学员，从1935年开始，男女兼收。但是招收女学员的过程不是一帆风顺的，最初很难从社会上招收女学员，学校与北京联合圣道学院联合办班，也就是该女子学院毕业班学生来冬期学校受训两周。同时，通州富育女校的师范班也加入该班的联合研究。由于这个班的学期比常规班时间短很多，所以学校设置了特别班次，但是在许多课程和所有课外活动上，和冬期农业学校的学生是相同的。经过几年的实验，到1938年，男女学员"共同工作，以许多委员会而推进学校的组织。他们共同游戏，共同进餐和共同研究"^③。可见，男女学员在农业学校的学习、生活都步入了正轨。

为了办好冬期农业学校，服务部十分重视师资配备。学校开办之初，授课老师主要来自潞河乡村服务部，还有北平华北工程学校、潞河中学、燕京大学教育系等学校的教师也常常受邀授课。学习课程主要为"宗教、农业、园艺、养鸡、畜猪等"。^④后来，学校借助当时在农业教育推广领域最有影响力的金陵大学农学院的力量，合作办学。1931年夏，潞河乡村服务部与金陵大学农学院订立合作办学之约。在金陵大学农学院的指导下，做实地研究实验，以讲习、自读、讨论与生活，平衡进行，以训练乡村义务领袖及将来合作人才。金陵大学农学院派姚光煊常驻服务部，负责协助学校教学工作。第四届（1931年冬）农校，姚光煊担任助理农业课程之讲习；第五届农校，除担任教授农事外，兼担任课外活动教师；至第六届农校，除担任教授农学外，兼任生活指导及课外之活动教师；第七届农校，

---

①　魏锦章：《潞河乡村服务部冬期学校概况》，《中华归主》1933年第138期，第20页。

②　1938年冬期农业学校招生广告，《消息季刊——潞河乡村服务部冬校十周年纪念特刊》，1938年9月。

③　亨德：《十年来潞河冬期农业学校》，《消息季刊——潞河乡村服务部冬校十周年纪念特刊》，1938年9月，第4页。

④　张横秋：《华北公理会两年中特殊之发展》，《中华基督教会年鉴》第13期，上海广学会，1936年，第50页。

除任教务外，兼主持教务；第八届农校，除仍担任教职及课外活动外，并一度代理校长职务。①从姚光煊在学校职务的变化，可知其在潞河冬期农校的地位是越发重要，也便于他将金大农学院好的做法在学校进行推广。

合作办学之后，学校管理更加规范，学校规定："每名学生每周必须至少上24堂课，全学期必须上足192堂课。"②学校课程安排也更加丰富，但是学员们表示不能全盘吸收，所以从1934年，即合作办学第四届开始，学校对课程进行了改革。课程分为必修课和选修课，学生可从选修课中任选五门。必修课有：农业常识、养鸡学、畜产学、植棉学、乡村合作社、乡村教育、乡村自治、宗教教育、中国史、科学常识与演说学等，但至少每周要18个学分。在教学内容上，也进行了大力改革，主要是在学校课程之外加入了实习的内容。1934年学校学生实习有"自治会、办壁报、新剧、大扫除、接树、孵小鸡、管膳炊、填气象学各种表格等。费用概由学生自备，计每月膳费四元，连同杂费一元，两月共十元"③。这项改革，是仿照丹麦及墨西哥的农民教育，其目的是以讲习、自读、讨论与生活平行进行，以训练乡村义务领袖及将来之合作人才。

冬期农业学校影响力逐渐扩大，从1928年到1938年十期冬校，共培养学员284名。④生源主要来自河北省各地，其中以通县为最多，还吸引了山西、山东、察哈尔、河南、福建、广东等省的学员。⑤冬期学校的开办受到社会各界的重视和欢迎，即使在1937年抗日战争全面爆发后，冬期学校仍然艰难运转，直到1941年年底，"珍珠港事件"美日正式开战后，冬期学校才不得不中断。

---

① 姚光煊：《对冬期学校十周年之回忆》，《消息季刊——潞河乡村服务部冬校十周年纪念特刊》，1938年9月，第6页。

② 魏锦章：《潞河乡村服务部冬期学校概况》，《中华归主》1933年第138期，第20页。

③ 《河北农业通讯——冬期农业学校》，《农林新报》1935年第12卷第2期，第57页。

④ 《冬期农业学校十年来学生数目》，《消息季刊——潞河乡村服务部冬校十周年纪念特刊》，1938年9月，第108页。

⑤ 《冬校学员分布图》，《消息季刊——潞河乡村服务部冬校十周年纪念特刊》，1938年9月，第108页。

第五章　新文化运动洗礼下的通县社会转型（上）

到1940年，"潞河乡村服务部仍举办了第13期冬期学校，有54名学生毕业"①。

冬期学校不同于平民教育的识字班，主要是为了培养乡村建设的领导人才。因此，学校不仅教授学员们农业方面的知识，还给予他们生活方面的指导，训练他们适应现代化的生活方式，培养学员们领导、协作的能力和对教会忠诚服务的精神。其目的就是："把学校所学的，所做的，带回到他们所在的家乡，给他们的邻里。因此我们与他们便有了联络，他们是我们的代表，是建设乡村的基本干队。"②

从学员们毕业后参与乡村建设的情况看，许多学员回到家乡，将学校所学带了回去，并成为当地很有影响力的人物。这样的例子并不少见，例如在顺义县赵古营村有个名为葛玉光的，曾两次入冬校学习。毕业后回到村里，他的为人及见识都有了改变，渐为村里人器重，不久被选为该村的负责人。之后，他便振奋精神刷新村政，自立了一个男校和一个女校，还利用在冬校学到的掘井技术，改造了村中水质不佳的旧井，还办了一个合作社，带领村民致富。③冬期学校显然对其培养的毕业生感到满意，在纪念冬期农业学校十周年的文章中，亨德举了两个例子。一个例子是，潞河乡村服务部一个同人，在一个市镇准备搞一个农业展览，一个毕业于冬期学校的当地毕业生前来帮忙。他在学校并不受人瞩目，但是毕业回乡后，将在学校所学的思想、知识等传授给当地同乡。他曾引进外国良种猪，并分给附近的居民，所以在当地已经是很重要的一员。另一个例子，是在通县东的一个村子，有一个在学校表现很平庸的毕业生，在乡里成立了一个合作社，开办了一个妇女学校，并且全村的精神都为之一新。④在亨德举的这

---

① James A. Hunter, The Lu Ho Rural Service Center. *The Chinese Recorder and Educational Review*. Vol. LXXII, June, 1941, No.6, P324—325.

② 张铁珊:《卷首语》,《消息季刊——潞河乡村服务部冬校十周年纪念特刊》,1938年9月。

③《一个冬校生的乡村工作》,《消息季刊——潞河乡村服务部冬校十周年纪念特刊》,1938年9月，第105页。

④ 亨德:《十年来潞河冬期农业学校》,《消息季刊——潞河乡村服务部冬校十周年纪念特刊》,1938年9月，第3页。

两个例子中,并不是很优秀的毕业生却取得了令人瞩目的成绩。其言外之意,该校毕业生在全国各地的乡村建设中发挥的作用是不容忽视的。

不仅冬期学校毕业生成为各地乡村建设的重要力量,学校的一些老师在离开学校后,也大都从事乡村建设工作,且表现优异。如常德任去职后就任于燕京大学实验区,其后在美国研修两年,归国后在定县平教会从事农作物改良工作。七七事变后,平教会被迫西迁,他便参加四川省实验区的工作。又如魏锦章,在冬期农业学校负责多年,离校后赴江西襄助农村建设工作。还有张子华、樊恩荣、杨聚源、马振农、姚光煊、霍长和、刘永廉、陈玉秋等曾在冬期农业学校任教的老师,离校后都从事乡村建设及相关工作,且颇有贡献。① 这些老师虽然离开了学校,但是学校的经历为他们以后的工作奠定了良好的基础,同时他们也成为学校与各地乡村建设工作联系的纽带,扩大了学校的影响。

潞河冬期农业学校在培养乡村建设领导人才方面的成功做法,在业内引起了较大影响,也得到了华北基督教农村事业促进会(简称"农促会")的肯定和重视。1935年3月20日至4月3日,农促会在潞河乡村服务部举办了乡村工作领袖培训会,来自5省7个宗派的代表80人参会。② 可见,潞河乡村服务部不仅在通县搞乡村建设成效明显,并且已经成为公理会在全国推动乡村建设的培训基地。

四、推广农业改良技术和优良品种

面对通县农业生产水平极低,农村落后凋敝的情况,潞河乡村服务部在通县积极进行农业改良活动。从20世纪20年代初到30年代中期,服务部主要通过举办展览会等形式以传播农业改良知识;从30年代中期开始,服

---

① 亨德:《十年来潞河冬期农业学校》,《消息季刊——潞河乡村服务部冬校十周年纪念特刊》,1938年9月,第4—5页。

② 刘家峰:《中国基督教乡村建设运动研究(1907—1950)》,天津人民出版社,2008年6月,第91页。

第五章 新文化运动洗礼下的通县社会转型（上）

务部进行了一系列的实验，进行改良家禽和改良种子的实验和推广工作。值得注意的是，服务部还对通县任庄"土缸孵化法"孵小鸡技术给予了肯定，并进行了科学研究和改进。

1. 举办农业展览会

从成立之初，潞河乡村服务部就通过开办农业展览会的方式，大力宣传先进的农业作物和种植、养殖方式，以唤起农民的兴趣。通常服务部向农民征集农产品，作为展览会的展品，"通常有1000多种，最多有3000多种"。① 同时还要邀请农学方面和热心乡村建设的专家学者，一方面是进行农业知识的讲座和解答，另一方面是组成评审团，对农产品优劣进行评定，对优良者进行奖励。因为展览会不仅是展览农产品，主要是以此为契机，宣传农业技术和乡村建设有关的知识。如1930年冬季，通县举办农业展览会，"特请华北农业专家，讲演改良土壤、虫害之驱逐预防法与乡村社会改良等问题……随时有指导员解答农民一切问题。最末，并请专家将一切展览品，按照优劣，评定甲乙等级，发给奖品"②。

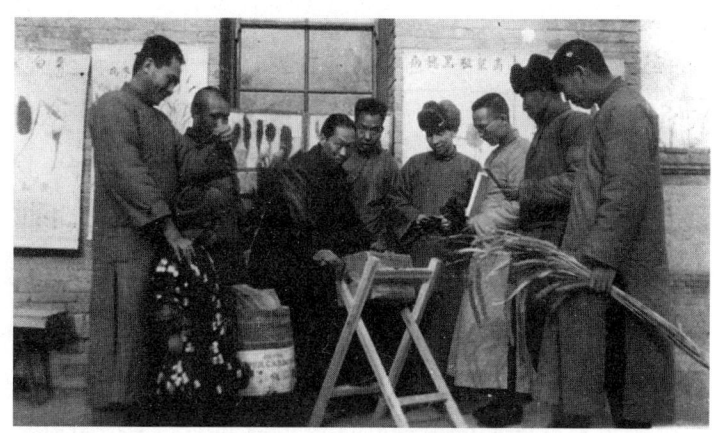

图5-13：农业展览会现场
图片来源：潞河中学校史馆

---

① The Lu Ho Rural Center. *The Chinese Recorder And Educational Review*. Vol. LXXII, January, 1941, No.1, P45.

② 《通县举行农业展览》，《农民》1930年第15期，第9页。

起初，展览会主要是农产品展览，后来发展成为不同专题的展览。仅1929年11月，"通州附近各地就举办了五六次展览会，分为农业改良、家庭卫生、家庭工业、农村娱乐等主题，每次都有万人以上的农民从附近赶过来参加"[1]。到1935年，已经有农产物展览会、蜜蜂展览会、鸡种展览会、妇女手工展览会等种类。为了鼓励先进，服务部还请德高望重的专家当评委，评出优良者，并颁发奖品，在社会上营造出良好的氛围。配合展览会，服务部还通过演讲、图画、幻灯、影戏及标本等形式，下乡宣传。展览会得到农民欢迎。

1931年夏，潞河乡村服务部与金陵大学农学院开始合作，在华北推广农业。所以在这之后，展览会走出了通县，每年秋季在各地举办展览会。以1934年为例，从10月1日到11月17日，服务部先后在房山县、固安县等八县九处举办展览会。有了在通县举办展览会的成熟经验与产生的影响，当地农民也都踊跃参与，并得到当地政府及社团的支持。服务部派出专家主要承担指导、评判、宣讲推广等工作。到各地指导展览，服务部人员丝毫不敢马虎，做了充分准备，每次"所携带之材料有农业标本、挂图、新式农具、防虫害药剂、活动电影、无线电收音机、各种化妆品等"[2]。到了当地后，参加当地协调会议，提出指导性意见，还派人担任评委、讲演、解说、示范使用农具。服务部还为展览会带去了新剧、电影等新鲜事物，此外还有儿童会等活动，宣传倡导健康生产生活方式。据当时的报纸报道，展览会受到农民的普遍欢迎。如1934年农展会，"参加农民先后约三万余人，展览农产品有多至一万零四十八份者，得奖者计有六百五十九人云"[3]。随着各地逐渐掌握举办展览会的流程，服务部逐渐不再进行具体的指导，但是还保持联谊性质的关系。随着农展会红红火火地开展，各地政府部门也逐渐

---

[1] 张福良:《旅行华北的感想》,《华北公理会月刊》1929年第10期，第3页。

[2] 《河北农业通讯——农业展览会》,《农林新报》1935年第12卷第2期，第56页。

[3] 《河北农业通讯——农业展览会》,《农林新报》1935年第12卷第2期，第56—57页。

第五章　新文化运动洗礼下的通县社会转型（上）

关注和重视，因为这对发展当地农业确有好处。

但是随着日本全面侵华的开始，通县陷入伪冀东防共自治政府的统治之下，农民朝不保夕，无心参加，故1937年展览会停办。由于潞河乡村服务部是由美国教会主办，从1938年开始，展览会时断时续，举办规模也急剧缩小，参与人数不及往日的零头。到1941年珍珠港事件爆发后，美国对日本正式宣战，展览会也不得不完全停办。

2.农作物种子改良推广和耕作技术的改进

随着通县乡村建设的深入推进，仅凭办展览会等形式已经满足不了发展的需要，自办农场就提上了日程。1936年年底，服务部购得良田60余亩，加上原有农田，共计80余亩。1937年春，农场正式成立。①农场由冬期农业学校老师杨锦波负责，进行农作物种子的地方适应试验、改良种子繁殖、果木栽培和种植技术改良等工作，并且在通县农村进行了推广。杨锦波在纪念冬期农业学校成立十周年时，曾撰文介绍一年来农场工作情况。

关于改良种子在通县地方的适应性实验。农场与燕京大学农场合作，于1937年进行了小麦、谷子、玉米和高粱四种作物的实验。实验的方法为每种作物均选择要推广的几个品种，与本土最高产的品种进行对照，通过精确的观察和计算，再得出是否建议推广的结论。以小麦为例，实验选用了六种改良种子与通县本地最高产的"五花兴"进行比较。经过精细的实验和统计得知，六种改良种子均较本地为优。其中"燕大699号"和"燕大白芒白"小麦高产明显："燕大699号"平均产量高出本地良种23.7%，而"燕大白芒白"小麦较通县良种多产17%。但是"燕大699号"在房山、温泉及沧县等地之实验中，产量并不具有明显优势，而"燕大白芒白"小麦在宝坻等地的实验也明显多产，而且这种小麦成熟早，品质极佳，所以农场决

---

① 毕晓莹：《美国公理会与民国通县乡村建设探析》，《中国社会经济史研究》2012年第二期，第68页。

定在通县推广"燕大白芒白"小麦。①

并不是所有作物的改良种子都优于本地种子，在对玉米改良种子的实验中，就发现试验的四个品种（两种为美国黄玉米、一为"定县黄"、一为燕大标准种），都不如通县本土的良种（通县晚黄玉米）。

除了进行产量的对比分析试验外，对于高产的作物品种，农场还进行繁殖试验，以便推广之用。1937年，农场就进行了"燕大白芒白"小麦、"811号"改良谷种和美棉种子的繁殖试验。繁殖试验使农场具备了自己生产种子的能力，对品种的虫害防治要注意的事项都有深入了解和研究。如"811号"改良谷种，虽然产量很高且品质极高，但不能抵抗黑穗病。农场通过研究和试验，得出了解决办法："凡'811号'谷地中，倘发现黑穗时，则其所产种子，宜用碳酸铜粉消毒，则可防止其为灾。"②

服务部还对一些农作物的种植技术进行改良实验，并将改良技术进行宣传推广。在战乱年代，解决吃饱肚子的问题是很不容易的事情，尤其是对处在社会底层的农民来说，产量是他们最看重的事情。而甘薯不仅产量较高，甚至不需要烹饪，直接就可以食用。中国农民天性勤劳，为了追求甘薯的高产量，他们认为翻蔓次数越多越会高产。为了论证翻蔓次数与产量的关系，并找到一个最佳结合点，潞河乡村服务部的杨锦波，从1927年开始，用了8年时间进行了甘薯翻蔓试验。他得出了结论：栽培甘薯，欲或高产，要进行翻蔓，但并不是越多越好。雨量缺乏之年，以一次为宜，并于7月下旬施行（于蔓上生须根多时行之）；雨量较多之年，则宜仅翻二次，至多不超过三次，且施行时期，为7月下旬及8月中旬。③

---

① 杨锦波：《一年来本部农场之概况》，《消息季刊——潞河乡村服务部冬校十周年纪念特刊》，1938年9月，第50页。

② 杨锦波：《一年来本部农场之概况》，《消息季刊——潞河乡村服务部冬校十周年纪念特刊》，1938年9月，第51页。

③ 杨锦波：《甘薯翻蔓——潞河乡村服务部八年实验结果》，《田家半月刊》1948年第14卷第24期，第7页。

第五章 新文化运动洗礼下的通县社会转型（上）

服务部还积极提倡并推广种植水果作物，因为果品不仅营养丰富，而且是很好的经济来源。仅1937年，服务部农场就引进并栽培了多种水果：苹果七种，即国光、红玉、红魁、倭红、倭锦及秋花皮等；葡萄多种，如马牙、牛奶、玛瑙、龙眼、无籽葡萄及美洲葡萄数种。还有梨、桃、杏及李子等。① 此外，农场还种植马铃薯、除虫菊、西红柿、胡萝卜、甜玉米、纽西兰白菜、苋菜等蔬菜推广。

潞河乡村服务部还结合实际，编印实用农业科学技术手册。1941年，潞河乡村服务部编印《果树园艺学讲义》，并发放给需要帮助的农民，广受好评。但是同服务部一样，到1941年年底，随着美日正式开战，农场不得不停办。

3. 推广改良畜牧品种和技术

除了推广优良农作物种子和种植技术，服务部还在通县推广养殖鸡、蜂、猪、兔等禽畜。以1938年潞河乡村服务部推广事项为例，鸡：纯种白色来航鸡、纯种芦花鸡、纯种红岛鸡；猪：纯种盘克县仔猪；蜂：纯种意大利蜂（十框原群大洋十五元，五框群大洋七元）每人只以两群为限，并代售优良巢础。②

一些有条件的农民，主要是在复兴庄一带信奉基督教的农民，养殖美国牛羊。据通县农工银行调查，复兴庄有一所畜牧场，牛羊均来自美国欧洲。据统计，到1926年前后，全年羊奶产量约有64000余磅，牛奶产量约82000余磅。③

---

① 杨锦波：《一年来本部农场之概况》，《消息季刊——潞河乡村服务部冬校十周年纪念特刊》，1938年9月，第53—54页。

② 《本部推广事项》，《消息季刊——潞河乡村服务部冬校十周年纪念特刊》，1938年9月，第1页。

③ 卓宣谋：《京兆通县农工银行十年史》，香山慈幼五院慈祥工场，1927年12月，第183页。

图 5-14：潞河乡村服务部实验养鸡场送种情形
图片来源：《鸡与蛋》1937 年第二卷第一期

为了推广纯种来航鸡，服务部与附近十数家农户合作，进行纯种来航鸡与土种柴鸡在农家环境下产蛋比较试验。凡愿意参与试验者，每家出柴鸡两只（不论雌雄大小）换取服务部纯种来航鸡两只，与其所养柴鸡（数不拘多少，但不能低于两只），以相同方式同处饲养。并由服务部发给农户表格，请农户每天将产蛋情况进行登记。为了确保试验数据精准，服务部每三天派人到各家巡视。从 1935 年起到 1938 年，经过连续 3 年试验后，服务部得出结论："来航鸡产量为多，且其在不良环境中，所产之平均数，亦不失为一中产鸡（凡产卵在 120 以下者为寡产鸡，反之则为中产鸡）。若再就其卵之重量之养异而言，则益显优劣之悬殊：通常来航鸡卵之平均重量为 54.5 克，柴鸡卵平均重量为 37.8 克……可知来航鸡仍值吾等提倡为农家饲养之唯一卵用鸡。"① 经过服务部的大力推广，纯种良种鸡在通县农村广为

---

① 王传懿：《纯种来航鸡与土种柴鸡在农家环境中产卵比较之试验》，《消息季刊——潞河乡村服务部冬校十周年纪念特刊》，1938 年 9 月，第 12 页。

养殖。

为了让更多的人学习养鸡知识，掌握科学的养鸡方法，亨德还将其多年所学及经验进行总结，写成了《养鸡讲话》一书。该书由北平协和印书局1936年出版，全书分为十一讲，论述了养鸡的原因，从中国乡间的传统养鸡法不足指出中国养鸡事业的缺点，又通过与美国鸡蛋出售情况比较，分析了鸡蛋的经济效益。作者以潞河乡村服务部的白来航鸡为例，介绍了鸡种改良的方法。此外，他还指出，鸡舍、饲养法、鸡病也是影响养鸡的重要因素。

在鸡仔孵化方面，服务部除了注意从美国引进先进的孵化方法，也很关注通县本土的孵化法，即通县任庄土缸孵化法。在服务部亨德和杨锦波的支持下，当时在北平大学农学院就读的张仲葛到任庄对"土缸孵化法"进行深入调查，形成了调研成果《北通州任庄土缸孵化法的调查》，对"土缸孵化法"给予了充分肯定，并提出了改进研究。① 该文成为张仲葛的成名作，为他成为中国著名的教育家、畜牧学家奠定了一定的基础。

第四节 潞河医院融入本土社会的发展

这一时期是潞河医院发展的一个重要历史时期，在基督教"本色化"大背景下，潞河医院实现了本土化发展，从一家为传教事业服务的医院，转型成为一家专业化程度较高的医院。

一、宏观管理与微观管理并重，确保医院高效运转

作为美国公理会创办的教会医院，潞河医院最高权力机构是华北公理会执行委员会，该委员会通过两种途径实现其权力的运行。一是推举多名

---

① 张仲葛、王懋勳：《北通州任庄土缸孵化法的调查》，《农学月刊》1935年第一卷第一期，第75—84页。

潞河医院董事会董事，使其推荐的董事在医院董事会中占多数，并且担任主要领导职务。以1936年潞河医院董事会为例，当时，潞河医院有11名董事。董事名额分配为：华北公理会董事部（或北平区公理会众议会）占四席，潞河医院占四席，潞河中学、富育女校、美华学校各占一席。华北公理会董事部（或北平区公理会众议会）推举了崔贻之、王洁泉、杨崇瑞、寇润岚太太，其中崔贻之为董事会主席、王洁泉为副主席。很显然，华北公理会在潞河医院董事会中占绝对主导地位，潞河医院推举了马文昭、卫仪来、毕俊德、瑞春生。医院推举的四位董事都为普通委员，而且瑞春生和卫仪来为美国人，他们虽为本院推举，但是代表美国公理会利益，必然站在华北公理会一边。二是至少每年召开一次大会，听取董事会全年工作汇报和来年工作计划，并就重大事项做出决议。

在华北公理会的领导下，潞河医院成立由各方代表组成的董事会，各位董事都是各领域负责人，不仅为医院发展提供建议，也是医院难得的人

图5-15：潞河医院的医生、职工及病房
图片来源：潞河中学校史馆

脉资源。董事会决定院长人选。院长的任用、辞退等都需要董事会商讨决定。董事会是决策机构，决定医院重要的建设项目、人事任免、财务预算等。院长在董事会的领导下开展工作，具体执行医院的行政事务和业务工作。

院长通过院务会实施领导，院长主要管理两大部门：一为医务室，负责业务工作，管理眼科、牙科、呼吸科、男病房、女病房、割症室（手术室）、门诊室、实验室等部门；另一部门为事务室，负责日常行政事务和后勤保障。涉及全体职工共同利益或者重大事项，要召开全体职工会议，征求职工的意见。职工通过职工会议来表达诉求和意见。

在医院微观管理层面，潞河医院借鉴协和医院与齐鲁医院管理的先进经验，根据不同的疾病进行标准化分类。从1935年开始，医院将住院病案之卡片分类制成目录，不仅有利于存档，便于进一步查阅研究，还可以与其他医院进行比较，分析自身的优势和不足，便于强化优势，改进不足。在医院的财务管理方面，潞河医院"采用美国医院建议，使本院与华北公理会其他医院站在同一线上"①。

二、在经济上，潞河医院逐渐基本实现自立

潞河医院主要有三大资金来源，分别为华北公理会的拨款、社会捐助和向病人收费。正是因为有经济基础的保障，医院才有充裕的资金用于购置先进的器材和所需的药品，扩大医院建设和加大对人才的培养，以及保障职工的生活等，从而更好地为病人服务。

抗日战争全面爆发之前，由于有资金保障，医院在医疗器械设备投入上较大，能及时补充医院所需的当时的先进设备。例如七七事变爆发之前的一年，潞河医院为化验室配备了X光透视设备、人工气胸机、自来水、

---

① 《北通县潞河医院民国二十五年报告书》，1936年，北京市通州区档案馆藏：潞河医院案卷（档号：65—01—01）。

电疗等设备。后来的事实证明，这些先进的医疗设备对潞河医院诊疗水平的提升有很大的助推作用，"多次之使用足以证明，如此之添置对于本院之事工及病人之福利均有极大之裨益……（X 光透视设备）对于医治骨折及诊查肺痨症等更能科学化"①。根据统计数据，在配备高端设备之前的年份，如1920年，"潞河医院有男病床24张，女病床6张，是年住院病人总数为350人"②；1930年，"病床达到39张"。③而到了1935年，潞河医院"住院病人894人，门诊病人28039人"④。从以上数据可见，就医人数成倍增加。更多人来就医也为医院增加了收入，使得医院收费成为资金来源的主要部分，在经费保障上，潞河医院基本实现了自立。

到20世纪30年代美国经历经济大萧条之时，来自社会的捐助和公理会的拨款急剧减少，潞河医院只能靠自己的力量来维持运营。公理会拨款和社会捐助受外界影响比较大，华北公理会给潞河医院拨1939年（9月1日）至1940年（8月31日）年度的款项为1500美金，⑤而1946年的华北公理会复员大会上，潞河医院全年预算为100万美金。⑥接受社会捐助也是潞河医院资金的重要来源之一。在军阀混战时期，军阀往往是捐款的来源之一，在战争状态下，军阀也离不开医院的支持。如奉系军阀张作霖取得了第二次直奉战争的胜利后，据当时的年报记载，"为了对医院给他伤兵提供的医疗服务而表示感谢，向医院捐赠1396墨洋"⑦。捐款不仅有来自基督教

---

① 《北通县潞河医院民国二十五年报告书》，1936年，北京市通州区档案馆藏：潞河医院案卷（档号：65—01—01）。

② 中华续行委办会调查特委会编：《中华归主：1901—1920年中国基督教调查资料》上卷，中国社会科学出版社，2007年，第214页。

③ 美国公理会海外传道部：《美国公理会海外差会年度报告》，1930年，第92页。

④ 《美国公理会河北通州医院1935年统计》（"Tungchow Hospital, A.B.C.F.M, Hopei, 1935"），《中华博医会报》（*The Chinese Medical Journal*）1936年12月，第1873页。

⑤ 《北平区公理会众议会年会记录》（1939年），美国哈佛大学哈佛燕京图书馆藏。

⑥ 《华北基督教公理会复员大会记录》（1946年），美国哈佛大学哈佛燕京图书馆藏。

⑦ 美国公理会海外传道部：《美国公理会海外差会年度报告》，1927年，第153页。

第五章 新文化运动洗礼下的通县社会转型（上）

徒个人的，也有来自公司、企业的，一些国际组织也进行了捐助。抗战结束后，潞河医院百废待兴，十分艰难，此时，得到"救济总署红十字会、国际救济会及援华会等之捐助款项及医药器材"①，日常运营才得以恢复。

据潞河医院在1934年的年度报告，当时"潞河医院的收费约占全部收入的75%，医院已经基本靠收费来维持运营"②。此时，潞河医院已经基本实现了自立，但是这个比例也是在变化的。

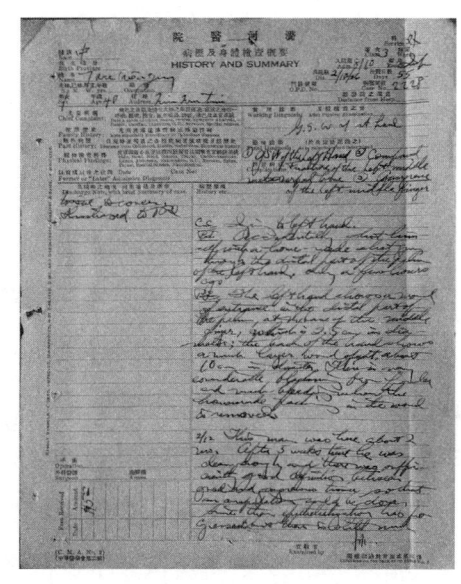

图5-16：20世纪30年代潞河医院英文病例
图片来源：潞河医院档案

三、积极融入通县本土社会

随着社会风气的开放，民众以更包容的心态接纳了教会医院，客观上也促进了医院融入当地社会。同时，潞河医院的体制优势和资源优势也为其参与当地社会的活动提供了便利。

潞河医院参与社会事务是通过与相关教会机构密切合作而实现的。潞河医院的决策机构是董事会，董事会的董事由华北公理会、北平区公理会、通县地方、潞河医院和通县各教会机构几方面力量组成。而且，各教会机构相互之间交流也较多，有名望的医生护士同时也在别的部门兼职，以此种形式参与各种社会活动。

---

① 《通县潞河医院简史》（自1866年至1950年），北京市通州区档案馆藏：潞河医院案卷（档号：65—01—01）。

② 《北通县潞河医院民国二十三年报告书》，1934年，天津市档案馆藏：教会战后医院报告及公理会文件（档号：401206800—J0252—1—003019）。

1. 积极参与传染性疾病的防治工作，推动公共卫生运动

潞河医院为通县各校注射预防白喉及猩红热等传染性疾病的疫苗。这两种病在民国时期是通县少儿主要的传染病，由于医疗水平有限，一度死亡率较高。潞河医院为在校学生注射疫苗，"各校新生照样施以狄克式及锡克式测验法，并随之注射预防针"①。

抗日战争结束后，华北公理会召开"复员大会"，商讨恢复华北地区传教事业，大会通过"医务股计划案"，其中明确提出切实开展预防医务，积极开展公共卫生工作。

在华北公理会的指导下，潞河医院一面恢复建设，一面积极推动公共卫生服务工作，推广卫生知识的普及，提高城乡居民的健康卫生知识。

2. 积极推动医学知识进学校，提升公民健康意识

为提高民众的健康意识，潞河医院不仅医治病人，还积极向社会各界传播医学知识。医院依托学校，将卫生健康知识纳入学校教育。医院的医生、护士在繁忙的工作之余，到各学校讲课。根据《北通县潞河医院民国二十五年报告书》，每位医生、护士都承担了学校卫生课程的讲授任务。"张（志勋）大夫仍在潞河中学担任初二前期卫生课务。瑞（春生）大夫则在华美学校每周授课一次……毕护士俊德在安氏学道房亦仍担任功课"②。

潞河医院向学生传播医学知识，赢得了学校的信任。当时，通县境内教会学校和新式学校大量兴起。由于潞河医院具有先进的医疗水平，更重要的是有相同的文化背景，他们纷纷将潞河医院作为学校师生诊治的定点医院，所以大量的学生成为医院服务的主要对象群体。在服务社会的同时，潞河医院还担任通县的潞河中学、富育女子中学、华美学校等教会学校的卫生工作，为学生提供预防疾病、查体服务，每周有两三个晚上为学生开

---

① 《北通县潞河医院民国二十五年报告书》，1936年，北京市通州区档案馆藏：潞河医院案卷（档号：65—01—01）。

② 《北通县潞河医院民国二十五年报告书》，1936年，北京市通州区档案馆藏：潞河医院案卷（档号：65—01—01）。

第五章 新文化运动洗礼下的通县社会转型（上）

办沙眼门诊。自1934年始，医院又负责河北省立通县女师范的三百多名学生的查体工作，每周三次至该校中为学生诊病，学生复可随时到医院就医。同时，医院担任该校军事护士训练，每周三次。①潞河医院还通过种牛痘、体检、演讲等方式在学校宣传卫生知识，保障学生身体健康。根据1934年《华北基督教会公理会促进董事部第二十次年会》记载，"种牛痘40例、预防注射175例，体检1000次，演讲75次"②。根据同年潞河医院统计，"在当年门诊病人有20424人，其中学生病人数量就达到15188人"③。1936年，据《北通县潞河医院民国二十五年报告书》载，"潞河小学学生、冀东女师学生及其附属小学学生均请本院为受托医院，故使本院之门诊数目增加极多"④。

3. 积极融入通县社会，积极参与当地公益事业

在20世纪20年代的军阀混战中，由于具有重要的战略地位，通县地区常成为各方军阀争夺的目标，时常聚集有大量军队。作为一所教会医院，潞河医院本着人道主义精神，对所有伤员都一视同仁。《美国公理会海外差会年度报告》中就有"潞河医院不分派系，对送治的伤员提供同等医疗服务，甚至还为土匪救治"⑤的记载。1935年年底，伪冀东防共自治政府在通县成立，通县地区被日本帝国主义实际控制。由于潞河医院是美国公理会开办的，日本侵略者有所忌惮，故在抗日战争初期，潞河医院还能够继续运转。此时的潞河医院十分同情和支持通县人民的爱国抗日事业，对因打鬼子而受伤的人给予了独特的关爱，当时的潞河医院救治了很多抗日义士。时任潞河医院副院长张志勋是一名追求进步的爱国人士，曾对潞河中学担

---

① 毕晓莹:《从潞河医院看教会医院与近代社会》,《史学月刊》2012年第4期。
② 《华北基督教会公理会促进董事部第二十次年会》,1934年，天津市档案馆藏：教会战后医院报告及公理会文件（档号：401206800—J0252—1—003019）。
③ 《美国公理会河北通州医院1934年统计》（"Tungchow Hospital, A.B.C.F.M, Hopei, 1934"）,《中华博医会报》(The Chinese Medical Journal) 1936年11月，第1704页。
④ 《北通县潞河医院民国二十五年报告书》,1936年，北京市通州区档案馆藏：潞河医院案卷（档号：65—01—01）。
⑤ 美国公理会海外传道部:《美国公理会海外差会年度报告》,1927年，第127页。

架队的学生说,"凡是打鬼子伤员,你们尽快抬回医院,一切免费"①。

潞河医院还积极与地方政府合作,参与灾民救济活动。1916年,通县暴发洪灾,政府实行以工代赈的办法抗洪救灾,修建京城到通州的公路。当时,政府雇用了4000余名灾民参与该工程。华北公理会派医生为灾民进行诊治,通县的潞河医院亦积极响应号召,"医生一周三次带着4名医学学生去灾民住的帐篷,带药为灾民看病。在两个月时间内治疗了1888名灾民,并有23人住进了通县医院"②。

辛亥革命后,随着男女平等观念在通县的深入,加上潞河医院多年关注女性病人的努力,在潞河医院就医的女病人逐年增加。据美国公理会的资料记载,"1914年时,女病人3808名;1922年时,女病人达到7891名"③。1936年《北通县潞河医院民国二十五年报告书》记载:"在夏天工作较少时,女病房仍常住满病人。"④

同时,潞河医院的产科也日益壮大。《北通县潞河医院民国二十五年报告书》记载:"住院病人数目仍与1935年大略相同,唯产科数目逐渐增加,病人住院日数增加很大。"⑤早在1926年,潞河医院向美国公理会提供了这样一条信息:"自从过去几个月内在那里出生的婴儿十分之九都是男孩后,通县医院的名气已经越来越大,12个月内共诊治了15000例病人。"⑥

---

① 北京市通州区政协文史资料委员会编:《烽火通州》,中央文献出版社,2006年3月,第287页。

② 哈佛大学豪顿图书馆:《美国公理会海外差会文献》第3部分,中国差会:1860—1919,第302卷,第658页。

③ 哈佛大学豪顿图书馆:《美国公理会海外差会文献》第3部分,中国差会:1860—1919,第302卷,第599页。

④ 《北通县潞河医院民国二十五年报告书》,1936年,北京市通州区档案馆藏:潞河医院案卷(档号:65—01—01)。

⑤ 《北通县潞河医院民国二十五年报告书》,1936年,北京市通州区档案馆藏:潞河医院案卷(档号:65—01—01)。

⑥ 《教会信息》("Mission News"),《传教士先驱报》(Missionary Herald),1926年第11月,第451页。

第五章　新文化运动洗礼下的通县社会转型（上）

潞河医院还主动适应并遵守当地习俗，在通州公理会刊行的《丧礼规则》中，有"凡遇死丧之家，宜停柩于正室。有亲友来吊慰，孝眷当俯伏灵侧。礼毕，眷当出帷幕，匍匐以谢亲友"①的规定。这条规定显然是中国传统式的。

---

① 北通州公理会：《教会圣礼规则》，1911年，美国哈佛大学哈佛燕京图书馆藏。

第六章　新文化运动洗礼下的通县社会转型（下）
——立足本土的社会改良试验

新文化运动对通县的影响，除了以潞河中学为代表的教会机构的"本色化"外，还体现在以河北省立实验城市民众教育馆（因位于通县，也称通县民众教育馆）为代表的机构，开展了一系列社会改造的实践活动。这些机构的负责人往往是接受了新文化思想的爱国人士，在他们的带领下，通县人民立足社会现实，针对当时的社会问题进行了一系列的探索。但是由于时代的局限，这些实践都不能解决社会根本问题，带有一定的试验性质。

第一节　"育新民"与通县民众教育运动

"新民"一词最早出自《尚书·康诰》。[①]清末民国初期，一些有识之士已经认识到，泱泱中华之所以落后，表面看起来是器不如人、技不如人、制不如人，归根到底还是"人不如人"。在探寻救国救民道路之时，都将

---

① 原文为："已！汝惟小子，乃服惟弘王应保殷民，亦惟助王宅天命，作新民。"大概意思是说，你这个年轻人，你的责任重大，我们周朝统治了天下，我们就应该保护好殷国的民众，同时也要协助殷国的王室依天命来改变殷国的民众，让他们去掉旧习而焕然一新。

"育新民"作为了一条重要举措。① 如何"育新民",大家几乎一致认为,要发扬中华民族重视教育的传统。从清末"新政"开始,将开办"新学"作为重要内容。但在屡次革命失败后,以孙中山为代表的革命派认识到,革命的成功离不开"民众"的支持。中国有四万万同胞,仅靠学校教育是远远不够的,还必须推进社会教育以"唤起民众"。② 政府也采取了系列具体举措,推动社会教育。③ 在这样的背景下,社会各界都达成共识:"欲谋革命成功,须速唤起民众;欲唤起民众,须速厉行民众教育。"④ 尤其是在新文化运动的直接影响下,在一批有识之士的努力下,"民众教育"在通县轰轰烈烈地开展了起来。

一、在通县推行民众教育的使命

随着新文化运动的深入开展,地处京东的通县,成为推动民众教育的首选之地。为了给全省民众教育提供可资借鉴的经验,河北省设立了两个带有实验性质的民众教育馆,分别为河北省立实验乡村民众教育馆和河北省立实验城市民众教育馆。前者设在黄村,为乡村民众教育的试点,后者设在通县,为城市民众教育的试点。两处试点均为省立,一为乡村,一为

---

① 杨才林在《"作新民""唤起民众"——民国社会教育研究》中,将培育"新民"作为一项政治主张提出来,追根溯源至戊戌变法时期维新派的"开民智、鼓民力、新民德"主张。改良派代表人物梁启超曾创办了《新民丛报》,曾发表过《新民说》的文章。民国初期,以晏阳初为代表的学者,发起了以"作新民"为宗旨的平民教育运动。

② "唤起民众"出自孙中山《遗嘱》。《遗嘱》开篇,孙中山写道:"余致力国民革命凡四十年,其目的在求中国之自由平等。积四十年之经验深知欲达到此目的,必须唤起民众及联合世界上以平等待我之民族,共同奋斗。"

③ 1915年10月23日,政府发布《教育部拟定社会教育各项规程》,包括《图书馆规程》《通俗图书馆规程》《通俗教育讲演所规程》《通俗教育讲演规则》等内容,是对各项社会教育的具体指导规程。

④ 陈国贵:《河北省立第二通俗图书馆一年来史略》,《民众半月刊》第一期(1930年4月16日),第3页。

城市,"如鸟两翼,如车两轮,相依并进,不可或缺者也"①。所以,河北省在通县进行的城市民众教育实验运动,既具有民众教育的一般使命,即"育新民";也具有自己的独特使命,即为城市地区民众教育探索出经验。

"育新民"是一项综合的、复杂的工程。结合通县民众的情况和革命形势的需要,当时民众教育者认为,要首先搞清楚以下几个问题:民众至少必须具备何种知识?民众至少必须具备何种道德?民众至少必须参加何种运动?②这几个问题实际上是一个有机整体,也是新文化运动关注和研究的问题,实际上是新文化运动在通县的具体实践。

第一个问题,即具备必要知识,是"新民"的基础。只有具备一定知识,才能够具备接受新的革命主张、思想的能力。第二个问题是"新民"的内涵。这里所谓的道德不同于建立在封建礼教基础上的旧道德,而是新的道德,这也是"新民"和"旧民"最显著的区别。第三个问题是"育新民"的目的,在当时的环境下,发动民众的目的即参加革命,改造现实世界。

由于中国民众文盲居多,"除文盲"就成为"育新民"的当务之急。民众教育馆附设了民众学校和民众夜校,就是为了解决民众的识字问题。在识字的基础上,还须至少掌握以下几种知识:明了本身的责任;明了政治法律的组织;明了社会和科学的浅识;明了国家的现势等。③很显然,这些知识是为革命活动服务的。

关于民众应具备何种道德,当然是与新文明相适应的新道德。中国向来被称为礼仪之邦,道德问题似乎不应成为问题,但是旧的道德是建立在

---

① 李开甲:《对于河北省立实验城市民众教育馆设施上之几点建议》,《城市民教月刊》第二期(1930年12月1日),第25页。

② 郭家瑞:《民众教育的几个基本问题》(续),《民众半月刊》第二期(1930年5月1日),第2页。

③ 郭家瑞:《民众教育的几个基本问题》(续),《民众半月刊》第二期(1930年5月1日),第3页。

第六章 新文化运动洗礼下的通县社会转型（下）

封建伦理、封建制度基础上的，最大的问题是，一般民众只知有个人，不知有社会；只知有家族不知有国家。新道德要求"既有牺牲小我，谋社会福利"的精神，又有"牺牲自己服从大多数"的精神；律身处世有严格的标准；有赞成和援助革命的意志。① 任何道德都是时代的产物，这里所谓的"新道德"也带有时代的印记。

关于民众应参加什么运动，这里所说的运动是指由民众广泛参与的具有政治诉求的运动。中国历史上不乏农民起义运动，但是并不是严格意义上的民众运动，而是由起义首领发动、大量农民参与的运动。直到五四运动的爆发，使人们意识到，老百姓不只是交粮纳贡的臣民，也是可以参加政治运动的民众。但大多数运动都集中在城市，是由少数精英人士发动的。而且政治运动带有很强的目的性，引导不好也带有很强的破坏力。作为"新民"，应该参加什么运动呢？应参加爱国运动、政治运动、建设运动、革命运动，还有正常的集会结社、组织自治机关及自卫团体，成立乡村图书馆，创办报纸等。②

除了民众教育"育新民"的一般使命，通县的民众教育还肩负有自己独特的使命，就是为城市地区民众教育进行试点探索，负责为全省民众教育培训人才。民众教育馆在很多方面都进行了开创性的探索，为河北省民众教育事业发挥了引领性的作用。馆长陈国贵时时牢记这一特殊使命，在其工作计划中，曾这样写道："本馆为全省唯一之省立实验城市民众教育馆，有模范性质。苟作法优良，将来全省民众教育即可仿之而兴；若实验失败，亦必影响全省民教前途甚巨。"③

---

① 郭家瑞：《民众教育的几个基本问题》（续），《民众半月刊》第二期（1930年5月1日），第4—5页。

② 郭家瑞：《民众教育的几个基本问题》（续完），《民众半月刊》第三期（1930年5月16日），第1页。

③ 陈国贵：《河北省立实验城市民众教育馆十九年度进行计划书》，《城市民教月刊》第四期（1931年2月1日），第31页。

为了在全省推广民众教育事业,河北省设立民众教育人员养成所,为各地培养民众教育事业的骨干力量。位于通县的河北省立实验城市民众教育馆被选为养成所学员的实习基地,从一开始就承担起了为全省示范的作用,为全省推进民众教育运动培养人才。该馆正式开办仅半年,虽然设备简陋,各项工作刚刚开展起来,就为学员们提供了实习的机会。此次实习学员共114人,分为两个大队,每队又分为四组,每组10余人。为了便于组织,每队设队长1人,每组有组长1人,负责维持秩序,上传下达。为了全面了解城市和乡村民众教育情况,从1930年8月1日起,第一队到通县实习,第二队到黄村实习。至8月11日,两队互换地点。①

图6-1:民众教育馆职员合影
图片来源:《民众半月刊》第一期(1930年4月)

民众教育馆全部工作分为演讲部与游艺部、图书部与编辑部、卫生部和民众学校四个方面。为了便于养成所学员实习,民众教育馆根据四种工作项目,分别制订工作计划,规定工作实践、地点和工作内容,每项工作由两三人负责指导。以演讲部与游艺部为例,此项工作分为演讲、游艺和宣传三部分,实习学员全组分成三部分,分别参与其中。每天午前编写讲

---

① 王瑞书:《河北省立民众教育人员养成所学员在本馆实习概况》,《城市民教月刊》第一期(1930年10月1日),第15页。

第六章 新文化运动洗礼下的通县社会转型（下）

演稿，做宣传品（如标语、传单之类）及筹备游艺，所有稿件需要提前交给指导员检查审核。每日午后，全组实习学员都到指定地点，按计划开展工作。在实习场中，由宣传记录员维持秩序，发放宣传品，并调查听众数目。每晚9点召开点评会，由指导员对一天的实习情况进行点评。①民众教育馆对实习学员寄予厚望，培养十分用心。

各位学员也很珍惜学习机会，利用自己所学，为民众教育馆的建设建言献策。如学员李开甲实习结束后，撰写《对于河北省立实验城市民众教育馆设施上之几点建议》，发表在《城市民教月刊》第二期，提出的建议切实可行。他建议，将图书部的游艺室移到体育场，可将该室开辟为儿童阅览部，增添儿童读物。并添置矮小桌椅板凳，墙壁上悬挂对儿童有益的挂图，室中放黑板，有儿童不识之字，写于其上，管理员可进行讲解等建议。②这些建议既有利于民众教育馆改进工作，也有利于与学员们加强交流和互动，进而切实发挥其示范带动和培养人才的特殊使命。

在这种教学相长的过程中，民众教育馆的使命在潜移默化中得以发扬。该馆所推进的种种实践活动，无论从形式上看，如办讲演活动、办杂志刊物、办平民夜校，还是从内容看，如呼吁民众觉醒、介绍科学知识、主张男女平等，很显然都是直接受到新文化运动影响。

二、河北省立实验城市民众教育馆在通县推行民众教育的实验

通县地处古都北京的东部，水陆要冲之地，文化底蕴深厚，也是京畿地区开风气之先的地方，具备进行民众教育实验的良好基础。辛亥革命后，通县各界重视发展社会教育，一方面由教育局派员巡回讲演，一方面在城内设有通俗图书馆及阅报所。通县通俗图书馆于1916年11月开办于潞河公

---

① 王瑞书：《河北省立民众教育人员养成所学员在本馆实习概况》，《城市民教月刊》第一期（1930年10月1日），第16—17页。
② 李开甲：《对于河北省立实验城市民众教育馆设施上之几点建议》，《城市民教月刊》第二期（1930年12月1日），第28—29页。

园。据1921年《视察通县学务报告书》,当时有藏书290种,报纸有6种,分别为《晓报》《晨报》《平报》《商业日报》《益世报》《时事白话报》。① 通县民众阅报所,最早有一处,于1916年设于潞河公园内。② 可见,在通县发展民众教育事业,具有很好的基础。

1. 河北省立实验城市民众教育馆的成立

1928年,河北省为响应政府推行民众教育的号令,开始在全省大力推行。除原有各图书馆、博物馆、阅报所、平民学校等大加扩充外,更计划广设民众教育机关。1928年12月初,河北省教育厅计划在通州市成立河北省立第二通俗图书馆,经省政府会议研究通过后,当月21日,委任陈国贵为馆长,责成筹划,并以通县潞河公园大礼堂为馆址。③

陈国贵馆长到任后,将大礼堂接收,并借公园院内南房两间,成立筹备处。随即领到开办经费1920元,且每月有285元的日常经费。④ 虽然经费不多,馆舍简陋,但是陈馆长筹备工作开展得有条不紊。首先要招兵买马,招聘得力助手。陈国贵馆长聘任荣在林为馆员,王天培为事务员。正式开馆前,又招聘了一名女馆员,兼任管理财务账目的出纳人员。正式开馆不久,两位馆员另择高就后,陈国贵聘河北省立第十师范毕业生赵棠、李振全两位接任。大家一起制定筹备处办事规章,进行建筑施工的规划设计。与此同时,购买必要建筑材料,招聘专业建筑工人,开始改造潞河公园大礼堂,将其改造为图书馆,内分阅览部、办公室、藏书库和寝室等。为了节约开支,陈馆长带领同事,自制书架、报架、杂志架、目录柜、黑板及讲台。陈馆长尤其注意图书的选购,"当监工之余,悉心选购书册,以通俗

---

① 张鹤浦:《视察通县学务报告书》(民国十年下半年),《京兆旬刊》1922年第5期,第38页。
② 据《民国通县志稿》记载,原址在潞河公园的阅报所于1929年迁址鼓楼。
③ 陈国贵:《河北省立第二通俗图书馆一年来史略》,《民众半月刊》第一期(1930年4月16日),第2—3页。
④ 陈国贵:《河北省立第二通俗图书馆一年来史略》,《民众半月刊》第一期(1930年4月16日),第2—3页。

第六章 新文化运动洗礼下的通县社会转型（下）

常识为原则，至科学刊物、教育杂志、小说诸门。更注重其内容，务求合现代之潮流，有裨于民众思想之改进也"①。将所有图书进行分类编号，注册入库，制定并公布阅览规则。待筹备工作准备妥当后，1929年3月3日，河北省立第二通俗图书馆正式成立。②

由于当时潞河公园为通县通俗图书馆所用，为了支持省立第二通俗图书馆，通县通俗图书馆于1929年移至鼓楼。在通县通俗图书馆旧址的基础上，陈馆长对其进行改造修缮，创设民众学校。经过多日宣传，招收到男女失学者40余人，于当年8月15日开班，主要课程为千字课、笔算等，在通县开展识字运动。③这是河北省立第二通俗图书馆在通县开展识字运动的尝试，与潞河乡村服务部在乡村开设的识字班相得益彰，共同为通县民众"扫盲"做出努力。在陈国贵馆长的带领下，河北省立第二通俗图书馆各项工作有序运转，颇有起色，也为后来的河北省立实验城市民众教育馆的成立奠定了坚实的基础。

1929年9月6日，河北省政府会议通过《河北省立实验城市民众教育馆办法大纲》，规定了该馆"以实验城市民众教育实施方法，并将实施结果酌量推行全省各城市为宗旨"④。也就是说，该馆承担了为全省推行民众教育事业提供经验做法的任务。7日，河北省立实验城市民众教育馆筹备处正式成立于河北省立第二通俗图书馆内，并委派陈国贵为筹备处主任。

经过近半年的紧张筹备，1930年2月，河北省立实验城市民众教育馆正式成立。陈国贵任馆长，另有主任2人、事务员4人、雇员2人，共有9人。

---

① 陈国贵：《河北省立第二通俗图书馆一年来史略》，《民众半月刊》第一期（1930年4月16日），第3页。

② 陈国贵：《河北省立第二通俗图书馆一年来史略》，《民众半月刊》第一期（1930年4月16日），第4页。

③ 陈国贵：《河北省立第二通俗图书馆一年来史略》，《民众半月刊》第一期（1930年4月16日），第5页。

④ 据《河北省现行教育法规辑要》第一册（河北省教育厅，1929年），该办法共五章十三条。该办法规定了城市民众教育馆的宗旨、组织、职能和经费来源等内容。

图6-2：馆长陈国贵

图片来源：《城市民教月刊》（国货运动专号）第三卷第一、二期合刊（1934年2月）

根据2月17日召开的第一次馆务会议记录，张翼廷（主任）主管图书、游艺和刊物；王瑞书（主任）主管体育、演讲、茶馆和民众学校；赵泽南任图书部事务员，兼理民众学校和游艺两部事务；罗霭如诸女士，任图书、游艺两部出纳；李寿忱任讲演部事务员，兼理卫生、游艺两部事务；助理事务员，司图书、游艺、民校和书记各种工作；孙聘之任庶务兼文牍，王仲因任会计兼书记。①

民众教育馆下设图书部、演讲部、游艺部、卫生部，并附设民众学校、民众茶馆、民众阅报处、馆刊编辑部。馆址分两处馆址，一为潞河公园，一为中仓。潞河公园馆址即原河北省立第二通俗图书馆，将原有图书馆并入图书部。由于地方不够用，呈请省教育厅，拨中仓为另一馆址，9月间迁入。其中，演讲、卫生两部及民众茶馆设于中仓；图书（附阅报处）、游艺两部及民众学校、馆刊编辑部设于潞河公园。②

从1930年年初正式成立，到1935年年底伪冀东防共自治政府成立，虽然只有短短五年时间，但是河北省立实验民众教育馆在推行民众教育方面，做了大量工作，对通县民众综合素质的提升，乃至社会整体水平的发展，都起到了积极的促进作用。

2. 推广市民阅读活动

民众教育馆图书部由原省立第二通俗图书馆改组而成，位于原潞河公

---

① 《馆务纪闻》，《民众半月刊》第一期（1930年4月16日），第12—13页。

② 陈国贵：《本馆由十九年二月开馆至六月底实验工作报告书》，《城市民教月刊》第一期（1930年10月1日），第11页。

第六章　新文化运动洗礼下的通县社会转型（下）

园内，环境优美，具有很好的基础。为了给读者提供良好的阅读环境，馆长陈国贵主张院宇公园化，购置松树苗植于甬路两旁，购买花木多种，或植盆中，或栽地上，各种花木逐渐繁荣，成为"馆中设备最完美而可法者"；其"房屋一幢，宽大高敞，布置有序，窗几明净。而又院庭广阔，花草竞美。涉足其间，心神畅豁，洵最适宜之地也"。①

除了优美的环境，图书部必须有丰富的馆藏图书。馆内藏书由机关团体捐赠或者购买。自1930年2月开馆，至6月底，已有书籍1957种，共计2675册，杂志1227种，图表199种，报纸10余份。②结合通县城区学校林立、学子众多的实际，图书部购置符合年轻学子求知所需的书籍。

根据统计，发现每日阅览人数约200人，其中学生占十分之六，各机关

图6-3：潞河公园大礼堂外景（20世纪30年代）
图片来源：《百年沧桑——通州历史图片汇编》（通州图书馆编）

---

① 李开甲：《对于河北省立实验城市民众教育馆设施上之几点建议》，《城市民教月刊》第二期（1930年12月1日），第26页。

② 陈国贵、王瑞书：《本馆由十九年二月开馆至六月底实验工作报告书》（续），《城市民教月刊》第二期（1930年12月1日），第45—46页。

职员约占十分之一，农商士兵约占十分之三。① 针对学子之外的一般民众较少的情况，教育馆认真分析，发现主要有两个原因：一是传统习惯的原因，人们认为读书是学子的专职，其他人员则没有读书的习惯；二是时间的限制，通县全城工商业者较多，并有一定文字基础，但是没有时间到馆里阅读。针对这个情况，图书部于1932年年初设立巡回文库，"在通县城关，择适宜地点，成立巡回文库若干处，以便商工农人等，就近读书阅报"②。通县南关地区，文盲率较其他城关地区高出不少，为了便于当地人阅读，图书部在南关设立了第一处巡回文库，但是效果并不尽如人意。1933年8月，在民众茶馆设立第二巡回文库，由于读者甚为踊跃，拟在万寿宫增设第三巡回文库。

除了设置巡回文库，图书部还于1933年8月前设置了巡回流动车。在此之前，为了科学确定巡回流动车的地点，"对于全市各家商号状况不能不调查清楚，以作实施标准"③。由于有充分的调查摸底工作，巡回车很受欢迎。但是"现只设置流动车一辆，若广大巡回势难敷用"，到1933年9月，"拟再增设一辆，专人司之，每日巡回，虽僻街小巷实施巡回"，并"按一般民众读者之程度，选择书报应力求浅显暨兴趣浓厚者为宜"。④

民众教育馆针对有更高需求的民众，印发了系列教育丛书，如"民众教育小丛书""民众文艺小丛书""民众常识小丛书""民众游艺小丛书""民

---

① 陈国贵、王瑞书：《本馆由十九年二月开馆至六月底实验工作报告书》（续），《城市民教月刊》第二期（1930年12月1日），第46页。

② 陈国贵：《河北省立实验城市民众教育馆二十年度改进计划书》，《城市民教月刊》第八期（1932年1月），第26页。

③ 陈国贵：《本馆二十二年度七、八、九三个月实施计划》，《城市民教月刊》第二卷第三期（1933年8月），第31页。

④ 陈国贵、吕渭滨：《本馆民国廿二年十、十一、十二三个月实施计划》，《城市民教月刊》第二卷第四期（1933年9月），第24—25页。

第六章 新文化运动洗礼下的通县社会转型（下）

俗小丛书"。① 以"民众文艺小丛书"为例，到1934年，已经编印了五种图书。其中《河北省歌谣集摘要》从1933年开始向社会征集，到1934年正式印行。书中搜集了来自河北省四十余县的千余首民谣，分为成人歌谣、妇女歌谣和儿童歌谣三大类，每一类下又分若干小类。②

为了宣传民众教育，也为了推广阅读，民众教育馆在成立之初，就十分重视编辑出版自己的馆刊《民众半月刊》，第一期于1930年4月16日出版。该刊发刊词表明了刊物的目的就是"传播民众教育"，办刊特色就是"决以实验的结果，组成浅显且有价值的言论，并介绍普通常识与富有兴趣的文字，逐期登载，贡献给民众"。③ 后来由于经费紧张，将半月刊改为月刊，"惟内容多偏重研讨民教事项，故拟将'民众'改为'民教'"；又因"本馆实施城市民众教育，刊中当所研究此事，故拟于民教月刊四字上更冠'城市'二字"。④ 从1930年10月1日起，改为《城市民教月刊》。1931年年初，提出月刊改进计划，力求更加贴近民众。1934年12月7日，该馆创办的《市民周报》与读者见面。其宗旨是"常给民众以认识世事和得到许多应用知识的机会"，因此"在文字上力求通俗，在取材上力求适合一般民众的需要"。⑤ 本报设有要闻、常识、民众文艺等栏目，以介绍实用科学知识、生

---

① 《本馆发刊各种小丛书征稿办法》，《河北省歌谣集摘要》，河北省立实验城市民众教育馆，1934年，封面内页。

② 该书搜集的民谣十分丰富，成人歌谣，共分两类：时事反映方面，包括规讽、贪官、污吏、土豪、劣绅、军阀匪患、御侮、提倡国货、劝诫等；民众感应方面，包括社会习惯、生活风俗、伦理信仰、讥讽等。妇女歌谣，共分三类：妇女抒情方面，包括旧式家庭妇女所受之虐待、忧闷、恋情、哀情、规劝等；妇女生活方面，包括夫妻和睦、夫妇反目等；妇女娱乐方面，包括妇女侍孩儿游戏或睡眠时，所唱之歌曲等。儿童歌曲，共分四类：儿童抒情方面，包括继母虐待前子、缠足、私塾、读书等；儿童呻吟方面，包括儿童所唱之歌与自然界有关者，欣赏、怀疑、惊奇等；儿童游戏方面，包括乡间儿童唱歌、舞蹈、徒手、游戏及其他；儿童滑稽方面，包括讪笑、谩骂、技巧等。

③ 《发刊词》，《民众半月刊》第一期（1930年4月16日）。

④ 陈国贵：《城市民教月刊序言》，《城市民教月刊》第一期（1930年10月1日），第1页。

⑤ 编者《开场话》，《市民周报》第一期，1934年12月7日。

活常识和适合市民口味的文艺作品为主。

3.兴办民众学校

早在1925年2月,通县即成立了通县平教会,作为平教会总会的分支机构。成立大会"举行大游行,加入的有数万多人,全城男女老幼都大受感动……又开教师讲习会及推进招生等事","这两天的事情,都照成了活动电影,好预备总会总干事带到太平洋国民会议去演放"。①而且还邀请了熊希龄夫人及总会总干事等社会名流到会讲演。通县平民促进会成立后,由于各种原因,并没有举办实质性的平民教育活动。

直到河北省立实验城市民众教育馆成立后,政府主导的平民教育才有了实质性的进展。民众教育的使命是"育新民",而"育新民"的首要任务是"除文盲",所以民众教育馆十分重视民众学校的开办。该馆成立后不久即正式成立了第一期民众学校。该校设于潞河公园内,"校舍东南西三面环水,北面正向图书部,环境幽良,洵堪称誉"②。民众学校主要以12岁以上的失学者为招生对象,其实早在民众教育馆成立之前,河北省立第二通俗图书馆即开办了民众学校,仅有学生一班。

民众教育馆成立后,民众学校的工作被列为民众教育馆的重点工作。陈国贵馆长认为:"失学民众,一日不入民校,则一切读书阅报等民教均无法进行。"③民众求学之心十分踊跃,民众教育馆正式成立的前夕,截至1930年2月10日,已经有70人报名。根据学员的基础情况,择其程度较高者20人成立高级班,其余皆归为初级班。学校老师均由民众教育馆职员分别担任,以宣讲三民主义为原则,并教授社会、科学、自然等常识,以指示其生活方向。高级班每天上午上两小时,初级班每日午后上两小时。初级班

---

① 《通县平民教育大运动》,《农民》1925年第11期,第42页。

② 陈国贵、王瑞书:《河北省立实验民众教育馆筹备真相》(续),《城市民教月刊》第二期(1930年12月1日),第48页。

③ 陈国贵:《河北省立实验城市民众教育馆二十年度改进计划书》,《城市民教月刊》第八期(1932年1月),第31页。

第六章 新文化运动洗礼下的通县社会转型（下）

和高级班大部分课程都相同，都有三民主义、常识、算术、珠算、习字、音乐。高级班另有国语、作文课，而初级班则只有千字课。① 当年6月底，本期民校学生毕业。在毕业典礼上，馆长陈国贵提出了殷切期望："岁数大的，都要努力自谋生活，无论为工为商为兵，俱要时刻努力，绝对不可游手好闲地成为社会上的消耗者或寄生物；岁数小的，我希望我们升入就近的小学校，再多念几年书，总要知识充足，将来无论作何事业，都可以解决你们生活问题的。"② 这期学生大部分人都回到社会，但是有10余人考入河北省立第十师范学校附小、河北省立第六女子师范学校附小，其程度最高者，升入高中二年级。但对他们而言，民众学校不仅教授了具体知识，还给了求学者新的希望，使其有了自食其力的基础和信心。

图6-4：民众教育馆学校学生毕业演出照
图片来源：《民众半月刊》1930年8月

---

① 李寿忱：《本馆民众学校初高两级教学经济概况》，《民众半月刊》第八、九期合刊（1930年8月1日），第21—22页。
② 陈国贵：《本馆民众学校第二期初高两级学生毕业举行典礼及游艺会的致辞》，《民众半月刊》第八、九期合刊（1930年8月1日），第5页。

通州大变局（1860—1949）

  由于民众教育馆正式成立后第一期民众学校成绩优异，吸引了更多人前来就学。到这一年的下半年，开了两个均有40名学员的班，即普通班：设在图书部，男女合班，其年龄在12岁以上，18岁以下；成年班：设在演讲部，多系15岁以上，工商界男性失学同胞。① 为了便于工商界学员学习，民校每日晚7时上课，9点半下课，首开夜间办班之先例。

  民众教育馆成立后的两期民校办班成绩优异，鼓舞了办学者的士气。这年年底，民众教育馆制订了扩充民众学校的计划，并表达了雄心勃勃的想法："务期将文盲除尽，达到全城市民无论男女，均能读书阅报为目的。"此外，还计划成立妇女班，"利用初级民校毕业女生，编成高级班。因籍招来失学妇女，附于此班……以后逐渐设法，务期使所有失学妇女，得普遍教育为目的"②。实际上，在当时的条件下，这样宏大的目标是很难实现的。1933年年初，根据全年安排，民众学校计划开办妇女班，但是计划中的"恳亲会及家庭访问等，种种联络方法，均归失败，以致招收不能成班"③。

  除了在城区设有民众学校外，为了便于关厢失学者有学习机会，民众教育馆在南关试验区附设民众学校。根据民众教育馆的安排，从第六期开始，南关试验区民校开始招生。在通县有"富北关穷南关"的说法，南关是通县穷人聚集之地，迫于生计，失学者远多于其他城关，而且没有上学的意愿。为了吸引南关失学者入南关民众学校，民众教育馆进行了大规模宣传活动。当时为"九一八事变"国难后不久，民众教育馆为表示同仇敌忾之决心，停止一切娱乐活动。但是为了宣传需要，1932年1月27日，通

---

  ① 王瑞书：《河北省立民众教育人员养成所学员在本馆实习概况》（续），《城市民教月刊》第二期（1930年12月1日），第60页。

  ② 陈国贵：《河北省立实验城市民众教育馆二十年度改进计划书》，《城市民教月刊》第八期（1932年1月），第31页。

  ③ 陈国贵：《本馆二十二年度七、八、九三个月实施计划》，《城市民教月刊》第二卷第三期（1933年8月），第38页。

第六章　新文化运动洗礼下的通县社会转型（下）

县民众教育馆在南关药王庙举行演讲会，陈国贵馆长亲率讲演、游艺两部同人，宣讲民众学校设立的目的、意义，劝诫民众要读书识字及掌握卫生常识等，并有清唱戏剧、弦管清歌助兴，吸引了约500人前来观看。①1932年2月23日，南关民校开班，设成年初级班、高级班。

1933年2月，南关民校首开妇女班，招收了14岁以上30岁以下的女学员40名。设置了千字课（每周占六时）、珠算（每周占二时）、笔算（每周占二时）、常识（每周占二时）、写字（每周占二时）、乐歌（每周占一时）。此外，每日有早自习一个小时，由常务教员随时指导或督促；每日将放学时，由常务教员讲解应守信条一二。②学校还安排了丰富多彩的课外活动，如游艺比赛、演说练习、服务表演。通过综合培养，学校希望学生能够德智体全面发展。

尽管学校和教员都百般努力，但是这期妇女班办得十分艰难。原定5个月后毕业，并计划建设工厂，"不另招收做工妇女，一面使之受教育，一面解决生计问题。诚属一举两得"③。其间，长城抗战爆发，大军过境，校舍借给军用，以致学业时断时续。由于各种原因，有7名学生中途退学。④这期妇女班被迫延迟到中秋毕业。由于工厂也受影响，不能按期开工，只能将此班毕业生改为高级班，一边力求提高学员知识水平，一边努力筹集经费，以求开办工厂。

除此以外，民校还设有儿童班。1932年到1933年，民校连续开办了两

---

① 振五：《记本馆在通县南关开扩大讲演会事》，《城市民教月刊》第九期（1932年7月），第16—17页。

② 泽南：《本馆南关民校妇女班半年来之回顾》，《城市民教月刊》第二卷第四期（1933年9月），第52页。

③ 陈国贵：《本馆二十二年度七、八、九三个月实施计划》，《城市民教月刊》第二卷第三期（1933年8月），第38页。

④ 据泽南在《本馆南关民校妇女班半年来之回顾》(《城市民教月刊》第二卷第四期，第60页）统计，7人退学原因各不相同，逃难者3人，结婚、订婚、眼病、忙家务者各一人。

期儿童班,"其设施方法与课程标准,即遵照部令之短期小学办法实行之"①。

4. 以讲演促教育

政府教育部门十分重视讲演在民众教育中的重要作用。②河北省立实验城市民众教育馆尤其重视演讲的作用。据统计,通县城区及五关共有民众34688人,30岁以上者约一半。这一群体,有念过旧书者,有不识字者,让其到民众学校上课,在事实上多不可能,而演讲就是针对这类人进行民众教育的有效方式。如馆长陈国贵所言,"欲唤醒之,非利用讲演不可,故讲演一事,在本馆确系最重要且最难之事"③。演讲的重要性容易理解,为什么说是最难之事呢?陈馆长分析,不仅需要讲演者有十二分的热心,而且须有良好的设施设备。

讲演部的同人们对事业十分热心,根据需要不断进行改进。讲演部成立后,根据几个月的观察,发现单作讲演,听讲者容易感到枯燥,从而失掉兴趣。讲演部提出讲演与游艺合作,利用游艺招徕听众。在教育馆成立之初,就有"或直接举行化装讲演"的尝试。后来,这样的尝试很少听众喜爱,所以此后,"故每次固定讲演时,参杂戏剧、评书等项"。④

当然,更主要的是要对讲演本身进行改进。在讲演主题的选定上,注重选取广大民众关心的话题。由于大部分民众的知识层次较低,所以最好是目前急需的常识,少做些空谈的理论。如1930年8月2日,在讲演部举行

---

① 陈国贵:《本馆二十二年度七、八、九三个月实施计划》,《城市民教月刊》第二卷第三期(1933年8月),第38页。
② 1915年10月曾发布了《通俗教育讲演所规程》,是通俗教育讲演所设立及运行的具体规程。该规程规定:"在各省会地方须设置四所以上,在县治及繁盛市镇须设二所以上,在乡村各地方由地方长官酌量推行;通俗教育讲演所私人或私法人均得设立,但须禀请地方长官核准,并报该地方最高级行政长官备案。"
③ 陈国贵:《河北省立实验城市民众教育馆十九年度进行计划书》,《城市民教月刊》第四期(1931年2月1日),第30页。
④ 陈国贵:《河北省立实验城市民众教育馆二十年度改进计划书》,《城市民教月刊》第八期(1932年1月),第27页。

第六章　新文化运动洗礼下的通县社会转型（下）

了讲演会，选定了五个演讲题目：《清洁与生活》《为什么麦秋刚过麦价反增高？》《为什么提倡民众教育？》《谈社会上的几种毛病》《为什么要提倡成人教育？》。① 这几个题目都是民众关心的话题，也是有利于宣讲民众教育的题目。为了营造讲演的氛围，讲演室内悬挂相应的标语多种，还散发数种传单。在讲演的期间，还穿插了双簧和人力电影等游艺节目。

要办好讲演会，最大的难题在于设施设备的落后，所以民众教育馆一直十分重视讲演部的设施设备的改进。在民众教育馆成立之初，位于中仓馆址的民众茶馆设有讲演室一座，能容纳百余人，每次开讲演会，前来听讲人数众多，不能完全容纳。1930年暑期前，就计划添设讲演厅，绘制图样和预算，呈请省教育厅批准并拨款，但因局势不稳，财政紧张，就搁置下来。

随着讲演厅的硬件设施提升，便于更多的民众参与到讲演会。在人员很多的时候，讲演部利用同在中仓馆址的体育场，进行大规模讲演游艺会。如1930年8月5日，在本馆体育场举行演讲会，有1500人参加，此次讲演会讲演内容仅两项，而游艺活动却有新剧、双簧、口技、相声、滑稽表演、清唱等内容，计9项之多。②

为了进一步提高讲演会的效果，讲演部改变传统的灌输式讲演，而尝试互动式讲演。从1933年8月开始，每周举行一次或两次讲演批评会，"有馆内职员组成之，即利用固定讲演为练习时间。讲演员轮流练习，每于讲演完毕即开会批评"③。

除了在讲演部开展固定讲演活动外，为了便于宣讲，讲演部还积极开

---

① 王瑞书：《河北省立民众教育人员养成所学员在本馆实习概况》，《城市民教月刊》第一期（1930年10月1日），第18页。

② 王瑞书：《河北省立民众教育人员养成所学员在本馆实习概况》，《城市民教月刊》第一期（1930年10月1日），第19页。

③ 陈国贵：《本馆二十二年度七、八、九三个月实施计划》，《城市民教月刊》第二卷第三期（1933年8月），第33页。

展巡回讲演。巡回地点有潞河公园、万寿宫、鼓楼、北关、东关、南关等处。巡回讲演一般一周一次或者两次，很受欢迎，效果显著。从1933年8月开始，讲演部计划增加巡回讲演的次数。巡回讲演形式多样，有单人讲演、家庭访问、化装讲演、谈话式讲演、滑稽讲演和辩论式讲演等多种类型。利用巡回讲演，民众教育馆开展其他工作，如做单字教读，在每次巡回讲演，遇有失学妇孺，即用小黑板教以目前应用单字，以引起入学读书的兴趣。又如利用巡回讲演调查失学人数，巡回讲演队到某一区域讲演，随时携带《失学民众调查表》及《民众学校报名册》，查其欲入学人数。如足一班，即协商当地里长协助寻觅地址，设巡回民众学校。

除此以外，讲演部还进行临时讲演。讲演内容十分丰富，涉及教育、常识、卫生、道德、时事、公民等方面。讲演会不仅拓宽了民众的知识面，提升了民众参与集体活动的能力，而且为民众教育其他工作发挥了十分重要的促进作用。

5.积极开展游艺、卫生、体育等民众教育活动

以上所论及阅览、民校、讲演等民教活动，以识字、读书为主要内容，重在脑力，为"除文盲"之必要手段。"育新民"须在"除文盲"的基础上，进行综合素质的提升，如强健体魄、关注国家社会、培养健康生活方式等，而游艺、健康、体育等民众教育活动则可承担起这方面的重任。

民众教育馆成立之初即设有游艺部，推广游艺活动。一个人除了学习、工作外，还须有必要的娱乐以丰富业余生活。游艺活动对个人生活十分重要，如果民众若每日能享受正当娱乐，即可减少许多不正当嗜好。如果民众无所事事，沾染上赌博、鸦片、打架斗殴等恶习，对自己、家庭不失为悲剧的起源，也容易为社会制造出许多麻烦。民众教育馆成立之初，在房屋很紧张的情况下，将游艺部设于图书部东房内，设备有国乐器10余种，棋具五六种，每日开放时间与图书部相同。

在游艺部运营之初，来馆参加游艺活动人数并不踊跃，每日仅有较为固定的10余人光顾，其他工商界民众很少参与。经过调查，主要有两个原因:一是因为工商界休闲时间与开馆时间不一致,没时间参加;二是大众对新式游艺项目了解不够,未能发生兴趣。针对工商界人士没有固定时间的问题,游艺部采用与巡回讲演相结合的办法,一方面吸引民众听讲演,另一方面也参与到游艺活动中。另外利用春节机会,民众教育馆的同人们进行宣传活动,吸引工商界民众来馆练习乒乓球、棋类、音乐等,并有负责人悉心指导。针对民众兴趣不浓的问题,游艺部采用比赛、音乐会等参与度高且民众喜闻乐见的形式。选择民众感兴趣的乒乓球、围棋、象棋等项目,经常组织比赛,对表现优异者,给予奖品以示鼓励。

图6-5:民众教育馆《睁眼瞎子》新戏留影
图片来源:《民众半月刊》1930年8月

从效果上看,民众教育馆的这些努力在提高民众参与兴趣方面效果明显。据游艺部游艺品出借情况看,游艺部的这些努力取得了明显效果,从参与人数看,数量显著上升。以1932年9月为例,月琴:189人次;四弦:107人次;笙:32人次;横笛:174人次;二股:295人次;箫111人次;二胡:225人次;醒钟:48人次;跳棋:94人次;军棋:55人次;围棋:68人次;象棋:46人次;乒乓球:270人次。总计1714人次,平均每天近60人次,与之初的10余人次相比,进步可谓不小。从参与者身份看,仍以1932年9月为例,兵:262人次;工:163人次;商:321人次;农:109人次;学:257人次;政:133人次;妇女:115人次;少女:155人次;儿童:295人次。

总计1810人次。① 与之初仅10余人的固定团体，且工商界人士几乎没有参与相比，可谓天壤之别。

随着游艺活动的深入推广，民众已不满足常规的游艺活动，戏剧爱好者呼吁成立改良戏剧研究会。早在1930年，民众教育馆在年度计划书中，提倡成立改良戏剧研究会。得到批准后，就迅速成立起来。研究会成立后，针对旧剧情节不能尽合时代潮流，新剧有时不能吸引观众的问题，研究就原有旧剧，改善其情节，或在新剧中加入旧调新思想的唱词。在改良的基础上，按时排演，以备在讲演游艺大会上演出，进行推广。为了达到预期效果，有时讲演题目根据剧目而拟定，有时择剧情与讲演大纲相近者奏演，这样使听众发生兴趣。

"育新民"的一个重要的任务，是要培育具有健康体魄的国民。近代以来，西方列强侵略中国，送了中国人一顶"东亚病夫"的帽子。无数仁人志士都在为丢掉这顶屈辱的帽子而努力。提高民众身体素质就成为民众教育馆的一项重要工作。教育馆早在成立之初，就在中仓馆址设卫生部（后改为健康部）。当时的卫生部并没有医药诊疗之功能，因为通县城内医疗机构较多，看病较为方便，更主要是经费有限。为了强健民众体魄，卫生部建立了近百亩大小的公共体育场，有400米圆形跑道及球类、田径、体操、武术等项目的场地、设施和器械，形成了通县历史上第一个公共体育场。② 卫生部还配备了专业指导员和助理各一人，指导民众使用各种器材。起初，其主要任务是向民众讲述如何使用、运动规则等，指导民众参与体育活动。刚开始指导员费了很大的精力，但是收效甚微。后来经学校的学生帮助指导，本馆同事与学校机关等的体育爱好者组成球队，来馆做示范练习，民众才逐渐有了兴趣，并掌握了使用方法及规则。

---

① 《本馆民国二十一年度游艺部游艺人数职别统计表》，《城市民教月刊》第二卷第三期（1933年8月），第66页。

② 早在晚清时期，潞河书院就有运动场，后来通县大小学校及机关单位也有运动场所，但都属于私立性质或内部场地，不能为普通民众所用。

随着体育运动的推广，民众对体育场所能提供的各项活动项目都表现出了浓厚兴趣。以1932年7月为例，足球：515人次；篮球：702人次；队球：150人次；网球：162人次；单杠：152人次；双杠：159人次；木马：138人次；平台：150人次；滑溜板：988人次；轩轾板：688人次；轧板：556人次。①共计4360人次，平均每天约140人次。战时，中仓馆址被东北军借用，各项体育运动一度停止。后来与驻军协商，将运动器材移至本馆南门外，以便军民共用。随着各项工作恢复常态后，民众教育馆将体育场进行扩充，将被损坏的设施设备进行重新配置，还增加了儿童篮球场、足球场。

1933年年底，教育部要求，民众教育要注重传统体育项目的普及。为贯彻这一精神，民众教育馆成立国术研究会，聘请本市对于国术有研究者为指导老师。并且在体育场，增设"国术场"，增设了花枪、单刀、双刀、军刀、大刀、三节棍等武术器械。

另外，卫生部还开展了大规模卫生运动。一般在春秋时节，参与本市各机关共同举行的清洁运动大会及大扫除活动，在某种传染病发生时，随即举行该种传染病预防宣传活动。1930年春，卫生部为提倡民众卫生，特请大夫为408人种痘。1931年8月，举办灭蝇运动宣传周活动。②

游艺、卫生、体育等活动，是民众教育的重要形式，不仅有利于培育健康的体魄，涵养健全的人格，更能培养民众参与公共事务的能力，激发爱国家、爱社会的热情。这些活动的普及，不仅使民众精神面貌大为改观，也对通县社会发展产生了不可忽略的影响。

三、民众教育活动对通县社会的影响

随着河北省立实验城市民众教育馆民众教育活动在通县的深入推进，

---

① 《河北省立实验城市民众教育馆健康部民国廿一年七月至十二月、二十二年一月至六月各项运动人数统计表》，《城市民教月刊》第二卷第三期（1933年8月），第66页。

② 魏雅斋：《本馆健康部四年来的沿革及设备及感觉》，《城市民教月刊》第二卷第九、十期合刊（1933年12月），第108页。

对通县社会逐渐产生了多方面的影响。相比传教士在通县传播西方文化知识，民众教育活动立足通县社会实际，影响的范围更大，层次更深。限于篇幅，现仅以三个方面为例进行论述。

1. 民众教育延伸到乡村

河北省立实验城市民众教育馆是为城市地区的民众教育探索实施经验，但在客观上，在以通县城区及五关为实验区域外，也带动了通县广大乡村地区的民众教育。为了支持河北省立实验城市民众教育馆，原设在潞河公园的通县通俗图书馆于1929年移至鼓楼，为总馆，指导全县各乡图书馆事业的发展。之后不久，分别在城内娘娘宫、马驹桥镇、西集镇成立分馆。到1931年前后，总馆有图书29种，计1591册；分馆各有图书10余种不等。①1928年，在城内文庙和鼓楼分别成立两处阅报所。②1929年，牛堡屯、西集、永乐店、张家湾、马驹桥各设一处阅报所。全县共计8处公共阅报所，"其所购报纸任人阅览，概不取资，平均每日阅览者二三十人不等"③。可见，河北省立实验城市民众教育馆的设立，对通县本土民众教育事业具有很强的示范和带动作用。

省立民众教育馆各项工作步入正轨后，十分注重采取各项措施，协助当地政府促进通县本土社会的发展。1930年年底，民众教育馆帮助通县举办"通县农民识字运动大会"，陈国贵馆长发表了《代拟通县农民识字运动大会宣言》，向广大民众阐述了识字对个人、社会、国家的重要意义，并发出了在通县普及识字的号召。④1935年，通县政府倡导在各乡建立合作社，计划将合作社建设成为乡、镇、村的中心，促进当地经济、政治、文化的

---

① 通州区史志办公室整理：《民国通县志稿》（内部交流），2002年，第104页。
② 据《民国通县志稿》记载，原址在文庙的阅报所，于第二年迁至娘娘宫，原址在鼓楼的阅报所，于第二年迁至北关灵佑宫。
③ 通州区史志办公室整理：《民国通县志稿》（内部交流），2002年，第104页。
④ 陈国贵：《代拟通县农民识字运动大会宣言》，《城市民教月刊》第三期（1931年1月1日），第5—10页。

全面发展，循序推进乡村的教育、自治保卫、建设以及修桥筑路、植树造林等工作。合作社向农民提供一定的支持资金、发放借款，帮助农民发展生产。起初，农民们将合作社误认为是放款机关，与银行等金融机构等同起来。为了向农民们宣讲合作社原理方法和各种技术问题，省民教馆主动发挥作用，举办培训班。第一期培训班于1935年10月举办，"（招聘）身家清白，有正当职业，相机努力公益之壮年30名……学习科目为合作、教育、公民常识及乡村自治四科，每晚上课二小时"①。

除此之外，民众教育馆还帮助农民改良农业。为了在全县营造良好氛围，对改良农业的先进经验和优良品种进行推广，该馆还在中仓馆址举行大型农产品展览会。此次展览会于1935年10月25日到27日举行，"分作物、园艺、畜产、农具、农产制造及家庭工艺六项，经专家评判后，并发给奖品"②。很显然，民众教育馆举行农业展览会在很多方面借鉴了潞河乡村服务部的做法。实际上，在民众教育和乡村建设方面，民众教育馆与潞河乡村服务部常有交流与合作。潞河乡村服务部的专家为民众教育馆举办展览会担任评审专家，如在翌年由民教馆主办的农产品展览会上，"由公理会亨德及杨锦波负责评判"③。而潞河乡村服务部也依托该馆及在乡村的合作社，推进乡村建设，尤其是推广农业改良技术和改良品种。

2. 国民综合素质的提升和社会风尚的改变

民众教育馆通过民众学校，帮助城区及近郊有学习意愿的民众具有了识字读书的能力，不少人脱了盲。也通过阅读、讲演等活动，让民众有了经济、政治、文化、社会、自然、常识等方方面面的知识，为进一步参与社会、改造社会奠定了基础。还通过游艺、卫生、体育等方面的活动，使民众逐步接受规则意识、集体意识和健康生活的理念。

---

① 《通县通讯：合作讲习班开学》，《民间（北平）》1935年第2卷第11期，第30页。
② 《通县通讯：举办农产展览会》，《民间（北平）》1935年第2卷第11期，第31页。
③ 杨锦波：《一九三六年农产展览会概况》，《消息季刊》1937年第14期，第40页。

民众教育馆通过大型展览、体育活动和讲演游艺会等形式，培养了民众集会结社的意识，这是现代公民参与社会生活的一个很重要的条件。1935年3月25日，通县的体育爱好者组成了通县体育联合会。该联合会由民众教育馆体育部主任董怡如、省立男师体育主任张莘如和潞河中学体育主任李友珍联合发起，"邀请当地党、政、军、警、保卫团、学校等各机关团体、学校，组成通县体育联合会"①。该联合会由民众自发组织，而且通过了章程，并选定执行监察常务委员会，是社团组织在通县民间的一次尝试和运用。该联合会成立后，即着手组织全县运动会，显示出了民间的力量，也表现出了与之前一盘散沙、麻木冷漠的"旧民"的区别，可见民众教育"育新民"取得了可喜而显著的成效。

随着国民素质的提升，通县的社会风尚亦有明显变化，这在通县妇女生活情况的改进方面最能说明问题。从清末开始，通县有识之士、在通县的传教士就很关注通县的女性问题，并创办了女子学校。所以在京东地区，通县妇女的地位比其他地方改善更为明显。到20世纪20年代，通县已经成立了妇女协会并在通县城区开设妇女训练班，当地妇女踊跃参与。如1929年7月11日，通县妇女协会在通县开设了妇女训练班，一切教授及费用，概由妇女协会负责。当月9日在通县东关招生，"老少妇女皆兴高采烈，报名者争先恐后，大有应付不暇之概。（当天）计加入训练班者30人以上"②。可见，通县城区妇女已经不是局限在家庭中，对社会活动参与的兴趣很强烈。通县政府也注重用行政手段强制民众改变束缚妇女的陋习，如1928年，通县举办剪发放足运动大会。③通过这样的活动，在民众中形成了摒弃陋习的浩大声势，对保守势力是强有力的震慑和打击。

民众教育馆十分注重提高妇女在社会生活中的地位，在成立之初就通

---

① 《通县体育联合会已于三月二十五日成立》，《市民半月刊》1935年第一卷第一期，第17页。

② 《河北省各县市妇运近况：通县妇协会报名者极多》，《天津妇协旬刊》1929年第11期，第8页。

③ 《通县剪发放足运动大会》，《霞光画报》1928年第1卷第15期，第1页。

第六章 新文化运动洗礼下的通县社会转型（下）

过讲演等形式，并将有关讲演稿发表在馆刊《民众半月刊》上，向全社会呼吁提升妇女地位。1930年4月，通县妇女协会委员常肃贞女士到民众教育馆讲演室做了题为《为什么要提高妇女的地位呢?》的讲演，不仅提出了问题，而且从家庭、社会、法律、政治四个方面阐述了妇女地位低下的现状，既是一种控诉，也相应地提出了自己的对策。虽然这在当时的时代背景下几乎不可能实现，但是很有针对性，也很有前瞻性。如关于财产权的问题，当时妇女是没有这项权利的，"譬如有一个女子，她有两个哥哥，她的父母有两顷地的遗产。结果他每一个哥哥要一顷地，但是我们的女子一亩也得不着的"。她大声疾呼："力争财产的继承权。"[①]该演讲发表在《民众半月刊》上，引起了广大读者的关注和思考。

民众教育馆在推进各项教育活动时，尤其注重发动广大妇女的参与，例如民众学校专门开设了妇女班，教学目的是"使妇女能认识一千个以上的常用字；使妇女能阅读浅近书报；使妇女能有应用文字之技能，以适应其日常生活上之所必需；使有简易之手艺，辅助其家庭生活上之改进；借以施行民众学校教育外延的各种教育；使妇女认识教育的重要和急需"[②]。虽然仅有5个月时间，但是课程安排重点突出，注重综合素质的培养。

经民众教育馆同人及社会各界努力，在通县城区及近郊，一部分女性已走出家庭，积极参与社会活动。随着民众教育活动的推广，在省立民众教育馆的各项活动中，时常可见女性的身影，以1932年9月为例，到游艺部游艺者，为270人次；到民众茶馆饮茶者，为315人次。[③]除了教会兴办的富育女校和私人创办的女子学校外，政府在通县设立多处女子学校，到

[①] 常肃贞：《为什么要提高妇女的地位呢?》(续)，《民众半月刊》第四期（1930年6月1日），第2页。

[②] 泽南：《本馆南关民校妇女班半年来之回顾》，《城市民教月刊》第二卷第四期（1933年9月），第50—51页。

[③] 《本馆民国二十一年度游艺部游艺人数职别统计表》《本馆民国二十一年度民众茶馆饮茶人数统计表》，《城市民教月刊》第二卷第三期（1933年8月），第66页。

1933年，通县城区有初级女子小学两处，女子中学两处，还有女子师范一处，学生数量都很多。①除了女子学校，普通学校也打破了男女不同校的界限，也可以招收女学生。在通县城区，也有一些思想解放的妇女，主张男女平等、婚姻自由。一些新潮的女性，在着装上也有一些变化，"近来也有少数剪发的妇女发见于城内外与乡村了"②。"有时候，摩登的士女们，骑着驴儿，笑嘻嘻地来往在河沿上或东西两车站，成了本地乡人以为新奇的一种现象。"③

通县妇女地位虽有了一些提高，但是总体上看，仍然是很低微的，重男轻女的旧观念仍很顽固。在就业方面，一般读过书的妇女，其职业主要在教育界。而绝大部分妇女在就业方面几乎没有什么变化。富人家的妇女，在家当太太、小姐，"茶来伸手，饭来张口，只知道使奴唤婢，怎样涂粉擦油"；中等人家的妇女，"她们职业不过是看护小孩、烹饪、做衣"；贫贱的妇女，"兜揽衣裳做，或在人家论月做衣裳；佣于富家，有做乳娘，有做厨役、有给人家看护小孩……做小工，就是在农忙之时与人家拔草捆蔬菜；帮助丈夫去耕耘收获"。④在婚姻方面，在城区已经出现了自由婚恋的情况，并且在结婚仪式方面，极个别人开始废除旧的繁文缛节，文明结婚。但是整体上，还是由父母包办，早婚现象普遍，甚至还有童婚。

随着学校教育和社会教育的推进，少部分人的综合素质已经有了提高，为了在全社会的一些日常行为进行规范，通县政府辅以行政手段，进行约束。1935年，通县政府曾发布告："车马行人均须靠左边走，洋车汽车分道以外，夜间通行并须携带手灯。凡本县居民，每日早晚打扫清洁等各项……并派警分别督促。"⑤

---

① 孝存：《通县妇女生活概况》，《城市民教月刊》第二卷第四期（1933年9月），第64页。
② 孝存：《通县妇女生活概况》，《城市民教月刊》第二卷第四期（1933年9月），第69页。
③ 赵振英：《北通县》，《中学生文艺季刊》1935年第1卷第2期，第42—43页。
④ 孝存：《通县妇女生活概况》，《城市民教月刊》第二卷第四期（1933年9月），第65—66页。
⑤ 《通县新生活运动现有显著的进展》，《市民》1935年第一卷第一期，第16—17页。

第六章 新文化运动洗礼下的通县社会转型（下）

总之，通过社会各界的努力，通县民众的精神面貌，尤其是对待新事物的态度有了变化，社会风尚也有了新气象，并且日渐形成了新的潮流。

3.进一步唤起了民众的爱国热情

在当时的情况下，作为普通民众，抵制日货就是爱国。尤其是长城抗战后，战火已经烧到了华北，仅仅倡导抵制日货还不够，于是民众教育馆还开展了轰轰烈烈的国货运动。为了扩大声势，民众教育馆举办了声势浩大的国货运动大会。从1932年12月开始，该馆向各方发函，征集国货样品。征集样品主要来自通县，其次是北平、天津、上海、武汉等大城市，还有其他各省市。截至1933年1月25日，先后收到丝织、棉织、毛织、针织、纸张、教育用品、文具、饮食、药品、化妆品、五金、陶瓷、漆器、电刻、电料、烟草、杂品，共计17大类4000余件样品。① 为了全力办好此次大会，本馆成立了筹委会，陈国贵馆长任主席，其他各位同事分任大会总指挥、大会司仪及报告员、舞台监督、游艺主任、旧剧指导主任和国术指导员。

1月27日，大会正式开始，社会各界代表出席，如河北省教育厅督学、第141师师长、北平农学院主任、实验乡村民教馆主任、通县师范校长，北平国货陈列馆、华北战区救济委员会等部门代表及专员公署和各机关团体代表，还有相关新闻媒体如《北方日报》记者等。② 在大会上，不仅有国货的展览，还举办了传唱"提倡国货歌"等丰富多彩的活动，向民众发放了《告国民书》等宣传材料，宣传了爱国主义。民众热情高昂，积极参与，能容纳1200人的会场，当天就有5000人次参加，三天下来有约10000人次参加。当时国难当头，但是大家不仅没有退缩，反而激起了大家的爱国热情，各阶层都更加紧密团结起来。

---

① 一非：《本馆国货运动大会之前前后后》，《城市民教月刊》（国货运动专号）第三卷第一、二期合刊（1934年2月），第3页。

② 一非：《本馆国货运动大会之前前后后》，《城市民教月刊》（国货运动专号）第三卷第一、二期合刊（1934年2月），第4—5页。

通州大变局（1860—1949）

图6-6：国货运动大会游行现场

图片来源：《城市民教月刊》（国货运动专号）第三卷第一、二期合刊（1934年2月）

通过这些大规模宣传活动，不仅激发了民众关心国家前途命运的意识，也让国民知道了如何用自己的实际行动爱国。这些宣传活动在通县，乃至整个华北地区都产生了一定影响，营造了抗日爱国的舆论氛围。正是在这样的氛围下，通县各界紧密团结起来，为后来反抗伪冀东防共自治政府奠定了群众和民意基础。

第二节　大规模开展社会调查

新文化运动倡导关注社会现实，也促进了社会学，尤其是社会调查在中国的兴起。《新青年》的同人编辑陶孟和，提倡改革和创新社会制度，提倡研究社会问题和调查社会实际情况。1918年，陶孟和署名陶履恭，在《新青年》上发文倡导在中国推行社会调查。事实上，这篇名为《社会调查导言》的文章，更像是一篇社会调查的政治宣言。相比于文化领域的白话文运动或者文学革命，社会学的方法特征较为显著，成为新文化运动中一股特殊的力量。随着新文化运动的深入，他们开始从思想改造转向社会改造，从而更加关注社会现实。以北京高校教员、学生为代表的"新青年"们仿

第六章　新文化运动洗礼下的通县社会转型（下）

效传教士的社会调查工作，通过学者主持研究、学生自主调查与组织社会调查团等形式，对社会风俗、劳工状况及农村经济问题等关系社会民情的领域展开实地调查。

通县虽归河北省管辖，但是在地理位置上属于北平近郊，受到当时新文化运动的直接影响，也成为当时社会调查领域关注的对象。从20世纪20年代末到30年代中期，以李景汉为代表的社会学家依托民众教育馆在全县开展了大规模社会调查工作，为通县的社会建设提供了参考依据。

一、李景汉与通县社会调查

通县采用当时国内最先进的方式方法，开展了大规模的社会调查，为通县推进一系列重要工作奠定了基础。这项工作与著名社会学家、社会调查专家李景汉有直接关系，可以说正是在他的指导下，通县社会调查才取了十分显著的成效。

李景汉于光绪二十一年（1895年）生于通州，宣统二年（1910年），入通州协和书院中斋部读书，后来入华北协和大学（1911年华北协和书院改为华北协和大学）求学。1917年，他赴美留学，在帕玛那大学专修社会学及社会调查研究方法，获学士学位。后到加利福尼亚大学继续攻读社会学，获硕士学位，并曾在哥伦比亚大学从事相关研究工作。在美国求学时，他深感社会调查对社会发展的重要意义，面对当时中国大部分人不知道其为何物，只有两三个美国教授用西方的社会调查方法来调查中国社会情况，[①]李景汉就抱定从事社会调查的决心。

1924年，应在北平从事社会调查的美国教授甘博[②]之约，李景汉回到祖国，集合了几位社会学的教授，组织了北京社会调查社，从事社会调查工

---

① 其中规模稍大，且具有相当成就的，有在中国北方城市进行社会调查的甘博，编著有《北京的社会调查》一书；在中国南方农村进行社会调查的葛学溥，出版有《华南的乡村生活》一书。

② 西德尼·戴维·甘博（Sidney David Gamble，1890—1968），美国社会学家、摄影家，代表作有《北京的社会调查》《北平的中国家庭如何生活》《定县：华北农村社群》。

作。他被推举为总干事后，决议先从调查北平车夫的生活入手，全权负责此项社会调查工作。"每日风雨无阻的混迹于车夫当中，不但在大街小巷与车夫个人谈话，即车夫休息所，人力车厂，车夫家庭，通为著者走遍。"① 在这次社会调查的基础上，他出版了《北京人力车夫现状的调查》。从1925年始，他又用了两年时间，调查北平历年各行业工资收入、物价的变化、各种行会之组织。在这次社会调查中，李景汉将其学到的理论知识与社会实际结合起来，掌握了社会调查中必须具备，而书本中没有的一些技术，如："如何接近苦力、工人、店铺伙计、行会值年？如何与他们谈话？如何使他们说实话？如何应付碰各种钉子？如何填写表格？如何发现错误？"②

1926年，中华教育文化基金会委员会社会调查部成立，李景汉受聘任调查主任之职，而主事者为《新青年》同人编辑、新文化运动干将、著名社会学家陶孟和。在陶孟和的主导下，该机构进行了三项研究课题，一为对"社会调查方法"进行系统的研究，二为对北京工人生活费的调查研究，三为对北京郊区农民生活费的调查研究。经过三年，完成了三部著作：樊弘的《社会调查方法》（1927年），陶孟和的《北平生活费之分析》（1928年），李景汉的《北平郊外之乡村家庭》（1929年）。此外，在陶孟和的指导下，王清彬、林颂河等编写了《第一次中国劳动年鉴》（1928年）。这些工作的完成，为社会学在中国的发展创造了一个良好的开端。

与此同时，李景汉兼任燕京大学社会学系讲师，在中国大学中第一次设置调查方法的课程。在此期间，他指导学生对北平郊外农村进行社会调查，也因此将调查的兴趣由都市转为乡村。在此期间，他撰写了《北京无产阶级的生活》《北京农村的状况》《社会调查应注意之点》等文章。

1928年，平教会总会正式组织社会调查部，李景汉被聘为该部主任。

---

① 李景汉:《实地社会调查方法》，《城市民教月刊》（通县南关实验区社会调查专号）1932年第一卷第十、十一期合刊，第78页。

② 李景汉:《实地社会调查方法》，《城市民教月刊》（通县南关实验区社会调查专号）1932年第一卷第十、十一期合刊，第78页。

第六章 新文化运动洗礼下的通县社会转型（下）

著名教育家陶行知、著名乡村建设专家晏阳初等为其代表人物。当年7月，李景汉到该会定县实验区翟城村之办公处上任。从定县一个村开始进行社会调查，继而推广到全县。在这期间，他逐渐转向了为社会改善之应用性质的社会调查，并完成了《定县社会概况调查》。在通县河北省立实验城市民众教育馆发表的一次演讲中，他明确指出："定县社会调查工作，在平教运动的立场，是要调查全县一切社会情况，特别注意愚、穷、弱、私四种病象……然后将所得结果分别

图6-7：李景汉像

供给有直接关系之文艺教育、生计教育、卫生教育、公民教育等部，使各部计划实验或推行各种教育时有参考之材料及可靠之根据。"[①] "愚、穷、弱、私"是晏阳初找出的中国农民的四大病根，并因此提出以"学校式、社会式、家庭式"三大方式结合并举，"以文艺教育攻愚，以生计教育治穷，以卫生教育扶弱，以公民教育克私"四大教育连环并进的农村改造方案。可见，李景汉关于平民教育和社会调查等方面的思想深受晏阳初的影响。实际上，通县在社会调查基础上推进民众教育运动，亦受到河北定县平民教育运动或直接或间接的影响。

李景汉极力在中国推动开展社会调查工作，曾经自信地称之为"真正的革命"，认为社会调查是"以有系统的方法从根本上来革命"，"是要实现以科学的程序改造未来的社会，是为建设新中国的一个重要工具，是为中华民族找出路的前部先锋"。[②] 他十分注重将西方的理论知识与中国的实

---

① 李景汉：《对于社会调查应有的认识》，《城市民教月刊》（通县南关实验区社会调查专号）1932年第一卷第十、十一期合刊，第10页。

② 《社会调查在今日中国之需要》，《清华周刊》第38卷第7、8期合刊，1932年11月21日。

际相结合,而不是将其照搬到中国,从而创立了符合中国实际的社会调查方法。

李景汉虽为土生土长的通县人,但是参与并指导通县社会调查却颇经历了一番周折。1932年,受河北省教育厅厅长陈筱庄邀请,北平师范大学校长兼教育部社会教育司司长李云亭到河北省视察社会教育办理情形,并协助河北省制订将来改进方案。当年4月,在河北省教育厅第三科科长张绥青的陪同下,李云亭参观了河北省立实验城市民众教育馆。当时民众教育馆向李云亭一行汇报了在通县南关乡成立实验区的计划,并介绍了前期的一些准备工作,如在该乡双关帝庙附设实验民众学校、巡回文库各一所,准备作为将来实施各种民教事业的机构。李云亭对该计划很感兴趣,到现场考察后,也表示了充分的肯定。① 考察结束后约一个月,当年5月8日,通县河北省立实验城市民众教育馆接到省教育厅第535号训令,同意成立南关实验区,并要求"一年内先在该乡举行精密的社会生活状况调查"②。

民众教育馆关于设立南关实验区的主张得到省教育厅同意,对推动工作是十分重要的鼓励和支持。但是如何落实省教育厅关于进行"精密的社会生活状况调查"的要求,对民众教育馆全体同志来说都是全新的课题。为了加强对通县南关试验区的指导,省教育厅计划邀请当时在社会调查领域最有影响力的专家李景汉亲自指导。在训令发出后不久,受河北省教育厅委托,李云亭到河北定县平教会实验区参观,并代表省教育厅邀请该会调查部主任李景汉和助理李柳溪,利用暑期的时间,到通县指导社会调查工作。

当年8月15日,李景汉与助理李柳溪联袂莅通,指导通县社会调查工作。在这之前,不仅绝大多数通县人民不知社会调查为何物,绝大多数中

---

① 《发刊词》,《城市民教月刊》(通县南关实验区社会调查专号)1932年第一卷第十、十一期合刊,第1页。

② 《发刊词》,《城市民教月刊》(通县南关实验区社会调查专号)1932年第一卷第十、十一期合刊,第5页。

国人对此更是闻所未闻。正如李景汉所言,中国以往的历史多半是朝代兴亡的记载,少注重民间生活的事实。中国各县皆有县志,应当是研究地方社会生活最好的材料了,但是大部分篇幅被先贤、烈女占去,其次则为山川、历史、军事、灾荒,而关于社会之组织,人民之生活,则多不记载。即使有一点记载,也是零零碎碎,对数量的记载尤为笼统而不精确。关于这一点,李景汉深有体会,当时的中国对自己的土地、人口等最基本的几个方面都没有一个精确的数据。以人

图6-8:李景汉代表作《定县社会概况调查》封面

口为例,他说:"我六岁入小学时,中国之人口为四万万……出小学时,仍然是四万万。中学毕业时,打开弟弟所读之《地理》,我国人口依然大书特书为四万万。过了几年又在大学毕了业,拿起小侄子的课本一看,中国人口照旧是四万万。现在呢,花样更多了……海关说在1926年中国人口有44800万,邮局说在1927年有48700万……一个国家连人口的确数,甚至大概的数目,都不知道,遑论其人口的密度、人口之比例、人口年龄之分配。"①

李景汉在通县的调查工作引入了系统而科学的社会调查方法,使人们认识到了社会调查对一个国家、一个地区发展的重要意义。他在演讲中语重心长地告诉大家:"干脆一句话,若要真的找出一条救国的出路,真的要获得有相当把握的建设国家之适当办法或步骤,必先真的了解中国本身的内容。若要真的、透彻地了解本国社会的真相,必先从调查研究入手。"②这

---

① 李景汉:《对于社会调查应有的认识》,《城市民教月刊》(通县南关实验区社会调查专号)1932年第一卷第十、十一期合刊,第14页。

② 李景汉:《对于社会调查应有的认识》,《城市民教月刊》(通县南关实验区社会调查专号)1932年第一卷第十、十一期合刊,第13页。

无异于告诉大家,一个地区无论怎样发展,从事什么建设,首先要了解你自己脚下的土地的基本情况,其历史、人口、自然物产、文化风俗等,唯上、唯书都不是科学的态度。这对今天的人们仍然有很强的启示意义。

李景汉既接受了深厚的传统文化的教育,后来留学美国,又系统学习了美国社会调查理论。作为一个社会学家,他的社会学理论,立足中国实际,对西方理论既学习吸收,又不盲从。他清醒地指出:"我国自与西洋接触以来,前后碰了无数的钉子,觉得西洋民族自有胜我之处,遂尽力仿效西洋强国之道……举凡一切欧美富强之方法,我们无不采用。不但如此,且能独出心裁,花样翻新,不落俗套……而结果与期望不合,且往往适得其反。"①他指出,最根本的原因就是没有了解中国自身,要了解中国自身,必须进行科学的社会调查。

为了指导民众教育馆进行社会调查,李景汉组织编写了《社会调查大纲》,并授权将其刊印在馆刊《城市民教月刊》(通县南关实验区社会调查专号)上。这部《社会调查大纲》是完全依据中国社会现实而编订,体现了当时中国最前沿的社会学理论和方法。②该书最大的特点是注重应用,使人们根据调查结果,来改善人民的生活,解决社会问题。所以该书"各章项目排列的次序,与向来已有中国调查方法书中的排列根本不同……本书差不多都是国货而不贩入大批舶来品。本书要试一试告诉那些要举行实地调查的人,工作的程序从有调查企图起,至编辑止,一层一层地指出来。关于如何决定调查范围,如何制定表格,如何选择调查人员,如何预防及校正,如何补充缺点,如何整理材料,如何统计,如何列表,皆挨次讨论,并大

---

① 李景汉:《对于社会调查应有的认识》,《城市民教月刊》(通县南关实验区社会调查专号)1932年第一卷第十、十一期合刊,第13页。

② 该书分十四章,分别为总纲、地理、历史沿革、人口、经济、政治、教育、宗教、家庭、风俗及道德、卫生、娱乐、慈善、犯罪与惩罚等内容。每一章下面有若干小节,以第五章"经济状况"为例,下分农地、农产、牲畜、商店及工厂、家庭手工业、借贷、摇会及储蓄、交通(物品出入)、田地当卖、度量衡、灾害、物价涨落等小类。每一小类,附有表格。全书共有53小类,附表58个。

第六章 新文化运动洗礼下的通县社会转型（下）

半按个人经验所及，举出在中国已经用过之事例"①。该书很受民众教育馆各位同人的欢迎，馆长陈国贵这样评价："举凡我国现代社会之内容，巨细靡遗，网罗殆尽。准是书以为普通人口调查之规矩，复运以归纳之科学方法统计之，其结果之正确，足以为计划方案之基础也。"②

李景汉不仅将当时最前沿的社会学理论引入通县，还指导通县南关实验区社会调查，不仅对南关地区社会情况有了深入的了解，为确定社会经济发展大计提供了依据，也为通县培养了一批掌握社会调查方法的本土人才，为通县社会改良奠定了基础。

二、通县南关实验区的社会调查

通县南关实验区位于通州古城南侧，京津铁路北侧，当时属于通县第一区第二乡，属于城乡接合部，有570户，人员构成复杂，社会生活多元，是理想的社会调查实验区，正所谓"区域广袤之适中，居民多寡之合度为不谬"③。

李景汉与助理李柳溪来到通县后，虽然时值暑期，但是他们马不停蹄地开展了工作。要指导对社会调查并不了解的"门外汉"进行社会调查工作，他认为首先要加强对民众教育馆的工作人员进行动员和培训，让他们明白社会调查的重要意义，调动他们的积极性。如果没有他们的主动参与，而是上级用命令的方式将任务压下来，"则结果必是敷衍支应，阳奉阴违，表面上看来也许是成功了，内容多半是不可靠的"④。民众教育馆首先召开动员会，李景汉做了题为《对社会调查应有的认识》的演讲，对什么是社会

---

① 李景汉：《实地社会调查方法》，《城市民教月刊》（通县南关实验区社会调查专号）1932年第一卷第十、十一期合刊，第80—81页。

② 陈国贵：《缘起》，《城市民教月刊》1933年第二卷第二期，第1页。

③ 《发刊词》，《城市民教月刊》（通县南关实验区社会调查专号）1932年第一卷第十、十一期合刊，第1页。

④ 李景汉：《对于社会调查应有的认识》，《城市民教月刊》（通县南关实验区社会调查专号）1932年第一卷第十、十一期合刊，第22页。

调查、为什么要进行社会调查、如何进行社会调查等内容进行了深入浅出的讲解。设立南关实验区是民众教育馆同人们主动发起的，又有著名社会学专家的指导，大家积极性被调动起来，于是"人人奋勇、个个争先，摩拳擦掌地要向前去干"①。李景汉对调查人员的选择要求很高，他认为"最主要是选择和训练调查人员。这些实地调查填写表格的人员必须忠实老诚，通达人情，说话清楚，不怕麻烦吃苦，有同情心；凡平日作伪，敷衍对付，草率从事，性情浮躁，易受刺激，品行不妥的人最忌引用"②。

在进行动员的同时，李景汉认为向广大群众进行宣传的工作也至关重要。在当时，不仅在通县的官员和知识分子阶层了解社会调查的人不多，老百姓更是不明白社会调查的意义和实际用途。不像改良农业、设立学校、医院等社会事业的好处，老百姓很容易感受得到，社会调查的益处是间接的。更主要的原因是，民国以来，军阀混战，苛捐杂税、征兵拉夫，种种害民行为，已经成为家常便饭。如此调查其人口、财产等，人们难免会有排斥情绪。所以"在没有得到一个地方人士对于社会调查清楚的了解之前，这种工作是绝对不能进行的。即或勉强去做，一定失败"③。所以必须加大宣传力度，使当地基层官员和老百姓接受社会调查，最好能够积极合作。

有了工作人员的积极性和当地群众的支持，还需要进行必要的培训。培训工作主要分两方面内容：一方面是专业知识的培训，另一方面是开展群众工作的培训。关于专业知识，李景汉、李柳溪通过演讲、座谈等形式，使工作人员对社会调查有一些基本的认识，然后将他们编著的《社会调查

---

① 《编者闲话》，《城市民教月刊》（通县南关实验区社会调查专号）1932年第一卷第十、十一期合刊，第6页。

② 李景汉：《对于社会调查应有的认识》，《城市民教月刊》（通县南关实验区社会调查专号）1932年第一卷第十、十一期合刊，第23页。

③ 李景汉：《对于社会调查应有的认识》，《城市民教月刊》（通县南关实验区社会调查专号）1932年第一卷第十、十一期合刊，第21页。

第六章 新文化运动洗礼下的通县社会转型(下)

大纲》向大家讲解。为了便于大家深入学习,两位授权将该讲稿编印成书,以为有志社会调查者参考之用。如何进行社会调查?一般而言,首先要确定调查的目标和范围,如地域大小、项目、经费、时间、调查人员等都需要提前规划,然后是编制调查大纲和制定各类表格。然后就是进行实地调查,如何进行实地调查,除了具备专业知识,如何做好群众工作十分关键。李景汉有丰富的经验,一方面要重视与地方头面人物或者办事人员处好关系,尽量发挥好他们的作用,不但使他们了解此次调查的意义,最好请他们做调查员的向导;另一方面,调查员要掌握与群众打交道的本领,例如与乡村群众说话,必须要清楚、简单,避免不常听见的名词。而且不要怕重复,尽管翻来覆去地说明要点。实地调查时须由本地的人同去,才不会发生误会,才可能尽量不受阻碍。

此次南关实验区的社会调查,首先是绘制地图,"用简单方法测绘南关社会地图,图内表明地势情形,各街道之地位,各街道一切住户和铺户地点,学校与各机关之所在,以及其他所能显示之社会状况。使人一见此图既能对于此地之大略情形,一目了然"①。然后是挨家挨户进行人口调查,并填写表格,包括亲属关系、性别、年龄、婚姻、职业、疾病、残废、教育等项。然后再按照地方情形,进行铺户调查、家庭手工业调查、农户地亩调查、公共卫生与家庭卫生调查、家庭生活费调查等项。李景汉还主张,对南关的社会调查,要坚持以后逐年进行同样的调查,这样可以对一个地方发展变化情况有更全面的了解,"这才真对得起'实验'的名称。不如此去做,终不能了解民众生活的实况和需要,就不能脚踏实地地解决民众的生活问题"②。

在以上充分准备的基础上,即开始了实地调查。工作人员一共分为7个

---

① 李景汉:《对于社会调查应有的认识》,《城市民教月刊》(通县南关实验区社会调查专号)1932年第一卷第十、十一期合刊,第24页。
② 李景汉:《对于社会调查应有的认识》,《城市民教月刊》(通县南关实验区社会调查专号)1932年第一卷第十、十一期合刊,第24页。

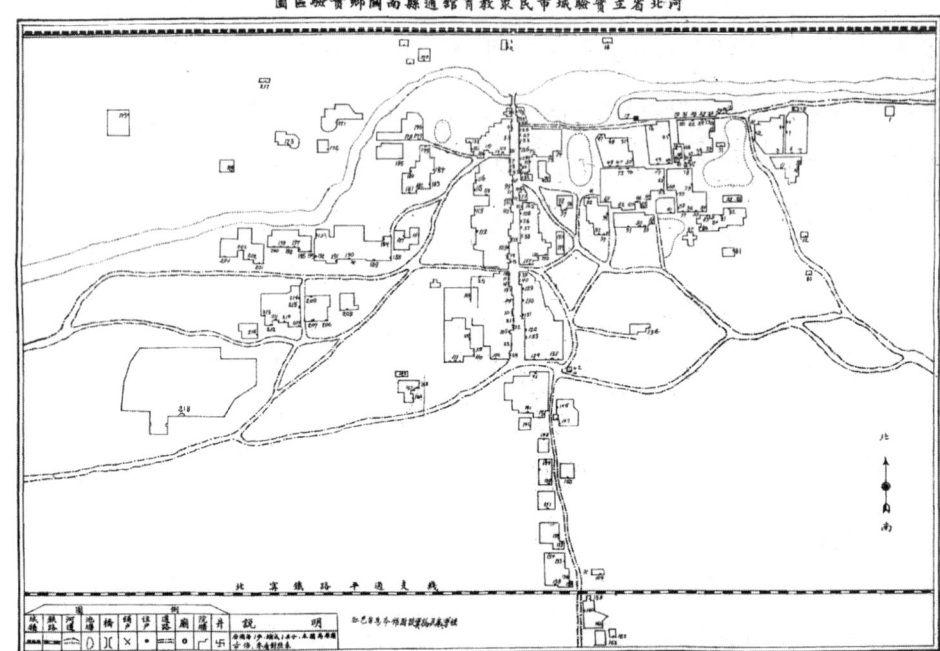

图6-9：河北省立实验城市民众教育馆通县南关实验区图
图片来源：《城市民教月刊》（通县南关实验区社会调查专号）1932年第一卷第十、十一期合刊

组，分别担任绘图、访问、记录、整理等工作。南关有居民570户，但是为了便于开展工作，将铁路南边的两个小村——小营房和斜新庄排除在外了。所以调查了住户400户，店铺附带住户9户，共计409户。

实地调查之后是统计工作，这是一项十分重要又很细致的工作。为了确保统计工作万无一失，民众教育馆派出4位得力干将共同负责此项工作。自当年9月1日起，到10月底，每日做统计工作两小时。整整两个月时间，仅仅将户口、年龄、文盲、职业四项统计出来。而其他专项的统计，还需要更多的时间才能统计出来。下面仅以南关地区就业情况为例，可见此次调查工程之浩大。

第六章 新文化运动洗礼下的通县社会转型（下）

表6-1 南关实验区男子就业情况统计表

职业	医生	农短工	皮匠	卖蔬菜水果	铺东掌	织工	脚行	拉洋车	农束	杠夫	司账	读书	打洋井	清道夫	粪夫	印刷工	刻字匠	铺伙	木匠	车匠	小器作
人数	2	69	17	44	15	14	8	21	18	53	9	14	1	1	14	2	1	52	66	3	2
职业	瓦匠	照相馆伙计	卖烧饼	买卖破烂	书记	裱糊匠	军人	理发匠	赋闲	油漆匠	编筛子	首饰银匠	乞丐	卖刀剪	汽车司机	船夫	招牌	卖肉	巧炉匠	作秤	厨子
人数	43	2	5	12	3	1	14	5	6	9	2	4	4	2	1	1	10	5	4	1	10
职业	卖纸花	铁路工人	件作	捡沟货	卖水	茶房	保卫团丁	卖篦子	编席学徒	开茶馆	吹鼓手	卖线	公安局员	家事	绣花匠	税局员	卖布	裁缝	笤帚匠	火柴工人	乡长
人数	3	5	1	6	3	3	14	5	1	3	2	2	3	5	1	2	4	2	1	4	1
职业	卖膏药	抄纸及画匠	铺东	卖墨汁	编筐	小学教员	佣工	救世军传道	阴阳生	制糖	道士	打布精	监巡丁	杠口贩	电料行工人	钟表匠	车站摆钱摊	煤车夫	玉器作工	总计	
人数	1	3	5	1	1	3	18	1	1	3	1	2	1	2	1	2	2	5	1	693	

制表者：河北省实验城市民众教育馆；调查时间：1932年八月十六日至二十日

资料来源：《城市民教月刊》（通县南关实验区社会调查专号）1932年第一卷第十、十一期合刊，第63—66页

表6-2 南关实验区女子就业情况统计表

职业	家事	佣工	纳鞋帮	针线活	读书	乳母	开茶馆	做箄子	乞丐	总计
人数	212	5	63	272	2	1	1	5	1	562

制表者:河北省实验城市民众教育馆;调查时间:1932年八月十六日至二十日

资料来源:《城市民教月刊》(通县南关实验区社会调查专号)1932年第一卷第十、十一期合刊,第66页

南关实验区的社会调查在通州近现代历史上,尤其是在通州社会建设的历史上具有十分重要的意义。这是在著名专家的指导下进行了一次带有实验性质的探索,将科学的社会调查的理论和方法正式引入通县。

三、社会调查在通县的推广及影响

在南关试验区进行社会调查的试验成功后,在通县城内及其他四关,甚至在全县范围内进行社会调查。但限于人力物力不足,不能按照南关的调查标准进行调查。但是根据实际需要,在全县进行了相关领域的社会调查。民众教育馆对通县城区及五关进行了调查,掌握了区域的基本情况。在南关实验区社会调查同一年,通县对全县主要经济项目进行了调查。这次普查是在全县范围内分区进行,主要调查了人口、车辆、牲畜、粮食等类别,每个类别下又有若干小类,详见"河北通县物力调查表"。调查运用了科学的社会调查方法,对全县的"家底"有了精准的了解,是迄今为止所见的通县最早的经济普查数据。

除了在全县范围内进行经济普查外,还进行了其他一些专业类别的社会调查。1933年,为了加强对全县文物古迹的保护,有关部门对全县重点古物进行了普查。普查内容包括文物名称、时代、地址、所有者、现状、保管情况、备考等项,详见"河北通县名胜古迹古物调查表"。

第六章 新文化运动洗礼下的通县社会转型（下）

表6-3 河北通县物力调查表（1932年3月）

事别		一区	二区	三区	四区	五区	六区	七区	八区	总计*
人口（口）	男	10169	21576	21141	16535	31970	14547	35490	10049	161477
	女	15376	19976	19311	14891	29198	13692	28797	10080	151321
	壮丁	1008	4799	8844	1337	11068	1565	14172	2459	45252
车辆（辆）	大车	3	212	139	941	180	200	223	28	1926
	汽车									
牲畜（头）	骡	31	382	323	105	532	820	25	140	2358
	马（匹）	1	198	171	32	252	130	64	32	880
	驴	26	398	485	157	1250	1100	1510	45	4971
	牛	204	93	130	139	478	1500	139	18	2701
	骆驼	58						5		63
	其他		1031					1017		2048
粮食（石）	麦子	430	3166	4260	3869	12000	55037	1944	480	81186
	小米	720	2619	3800	43460	19067	23587	2935	480	96668
	高粱	1230	16309	3770	43460	18000	94349	13014	480	190612
	玉蜀黍	1230	16532	3950	86120	93333	133661	36554	1080	372460
	豆类	1508	2950	3150	19554	25333	44316	1366	1920	100097
	其他	150	364		12730	22000		844	35	36123

* 原总计数据有误，现根据各区数据重新计算

资料来源：《河北民政刊要》1932年第4期，第1—2页

通州大变局（1860—1949）

表6-4　河北通县名胜古迹古物调查表

名称	燃灯佛塔	钟鼓楼	文昌阁	八里桥	古城	李卓吾墓	晾鹰台	天官寺	孤山古塔	通流闸
时代	后周	明代	明代	明代	汉代	明代	辽代	明代	无考	明代
地址	县城西北隅	城南北门中街	县城东南隅	县城西八里	城东八里	县城北马厂	县西南德仁务	邻县西榜桩堡	县东北三十五里	县城内牛市
所有	公有	公有	公有	国有	公有	公有	公有	公有	公有	公有
现状	依然完固	完好壮丽	庚子年毁，今重建	完整坚固	土岗绵延里许	前虽倾倒，现已坚立	遗迹仅存	完好	东南角坠落，其余完好	坚固完整
保管	四面筑墙以资保护	有人守护，即时修复	雇人看护	时加修葺	禁止破坏	筑砖楼以免风雨摧残	栽植树木以资保护	时加修理	有石阶短墙，时加修理	时加修理
备考	又称燃灯舍利宝塔，共十三级，下作莲花台	暮鼓晨钟，座下有洞，可通车马	从前潞河书院在此	为通往北平必经之道	古称潞县故城		相传辽主游猎驻跸之所		塔在山顶，因以为名	船运不行，催时储泄，以助内河之水势

资料来源：《河北民政刊要》1933年第20期，第7—8页

第六章　新文化运动洗礼下的通县社会转型（下）

由于通县有良好的社会调查的基础和氛围，不仅不少机构和团体在通县进行了社会调查，一些有志于社会调查的个人，也以通县为样本，开展了社会调查。如潞河中学教师吴志铎，从1931年开始，用了约一年的时间对通县第一区平民接待情况进行了调查。由于是个人行为，所以难度很大。按照正常程序，个人应该有所在部门的介绍信。当时他在燕京大学法学院进修，原计划请燕京大学法学院出具书面介绍，请县政府、公安、第一区公所、商会等给予帮助。当时正好他所居住的第六乡选举，他被推举为监委，有机会跟第一区区长认识，"区长允以个人资格，函托各乡长协助调查，无需动用公函，以省去许多存备案等手续"，"每日至各乡公所与各乡长谈话……大多数乡长，皆竭诚相告"。① 可见，通县第一区有很好的社会调查的氛围，如果与几年前那样，对社会调查闻所未闻，并充满戒备心理，是不可能这样顺利的。

不仅通县城区是这样，乡村也如此。1935年，北平大学农学院学生张仲葛到通县城东北十余里的任庄，对当地土缸法孵化小鸡的情况进行调查。之所以选择此地作为社会调查的样本，除了任庄"每年孵出250多万的小鸡，是北方孵卵的中心地带"② 这个原因外，还与当地百姓对调查的支持有直接关系。

社会调查是为了科学分析，从而发现社会问题，在此基础上拿出针对性的举措。对于社会存在的问题，比如说贫困问题，如果没有科学的社会调查，就无法了解一个地方贫困的原因是什么、贫困程度怎样、如何发展生产、如何提高生活水平。通县南关的情况很具代表性，其存在的社会问题，不仅在当时的通县普遍存在，在整个华北地区，乃至在全国大部分地区都存在，是当时中国社会社会现实的写照。

---

① 吴志铎：《北通县第一区平民借贷状况之研究》，燕京大学经济学系，1935年6月，第50页。

② 张仲葛、王懋勋：《北通州任庄土缸孵化法的调查》，《农学月刊》1935年第一卷第一期，第77页。

根据南关社会调查，发现一个突出问题是民众的综合素质很低。在统计的1903人中，有1239人不识字，以409户计算，每家平均4.65人，而每家文盲为3.03人，即南关地区文盲占了近四分之三。① 另一个突出问题是人民普遍生活贫困，收入较少。之所以如此，主要是因为没有像样的产业，经济落后所致。针对通县南关存在的两大突出问题，民众教育馆拿出来针对性的举措：首先是拟成立生计部，组织小规模手工业的工厂，以求救济南关存在的贫困状态；其次是针对文盲居多的问题，开展以扫盲为重点的教育计划。开办儿童班、成年班、妇女班，进行识字培训，在此基础上进行公民教育和卫生教育。②

河北省立实验城市民众教育馆在通县开展的民众教育活动的具体措施，完全是建立在对社会调查情况科学分析的基础上的。如根据调查，城区及五关"共约有7100户，男女老幼共约34688人，失学者约有70%，其中在20岁上下者，约占一半。除12岁以内之学童，计可招入民校者，复约一半，统算约6000人"，因此提出计划："若于城内设民众学校两处，五关附近更宜设民众学校四处（新城南关居民甚少，可暂不设）……每五月一班，每班平均四十人，预计于三年内，约可将此二十岁上下能入民校的失学民众者，遍教育过来。"③

民众综合素质低、经济发展落后等问题是通县整个社会在当时存在的突出问题。正是有了通县社会调查资料的支撑，在积极进行社会改良的探索中，尤其重视以"育新民"为目标的民众教育运动和积极发展实业，促

---

① 《编者闲话》，《城市民教月刊》（通县南关实验区社会调查专号）1932年第一卷第十、十一期合刊，第8页。
李景汉：《对于社会调查应有的认识》，《城市民教月刊》（通县南关实验区社会调查专号）1932年第一卷第十、十一期合刊，第23页。
② 《编者闲话》，《城市民教月刊》（通县南关实验区社会调查专号）1932年第一卷第十、十一期合刊，第8页。
③ 陈国贵：《河北省立实验城市民众教育馆十九年度进行计划书》，《城市民教月刊》第四期（1931年2月1日），第29—30页。

第六章 新文化运动洗礼下的通县社会转型（下）

进经济发展等举措。由于日本帝国主义的入侵，这些探索不得不中断，但是对通县社会的发展，产生了积极的影响。

第三节 发展通县经济的探索

从清末"新政"开始，政府就将发展地方实业作为国家振兴的一项重要举措。通县也在此时开始鼓励发展实业。由于当时社会动荡，缺乏发展实业的社会环境。到民国初期，由于第一次世界大战的爆发，列强无暇东顾，为中国发展民族经济提供了难得的时机。新文化运动高举民主、科学两大旗帜，让更多的人认识到西方科技对社会发展的重要作用。中国知识分子历来有以天下为己任、经世致用的传统，面对经济社会落后的景象，不少有识之士也尝试通过引进西方先进技术、制度发展经济。鉴于通县的重要地位，当时的财政部在通县设立农工银行，鼓励当地发展经济，并取得了一定的成效。

一、近代通州兴办实业的开端

清末直隶省很注意发展实业，光绪二十八年（1902年），直隶省政府在天津设立工艺总局，统揽全省实业，动员、指导、推动全省实业的发展。为了发展实业，直隶还制定颁布了《直隶工艺总局局规》，为直隶地区实业发展提供了组织保障和制度保障。在直隶工艺总局的推动下，通州在兴办实业方面也有举动。

大约在光绪三十年（1904年），驻通州军营副将梁永福商请通永道前任官员毛观察，以道库银余款为启动资金，在东关招商局院内开办通州织布局，"招集贫家妇女入局学习纺织，学成后每月酌给工钱，以资用度"①。这是目前所知，通州地区第一座近代化轻工业企业，开创了通州近

---

① 《通州织布局之成效》，《北洋官报》1905年第865册，第6页。

代工业的先河。

光绪三十二年（1906年），顺天府奏请利用通州仓地，开办农桑实验场。由于京杭大运河停漕，加上清末战争的破坏，通州的中西二仓失去原有作用。清政府将通州粮仓裁撤后，其砖瓦木料运往京城，中仓基地一顷六十余亩、西仓基地四顷九十余亩，均空置下来。在当时直隶地区轰轰烈烈推进"新政"的浪潮中，通州的一些乡绅认为此地土质肥沃，适合种植，于是联名向通州知州上呈："拟请将该二仓基地领种开垦种植，作为通州农桑试验场。"①该建议得到直隶总督袁世凯的支持，也得到光绪皇帝的批准。

这些兴办实业的举动既是通州地方发展经济的探索，也是因漕运终止后，通州社会的一些有识之士面对这样的变局，也在思考如何改变。这样的尝试具有开创性的价值，但是由于处在战乱时期，这样的努力并没有取得明显成效。

二、京兆通县农工银行与通县经济社会的艰难发展

由于长期战乱，加上列强的长期侵略，当时政府的财政十分紧张，而建设所需资金十分庞大，亟待发展国民经济。一般来讲，拉动国民经济主要靠投资、消费、出口三个手段，也称"三驾马车"。由于国家财政吃紧，依靠政府投资很难有大的举动；由于民族经济落后，不仅没有产品可以出口，国内还充斥着各种"洋货"。尽管人民极端困苦，但是他们既提供了庞大的劳动力资源，也是潜在的消费市场。当时的财政部门十分注重通过银行放贷的手段，为老百姓提供启动资金，发展经济。由于中国是农业大国，"农者居其大半，而工次之"②。政府极力推动设立农工银行，以此发展农业和工业。京兆通县农工银行就是在这样的背景下诞生的。

---

① 《顺天府奏请将通州仓地开办农桑试验场片》，《北洋官报》1906年第1231册，第3页。
② 卓宣谋：《京兆通县农工银行十年史》，香山慈幼五院慈祥工场，1927年12月，第1页。

第六章 新文化运动洗礼下的通县社会转型(下)

1.京兆通县农工银行的双重使命

京兆通县农工银行不仅对当时通县的经济社会发展发挥了特殊的作用,而且在中国农工银行业发展史上具有极为特殊的地位。它从成立之初就肩负着双重使命,既为全国各地推行农工银行探索路径,也为通县地方发展提供动力。

为了探索一套适合中国国情的经验做法,时任财政总长的周学熙①,决定在京兆地区设立模范银行。模范银行即试点银行,因为设立农工银行对当时的中国而言,还是新鲜事物。通过设立模范银行,可为在全国推开农工银行提供可供借鉴的经验做法。

1915年,周学熙邀请在银行界享有盛誉的银行业专家卓定谋②,筹办京兆通县模范农工银行。卓定谋早年留学日本,曾致力于银行学研究,尤其是对日本各地农工金融机关有深入研究。通过研究,卓定谋得出了"欲增进全国国民经济,舍农工银行莫属也"③的见解。为了将银行学知识引入国内,卓定谋曾参考日本学者的学术成果,编写了一些银行学方面的著作,如《银行事务解说》《银行论》等。当周学熙提出请他出来创办京兆通县模范农工银行,卓定谋"以周公所立论皆民生根本之道,且与余志甚合,遂慨然任之"④。

---

① 周学熙(1866—1947),字缉之,安徽至德(今东至)人,中国近代实业家。曾两度出任北洋政府财政总长。但他志在实业建设,离开政界后兴办实业,成绩卓著,与著名实业家张謇齐名,有"南张北周"之说。

② 卓定谋(1884—1965),字君庸,福建闽侯人。早年留学日本学习商业。归国后,任教于北平大学法学院、女子文理学院经济系、私立中法大学文学院、辅仁大学社会经济学系。曾任北平中国实业银行行长,创办京兆通县农工银行。他也是著名书法家,致力于章草书法的复兴,曾任北京大学国文系讲师、国立北平研究院字体研究会常务委员。著述有《章草考》《用笔九法——章草》《自清榭酬唱集》《补定急就章偏旁歌》《卓君庸章草墨本》《银行论》等。

③ 卓宣谋:《京兆通县农工银行十年史·卓序》,香山慈幼五院慈祥工场,1927年12月,第1页。

④ 卓宣谋:《京兆通县农工银行十年史·卓序》,香山慈幼五院慈祥工场,1927年12月,第1页。

图6-10：卓定谋像

虽然对日本及欧美的银行业理论知识有系统学习，但是卓定谋深知，不能将西方的理论直接搬到中国，因为中国有自己的国情。经过了向西方学习的几十年经历，有识之士认识到，借鉴国外的理论知识，必须立足中国实际，不能盲目照搬，否则就会水土不服。关于农工银行，中国与外国也有很多不同，"东西各国创设农工银行，重在改良农工各业，故准其发行劝业公债。而吾国农民被困甚深，首在解其倒悬，救济其所急，改良尚居其次也"①。

通县农工银行的继任者、卓定谋的弟弟卓宣谋对设立农工银行有更深层次的考虑和认识，从中国几千年历史规律看，如果不解决底层人民的生计问题，遇到天灾人祸，百姓就会揭竿而起。所以他认为设立农工银行是国家长治久安的重要举措，"凡在小农小工，非扶持培养以厚其势力，不足以语图存"②。正是因为意识到中国设立农工银行的重要意义和特殊使命，卓氏兄弟经过苦心经营，通县农工银行不仅对通县的经济发展有十分重要的推动作用，而且对在全国推广设立农工银行提供了宝贵的借鉴经验。

当时中央政府没有指导性政策文件，通县的农业、工业等基本情况也没有科学系统的调查，可以说是困难重重。全国各地也都面临着相似的问题，所以在通县创办农工银行，所得的经验和教训，对其他各地都有十分重要的参考价值，这也是"模范银行"的使命和意义所在。

在卓定谋等人的共同努力下，该银行对通县地方的发展成效明显，农

---

① 卓宣谋：《京兆通县农工银行十年史·熊序》，香山慈幼五院慈祥工场，1927年12月，第1页。

② 卓宣谋：《京兆通县农工银行十年史·自序》，香山慈幼五院慈祥工场，1927年12月，第1页。

第六章 新文化运动洗礼下的通县社会转型（下）

民、工人受惠颇多，乃至有邻县农工业者前来要求借款。但是按照规定，京兆通县农工银行以通县全县为营业区域，不允许在营业区域以外发生业务。有村民与银行理论："我村距贵行无若千里，而通县某村则较我村远甚，何以反得嘉惠。"①鉴于该行在通县的成功探索，财政部发布命令，倡议各省设立农工银行。各地纷纷前往通县农工银行学习经验，"或派员来行调查，或派员实地练习，或索取章程办法以为标准，或聘请本行行员前往任事。本行无不乐为赞助指导"②。为了给全国各地设立农工银行提供参考，卓宣谋将10余年来该行所经过史实，以及各种材料，并征集其他有关本行的统计表格，悉心编纂成册，名曰《京兆通县农工银行十年史》，于1927年年底出版发行。可见，京兆通县农工银行不负"模范"二字。

随着全国各地广设农工银行，通县农工银行的主营业务逐渐发生转变，即帮助全县农工业者发展产业，进而助力发展全县经济和民生，而且对通县社会基本情况有深入调查研究，对通县经济、社会等方方面面有广泛的影响。关于这一使命，卓定谋在该行开幕时的演说中有详细阐述，他说："与普通银行不同，本行之设专为农工业上着想。其宗旨在救助小农小工，并督促农工业前途之发达。故用低利之放款，俾可补助于农工事业。"③

在演讲中，卓定谋还论述了发展农工业对国家的重要意义，进而论证了农工银行对国家经济发展的重要作用。他认为农工业是我国其他产业的基础，"吾国本为农国，晚近工业始有萌芽之象。农为出产品之源，有出产而成制造品，由制造品而成商品。举凡商场之物品，无一不由出产制造而来。可见，农工为商业之母。农工商业盛，则国民经济因之发达，生计亦

---

① 卓宣谋：《京兆通县农工银行十年史·卓序》，香山慈幼五院慈祥工场，1927年12月，第4页。

② 卓宣谋：《京兆通县农工银行十年史·卓序》，香山慈幼五院慈祥工场，1927年12月，第5页。

③ 卓宣谋：《开幕演说词》，《京兆通县农工银行十年史》，香山慈幼五院慈祥工场，1927年12月，第36页。

从之活泼"①。因此,农工银行对发展农工业有直接关系,对发展商业有间接而密切的关系,进而对国民经济、国计民生都有重要的联系。

2.京兆通县农工银行的创立

自受命创办京兆通县农工银行后,为了推进各项筹备工作,1915年9月6日,卓定谋亲自到通县进行实地调查。②当时通县金融机关借贷利率常高至三分以上,借贷者常常入不敷出,不堪重负。而小农小商要购买肥料、种子、牲畜,增添农具,而有资金短缺时,不得不忍受高利率短期借贷之苦。如遇收成不好,加上天灾人祸等原因,常常不能按期还款。高利率的做法,无异于竭泽而渔,其业务也难有好的前途。

卓定谋观察到这些情形后,于是到各村讲演,并分发浅显易懂的资料,宣传即将开办银行的宗旨是扶助农工业者,帮助其发展,而不以营利为目的。卓定谋的宣传受到农工业者的欢迎,他了解到百姓们深受高利贷之苦,

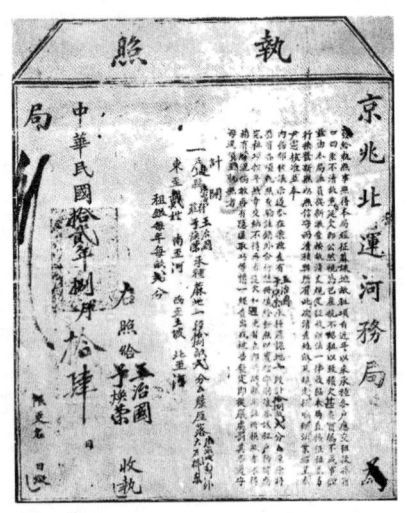

图6-11:抵押给通县农工银行的不动产执照
图片来源:《京兆通县农工银行十年史》,1927年12月

---

① 卓宣谋:《开幕演说词》,《京兆通县农工银行十年史》,香山慈幼五院慈祥工场,1927年12月,第36页。

② 卓宣谋:《京兆通县农工银行十年史》,香山慈幼五院慈祥工场,1927年12月,第35页。

第六章　新文化运动洗礼下的通县社会转型（下）

但是"若不借贷周转，使其生殖，则吾一年中，衣食住计将安出哉？"①通过实地调查，卓定谋了解到当地百姓十分需要农工银行这类金融机构，也进一步坚定了在通县创办农工银行的信心。

调查结束后，卓定谋开始进行各项筹备工作，首要任务是拟定《农工银行条例》。该条例参考了日本及欧美各国的成功做法，但是充分考虑到我国国情。如关于抵押物的规定，按照各国通例，以不动产为抵押，但是考虑到当时中国农工业者很穷困，所以将牛皮、蚕丝、粮食等不易腐烂的农产品"亦应准其作为放款抵押，借以辅助农工，裨益实业"②。又如放款期限，各国农工银行放款期限从五年至三十年者不等，根据当时我国社会还不稳定，处在急剧变化的时期等状况，期限不宜过长，规定了五年、三年、一年3个期限。由于这是我国首部《农工银行条例》，条例成形后，报财政部核签，于当年10月8日以政府公报的形式发布。条例分总纲、营业、债票、公积金、监督保护、罚则、附则，共计七章四十六条，"以为吾国办理此项银行之根据法"③。

作为在财政部直接领导下筹办的银行，京兆通县农工银行由财政部和京兆财政分厅共同出资，作为开办股本。④这一点也体现了中国的特色。西方发达国家的农工银行皆由民间资本为主出资设立，而我们国家当时还没有此类银行，如果政府不提倡推动，由民间自发成立，在当时显然不具备这样的条件。与普通商业银行以营利为目的不同，通县农工银行致力于为小工小农谋福利。在银行各级人员的薪资上，也与普通商业银行与绩效挂

---

① 卓宣谋：《京兆通县农工银行十年史·卓序》，香山慈幼五院慈祥工场，1927年12月，第2页。

② 卓宣谋：《京兆通县农工银行十年史》，香山慈幼五院慈祥工场，1927年12月，第2—3页。

③ 卓宣谋：《京兆通县农工银行十年史·卓序》，香山慈幼五院慈祥工场，1927年12月，第3页。

④ 根据《京兆通县农工银行试办章程》，本行资本为二十万，商股未招足以前，先由财政部及京兆财政分厅合垫十万元，开始营业。待陆续招有商股，由银行根据实际情形，将官股次第售与人民。其招股章程另行规定。

钩的做法不同，体现出该行不以营利为目的的特点，"最高级行员薪俸每月每员不出二十元，全行开支每月仅数百元"①。在银行的内部管理上，卓定谋也立足实际需要，参照国外成熟做法进行制定。以账目记录为例，采用"复式精神，而用直格中国纸书者，不失旧时账簿形式，且印刷费用得以倍省"②。待各项准备工作准备妥当后，当年11月7日，京兆通县农工银行正式开业，"当时，官、绅、农、工、商及四乡村正副等，均来行参与开幕典礼，颇极一时之盛"③。

3.通县农工业的发展

银行成立后，由于前期宣传到位，而且利率比其他金融机构低了很多，前来贷款者不绝于途。通县农工银行与一般以营利为目的商业银行最大的不同是，十分注重借款的用途。根据农工银行条例规定，贷款只能用于"垦荒耕作；水利林业；购买种子、肥料及各项农工业原料；农工生产之运输囤积；购买或修理农工业用器械及牲畜；修葺农工业用房；购办牲畜，修造牧场；购办渔业、蚕业、种子及各项器具；其他农工各种兴作改良等事"④。每放一笔贷款，银行派人调查其虚实，并监督其使用。由于银行监督十分严格，所以每一笔款项无不用于生产之途。每放出一笔贷款，银行就在地图上用红点标记出借款者所在的村落，"积数月而各村红点逐渐增加，不一年而借款殆遍矣"⑤。

通县农工银行对通县的农业的促进作用尤为明显，以种植棉花为例，在该行的鼓励下，农民们竞相种植。在该行成立以前，通县种棉农户甚少。该行成立后奖励农民们种植棉花，不仅以较低利率借给农民资金，还帮助

---

① 卓宣谋：《京兆通县农工银行十年史·卓序》，香山慈幼五院慈祥工场，1927年12月，第3页。
② 卓宣谋：《京兆通县农工银行十年史·卓序》，香山慈幼五院慈祥工场，1927年12月，第3页。
③ 卓宣谋：《京兆通县农工银行十年史》，香山慈幼五院慈祥工场，1927年12月，第35页。
④ 《农工银行条例》"第九条"，《京兆通县农工银行十年史》，香山慈幼五院慈祥工场，1927年12月，第6—7页。
⑤ 卓宣谋：《京兆通县农工银行十年史·卓序》，香山慈幼五院慈祥工场，1927年12月，第3页。

农民代购美国棉种。所以种棉之风在通县兴起,如第六区高丽庄附近种棉之地不下十余顷,以至于在通县有俗语云:"要发家,芝麻棉花瓜。"①

通县以小农小工居多,从农工银行贷款也体现了这样的特点。②从借款额度和期限看,以小额短期贷款居多;从抵押形式看,定期抵押为主。根据该行的统计,从1915年开业到1927年上半年,历年借款户数为5872户,其中三百元以内者为5227户,以一年为期者2997户,定期抵押者为5095户。详细情形,见下表。

表6-5　1915年至1927年各种放款金额等级户数统计表

级别	类别			合计
	定期抵押	分期抵押	特种定期抵押	
十元以上	1045户	58户	209户	1312户
五十元以上	1499户	157户	5户	1661户
百元以上	2010户	243户	1户	2254户
三百元以上	316户	65户		381户
五百元以上	149户	27户	1户	177户
千元以上	64户	8户		72户
三千元以上	7户	1户		8户
五千元以上	5户	2户		7户
合计	5095户	561户	216户	5872户

资料来源:京兆通县农工银行《历年各种放款金额等级户数总比较表》,《京兆通县农工银行十年史》,香山慈幼五院慈祥工场,1927年12月,第127页

---

①　卓宣谋:《京兆通县农工银行十年史》,香山慈幼五院慈祥工场,1927年12月,第172页。
②　小农容易理解,即分散的小规模农户。何为小工?根据《京兆通县农工银行十年史》(香山慈幼五院慈祥工场,1927年12月,第159页)的调查,这里所谓的"小工",并不是工厂的工人,而是雇工,分为长工、短工两种。

通州大变局（1860—1949）

从1915年年底至1927年上半年，该行总放款九十三万余元，用于肥料牲口者为五十三万三千余元，其余为农具、雇工、种子以及工业等。①虽然以小农小工居多，但是有农工业者诚实而勤劳的付出，经过几年的发展，通县工商业者呈现出蓬勃发展的新气象。其中一个直接的结果：通县的地价因抵押而得以增高。从统计情况看，1927年比1914年每亩增高了5元至25元不等。具体见下表。

表6-6　1914年与1927年通县地价比较表

	地等		上等	二等	三等	四等	五等	下等
东北乡	民国三年每亩价值（元）		35	30	20	15	10	
	民国十六年每亩价值（元）		50	40	35	20	15	
	比较	增（元）	15	10	15	5	5	
		减（元）						
西南乡	民国三年每亩价值（元）		40	35	25	20	10	5
	民国十六年每亩价值（元）		65	45	30	25	15	10
	比较	增（元）	25	10	5	5	5	5
		减（元）						

资料来源：京兆通县农工银行《本行成立前后通县地价比较表》，《京兆通县农工银行十年史》，香山慈幼五院慈祥工场，1927年12月，第158页

由于农民收入增加，也使得上交政府的税收增加。根据通县政府1915年至1925年报财政厅的田赋统计数据看，农工银行成立时，田赋征收额仅有36068元，到第二年，征收额就达到61234元，增加将近一倍。之后的每年基本维持在这一水平并略有下降。具体情况见下表。

---

① 卓宣谋：《京兆通县农工银行十年史》，香山慈幼五院慈祥工场，1927年12月，第188页。

第六章 新文化运动洗礼下的通县社会转型(下)

表6-7 通县1915—1925年田赋数目表

年份(年)	1915	1916	1917	1918	1919	1920
田赋征收额(元)	36068.367	61234.651	61253.379	61508.356	56759.352	56759.352
年份(年)	1921	1922	1923	1924	1925	
田赋征收额(元)	54214.146	54447.026	54600.107	54944.033	54414.559	

资料来源：京兆通县农工银行《通县民国四年至十四年粮租额数征数目表》，《京兆通县农工银行十年史》，香山慈幼五院慈祥工场，1927年12月，第168—169页

从田赋增加情况看，一方面说明农民的负担大幅度增加，另一方面也可见农民得到农工银行的资金帮助，用于改良其农业生产，收入得到增加，间接促进了国家财政收入的增加，这也正是农工银行设立的最初目的。

通县的工业主要是轻工业，始于清末，但是到这一时期仍很弱小。清末成立的两处轻工业实验场已经不复存在。民国初年，通县城内成立了两家织布工厂，分别为位于大条胡同的信昌厚织布工厂和位于大烧酒胡同的元增织布工厂，但规模都很小。信昌厚织布工厂仅有工人13名，有6架木质织布机和3架铁质织布机，日产布680匹；元增织布工厂仅有工人9名，有1架木质织布机和3架铁质织布机，日产布350匹。①其余均以家庭手工作坊的形式经营，生产物品以"爱国布"、苇席为主。

从上面的统计情况看，农工银行对农业的促进作用更为明显，对工业的促进成效并不显著。这是因为民国成立至北伐战争结束前，军阀混战，社会不稳定，而工业需要投入成本更高，生产、流通、销售等环节受外界影响更大。以1918年为例，当年放款总额为261763元，用之于工业较用之于农业为少，其比例为1∶61，无一人借款千元以上。②

---

① 卓宣谋：《京兆通县农工银行十年史》，香山慈幼五院慈祥工场,1927年12月，第177页。
② 《劝办京兆实业纪事：三月十七日观办通州实业记》，《劝业丛报》1920年第1卷第1期，第10页。

通州大变局（1860—1949）

  从北伐战争结束后到伪冀东防共自治政府成立之前，通县迎来了一个短暂的和平时期，农业、工业得到一定发展，尤其是商业，发展最为迅速。在北伐战争结束之前，通县的商业很落后，输出以经营农产品为主，一切日用百货都需要从外面购买。据统计，输出境外者，"农产品以豆子、玉蜀黍、白菜为最多，麦子、芝麻、棉花、花生次之"，"一切日用品，如煤油、盐、布匹等均输自外来，至于牲畜类，多由口北输入"。[①]到20世纪30年代，通县的工商业有了很大变化。1934年年初，通县举办了国货运动大会，从陈列商品看，虽然只有极少部分，如教育用品、食品、杂品等产自通县，其余绝大部分产自外地，但是从参与的通县商号及提供商品看，通县商业较民国初期，有了显著发展。据《国货运动大会登记清册》记载，参加展出的通县本土商号，以经营各类布匹、丝织品、线类的商号有恒仁义、裕升和、庆祥长；生产并经营教育用品的商号有泰增号、全盛裕颜料店、震英印刷局、文美堂；生产并经营食品类的商号有通合居、天禄斋、三益真、华记糖庄；经营陶瓷类的商号有德福嫁妆铺、麟巨祥磁庄、协兴昌、永丰源；经营电刻类的商号有宝兴楼、宝源楼；经营化妆品的商号有广合楼、荣盛兴、德昌号、同义号、公天成、育华商、杨祖光等。[②]

  京兆通县农工银行对通县农业、工业，乃至商业的发展之推动，第二任行长卓宣谋总结为："田赋价值平均增至五元以上，田赋之征收额平均每年增至二万有余，其生产量逐年有增无已。此人民利用本行资金，以增加其利益。"[③]

---

  ① 卓宣谋：《京兆通县农工银行十年史》，香山慈幼五院慈祥工场，1927年12月，第179—180页。

  ②《国货运动大会登记清册》，《城市民教月刊》第三卷第一、二期合刊（1934年2月），第20—107页。

  ③ 卓宣谋：《京兆通县农工银行十年史》，香山慈幼五院慈祥工场，1927年12月，第189页。

三、京兆通县农工银行对通县经济社会的深层次影响

开办农工银行是一个系统工程，是建立在抵押、保险、信用、不动产登记等制度之上的。如果没有这些配套制度，开办银行是很难有保障的。但是在京兆通县农工银行成立前，不仅农工银行条例尚未厘定，而且如卓定谋所言："当其时……通县农工业情形之未确实调查也。土地登记法之未实行也。通县营业区域地图之未测绘也。土质优劣之未研究也。农村之无组织也。各种组合机关阙如也。银行各项章程规则簿记单据之未订立也。举凡农工银行之直接间接、对外对内、所应备者，无一而具。"① 但是成立通县农工银行是经过谨慎考虑，且由财政部推动的，是对全国农工银行业具有重要意义的举措。这就倒逼创办者大刀阔斧地在通县进行配套制度的建设，从而对通县经济社会产生了深层次的影响。

1. 对全区的土地、房屋等不动产进行调查登记

通县农工业者贷款主要以土地为抵押，但是在当时还没有进行土地登记制度。为了推进土地登记制度，卓定谋等人在农工银行的制度设计上发力，在银行内部设立土地登记所，登记办法则借鉴西方各国的成熟做法和程序。由于农工银行首在通县设立，以通县为营业区，所以通县在土地登记方面开了先例。在通县政府的支持下，派人丈量土地，调查土质优劣，划分等次，并绘制成图表。

根据当时的行政区划，全区分为东南西北四个乡，共十三个区。第一区为县城；第二区为西集镇，在城之东南约四十里；第三区大柳树庄，在城之正南约五十五里；第四区牛堡屯，在城之西南约三十二里；第五区马驹桥，在城之西南约五十里；第六区张家湾，在城之正南约十二里；第七区双树村，在城之正西约十六里；第八区尹各庄，在城之正北约十六里；第

---

① 卓宣谋：《京兆通县农工银行十年史·卓序》，香山慈幼五院慈祥工场，1927年12月，第1页。

九区永兴镇,在城之正南约四十里;第十区应寺村,在城之西南约六十里;第十一区前疃寺,在城之东南约二十八里;第十二区诸葛店村,在城之东北约二十五里;第十三区燕郊镇,在城之正东约二十二里。①银行对通县土地的质地有了详细了解,为确定土地等级奠定了基础。根据调查,"第一区东南及第三、六两区之东部稍含沙质,但无碍于农产物之生长;碱地唯第三区白浮圈之西南一带、第八区富豪庄附近及西北一带、十二区西稍村之东南一带有之;洼地亦仅有六区南部、第九区北部、十区西部与南部间有之;其他如第二、四、五、六、七、八、十一诸区,多属膏腴之地,尤称富庶"②。"计全县六百余村,其各区土质优劣则分别上中下三等标志。列入地图,以资放款之参考。"③这实际是土地登记制度在通县的应用,使土地作为抵押成为可能。从实际情况看,借贷者绝大部分是农民,以土地作为抵押占了绝大多数,截至1927年,该行所收抵押品共10179件。其中,农业地契为10150件,股票、证券等其他抵押品仅29件。④可见此项工作对广大农工业者的重要意义。

对于以房屋类不动产为抵押者,还需有保险制度,因为如果将房屋作为抵押物期间,遇到水火等灾害,放款就没有着落了。当时民国实业银行已经准兼办保险事业,农工银行放款抵押,参照了此规定。在土地、房屋等不动产调查登记之前,通县民众还没有资产的概念,也不知如何进行评估。通过调查登记,确定了不动产的所有权,让农工业者有了权属意识,为在通县进行进一步经济社会活动奠定了基础。

---

① 卓宣谋:《京兆通县农工银行十年史》,香山慈幼五院慈祥工场,1927年12月,第160—161页。

② 卓宣谋:《京兆通县农工银行十年史》,香山慈幼五院慈祥工场,1927年12月,第156—157页。

③ 卓宣谋:《京兆通县农工银行十年史·卓序》,香山慈幼五院慈祥工场,1927年12月,第3页。

④ 卓宣谋:《京兆通县农工银行十年史》,香山慈幼五院慈祥工场,1927年12月,第109页。

第六章 新文化运动洗礼下的通县社会转型（下）

2.初步在全县建立了信用体系

农工银行的放款对象大多为乡间农民，其抵押品多为不动产。但当时通县并未实行不动产登记，所有权难以确定。为了银行顺利运转，该行在全县进行信用调查，并初步建立起了信用体系。

信用调查主要是两方面内容。首先对通县社会经济大势进行研究，"如通县历年收获之丰歉也；各区灾荒之有无也；物产生植之良楛也；转移所有权之多寡也；户数之迁移也；地价物价及债券之涨落也；以及完纳田赋之金额也。莫不详细之研载"。①

信用调查的另一方面的内容是对借贷者进行信用调查。这项工作首先对潜在的借贷对象进行调查，也就是对全区人口，尤其是农业、工业人口现状进行了调查。当时通县人口总数在二十五万以上，绝大多数以务农为业。除了自耕农外，其佃租农分为三种，即"现金租"：预缴租金，概不退还。每亩租金一元至三元不等，只有棉花地有四元、五元者；"死分租"：不论本年收成如何，均按约定纳租，每亩约租五斗至七斗；"活分租"：根据收成，按数平分。而所谓的"工人"实际为雇工，分长工和短工两种。长工根据工作情况而定，每年工价在二十元至四十元不等；短工工价以日记，农忙时，每日约三角八分，平时每日不过铜钱五六十枚。②

对于某一借贷者，银行要具体调查其"家世与产业之情形也；品格性情之表现也；生活之状况也；需款之程度也及用途之确否也。莫不咨访其虚实，勾稽其情伪，而定放款之标准"③。对于没有资产进行抵押的农工业者，卓定谋等创办者从制度层面进行设计，即通过设立农工借款联合会及农工借款协会解决这一问题，"一则使联合担保，于借款信用前途有所依据；一则真正小农小工果勤于工作，而又无资产可资抵押者，倘有该会证明担保，

---

① 卓宣谋：《京兆通县农工银行十年史》，香山慈幼五院慈祥工场，1927年12月，第107—108页。

② 卓宣谋：《京兆通县农工银行十年史》，香山慈幼五院慈祥工场，1927年12月，第159页。

③ 卓宣谋：《京兆通县农工银行十年史》，香山慈幼五院慈祥工场，1927年12月，第108页。

图6-12：京兆通县农工银行营业区域图
图片来源：《京兆通县农工银行十年史》，1927年12月

亦得放与相当款项"①。

通过信用调查，该行在全县基本上建立起了覆盖所有人群的信用体系。信用体系的建立，对通县经济社会的进一步发展具有十分重要的作用。由于有了良好的信用，农工银行为推广其业务，在各村镇组织农工借款联合会，在县城又组织一农工借款协助会，帮助有需要的村民向农工银行借款，"其施行之方法深入民间，其成绩不期而至"②。

到20世纪30年代前期，通县农民开始建立互助合作社。合作社最关键

---

① 卓宣谋：《京兆通县农工银行十年史·卓序》，香山慈幼五院慈祥工场，1927年12月，第3页。
② 吴志铎：《北通县第一区平民借贷状况之研究》，燕京大学经济学系，1935年6月，第139页。

第六章 新文化运动洗礼下的通县社会转型（下）

的信用问题，在通县农民中已经有了深厚的基础，这也促进了合作社在通县的蓬勃兴起。1934年10月底，在通县有东张各庄、良各庄、半壁店、口子村四个合作社已经提前还款，还有南刘各庄也询问提前还款的办法。① 可见，通县农民信用良好，这应与通县农工银行的信用体系建设有着直接关系。

四、对通县经济发展探索的评价

清末民初，通县社会动荡，民生凋敝。政府极力发展实业，推动经济发展。有一些发展举措，具有实验性质，为当时的中国起到"模范"作用，也有的因为人事变动半途而废，京兆通县农工银行的命运具有代表性。虽然在很多方面都进行了探索，为通县经济发展带来了新气象，但是通县经济发展水平整体不高，在城市建设、基础设施等方面都无法与漕运繁盛之时的通州相比。曾经使通州发达辉煌的北运河，因漕运中断后，疏于治理，导致灾害频发，为通县人民带来了巨大灾难。从整体上看，通县经济社会仍元气未复，随着日本帝国主义对通县的侵略，通县人民发展经济、改善民生的努力被迫中断。

1. 经济基础薄弱无核心竞争力

经过一个时期的调整，由于大环境相对稳定，京通铁路、京承铁路和京津公路、京唐公路的运营，通县的商业、服务业、手工业又有了恢复。但是通县的民族工商业，尤其是工业企业仍然十分脆弱。

民国初年，在城内开办的两处织布厂，规模太小，技术落后，在市场竞争中难以存活，勉强维持了10余年，即被迫关停。在新城大红牌楼试办的毛织厂，也迁移至北平。当时居住在家乡通县的政治人物王芝祥②大力支

---

① 《互助社消息：通县四社期前还款》，《华北合作》1934年第11期，第7—9页。
② 王芝祥，字铁珊，直隶通州（今北京市通州区）人，清末民国时期著名政治家。清末曾任广西按察使、广西布政使等。1911年11月广西独立后任副都督。中华民国成立后，原委任直隶都督，后遭袁世凯反对，改任南方军宣慰使。后曾任国民党理事、京兆尹，1924年冬任侨务局总裁。此后致力于社会慈善事业，任中华红十字会总会会长，并创办分会数十处。晚年寓居家乡，1930年7月21日在家乡通州病逝。

持通县发展实业，1920年前后，拟由中美实业公司出资170万元，设立一纺纱厂和面粉厂。计划"够三万锭机器以纺纱；够每日能出千五百袋面粉机器以磨麦"①。但是由于原料不足、资金缺乏，加上交通也不占优势，不能按原计划进行。到20世纪30年代初期，整个通县城区没有一家具有竞争力的工业企业。②

京兆通县农工银行在发展通县农业和工商业方面发挥了积极作用。但是随着第二任行长卓宣谋去职之后，通县农工银行在经营方式上，不能完全按照创办之初的条例进行。根据其条例，有三种抵押形式，即分期抵押放款、定期抵押放款和特种定期抵押放款，而此时仅有定期抵押放款。而且规定抵押每亩土地，不分土地之等级，一律只可借5元，借户以数十元抵押品，仅可借5元，又与农工银行之初的放款规则相抵触。其放款期限，根据条例分为五年期、三年期、一年期，而此时其放款期与一般小押铺无异："本行放款期限及利率：三个月，月利一分六；六个月，月利一分八；十个月，月利二分。""昔日之大观不复见矣。第一区（县城及城关地区）无一户向该银行借款。"③以上种种做法，已经没有了京兆通县农工银行成立之初那种敢为人先的魄力与生气，而且采取措施简单粗暴，搞"一刀切"，屡屡与该行初创时的条例相抵触，更没有当年以发展经济、改善民生为使命的担当和格局。

到20世纪30年代初，尽管通县的商业出现了繁荣的景象，当地虽然出现了不少商号，但是即使是普通的商品都不能生产，从外国来的日用品，被老百姓称为"洋布、洋纱、洋米、洋面、洋油、洋烟"等充斥市场，更不用说市场竞争力了。

---

① 《劝办京兆实业纪事：三月十七日观办通州实业记》，《劝业丛报》1920年第1卷第1期，第11页。

② 吴志铎：《北通县第一区平民借贷状况之研究》，燕京大学经济学系，1935年6月，第46页。

③ 吴志铎：《北通县第一区平民借贷状况之研究》，燕京大学经济学系，1935年6月，第139页。

第六章 新文化运动洗礼下的通县社会转型（下）

2.百姓生活困苦不堪

辛亥革命后，通县行政区域初划为13区，1928年改为8区。其中第一区为县城及城关地区，面积虽小，但此区交通便利，比其他区繁华。本书以第一区人民生活情况为例，更有说服力。

第一区分为12乡，第四、五、六、七、八乡，位居县城内，又称城区乡。①第一、二、三、九、十一乡，位居城关，又称半农村乡。②第十乡和第十二乡分别位于乔庄和小圣庙，为农村乡。不同区域，居民结构不同：城市乡之居民，务农者甚少，仅为9.5%，即使以农为生活者，皆属地主；半农村乡之居民，务农者以种菜为主，占21.4%，其他以做苦工者居多；农村乡之居民，完全务农者占大多数，为54.9%。③

20世纪30年代初，潞河中学老师吴志铎对第一区居民生活状况进行了调查。全区居民6133户，平民2829户，占46.13%。④其中平民从事职业为农工、车夫、瓦木匠、船夫、叫卖及摊贩、娼妓、无业等类。较固定的职业为农工、车夫，第一区以农工为生活者有289户，分为长工和短工两种。长工每年可得30元，短工每日0.3元。农工分为闲忙二季，长工生活，不论闲忙，皆有保障；短工则不然，闲季无活可干，只能转入他行。第一区有车夫629户，自置车240户，自用车5户，赁用车107户，印子车53户，包月车5户，小车（单轮小推车）夫219家。⑤以小车夫为例，专以运货为业，几乎皆为居于第七乡的回民。忙时每日每车可进1.2元，闲时

---

① 第四乡据旧城至西北角，第五乡据旧城之东北角，第七乡据旧城之东南角，第八乡据旧城之西南角，第六乡据新城全部。
② 第一乡在东关，第二乡在旧南关，第三乡在北关，第九乡在西关，第十一乡在新南关。
③ 吴志铎：《北通县第一区平民借贷状况之研究》，燕京大学经济学系，1935年6月，第48页。
④ 吴志铎：《北通县第一区平民借贷状况之研究》，燕京大学经济学系，1935年6月，第52页。
⑤ 吴志铎：《北通县第一区平民借贷状况之研究》，燕京大学经济学系，1935年6月，第50页。

分文不进。

其他职业则不固定，壮劳力可以在闲时转入其他行业谋得职业，但是收入微薄，仅够生活，一旦遇到病灾，境况更惨。老弱病残者则无业可谋，乞丐游民常见于街头。

当时各种苛捐杂税多达几十种，有算契税、白契税、田赋、验照税、旗地留置地价费、地方税、军用费等。以军用费为例，1922年至1929年，通县捐的军用费达115119元，1928年上缴的军粮达1855440斤。①

由于经济落后，老百姓收入来源很有限，然而各种苛捐杂税十分繁重，通县民众的生活境况，尤其是底层百姓，仍然举步维艰，十分困难。

3.整体发展水平仍很低

众所周知，明清时期，通州为漕运枢纽，是"天子外仓"所在地，大运河上"万舟骈集"。随着漕运停止，通州地位骤然衰落。由于清末战争，尤其是义和团运动后，八国联军对通州进行了血腥屠杀，随后是民国初年军阀混战，通州从一个国际繁华城市衰落为一个落后的小县城。

到清末时期，虽然全国性的漕运已经停止，火车已经兴起，但是由于水运成本较低，从北平到天津的河道仍在发挥作用。然而由于运河疏浚不及时，综合治理跟不上，到1920年前后，运河淤积，河床抬升，仅能通过小帆船，不仅运力大为下降，而且"两傍沙涨，已成平地，河身甚窄。遇大雨时沿岸人家鱼龟入室"②，为洪灾的发生埋下了隐患。当时，政府计划对运河进行疏浚，要改道五六十里，占用沿途农民的农田，遭到反对，不得不就此搁置。民国时期，北运河多次发生洪水灾害。以1939年洪水最为严重，将通县东城墙冲毁，潮白河改道。抗日战争结束后，政府曾组织专业力量，拿出《平津运河（北平通县段）通航计划》，设计"一日可往返138艘，

---

① 《通县革命史》，北京出版社，1994年12月，第31页。
② 《劝办京兆实业纪事：三月十七日观办通州实业记》，《劝业丛报》1920年第1卷第1期，第11页。

第六章　新文化运动洗礼下的通县社会转型（下）

每船载重80吨，则每日往返运输能力最大可达一万吨以上"，实现"平津间运河通航以后，有津来平之货物当以食粮及日常杂货为主；自平去津之货物则有煤及口外之杂粮及皮货等"的目标。① 但由于种种原因，这一计划未能实施。直到新中国成立前，北运河治理问题一直没能解决。

北平通县段运河运输功能不能很好地发挥出来，加上京津铁路畅通，"更能向三河、玉田方面修筑马路，以通秦皇岛，连京通马路一律通汽车"②。通县的交通枢纽优势不复存在，通县城市发展缺乏动力，城市建设迟缓。直到1920年前后，城内因战火留下的废墟仍"墟地甚多"，潞河公园"邑人集资开辟也，简陋无可视"③。1926年5月，清华大学棒球队到潞河中学进行友谊比赛，一名叫之迈的学生记录道："城内气象极为萧条，自军兴以来，该处历遭兵祸。商店因是停止营业，而家家户户，至今尚不能安居乐业。其冷静之情形，见之令人毛发皆悚。"④可见，通县城仍未从衰败中恢复。北伐战争结束到伪冀东防共自治政府成立之前，通县迎来了相对安宁的时期，有识之士大力推行民众教育和发展经济，但是这些措施带有试验性质，稍有外界影响即不能正常进行，收效甚微。

整个民国时期，通州地区兵祸丛生，虽有一些改良的举措，但不能从根本上解决问题。只有马克思主义传入通州之后，在中国共产党的领导下，经过艰苦卓绝的斗争，通州人民逐渐掌握了自己的命运，通州历史才翻开了崭新的篇章。

---

①《平津运河（北平通县段）通航计划》，《水利通讯》1948年第8期，第5页。
②《劝办京兆实业纪事：三月十七日观办通州实业记》，《劝业丛报》1920年第1卷第1期，第11页。
③《劝办京兆实业纪事：三月十七日观办通州实业记》，《劝业丛报》1920年第1卷第1期，第10—11页。
④ 之迈：《与通州潞河中学赛球记》，《清华周刊》1926年第25卷第15期，第1页。

第七章　马克思主义的早期传播及中共在通县的早期活动

面对内外危机,无数仁人志士在通州进行了不屈不挠的伟大探索,并取得了难以磨灭的成绩,但是这些探索都以失败告终。从清末开始,尤其是辛亥革命前后,通州就成为民主革命思想传播的前沿阵地,为早期马克思主义传播奠定了基础。俄国十月革命之后,马克思主义传入中国,通县①成为北京地区,乃至全中国最早传播马克思主义的地区之一。在最艰难的时期,在中国共产党优秀代表周文彬同志的领导下,通州产生了第一个党支部,并且进行了艰苦卓绝的斗争。

第一节　马克思主义在通县的传播

潞河中学在传播西方文化知识的同时,也成为传播各种思想的前沿阵地。传教士兴办的学校,早在清末,协和书院就开始传播革命思想。俄国十月革命为中国送来了马克思主义,中国的知识界掀起了新文化运动。五四运动后,在很短的时间内,反帝风暴席卷了城乡。

---

① 1912年,改顺天府为京兆地方,通州改名通县,为京兆地方下辖县。

第七章　马克思主义的早期传播及中共在通县的早期活动

一、马克思主义思想早期传播的思想准备

早在清末，位于通州的协和书院就开始传播民主革命思想。协和书院有一个好的做法，就是在为学生传授书本知识的同时，也引导学生们关注社会现实。国家处在民族危亡之际，不少师生们在学习课本知识的同时，也积极思考社会问题和国家出路的问题，所以一些传播革命思想的书籍刊物受到师生们的喜爱。

由于教会学校的特权，师生们可以接收到美国传教士在上海开设的"广学书局"寄来的书报。这些书报包括革命党人创办的《名报》《民呼》《民立》等宣传民主革命思想的报纸。[①]尤其是康有为、梁启超、孙中山、章太炎、邹容等人的思想对师生们影响很大，人们常常为"革命"还是"立宪"争论不休。协和书院有个国文教师管万恭，是个具有民主革命思想的人，针对学生们争论的问题，宣扬民主革命思想，对学生们的启发很大。[②]但是现实却是残酷的，当时有个学生主张"立宪"，并且参加了请愿团，但是遭到学校开除。这使师生们认识到，即使是立宪，清政府也是不允许的，更何况是革命。

辛亥革命前夕，协和书院毕业生中有不少参加了同盟会。他们经常用信件的形式给学校的师生们介绍革命形势和革命理论。甚至有的学生本身就是同盟会的成员。如1911年升入书院的新生蔡德辰，一入校就积极参加师生大辩论，讲的革命道理非一般人能比。辛亥革命之后，大家才知道，他是武昌起义元勋蔡济民的胞弟，也是同盟会成员。[③]

革命党人不仅在学生中宣传民主革命思想，还有很多革命团体在通州活动。在通州活动的革命团体有"铁血会""共和会""中国同盟会京津保支

---

① 《通县革命史》，北京出版社，1994年12月，第21页。
② 《通县革命史》，北京出版社，1994年12月，第21页。
③ 《通县革命史》，北京出版社，1994年12月，第22页。

图7-1：蔡德辰烈士像
图片来源：潞河中学校史馆

部""鄂军代表办事处""北方革命协会"等团体。[①]他们积极组织、壮大队伍，开展罢课、起义等活动。通州起义的领导者都曾参加过这些团体：王治增曾为"铁血会"的领导；蔡德辰、张雅堂为通州共和会筹备会负责人；他们三人还曾参加"中国同盟会京津保支部"代表大会。在蔡德辰等人领导下，通州日益成为北京近郊革命活动的基地。

武昌起义后，北方的反帝反封建革命活动曾接连受挫，书院进步师生认为失败原因在于起义部队驻扎滦州、石家庄，距北京较远，不能乘虚入京，坐失良机。如果能策反驻通州的毅军起义，当可迅速攻入京城，直捣黄龙。于是，大家决定加紧策反驻扎通州的毅军起义。毅军兴起于镇压太平天国运动，最初由捻军降众改编而成，创始人为宋庆。1862年，安徽巡抚唐训方裁减"临淮军"，以三营归记名总兵宋庆所统。因宋庆勇号"毅勇巴图鲁"，故称毅军。从清末到北洋政府时期，一直是驻守通州的军队。

毅军营房位于通州城内南仓，距书院很近。协和书院院长高厚德与当时驻通毅军首领姜桂题相识，驻通州毅军官兵也与书院学生时有交往。据协和书院的四川籍学生杨学羔回忆，毅军头领姜桂题，对于学生的一切活动，尤其是体育技术竞赛，颇感兴趣，"书院每年举行春秋两季运动会或圣诞节等其他典礼（有各项节目）时，都必邀请姜桂题及他部下官兵到场参观。书院准备茶点，师生亲自招待。他们也携带奖品等，亲自发给成绩优良的学生。姜营无论举行任何庆祝典礼，如有节目表演，也必邀请书院师生前往参观。有一次姜桂题赠送书院师生安庆胡家酱园酱菜，先生每人两

[①] 张庆和：《辛亥革命在通州》，收录在《辛亥革命在通州》中，团结出版社，2011年9月，第21页。

第七章 马克思主义的早期传播及中共在通县的早期活动

小篓,学生每人一小篓。某营统领持赠著名土产,用红丝线扎成菊花朵式的黄山云雾茶,先生每人四朵,学生每人两朵"①。

蔡德辰利用这种联系,在毅军中秘密进行革命宣传。教习张雅堂、军药局医官雷竹村等先后加入共和会,使革命党人掌握了部分武装力量。据杨学羔回忆:"就将七个营中实力最强、为姜最亲信的统领陈某等的四个营运动成功,连姜的一个亲侄儿和一个外甥也都在内。他们都赞成起义,推倒清廷……"②

武昌起义后,通州革命党人代表蔡德辰也积极准备发动通州起义。由于走漏了风声,惨遭镇压,蔡德辰、王治增、王丕承、杨兆林、张文炳、雷茂林、王斌7人被杀于通州东门外土坝。通州起义虽然失败了,但是在通州人民的心目中播下了民主革命的种子,尤其是为后来马克思主义的传播,奠定了思想基础。

二、马克思主义思想传入通县

俄国十月革命爆发,推翻了沙皇俄国的统治,列宁领导的布尔什维克建立世界上第一个无产阶级当家做主的社会主义国家。俄国十月革命的消息,对在黑暗中探索救国救民真理的中国人来说,就像一盏明灯,让大家看到了方向和出路。一些有识之士,以北京大学图书馆主任(馆长)李大钊同志等人为代表,开始研究、介绍马克思主义。

为了对劳苦大众宣传马克思主义,1919年3月23日,在李大钊同志的指导下,廖书仓、邓中夏、罗家伦、康白情、张国焘、许德珩等北京大学学生创立了平民教育讲演团。该团以"增进平民知识,唤起平民之自觉心"为宗旨,以"教育普及"与"平等"为目标,征求志同道合的同学加入,共同致力于平民

---

① 杨学羔:《华北协和书院师生的革命运动》,收录在《辛亥革命在通州》中,团结出版社,2011年9月,第76页。

② 杨学羔:《华北协和书院师生的革命运动》,收录在《辛亥革命在通州》中,团结出版社,2011年9月,第77页。

通州大变局（1860—1949）

图7-2：李大钊（1889—1927），马克思主义在中国系统传播第一人，中国共产党的主要创始人之一
图片来源：中国共产党早期北京革命活动纪念馆

教育的推行。讲演团利用演讲、出版等形式，普及平民教育，宣传科学知识。①

北京大学平民教育讲演团成立后不到两个月，五四运动爆发。位于通县的协和书院（书院大学部已与北京汇文大学合并，中斋部仍留在通县）和通县师范学校等师生，以及通县的青年知识分子，都积极参加这个运动。协和书院的刘士钊、张春和、李友真等人，组织了若干个十人团，深入通县城内的学校、工厂、街道和张家湾、燕郊等集镇，宣传"俄国革命""反对各帝国主义巴黎分赃会"，给老百姓讲解要推翻帝国主义、封建主义在中国的统治，就要学习俄国进行无产阶级革命，实现社会主义。②通州的学生运动引起了北京大学平民教育讲演团的注意，一批早期马克思主义者，以北京大学地质系学生杨钟健为代表，将宣传马克思主义的重点放在了通县。

---

① 龚育之等主编：《中国二十世纪通鉴（1901—1920年）》，线装书局，2002年9月，第1175页，"北京大学平民教育讲演团正式成立"条。

② 《通县革命史》，北京出版社，1994年12月，第33页。

第七章　马克思主义的早期传播及中共在通县的早期活动

杨钟健，陕西华县（今渭南市华州区）人，1897年出生在一个革命家庭中。父亲杨松轩是关中学派传人、中国同盟会会员、爱国教育家。① 在父亲的影响下，他在少年时代就开始接触民主革命思想。1917年，杨钟健考入北京大学后不久，即加入马克思学说研究会，开始与李大钊、毛泽东、邓中夏等无产阶级革命家交往。② 在新文化思潮影响下，他热心阅读《新青年》等进步书刊，参与组织陕西省旅京学生联合会。在五四运动中，他参加了天安门游行大会，参与火烧赵家楼，回校后听说有几十名学生被捕，立即参加讲演队，走上街头发表激昂慷慨的演说。③

1919年6月，杨钟健参加北京大学平民教育讲演团，逐渐成长为讲演团的骨干。这年10月，杨钟健与高君宇、俞平伯等10余位进步青年一起成为该团第三组成员。④ 当时所谓"平民"，主要是指城市小资产阶级及其他平民，所以讲演团的活动最初局限于城内。开始他们是在街头或利用一些有庙会的寺院，做不定期讲演。从五四运动时起，与京师学务局商定，"就该局所开十讲演所中，择地点相当者四所"，每逢星期日按规定时间于东、南、西、北四城讲演所讲演。但是，反动政府的军警驱散他们，地方反动武装干涉他们，京师学务局还不时限制讲演地点和时间。

杨钟健和第三组组员先后到西城第五讲演所、北城第十讲演所等地进行讲演。尽管大家都十分努力，但是效果并不十分明显。大家分析原因有两方面：一是因我们都是学生，满嘴的新名词。到讲的时候，当然是丢不掉。但是一般平民的脑子缺少这个玩意儿。他们听了如何能懂？二是因为我们的团员外省人实居多数，方言术语当然是格外杂乱，所以听讲的人感

---

① 杨松轩青年时代师从关学传人、维新派学者刘古愚，后加入中国同盟会，任同盟会华州分支部支部长。辛亥革命后，杨松轩任陕西军政府教育司次长，因厌倦官场应酬，辞官回乡办学。他创办的私立咸林中学，是陕西乃至西北地区最早开始传播马克思主义的场所。
② 王仰之：《杨钟健年谱》，《西北大学学报》1983年第2期。
③ 于洸：《杨钟健教授在北京大学》，《地质学史论丛（3）》1995年10月。
④ 《平民教育讲演团启事》，《北京大学日刊》1919年10月21日。

受困难，不易领会。① 为解决这些问题，讲演团不断进行改进：在确定宣讲内容时，尽量从老百姓关心的问题入手，不能只讲大道理；宣讲时，尽量用老百姓听得懂的语言。1919年12月21日，干事会要求，团员要将讲演内容提前准备出来，到时印好发给听讲的群众，规定："每星期三以前交来，以便从容付印。但稿子不取冗长。"②

翌年3月，杨钟健与邓中夏一起，当选为北京大学平民教育讲演团总务干事，经常深入北京市内和通县、长辛店等地，进行宣传工作。③ 同年10月，杨钟健与陕籍北大同学刘天章、魏野畴、李子洲、刘含初等创办《共进》半月刊，并任该刊主编。该刊经常选登共产党领导人李大钊、陈独秀和陕籍共产党人刘天章、魏野畴、李子洲、武止戈等人的文章，成为陕西地区，乃至整个西北地区传播马克思主义的重要刊物。④ 陕西地区一大批进步青年，如后来成为党的杰出领导人之一的习仲勋，在这个时候受到《共进》杂志影响，渐渐接受了马克思主义，并从此走上革命道路。⑤

1921年，经邓中夏介绍，杨钟健加入李大钊发起组织的学术性团体少年中国学会，并连任两届执行部主任。他就任执行部主任后不久，主动联系远在湖南长沙文化书社工作的青年毛泽东，并督促他填补

图7-3：青年时期的杨钟健
图片来源：中国科学院古脊椎动物与古人类研究所所史馆

---

① 《平民教育讲演团启事》，《北京大学日刊》1919年12月21日。
② 《平民教育讲演团启事》，《北京大学日刊》1919年12月21日。
③ 王仰之：《杨钟健年谱》，《西北大学学报》1983年第2期。
④ 王仰之：《杨钟健年谱》，《西北大学学报》1983年第2期。
⑤ 《习仲勋传》（上卷），中央文献出版社，2013年8月，第38页。

第七章　马克思主义的早期传播及中共在通县的早期活动

入会志愿书。①1922年6月，杨钟健加入社会主义青年团。1923年7月，北京大学地质系毕业后不久，杨钟健在老师李四光的建议下，赴德留学，在慕尼黑大学学习古脊椎动物学。此后，杨钟健终身从事地质学事业，成为著名地质学家、古生物学家，是中国古脊椎动物学的开拓者和奠基人。

在北京大学求学期间，杨钟健积极宣传马克思主义，尤其是为马克思主义传入通县发挥了十分重要的作用。1920年3月，杨钟健当选为北京大学平民教育讲演团总务干事后，坚持在城区宣传马克思主义的同时，将重点转向了北平郊区。讲演团在3月召开的第三次常务会议做出决定："除城市讲演之外，并注重乡村讲演、工场讲演。"根据这项决定，从4月放春假时起，讲演团开始到京郊卢沟桥、丰台、长辛店、赵辛店、海甸、罗道庄、通县等处进行"农村讲演"。②

为了推动在通县地区宣传马克思主义，杨钟健和同事们一起研究了八项办法，并亲自担任通县讲演组书记。③在杨钟健的率领下，1920年4月6日，北京大学平民教育讲演团的朱自清、田奇隽、汤炳荣、熊卫邦、周长宪、戴朝震、陈兴霜等一批有革命理想的青年人出现在通县的大街上。他们分两组，在通县城里的闸桥、万寿宫等人员密集的地方分头发表了"中华民国""皇帝与总统""破除迷信""靠自己""平等与自由"等内容的演说。④他们向老百姓宣讲，辛亥革命推翻了封建专制，又来了个袁世凯专制，军阀统治换汤不换药。要争得平等与自由，还要继续革命，要像俄国那样彻底革命。《通县讲演组报告》中记有："在该地最热闹之地讲演……计此行讲演共六次，听讲人总数在五百人左右，结果甚为圆满。"⑤

---

① 《毛泽东致杨钟健的信》，1921年9月29日。
② 黄国华：《北京大学平民教育讲演团》，《历史教学》1979年第9期。
③ 于洸：《杨钟健教授在北京大学》，《地质学史论丛（3）》1995年10月。
④ 《通县革命史》，北京出版社，1994年12月，第34页。
⑤ 《北京大学日刊》1920年4月13日。

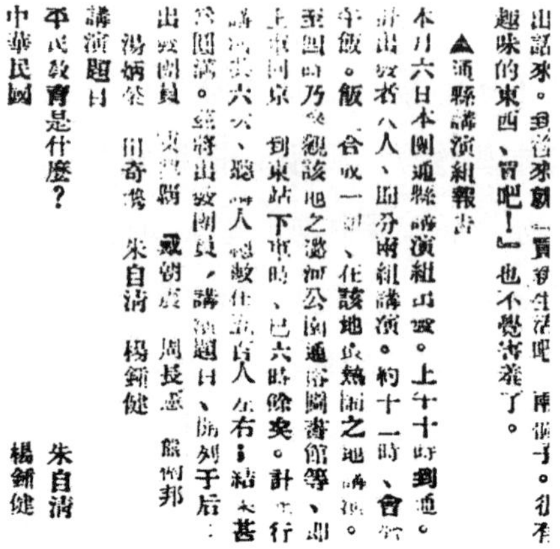

出話來。到當來就「買[illegible]生活吧[illegible]子。[illegible]
趣味的東西，買吧！」也不覺得淺薄了。

▲通縣講演組報告

本月六日本團通縣講演組出發。上午十時到通。計出發者八人，開分兩組講演。約十一時，會合午飯。飯後合成一組，在該地最熱鬧之地講演。至四時乃參觀該地之潞河公園通俗圖書館等，即上車回京。到東站下車時，已六時餘矣。計此行講演共六次，聽講人總數在五百人左右；結果甚為圓滿。茲將出發團員，講演題目，開列于后：

出發團員 [illegible] 戴朗虞 周長憲 饒[illegible]邦
湯炳榮 田奇㑺 朱自清 楊鍾健

講演題目

平民教育是什麼？ 朱自清

中華民國 楊鍾健

图7-4：刊登在《北京大学日刊》（1920年4月13日）上的《通县讲演组报告》
图片来源：北京大学图书馆

虽然平民教育讲演团是以“平民”为宣教目标，但对潞河中学、通县师范等学校的青年师生产生了重大影响。

除了潞河中学，通州师范学校是马克思主义在通县早期传播的又一个重镇。通州师范的历史可以追溯到清末，前身为河北省立通县师范学校（简称“男师”）、河北省立通县女子师范学校（简称“女师”）和通州简易师范学校（简称“简师”）。[①]20世纪五六十年代之交，合并为北京市通县师范学校，1999年并入首都师范大学。

早在1919年五四运动时期，京兆师范学校（通县师范的前身）的学生魏颂尧（魏恩铸）、孙敬修（孙崇德）等组织学生上街宣传革命思想，大声疾呼，反对北洋政府谈判代表在巴黎和会合约上签字。京兆通县师范学生

① 据《百年通师》（首都师范大学出版社，2012年1月）等资料，“男师”创办于清光绪三十一年（1905年），其前身为顺天府东路厅师范学堂、西路厅师范学堂，后更名为京兆师范学校（1911年）、河北省立第十师范学校（1928年）、河北省立通县师范学校（1933年）。“女师”于1915年创办于通县，原名京兆女子师范讲习所，先后更名为京兆女子师范学校（1918年）、河北省立第六女子师范学校（1928年）、河北省立通县女子师范学校（1933年）。“简师”前身为通县师范讲习所，创办于1911年，后发展为通县简易师范学校，又称通县初级师范学校（该校于1956年停办，师生分流到通县男子师范和通县女子师范学校）。

第七章　马克思主义的早期传播及中共在通县的早期活动

魏恩铸等进步学生,接受了马克思主义,逐渐成为马克思主义的先进分子。1921年秋,魏恩铸师范毕业后,在师范附小任教,利用课堂宣传马克思主义。他本人成为通县历史上第一个共产党员,而且不少学生受到他的影响,加入了中国共产党。①

此后,北京的马克思主义群众团体和共产党组织与通县的工人农民建立了联系,并多次派人来通县传播马克思主义和革命思想。1925年5月30日,震惊中外的"五卅运动"在上海爆发,并很快席卷全国。6月中旬,通县女子师范学校的教师杨秀峰和同志们组织发起通县的师生、工人、农民上街集会游行,声援上海。杨秀峰于1897年出生在河北迁安县一个"世代书香"之家,1916年夏考入北京高等师范学校。1917年,俄国十月革命胜利的消息传到中国,杨秀峰十分兴奋,他从俄国革命的成功中看到了中国的希望,他开始接近进步教师,找寻救国之路。五四运动爆发后,杨秀峰以学生代表的身份参加了这一次反帝爱国运动。②

"五卅运动"爆发后,在位于通县的河北省立第六女子师范学校(通州师范的前身之一)任教的杨秀峰同志,立即组织通县"男师"、"女师"、潞河中学等学校的进步青年,在万寿宫大街集会游行,支持各地工人发动反帝斗争。潞河中学、男师、女师、女中推选代表在集会上演讲,声讨日、英帝国主义屠杀工人的罪行,号召全县人民抵制洋货。

杨秀峰在《晨报副刊》上连续发表《为沪汉惨案敬告教职员诸君》,大声疾呼:"教职员理宜参加运动,当指导之任。""既可减除学生之过量牺牲与意外危险,同时更可以趁机实施公民训练,使学生获得种种学识与经验,

---

① 《通县革命史》,北京出版社,1994年12月,第35页。
② 杨秀峰同志后来成长为杰出的教育家、法学家,我国公安政法战线的杰出领导人。新中国成立后,先后任河北省人民政府主席、高等教育部部长、教育部部长、最高人民法院院长。为中共第八届中央委员,第五届全国人大常委,全国人大常委会法制委员会副主任,是中国共产党的优秀党员,久经考验的无产阶级革命家,忠诚的共产主义战士。

通州大变局（1860—1949）

在教育上时有非常之价值。"①针对"教职员的职责在教育"，参加运动是"越职言事，庸人自扰"的论调，杨秀峰在三天后的《晨报副刊》再次发表文章，指出："诸君也是否想到'保国保种'也是教育目的的一种？弱国无外交，唯一的后盾在民气；为此强权压顶，一发千钧的时候，我们号称知识阶级的教职员们应不应该有所表示，以尽国民一份子的责任呢？其就应该起来参加运动，作学生的指导者，使学生少牺牲、少危险。"②

这些活动宣传了党反对帝国主义、反对封建军阀的革命思想，并为中国共产党在通县建立党组织奠定了群众基础。

第二节　中共基层党组织在通县的成立及早期革命活动

在北京大学平民教育讲演团的影响下，通县地区涌现出了一批接受马克思主义影响的青年学生。尤其是当时的潞河中学，学习氛围宽松，师生思想活跃。在青年学生周文彬的领导下，潞河中学成立了通县第一个中共党支部。虽然当时形势十分险恶，但是通县党支部克服了重重困难，创造性地开展了一系列艰苦的斗争。

一、周文彬与通县第一个中共党支部的成立

为推动通县地区党的建设工作，北京中共地下党组织以潞河中学为基地，积极开展革命工作。当时正值第一次国共合作时期，北伐战争迅猛发展。随着北伐战争的节节胜利，工人运动也迅猛发展起来。1926年下半年，北伐军解放了武汉，武汉逐渐成为全国工人运动的中心。1926年夏，党组织派出潞河中学学生宏庆隆等人到武汉工人运动讲习所学习。宏庆隆同志在武汉接受了党的教育，后来成为中共潞河中学党支部的重要成员，也成

---

① 杨秀峰：《为沪汉惨案敬告教职员诸君》，《晨报副刊》1925年6月17日。
② 杨秀峰：《为沪汉惨案再告教职员诸君》，《晨报副刊》1925年6月20日。

第七章　马克思主义的早期传播及中共在通县的早期活动

为一名优秀的无产阶级革命者。①与此同时，中共北京地下党组织发展周文彬、康景新、张雪渊、张树棣等人加入了共产主义青年团。

周文彬，原名金成镐，1908年9月23日，出生于朝鲜平安北道一个革命家庭中。父亲金基昌是一位坚定的爱国主义者，很早就加入了抗日秘密组织新民会。1911年，朝鲜爆发"安岳事件"，在中国安东做生意的金基昌受到牵连而被捕。②1914年，金基昌逃亡到中国，先后暂居上海、天津。在天津，他找到天津南开中学校长张伯苓，

图7-5：青年时期的周文彬同志像
图片来源：潞河中学校史馆

希望张伯苓为他联系学校，把在朝鲜国内受压迫而逃亡到中国的爱国青年送进学校读书，为反日运动培养后继人才。张伯苓帮他联系了北京汇文大学中学部和通县潞河中学。经过综合考察，金基昌选定通县复兴庄作为自己的定居地，并以养鸡、养奶牛、种葡萄等维持生活。③

---

① 目前，关于宏庆隆同志的资料十分稀少。据《宏庆隆：潞河中学走出的坚定革命者》（《北京日报》2019年8月14日）一文介绍，宏庆隆同志受党的派遣，于1927年2月由武汉回到潞河中学。在潞河中学，他积极协助周文彬同志宣传马列主义，培养骨干分子，推动党组织的建设，发动学生运动。1928年高中毕业后，他到中共北平市委工作。1929年12月，中共顺直省委派他到唐山任中共市委常委，负责工人运动。1931年，中共顺直省委派他到石家庄中共直中特委，任宣传委员，负责工人运动。1933年3月，由于叛徒出卖，中共直中特委遭严重破坏，宏庆隆回到中共顺直省委，后被派到唐山、滦县一带工作，被捕后壮烈牺牲，时年28岁。

② 日本帝国主义为镇压新民会的黄海道支会，进而逮捕金鸿亮、金九、都寅权、金庸济、崔明植、金庸震、李相晋、李承吉等160多名反日爱国人士，这就是朝鲜历史上的"安岳事件"。周文彬的父亲金基昌也因此受牵连，被抓捕。

③ 金信正、李春光：《国际主义战士周文彬》，《河北革命回忆录》第二辑，河北人民出版社，1980年9月，第104页。

通州大变局（1860—1949）

  1916年，金基昌将全家迁入通县复兴庄，并加入中国国籍。时年8岁的周文彬与家人一起来到通县复兴庄生活，并入潞河小学读书。此后，周文彬一直生活、工作在中国，并逐渐成长为一名杰出的无产阶级革命家。周文彬从小接受爱国主义教育，并走上革命道路，与家人的影响密不可分。家庭成员中，除了父亲，周文彬受二哥金永镐的影响最深。金永镐思想进步，是周文彬走上革命道路的引路人。1925年7月，金永镐从潞河中学毕业后，找到中国共产党组织，于1926年"三一八"惨案后加入中国共产党。①1926年7月，在二哥金永镐的介绍下，周文彬加入中国共产党，开始为党积极工作，并负责起了潞河中学的工作。②

  1927年春，周文彬发起举办了一个"时局学习讨论会"，后改为"社会主义科学学习小组"，参加者有张珍、康景新等30余人。学习内容主要是"马克思主义学说都包括哪些内容""什么是社会主义""什么是共产主义""俄国革命对中国革命的影响"，等等。③

  1927年4月，以蒋介石为首的国民党反动派发动了"四一二"反革命政变。4月28日，中国共产党的创始人李大钊同志被奉系军阀张作霖残忍杀害，革命陷入低潮。在这样险恶的环境下，周文彬同志依然继续开展党的地下工作。并于这年秋天，经过周文彬介绍，张珍、康景新、宏庆隆、张树棣和周文彬的弟弟金祥镐等加入中国共产党，成立了通县历史上的第一个中共党支部——中国共产党潞河中学党支部。由于周文彬同志的出色表现，党组织任命他为支部书记。④1928年2月，中共潞河中学中心支部正式成立，支部书记仍由周文彬担任。⑤1928年7月，周文彬从潞河中学毕业后，不再担任中心支部书记。但周文彬继续从事革命工作，并成为一位职业革命家，

---

① 李善雨、郎炳信、赵孟起：《周文彬》，辽宁民族出版社，1988年5月，第23页。
② 李善雨、郎炳信、赵孟起：《周文彬》，辽宁民族出版社，1988年5月，第27页。
③ 张珍：《张珍回忆录》，兵器工业出版社，2005年8月，第9页。
④ 通州区地方志编纂委员会：《通县志》，北京出版社，2003年11月，第23页。
⑤ 《通县革命史》，北京出版社，1994年12月，第37页。

第七章 马克思主义的早期传播及中共在通县的早期活动

为中国的革命事业做出了杰出贡献。①

在校长陈昌祐"人格教育"理念的指导下，潞河中学具有宽松的氛围，学生们逐渐养成了民主意识和爱国主义思想。这为中共基层组织在学校的活动创造了良好环境。在党员师生等人的影响下，一些学生利用手中的笔写文章，表达对日寇的鞭挞和谴责，也有助于在社会上形成抗日爱国的氛围。"九一八事变"后不久，《协和潮》刊印了"抗日救国专号"，据记载，"一时稿件山集，足征村民（学生）爱国热忱"②。在该专号中，刊登了《通县各校联合抗日救国大会宣言》，还有署名王乃堂的教师发表的《为日本进占沈阳痛告全国同胞》，以及《敬告民众书》。立即组建了潞河中学学生抗日救国会，并且在刊物上绘制了表现救国会组织机构人员分工及职责的拓扑图。同时，有些学生戴上"誓死保国"的黑纱，走上街头，走向农村，宣传抗日救国。③

《协和潮》刊印"抗日救国专号"的做法，与《新青年》杂志出"马克思主义专号"的做法如出一辙，潞河中学成立反日救国会，也显然受到北京大学学生救国会的影响。可见，潞河中学不仅其"人格教育"办学理念深受蔡元培"完全人格"的影响，在具体实践中，也深受北京大学的影响。潞河中学不仅是新文化运动在通县的前沿阵地，也是马克思主义在通县传播的主阵地，也是中国共产党在通县的基层组织的孕育地。

---

① 周文彬从潞河中学毕业后，随全家迁居海淀，根据组织安排，做党组织委派的联络与互济会工作。不久，受党的派遣，到辽宁抚顺开展地下工作。1936年年底，受组织安排，任唐山工委书记，领导中共开滦煤矿党组织，广泛发动旷工开展抗日斗争。1938年，发动和领导开滦等5矿大罢工，获得胜利。继而他任中共冀热边特委委员，参与组织领导冀东大暴动，指挥赵各庄煤矿部分工人入山，建立工人特务大队。不久，接任冀东地委书记，将工人武装改编为八路军一支队，并兼任政治部主任。1943年，周文彬任冀热边特委组织部长。次年10月初，他率特委机关在丰润县杨家铺附近召开减租减息会议。17日，突遭数千名日伪军包围，他在掩护同志突围时不幸中弹牺牲，时年36岁。

② 潞河年刊编辑委员会编：《1932年潞河年刊》"十村续闻"，河北通县私立潞河中学。

③ 徐华、张洪志编著：《潞河中学史话》，社会科学文献出版社，2014年12月，第89页。

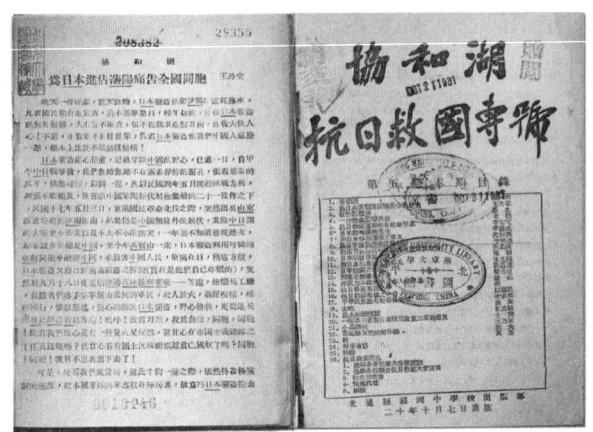

图7-6:《协和潮》(抗日救国专号)
图片来源:潞河中学校史馆

二、中国共产党领导人民在通县的早期斗争

潞河中学党支部成立后,在支部书记周文彬同志的带领下,主要开展了五个方面的工作:一是揭露国民党反动派叛变革命的罪行,利用庙会群众聚集之处,搞"飞行集会",分发宣传品;二是宣传党的革命主张,宣传"劳工神圣";三是开办"夜校",组织工人学习文化,给工人讲革命道理;四是打击校内国民党右派分子;五是联合通州男师、通州女师革命师生共同斗争。[①]周文彬带领革命师生在校内组织"科学社会主义学习小组"与"春草读书会",开办工人夜校,揭露国民党反动派叛变革命罪行,宣传共产党革命主张。

通过工作,特别是通过办夜校,支部工作由潞河中学扩展到男师、女师、铁路东站和附近农村,并发展了潞河中学教工张文奎、女师的马国英、男师的王继瑞、农民李福祥等十多人加入了共产党。根据革命形势发展的需要,经上级批准,1928年2月,中共潞河中学中心支部正式成立,领导潞

---

① 张珍:《张珍回忆录》,兵器工业出版社,2005年8月,第10页。

第七章 马克思主义的早期传播及中共在通县的早期活动

河中学、潞河医院、富育女校、华美学校、复兴庄等处的革命活动。①

1928年5月1日,北伐军进入山东省济南市。日本侵略者遂以保护日本侨民为借口,于5月3日,残杀济南军民万余人,史称"济南惨案"。惨案发生后,全国人民义愤填膺,举行反日大游行,以此声援济南人民。消息传到通县,在通各学校师生纷纷走上街头,进行反帝大游行。

为了组织好这次游行示威活动,潞河中学中心党支部成立了"反帝大同盟",负责组织发动各学校进步青年学生参与到大游行当中。由于"反帝大同盟"组织得力,还有一些市民也被发动起来了。他们在街上发传单、贴标语,高呼"打倒日本帝国主义!"还发通电,要求国民政府维护国家主权。②

图7-7:20世纪20年代,潞河中学掀起了救国运动
图片来源:潞河中学校史馆

这次游行宣传了党的主张,凝聚了通县人民的斗志和决心,但是也让潞河中学的国民党反动派看到了共产党在通县的号召力,因此十分恐慌。此前不久,在军阀混战中,奉系军阀张作霖失利,退回东北。而山西军阀

---

① 北京市通州区党史区志办公室编:《中国共产党北京通州区历史大事记(1923—2000)》,北京出版社,2001年6月,第7页。

② 《通县革命史》,北京出版社,1994年12月,第38页。

阎锡山得势，其第3集团军第2旅进驻通县。潞河中学校内国民党分子依仗阎锡山军队势力，寻找线索和机会，镇压中国共产党在通县的活动。

1928年暑假，党支部在复兴庄周文彬家中开会，研究再组织一次行动，揭露国民党的反革命真面目，反对新军阀的反动统治。由于泄密，党支部成员周文彬、康景新等人不幸被捕，并遭到严刑拷打，后由于没有证据才被释放。事后，党支部总结了斗争的经验教训，一面看到了党在通州有了群众基础，同时也认识到一些党员有了自满情绪，思想麻痹。党支部要求党员必须认识到，新军阀同旧军阀一样反动，都是大地主大资产阶级的代表。特别是国民党在通县、通州市成立了两个国民党党部，他们要对国民党进行清理，不仅要清查共产党，而且要把国民党左派也清除出去，因此还应继续隐蔽，积蓄力量，待机举行暴动。①

周文彬毕业后，中心支部班子做了调整，由康景新任支部书记。潞河中学中心支部继续宣传革命，并秘密开展革命活动。1929年1月，经中共北平市委批准，中共通州区委成立，马国英等先后任书记，下辖潞河中学、南地、黄瓜园、新城四个支部，党员发展到数十人。②但是由于"左"的思想影响，过分强调党员成分，区委书记也由一名电话工人担任，"党的主义、策略，可说完全不知"③。党的组织也处于涣散状态，战斗力很弱。

为贯彻党的六大精神，中央特派刘少奇到北平地区巡视党的工作。他先后巡视了西直门、南口、通州等地，还参加了北大支部会议，撰写了《巡视北平工作的报告》向中央、省委书面汇报，并亲自帮北平市委制订了工作计划。刘少奇在通州巡视党的工作，发现了"左"的思想造成的不利影响。他在《北京工作计划》中指出："对于通州、三家店、清河等处工作，须经常地加以指导。尤其是通州应即派人前往，作比较长期的巡视。"④

---

① 《通县革命史》，北京出版社，1994年12月，第39页。
② 《通县革命史》，北京出版社，1994年12月，第39页。
③ 1929年2月8日《刘少奇同志巡视北京工作报告》(存河北省档案馆)。
④ 中央档案馆、北京档案馆：《北京革命历史文件汇集》(内部出版)，1991年。

第七章 马克思主义的早期传播及中共在通县的早期活动

据刘少奇的意见,中共北平市委立即对通州区委进行整顿,调整了领导班子。任命马国英为通州区委书记,之后由姚艮继任。区委不断组织党员积极分子发传单、搞飞行集会,虽然受"左"的影响,但这也使党的工作有了新的起色。工作范围扩展到大稿村、五里店、富育女中、男女师范、华美学校、潞河医院、复兴庄等处。为适应形势发展的需要,1931年9月,中共通州区委改为中共北平市东郊区委,花仙洲任区委书记。

从1929年到1934年,中国共产党在通县进行了艰苦的斗争,主要开展了以下活动:共产党在通州秘密宣传党的主张,主要以学校为阵地,发动组织进步学生,开展了一系列救国活动。1929年春,在中共通州区委的领导下,通州地区抗日救国会成立开展抗日救亡活动。1931年夏,潞河中学进步学生组织春草读书会,介绍巴黎公社和左联的活动。同年秋,共产党组织秘密散发宣传品,组织各校罢课游行,呼吁共同抗日。① 马克思主义思想开始在广大学生中生根发芽。

1933年11月,《协和湖》刊印发行了"救国专号",此期专号共由21篇文章构成,有散文、小说、诗词等饱含热情的文学作品,也有论文等引发读者思考的文章,均围绕如何救国展开。在一篇《读书勿忘救国》的散文中,作者一连发出了十余个疑问:"现在来看我国的近况如何?是不是在受人侵略呢?是不是被人占去若干土地呢?是不是被人夺去若干主权呢?现在我们在国际间的地位平等吗?政治地位平等吗?经济地位平等吗……我国而今沦到这般地位的缘故是什么?这是不是我们个个国民的失责却职呢?你以为是几个人将中国弄到这般地步吗……我们是尽了责任呢?"并发出了怒吼:"我们不能等着当亡国奴,我们应当趁着这千钧一发时期,起来赶快救民吧。"作为青年学生,不仅要自己担起救国的使命,还要利用知识青年的优势,积极做唤起民众的工作,"使这些仍在迷梦中生活的中国同胞

---

① 通州区地方志编纂委员会:《通县志》,北京出版社,2003年11月,第24—25页。

警醒起来，使我们四万万同胞都担起救国的责任"①。在论文中，有人发出了"谁能救国"的疑问，有人提出"救国的根本办法——到民间去"，有人分析"中国农村是怎样凋敝下去的"，等等。这些救国文章充分反映了学生们的责任担当和爱国热忱。在敌人的枪炮下，学生们不仅没有退缩，还用自己的笔，为前方将士打气鼓劲，唤醒沉睡中的民众，这充分体现了潞河中学学生深受马克思主义和中国共产党的影响。

学生们还以实际行动抗日救国。"九一八事变"后，通县社会各界义愤填膺，成立了抗日救国会。潞河中学学生也积极参与到救国会的工作中。其中一项主要工作，学校每天派出两名学生，轮流把守城门，检查过往车辆及人员，禁止使用日货。②

图7-8：潞河中学学生积极参加抗日救国活动
图片来源：潞河中学校史馆

1933年春，长城抗战告急，潞河中学留校师生组成担架队，深入战场，支援抗战。由于伤兵日渐增多，医院无处收容，潞河中学将礼堂改为伤兵医院。百余师生在陈昌祐校长的领导下，组织起来，帮助救治。另外，由于城外炮火连天，万余灾民拥入学校，"学校大小课室、宿舍、亭子、湖边、甬路皆为难民息栖之所"③。学校组成护卫队，维持秩序。潞河中学成为抗日伤兵及通县百姓的安全港湾，师生们是这

---

① 空空：《读书勿忘救国》，《协和湖》（救国专号）1933年第11期，第57—61页。
② 潞河年刊编辑委员会编：《1932年潞河年刊》"十村续闻"，河北通县私立潞河中学。
③ 《1937年潞河年刊》"大事记"，转引自徐华、张洪志编著：《潞河中学史话》，社会科学文献出版社，2014年12月，第89—91页。

第七章 马克思主义的早期传播及中共在通县的早期活动

个安全港湾的守护者。

随着城区形势的严峻,通县地区共产党的活动重点转向农村地区。从1932年年底到1933年年初,在顺义、三河、平谷、密云、怀柔、通县边界地区的农民,组成"穷人会",学习江西农民,开展抗捐抗税、欢迎红军、反蒋抗日等活动。为了引导农民运动健康发展,中共河北省委派中共天津市委宣传部部长刘靖及共产党员楚德全等人到三河领导农民运动,并发展党的组织。

在中国共产党的领导下,"穷人会"在冀东地区迅速发展壮大起来。刘靖等在整顿"穷人会"的基础上,在三河、顺义、通县、平谷、密云、怀柔、蓟县、宝坻、香河等地发展党员160多人,建立党支部11个、社会主义青年团支部13个。①

1933年9月,中共三河中心县委成立,领导"穷人会"开展了轰轰烈烈的反抗日伪、反抗压迫的运动。中共领导下的"穷人会"让国民党政府十分害怕,在国民党北平军分会和河北省国民党党部的联合镇压下,1933年10月,"穷人会"损失惨重。根据党的安排,除个别同志坚持在这个地区工作外,其余同志都秘密撤回北平。12月12日,根据河北省委的指示,由郝振青负责在该地区组织"京东特委,恢复工作组"。1934年2月,中共三河中心县委恢复工作。4月,中共河北省委驻北平代表被捕叛变,供出了三河中心县委的负责人名单,致使平东地区党的活动陷于停顿。

党领导的这次农民革命运动虽然失败了,但在该地区传播了革命思想,为以后党领导抗日战争打下了群众基础。

---

① 《通县革命史》,北京出版社,1994年12月,第41—42页。

第八章　反抗日伪的斗争

1931年"九一八事变"后,日本帝国主义侵占我国东北。1932年,日本侵略者在东北成立了伪满洲国。1933年日本继而侵占了热河、山海关,侵入冀东。而此时,国民政府实行"攘外必先安内"的反动政策,与日本签订卖国协定——《塘沽协定》。①1933年11月,日本内阁在《帝国外交政策》修正案中提出要"支持中国大陆之分治活动,驱逐国民党势力于华北之外"。日本关东军明目张胆地推进"华北自治运动",借以分裂中国,吞并华北。1935年5月—7月,在日本帝国主义的胁迫下,日本政府与国民党政府先后签订了《何梅协定》②《秦土协

---

① 根据中共中央党校中共党史教研室编《中国国民党史文献选编》(1985年9月,第200页)记载《塘沽协定》,中国军队撤至延庆、昌平、高丽营、顺义、通州、香河、宝坻、林亭口、宁河、芦台所连之线以西、以南地区。《塘沽协定》的签订结束了日本关东军对热河省及长城各口、冀东的军事行动,实际上承认了日本对东北、热河的占领,同时划绥东、察北、冀东为日军自由出入地区,为日本帝国主义进一步制造"华北事变",变冀东为第二个伪满洲国创造了条件。

② 该协定以中方代表何应钦与日方代表梅津美治郎的名字命名。1935年6月9日,日本华北驻屯军司令官梅津美治郎向国民党北平军分会代理委员长何应钦提出"觉书"(即《梅津致何应钦备忘录》)。同年7月6日,在日本军事、外交威压下,何应钦被迫以打字函的形式承认日方的要求。据《华北事变资料选编》(河南人民出版社,1983年9月,第152页),《何梅协定》主要内容是:1.取消河北省内一切国民党党部;2.撤退国民党驻河北省的东北第51军、国民党中央军及宪兵3团;3.解散国民党军分会政治训练处及蓝衣社、励志社;4.罢免河北省主席于学忠;5.取缔一切反日团体及活动。该协定使中国丧失了河北省的全部主权,为日军向华北地区发动全面侵略敞开了大门。

第八章 反抗日伪的斗争

定》①，规定取消国民党在河北及平津的党部，撤出驻扎在河北省、察哈尔省的国民党军队，国民党政府实际上将华北主权拱手让给了日本帝国主义。

通县因其重要的战略位置，被日本侵略者觊觎已久。日本关东军为有效地推进"华北自治运动"，1935年11月25日，操纵汉奸殷汝耕在通县成立"冀东防共自治政府"。面对日本帝国主义的步步紧逼和伪冀东防共自治政府的投敌叛国行为，全体爱国力量和热爱和平的人们，在中国共产党抗日民族统一战线的感召下，共同掀起了反抗日本帝国主义的斗争。

第一节 伪冀东防共自治政府的成立及其暴行

通过《何梅协定》和《秦土协定》，日本帝国主义已经基本把国民党的军事力量挤出了华北。紧接着，日军开始策划"华北自治运动"，妄图把华北变为第二个伪满洲国。

一、伪冀东防共自治政府的成立

1935年8月，日本方面派多田骏接替梅津美治郎为日本华北驻屯军司令官，并指示：由多田骏、奉天特务机关长土肥原贤二、关东军参谋长板垣征四郎三人密切合作，负责华北的工作。其意图是"由中国方面有志之

---

① 该协定以中方代表秦德纯与日方代表土肥原贤二的名字命名。1935年6月23日，日军关东军特务机关长土肥原贤二与国民党察哈尔省代理主席秦德纯在北平举行谈判，并于27日签订《秦德纯、土肥原协定》（又称《察哈尔协定》）。据《华北事变资料选编》（河南人民出版社，1983年9月，第193—194页），《秦土协定》主要内容是：将驻于昌平和延庆一线的延长线之东，并经独石口之北、龙门西北和张家口之北，至张北之南这一线以北的宋（哲元）部队，调至其西南地区；解散排日机构；（就张北事件向日方）表示遗憾，并处罚责任人；禁止山东移民通过察省；两星期内完成上述工作。作为协定的解释事项：承认日满的对蒙工作，援助特务机关的活动，并且停止移民；招聘日本军事及顾问；帮助日方设立各种军事设备；给日本人在该区旅行、调查提供方便。《秦土协定》使中国丧失了察哈尔省的大部分主权，把国民党的军事势力赶出了察哈尔省。它和《何梅协定》一起，为日本帝国主义进一步扩大对华北的侵略扫清了道路。

士成立自治政权，脱离南京束缚，将日满与华北引向亲善状态"。① 多田骏到任后就不遗余力地开展分裂华北的阴谋活动，公开鼓吹"华北自治"。9月24日，多田骏正式声明，提出：（一）华北五省应结合成联合自治政府；（二）受日本之指导；（三）彻底扫除反满抗日分子；（四）建立经济独立单位；（五）与南京政府财政绝缘；（六）联合五省实力，共同防赤；（七）吁请华北人民速起倒蒋自救。②

当时，在华北掌握兵权的有北平的宋哲元、山西的阎锡山、山东的韩复榘、河北的商震。日方分别与这四人接触，企图利用这些势力，建立一个傀儡政府。但在举国一致要求抵抗日寇侵略的浪潮下，这些人都慑于人民的巨大威力，不愿意做汉奸，使得日军的阴谋不能得逞。当时，日军策动的重点是担任国民党第29军军长兼平津卫戍司令的宋哲元。宋哲元不是蒋介石的嫡系，并参加过冯玉祥的倒蒋活动，同时他在冀（河北）察（察哈尔）两省和平（北平）津（天津）两市有较大势力，日军将其视为实现"华北自治"最理想的对象。当时的北平市市长秦德纯在战后国际法庭上做证时曾说，"1935年，在宋哲元担任平津卫戍司令后，土肥原曾多次到华北来，煽动组织华北自治政府，使华北脱离中央"。③ 土肥原贤二提出的条件是：（1）宋哲元通电全国，宣布华北自治政府成立；（2）当时留在华北的中央政府宣传人员必须从华北撤退；（3）平津地区的舆论应予控制，任何反对自治运动的言论必须制止；（4）日本支持宋哲元为华北自治政府的首脑；（5）日本将扩大对华的军事和经济援助；（6）经济上，从天津筑石家庄的铁路，修订天津海关税则，增加欧、美商品的进口税率，降低日本的进口税率。④

---

① 《华北治安战》（上），天津人民出版社，1982年6月，第6页。
② 南开大学历史系编：《冀东日伪政权》，档案出版社，1992年5月，第76页。
③ 复旦大学历史系中国近代史教研组编：《中国近代对外关系史资料选辑（1840—1949）》下卷第一分册，上海人民出版社，1977年9月，第284页。
④ 复旦大学历史系中国近代史教研组编：《中国近代对外关系史资料选辑（1840—1949）》下卷第一分册，上海人民出版社，1977年9月，第284页。

第八章 反抗日伪的斗争

11月11日，土肥原亲自到北平，要宋哲元成立"华北五省自治政府"，并威胁道，如果11月20日前不正式宣布，日军便夺取河北、山东。①

为配合土肥原的行动，日本关东军司令南次郎于同日发布命令，限其部队在15日前做好从长城外向华北进军的准备。16日又命令空军做好20日进驻平津地区的准备。②与此同时，日本关东军向山海关、古北口大批增兵，有从旅顺、青岛调来巡洋舰、驱逐舰在大沽口海面游弋，并不断派飞机到平津地区上空盘旋示威，向国民党政府和宋哲元施压。此时的宋哲元处在极端矛盾的状态中，一方面因不是蒋介石的嫡系而遭排挤，日军此时大肆威逼利诱，但是作为一个有良知的中国人，又不愿冒天下之大不韪。宋哲元对日本只好敷衍塞责。

到11月19日，宋哲元索性来了个金蝉脱壳，离开北平，避往天津。当土肥原发现宋哲元已经躲到了天津，立刻也到天津逼迫宋哲元宣布"自治"，土肥原还提出，如果韩复榘、商震不同意，宋可单独宣布"自治"，遭到拒绝。韩复榘则以"怀疑宋哲元一派专断，不屑与之合流"为借口，拒绝北上。21日，日本派天津驻军参谋中井到保定逼迫商震，商震称病，与之虚与委蛇。③致使土肥原必须在20日前成立"华北五省自治政府"的计划落空。

在这种情况下，日军采取先策动国民党下级官员起来首倡"自治"、取得突破口，然后向华北实力人物施压的办法，迫使其搞"自治"。土肥原贤

---

① 根据《华北伪政权史稿——从"临时政府"到"华北政务委员会"》（郭贵儒、张同乐、封汉章著，社会科学文献出版社，2007年7月，第30页）记载，土肥原向宋哲元提出"华北高度自治方案"内容有十条：（1）成立"华北共同防赤委员会"；（2）领域为华北五省二市；（3）首领宋哲元，总顾问土肥原；（4）由最高委员会主持军事；（5）财政截用中央在该省市之关税、盐税和统税；（6）开发华北矿业、棉业，"使与日、满、华结成一单位"；（7）另定五省通用货币，与日元发生联系；（8）扑灭三民主义与共产主义，"代之以东洋主义"；（9）保留南京政府之宗主权；（10）亲日反共。

② 邵云瑞、李文荣：《伪"冀东防共自治政府"成立经过》，《河北文史资料选辑》（第九辑），河北人民出版社，1983年2月，第198页。

③ 郭贵儒、张同乐、封汉章著：《华北伪政权史稿——从"临时政府"到"华北政务委员会"》社会科学文献出版社，2007年7月，第33页。

二相中了曾留学日本、通晓日本情况，并且一直与关东军秘密勾结的殷汝耕。①此时的殷汝耕身兼蓟密、滦榆两区的督察专员，执掌东起山海关、西至通县的冀东22个县的广大区域的行政权，并直接指挥冀东保安队。《何梅协定》签订后，中国的正规军队已经撤出河北省，冀东保安队成为冀东地区独一无二的军事力量，由此殷汝耕成为地方实力派。

殷汝耕本来就与日本关东军暗中有勾结，当土肥原向他提出首先由他来倡导"华北自治"时，殷汝耕就表现出异乎寻常的热情。1935年11月23日晚，土肥原贤二与殷汝耕商议成立冀东伪政权时，殷汝耕比土肥原贤二还积极。

> 在殷汝耕发表成立"冀东防共自治政府"宣言的前夕，我和土肥原来到天津某一饭店，那里已聚齐了殷汝耕以下的主要人员，土肥原要求他们起事。意气高昂的殷汝耕立即说："好事要快办，明天就宣告新政府成立，今天晚上我立即返回通州。"土肥原大为高兴，让我马上去拿香槟酒，并说："那么，我们就以香槟举杯预祝成功吧。"
>
> 我立刻向饭店要香槟酒，不巧得很，香槟酒已全部卖光。……我提议用日本酒代替。……殷说："用日本酒庆祝比香槟还好。"……殷汝耕干完杯，就紧急驰车返回通州。②

24日，殷汝耕返回通县后，立即召集"非武装区"特警队等负责人召开临时会议，宣布合并滦榆、蓟密两区为滦蓟区，并拟定"自治宣言"。25日0时，殷汝耕在通县通电全国，发布冀东22县"自治宣言"。宣布"自

---

① 早在留学日本期间，殷汝耕就通过其日籍妻子与日军政界要员取得联系。1932年"一·二八"事变时，殷汝耕担任国民党上海市政府参事，他代表市长吴铁城与日方谈判，签订了丧权辱国的《淞沪协定》。

② ［日］土肥原贤二刊行会编、天津市政协编译组译：《土肥原秘录》，中华书局，1980年11月，第43页。

本日起,脱离中央,宣布自治,举联省之先声,以谋东亚之和平"①。殷汝耕还通电宋哲元、韩复榘、商震、肖振瀛、徐永昌、傅作义、秦德纯、程克,要求他们"当此危急存亡之状","而负磐石之重任",拉拢他们响应"自治"。②

25日上午8时,殷汝耕在日本关东军武装保护下,在通县文庙召开"冀东防共自治委员会"成立会。会议宣布所有蓟密、滦榆两区行政专员公署,同时停止办公,限月底结束完毕,并将蓟密专员公署牌额撤销,改换为"冀东防共自治委员会"。会议议决:组设监理处,监理冀东22县之交通事宜;组设冀东22县税款接受委员会,接收各县税收;在唐山设立"冀东防共自治委员会"办事处;派霍实赴北平日本大使馆及武官室,殷体新赴天津日驻屯军部及领事馆报告情况。③

会后,殷汝耕等又举行所谓的"第一次委员会议",通过《冀东防共自治委员会组织大纲》。其主要内容为:第一,宣称根据《塘沽协定》特殊之区域为范围,"脱离中央政权,完成人民自治,以防赤化、刷新财政、敦睦邻邦、开发富源、尽力确保东亚和平而增进人民福利为目的"。在通县组织成立"委员会",为军政最高负责机关。第二,"委员会"为会议制,由委员中选举委员长1人,并负责军政一切责任。第三,"委员会"组织为委员长1人、委员8人、秘书长1人,下设秘书、保安、外交、民政、财政、建设、教育、税务管理、铁路管理各处,并在唐山设办事处。④实际上,伪政府各厅、各县都聘用了日本顾问及秘书,一切大权都操纵在日本人手中。各队伪军都聘有日本教官,军队指挥大权全操纵在日本教官手中。

一个月后,民政、财政、教育、建设、实业等处改为厅。厅、处、局直接向秘书长负责,秘书长协助政务长官处理政务。秘书长、参政、建设

---

① 《殷汝耕向全国发出的通电》,《满洲报》1935年11月26日。
② 《殷汝耕向宋哲元等发出的通电》,《满洲报》1935年11月26日。
③ 《冀东防共自治会成立》,天津《益世报》1935年11月26日。
④ 《冀东防共自治委员会组织大纲》,天津《大公报》1935年11月25日。

通州大变局（1860—1949）

委员会、保安大队、唐山办事处直接向殷汝耕负责。①

据会后殷汝耕向中外记者发表谈话，当时伪冀东防共自治政府情况大体如下：

第一，政治方面，宣布自治，脱离中央。

第二，经济方面。全部接收所属22县税收，"县方"每年280余万、"省方"300余万、"国方"500余万。唯对关、盐两税，因涉外交，暂不过问。所属境内之币制，尚未研究。各县之现银，于一星期前，即分别封存。

第三，治安方面。现有之警团力量，保安队总额，现有14000人，民团共10余万人（常备团12000人，散在团10万人），足以维持。

第四，铁路交通方面。组织铁路监理处，监督北宁路榆关至塘沽段之铁路业务，即由该处派员监督，至于昌平县之平绥路及通县至北平间之平通路，暂不派员监督。

第五，其他方面：古北口榆关间之日军各有一个师团，因有停战协议之规定，故日军在各口往返，无从限制；《塘沽协定》之废除，尚谈不到；所属各机关，是否延聘日顾问，尚未决定；将来"满洲国"如派代表来，是否应予以接待，开会决定之；开滦煤矿，不准备干预。②

伪政府辖通县等22县，面积约8万平方千米，人口467万余人。据当时国民党立法院统计处统计，小麦年产量为2.7亿斤，小米4亿斤，玉米5亿斤，大豆3亿斤，棉花2300万斤。③其他农产品在华北经济中也是很重要的组成部分。另外冀东地下有丰富的矿产资源，例如开滦煤矿等。以上丰富

---

① 河北省唐山市政协文史资料委员会编：《二十世纪三十年代的冀东阴云——伪"冀东防共自治政府"史略》（内部交流），1999年8月，第49—52页。

② 《冀东防共自治会成立》，天津《益世报》1935年11月26日。

③ 南开大学历史系编：《冀东日伪政权》，档案出版社，1992年5月，第76页。

第八章 反抗日伪的斗争

的资源都被日本帝国主义所掠夺，为日本帝国主义的侵华战争提供了经济支持。

殷汝耕投敌叛国后，国民党政府于11月26日召开行政院会议，要求"特派宋哲元为晋察绥靖主任，令冀省府将滦榆区专员殷汝耕免职拿办"。决议"滦榆、蓟密两区专员公署着即撤销，其职务由冀省府直接处理；电令宋主席、商主席等负责维持地方治安"。①同日，国民党政府发布通令缉拿汉奸殷汝耕。国民政府还下令河北、平津当局，不可承认冀东伪组织，但同时要求他们不可引起非军事区的纠纷。三天后，国民政府外交部照会日本驻华使节，殷汝耕叛国，正拿办在案，殷逆叛国前未经行政院驻平政务整理委员会、军事委员会北平分会和河北省政府许可的行为，以及背叛后的一切行为都是无效的。国民党政府当时还在积极推行"攘外必先安内"的政策，把缉拿殷汝耕的重任交给了国民党军第29军军长宋哲元和河北省主席商震。

宋哲元不愿意当汉奸，但也以此为筹码向蒋介石讨价还价。经过宋哲元、日本及南京国民政府之间紧张的三角交涉，国民政府虽也曾力争保留主权，但在妥协退让政策下，提出并得到日本的勉强同意，于12月28日宣布在北平成立了半独立性质的冀察政务委员会，以宋哲元为委员长，土肥原担任冀察政务委员会顾问。冀察政务委员会除了名义上隶属南京国民政府，实质已经成为变相的自治。

尽管国民党中央军并没有决定北上，但是日本方面已经做好了军事干涉的准备。在国民党政府发出缉拿殷汝耕的通缉令的同一天，日本方面在《满洲报》上明确表示"倘中央军果然北上与华北军惹起无理行为时，日本华北驻屯军当必加以干涉，依双方之兵力如何，并将使满洲国内驻屯部队，急速动员，进出关内。无论如何，现在在华北已以包围阵形待机中，若中

---

① 原载天津《大公报》1935年11月27日。

305

央军一举开始北上时，日本亦将不得已而出动"。①

鉴于日本方面强硬态度，国民党政府不敢采取实际行动，在事实上接受了伪冀东防共自治政府的事实。伪冀东防共自治政府的成立是日本帝国主义"分离华北"，实现"华北自治"的重要步骤。由于南京国民政府的妥协退让，致使日本帝国主义的野心进一步膨胀。此后，日本帝国主义更加紧了侵略华北。

二、伪冀东防共自治政府的倒行逆施

伪冀东防共自治政府其实是效忠日本的傀儡政府，实权由日本领事馆、特务机关掌控。为了扶持"华北自治"，日本帝国主义煞费苦心，不仅在军事上做好了应对国民党政府军事干预的准备，而且从上至下各级伪政府，乃至最基层机关，都由日方安插了日本顾问、参事等。当时的通县是伪政府首脑所在地，伪政府控制十分严密，百姓深受其苦。这个汉奸政府全力讨好它的日本主子，倒行逆施，致使通县人民处在水深火热之中。

图8-1：伪冀东防共自治政府成立后，部分成员的合影
图片来源：《百年沧桑——通州历史图片汇编》（通州图书馆编）

---

① 南开大学历史系编：《冀东日伪政权》，档案出版社，1992年5月，第37页。

第八章　反抗日伪的斗争

1.亲日联满，充当日本帝国主义侵略中国的马前卒

为了给这个汉奸政权站台，1936年1月11日，受关东军和日本中央军部的指示，伪满洲国外交次长大桥忠一行前往通州，代表伪满洲国与伪冀东防共自治政府缔结了军事、外交、交通协定，规定："（一）冀东地带接壤满洲之长城沿线，治安任务悉由满洲完全负责；（二）冀东东侧海防，悉由日方驻在满海舰队负责；（三）对冀东之基于武力，由日方与满洲使其积极发展，需要之物资，先由满洲尽量补助；（四）空中力量必要时亦由满洲接济；（五）候冀东政府行政、建设、公路发生障碍或者外来之压力，满洲协力共同根绝。"①

为了对日本主子表示忠心，1936年4月12日，殷汝耕派遣秘书长兼伪外交处处长池宗墨为专使，率团赴伪满专程答谢。4月16日，池宗墨在长春拜会了日本关东军司令植田和伪满洲国外交大臣张燕卿，分别呈送了殷汝耕的亲笔信。殷汝耕卑躬屈膝，恬不知耻，在给植田的感谢信中说："不肖殷汝耕……得贵关东军充满友谊之援助，建立起冀东防共自治政府。几个月来，基础略定，一切建设工作也已开始。在此期间，关东军倍加关照，还派出了军队支援。"②殷汝耕在给伪满外交大臣张燕卿的信中说："惟贵国与我冀东接壤，其关系密如唇齿。……为达目标，我冀东与贵国自应一马当先。"③殷汝耕极力与伪满洲国加紧勾结，为日本帝国主义全面侵华充当急先锋。

为确保全面侵华的各项政策、任务得到有效执行，日本帝国主义还在通县县城驻扎了由特务和汉奸组成的武装特务部队，番号为甲字1418部队，总部在燃灯佛塔西南侧。除此以外，伪政府成立后，日本军方在通州设立特务机关，"先省立民众教育馆的礼堂却变成'大日本驻通县特务机关

---

① 南开大学历史系编：《冀东日伪政权》，档案出版社，1992年5月，第38页。
② 南开大学历史系编：《冀东日伪政权》，档案出版社，1992年5月，第39页。
③ 南开大学历史系编：《冀东日伪政权》，档案出版社，1992年5月，第44页。

长'的办公厅。而在特务机关四外的清季废弃仓房,又正开办着'冀东警团干部训练所'"。①据《通县志要》记载:"民国十九年(1930年),河北省在中仓设立实验城市民众教育馆……冀东政府成立教育馆迁移潞河公园后,改为特务机关。"②机关长为细木繁,实际上为"太上皇"。特务机构的主要任务是秘密搜捕、杀害爱国进步人士;派假学生监视、绑架宣传抗日思想的爱国师生;派假商人刺探、诱捕商界爱国人士;派武装特务配合"清乡"日伪军抓捕与共产党有往来的乡绅等。这些活动都是秘密进行的,而且手段极其残酷。伪政府不仅不保护其治下的民众,反而助纣为虐,共同镇压进步势力。

图8-2:华北日本驻军在通州演习
图片来源:《中华(上海)》1946年第48期

1936年10月30日开始,日本在平津驻屯军5000人,于通县举行了为期五天的军事演习。伪政府对此十分重视,提前成立了"筹应友军秋操演习委员会",针对日军所需人马物资召开会议,详细部署。人马饮料、被褥、芦席、草垫、干草、炉火、锅灶、柴火、拴马桩等一应俱全。《冀东日报》对

---

① 纪庸:《冀东杂讯》,1936年《中流》第二卷第三期。
② 《通县志要》(卷三·建置·局厂),1941年铅印,成文出版社,第178页。

此事进行了报道:"茌通演习秋操之平津驻军五千名,已全部出发,由田代司令官督率,向北平采(取)进攻式。政府(指伪冀东防共自治政府)、县府、警务局、商会及第一区1—12乡等机关,组织之友军演习支援会,以任务已了,昨日已宣告结束。"①

1937年4月24日,日本军队在通县又举行了一次军事演习,伪政府还强征通县男子师范及其完小、简师、县立完小、静安寺、各旅店、澡堂等,于演习前按要求布置好,供日军住宿,伪政府的汉奸相可见一斑。

2. 大肆经济掠夺,吸吮人民的血汗

日本是一个资源贫乏的国家,为满足对外扩张的需要,冀东地区丰富的物产资源早已令日军垂涎三尺。殷汝耕为满足主子的要求,积极主动协助日军掠夺不计其数的煤炭、粮食、棉花以及其他物资。殷汝耕还实施所谓的"冀东特殊贸易",为日本走私活动提供保护。当时的通县,日货充斥市场,而民族工商业受到毁灭性打击,迫使大批工厂商店关门倒闭。1936年,日本人在通县开设"冀东银行",滥发伪钞,造成货币贬值,百姓的财富迅速缩水,人民苦不堪言。

除此以外,伪政府巧立名目,征收苛捐杂税,压榨冀东人民最后一滴血。根据《冀东伪组织下的苛捐杂税》记载,通县24种苛捐杂税如下:地产捐(田房中用附加)、保卫团饷税、发电厂捐、本城商铺捐、妓捐、人力车捐、汽车捐、万寿宫香捐、东关芝麻捐、本城羊屠捐、教育戏捐、冬期冰窖捐、官厕所捐、妓馆捐、教育房捐、建设房捐、农品变价税、斗牙附税、称牙附税、牲畜牙附税、屠宰附税、斗称屠宰协款、教育冰规、盐店补助费。②

伪政府还开展了一系列的工程建设,从而达到虚假繁荣、粉饰太平的目的。如1936年秋,伪冀东政府"按旧有水池划分五区,栽植荷花,就城

---

① 原载《冀东日报》1936年11月3日。
② 《冀东伪组织下的苛捐杂税》,《东方杂志》第34卷第15号,1937年8月1日。

通州大变局（1860—1949）

墙西北部之坍坏处，修建城道七路，广栽花草树木"①，营建了西海子风景区，实际上是"殷府后花园"。在新城东北后街建立了自动电话局，主要用作日军军用专线。与此同时，殷汝耕还推进伪政府各部门办公所需楼堂馆所等建设工程，在中仓地区建设了自来水塔。自1936年入冬，从农村到城镇，乞讨要饭的人不断增加，饿死路边的人也是常有的事。有老百姓自编的歌谣为证：

殷汝耕，坐冀东，
不是下雨就是刮风；
修马路，挖大坑，
地上钻些大窟窿。②

这首歌谣以简洁的语言生动地反映了大汉奸殷汝耕为搞所谓"政绩工程"的事实，也是生活在水深火热中的老百姓对殷汝耕的痛恨之情的表达。殷汝耕在通州最繁华的地区建自己的府宅，百姓咬牙切齿，称之为"阴（殷）府"。在民间也有这样一首歌谣在传唱：

万寿宫，东头高，
西头有座鬼王庙。
鬼王庙，改殷（阴）府，
旁边就是双老鼠。
双老鼠，吱吱叫，
北边就是五道庙。
五道庙，一间房，

---

① 《通县志要》（卷三·建置·局厂），1941年铅印，成文出版社，第184页。
② 郑建山：《郑建山作品选》，漓江出版社，2013年2月，第568页。

后边紧挨大苇塘；

大苇塘，噗噜噜，

前边笑来后边哭。①

3.积极推行奴化教育和反共宣传

伪政权的文化教育政策与其军事、政治阴谋密切配合。在其统辖地区，尤其是在通县地区，推行奴化、反共教育以及各种欺骗宣传，达到"掌握民心"的政治目的。在通县（以及冀东其他地区）的教育行政机构和各类学校中，教育大权都控制在日本"顾问"手中，使教育为日本侵略政策服务。②当时的日本顾问待遇十分优厚，俨然就是教育行业的监工，而各级老师待遇微薄，在思想上和行动上都受到监控。据记载，在通县的日本顾问叫上田金三郎，月薪160元。而当时通县县立完小校长邢文会向上报告"教师最高薪额为25元……特请县政府……将各教职员薪略事提高，以资救济"。③

图8-3：伪冀东防共自治政府在通州城门悬挂的反动标语
图片来源：《百年沧桑——通州历史图片汇编》（通州图书馆编）

---

① 郑建山：《郑建山作品选》，漓江出版社，2013年2月，第568页。

② 贾润贤：《20世纪的冀东阴云——唐山市档案馆藏冀东日伪政权档案纪略》，《档案天地》2004年第4期。

③ 北京市通州区政协文史资料委员会编：《烽火通州》，中央文献出版社，2006年3月，第106—107页。

通州大变局（1860—1949）

在各级学校，日语被列为必修课，为通县的三所省立和一所县立学校配备了日语教员。《冀东道区省县立中等学校日系日语教员情况》（1938年10月，唐山市档案馆藏件）记载了这四所学校的日语教员的姓名和薪水情况。中西金太郎任职于省立男子师范学校，月薪180元；齐藤一男任职于省立女子师范学校，月薪为170元；吉见平三任职于省立农科职业学校，月薪170元……另外，伪政府在各级学校将日语列为必修课，经书和"修身"作为主要课程，历史、地理等课本被肆意篡改歪曲，凡有爱（中）国思想的内容全部删除。

伪政府的反共宣传渗透到各个领域，其中教育方面是重点。为防止学生被"赤化"，1937年8月，在伪教育厅召开的直辖校长会议上，伪政府颁发《防共原则案》。《防共原则案》拟定了以下四项措施："1.考察言行：各级学校在授课时，对于学生的言论行动，均应严密考察，勿使有共产学说之倾向。2.调正［整］思想：各校应于课余，利用各种方法引导学生使其思想正确，勿令荒于闲逸，免于共产党徒以引诱之机会。3.检查读物：各校学生阅读刊物，应由训育人员随时检查，不得涉及共产党宣传文字，否则没收销毁，并予以相当之惩戒。4.联合家庭：各学校与学生家属，应随时联络，对学生在家庭之读物，施以检查，俾学校与家庭通力合作，以防共产党之诱惑。"①伪政府编印了《防共要义》《防共浅说》等材料，进行广泛宣传，还炮制了《剿共灭党歌》等反动歌曲在各种媒体进行播放。此外，伪政府十分重视建立和控制报纸、广播等工具，控制舆论，加大防共宣传。据当时亲历者记述："各教育机关，许多书籍都被焚烧了，不时地还有某方人暗中探防。"学校的学生们"都非常沉闷，但深明白自己的境遇，精神上没有出路……他们都不爱多说话，成天抱着书本死啃。但是他们研究学问也不得随便，时常受别人的检查"。②

---

① 南开大学历史系编：《冀东日伪政权》，档案出版社，1992年5月，第545页。

② 凉羽：《冀东伪组织下的两个中学的近况》，《中国学生（上海）》1937年第4卷第7期，第11页。

第八章　反抗日伪的斗争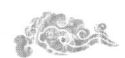

此外，伪政府还借助封建复古思想和迷信思想，传播殖民地文化，抵制抗日救国进步思想。日本浪人在通县开设洋行白面儿（海洛因）馆、赌局、花会和妓院，败坏社会风气，沦丧伦理道德，企图磨灭通县人民的意志。

第二节　通州起义及其影响

通州起义是伪冀东防共自治政府内部保安力量武装反抗伪冀东防共自治政府及其后台日本帝国主义的爱国义举，是日本全面侵华后，在日伪内部爆发的一次重要的武装斗争，在抗日战争历史上具有十分深远的影响。

一、伪政府不得人心

伪冀东防共自治政府是汉奸政府，不得人心，招致了全国人民的反对。在伪政府宣布"自治"的同一天，北平各大学校长和社会名流联合通电声明："我们坚决反对一切脱离中央和组织特殊政治机构的阴谋举动。我们要求政府全力维护国家的领土及行政的完整。"①1935年12月6日，冀东人民请愿代表团发表了《冀东人民告全国同胞书》，文中列数了伪政府的七条罪状，并提出了"宋哲元将军派兵收复冀东；中央政府派兵恢复华北领土主权，收复一切失地；准许派代表参加国民大会"三条要求。②冀东旅平同乡会等请中央查抄殷逆家产。南京《中央日报》1935年12月10日发表电文，一致要求"政府实施有效办法，一面颁发命令，查抄殷逆浙江省永嘉县原籍家产，一面坐以重罪，以为媚人叛国者戒"。③与此同时，平津教育界、河北省教育界，南京、广州、上海、武汉教育界，全国铁路工会，邮务工会等也纷纷发布通电和宣言，反对自治，要求政府讨伐殷逆，维护国家领土和主权

---

① 朱正：《胡适简要年表》，《新文学史料》2012年第3期。
② 南开大学历史系编：《冀东日伪政权》，档案出版社，1992年5月，第33页。
③ 南开大学历史系编：《冀东日伪政权》，档案出版社，1992年5月，第33页。

完整。据当时通县邮电局业务员回忆："接到全国各地反对、劝告、唾骂各类信件、电报，每日不下数百起。"①

不仅各方态度不一，伪冀东防共自治政府内部也矛盾重重。伪政府组成人员政治态度不完全一样。一部分亲日反共，与日本特务机构取得联系，是殷汝耕伪政权的骨干分子。如二号人物池宗墨，不仅是殷汝耕的老乡，而且也曾留学日本，是殷汝耕的铁杆支持者。又如殷体新（殷汝耕胞弟、伪实业厅厅长，兼任伪驻唐山办事处主任）、张仁蠡（张之洞次子、伪民政厅厅长，兼任伪丰润县县长）。在伪政权中，还有少数人怀有爱国抗日之志，他们选择蛰伏，静待时机，逃离伪政府。如伪外交处处长霍实，于1935年12月28日逃出伪区，由保定转南京，并通电脱离伪政府。

还有些人则得到国民党军政要人支持，暂留伪政府中，相机行事。保安队队长张庆余②和张砚田③，原是东北军51军于学忠部的两个团长。《塘沽协定》签订后，冀东地区不许中国军队驻守，只准派警察维持治安，所以国民党政府就从东北军51军于学忠部中抽调了千余人组成了两支警察队，原旅长张庆余、团长张砚田被分别委派为第一、第二警察队队长。伪冀东防共自治政府成立后，警察队扩充改编为保安第一、第二总队，共4000多人，张庆余、张砚田为队长。所部从沧州、静海、杨村分别进驻通州、香河、

---

① 河北省唐山市政协文史资料委员会：《二十世纪三十年代的冀东阴云——伪"冀东防共自治政府"史略》（内部交流），1999年8月，第40页。

② 张庆余，生于1895年，河北沧县人。毕业于北京陆军模范团步兵科，历任直隶军排、连、营、团长等职。1933年被抽调担任河北特警队第一总队队长。1935年11月，改任伪冀东防共自治政府保安队第一总队队长。1937年7月28日晚上，率部在通州起义。后曾任国民政府军政部第六补充训练处中将处长、91军副军长、国民党军委会中将参议。1946年夏退役，与家人定居天津。1963年9月病逝于天津。

③ 张砚田，河北通化人，毕业于保定陆军讲武堂。曾任东北军团长，驻山海关。1933年冀东划为非驻军区，河北省政府成立五个特警总队，任第二总队队长，率部进入冀东。1935年11月伪冀东防共自治政府成立后，任伪冀东防共自治政府保安队第二总队队长。1937年7月28日晚上，在通县与张庆余联合发动通州起义。后任第1集团军第118师师长、第42军副军长。1946年7月31日被授中将衔。同年退役。

第八章 反抗日伪的斗争

宝坻、玉田、丰润、顺义、怀柔、密云、三河、蓟县、石门、遵化、抚宁一带。张庆余、张砚田受东北军于学忠的影响，倾向抗日救国。当殷汝耕密谋策划冀东"自治"时，张庆余、张砚田曾秘密请示。这时于学忠已调往陕甘，不再兼任河北省省长，故请示了新任省长商震。"商密告示：目前不宜与殷汝耕决裂，可暂时虚与委蛇，余当负责向政府陈明。"①

1935年12月，宋哲元就任冀察政务委员会委员长之后，张庆余和张砚田秘密拜会了他，表明了愿意追随宋哲元抗日的心愿。宋哲元对他们说："素悉二位热爱祖国，近又听俊杰（张树声，原冯玉祥将军部下，此次会见的介绍人）兄说，二位愿合力抗日，本人代表政府表示欢迎。兹有一事，先向二位声明，请二位注意，即我宋哲元决不卖国，希望二位以后对我不要见外，并希望坚定立场，不再动摇。"②临别时，宋哲元赠他们每人各1万元。张庆余、张砚田十分感动，慷慨表示："今后愿一心一意追随委员长为国效力。"③从此，张庆余、张砚田2人留在伪政府中，等待时机，发动起义。

另外，在伪冀东防共自治政府官员中，还有一些不甘心附逆的人，由于受到日本人的监视，没有逃离的机会，只好任日伪播弄，或虚与委蛇，等待时机，相机行事。

二、通州起义的爆发

殷汝耕对张庆余、张砚田等人早就怀有戒心。为了对张庆余、张砚田形成钳制，伪冀防共自治政府在四个保安总队以外，又增编了一个教导总队，设两个区队。第二区队长沈维干原是张庆余部下上校督察长，后来成了教导总队的负责人。张庆余、张砚田、沈维干3人既是旧交，又都有爱国思想，对日寇和汉奸殷汝耕心怀不满。

---

① 张庆余：《冀东保安队通县反正始末记》，载《天津文史资料选辑》第21辑，1982年。
② 张庆余：《冀东保安队通县反正始末记》，载《天津文史资料选辑》第21辑，1982年。
③ 张庆余：《冀东保安队通县反正始末记》，载《天津文史资料选辑》第21辑，1982年。

七七事变后，中国共产党发表的抗战宣言，进一步激发了爱国力量的抗日斗志。平津人民组织了募捐团、战地服务团，把捐助的物资送往前方，又组织义勇队断绝敌人交通，支援抗战国民革命军第29军部队。

张庆余、张砚田派心腹和29军取得联系，向第29军37师师长冯治安请示机宜。冯治安说："现在我军同日军是和是战尚未决定，请你转告张队长，暂勿轻动。待我军开战时，请张队长出其不意，一面在通州起义，一面分兵侧击丰台，以收夹击之效。"①冯治安嘱咐说，可委派心腹人员与29军参谋长张樾亭经常保持联系。张樾亭将冀东保安队第一、第二总队编入战斗序列。当时，通州处在敌后方，是日军频繁运输的要道，由于29军的驻守，此要道处于断绝状态。日军认为，恢复交通所谓主要障碍，就是驻扎通州南门的29军部队。

"卢沟桥事变"前，两军都不敢贸然动武，还能够"相安无事"。这主要有两点原因：一是根据《塘沽协定》，护城河正处在"战区"分界线上；二是当时驻通日军实力不足。尽管国民政府对日军心存幻想，举棋不定，但中方武装力量也没有放松对日军的警惕。当时，通县南城外有29军一个营的兵力（该军为143师独立第39旅2团1营，营长傅鸿恩），驻守在三义庙、宝通寺、王恕园和城东南的发电厂。这支因参加长城会战而闻名天下的部队，于1933年1月从山西移驻通县城南门外，保卫着北平东大门。伪冀东防共自治政府成立后，日伪武装占领城内，日军将日本守备队和特务机关的宪兵队，分驻西仓、中仓和西塔胡同。日军守备队应该算"特勤部队"，与正规作战部队有区别。此外，还驻有一个日军的宪兵中队。冀东伪政府保安第一总队、保安教导总队分驻在老四营等地。"保安队"是介乎军队与警察之间的一种武装力量，因为日本人不允许伪冀东政府拥有自己的军队。保安部队之外，还有地方警察，他们是通县政府原有的社会治安力量。

---

① 张庆余：《通州事变的经过》，《通县党史文史资料》第六期，1985年8月。

第八章　反抗日伪的斗争

伪冀东防共自治政府保安队中的爱国官兵与日本侵略军的矛盾很深，而且不断激化。据考证，在6月上旬的一天，一辆日本军车在日本守备队门口的马路上，把保安队第一总队张庆余部的一名巡逻兵轧死。日本守备队十分蛮横，面对愤怒的保安队，不仅没有解释安抚，而且还缴了保安队巡逻兵的械，对他们进行毒打。张庆余闻讯率领所部官兵到日本守备队要求释放遭到毒打的巡逻士兵，但是被日军汽车轧死的士兵却白白丢了一条性命。这一事件更加深了保安队反日情绪。①

1937年7月7日"卢沟桥事变"爆发后，日本帝国主义挑起了全面侵华战争。在中国共产党的感召下，华北人民和全国人民一道迅速掀起了抗日救亡运动的热潮，驻扎在北平天津等地的第29军等部进行了英勇的抵抗。日本政府一方面宣称对事件采取"不扩大"的方针，指示日军与中方谈判；另一方面却迅速大规模增兵华北。26日，日军攻占廊坊，切断了北平与天津的联系。27日，日军向中国方面发出最后通牒：中国军队于48小时内撤出北平地区。第29军拒绝撤出，并进行了英勇抵抗，副军长佟麟阁、第132师师长赵登禹壮烈殉国。

图8-4：通州起义激战后留下的弹痕
图片来源：通州区博物馆

---

① 赵竞存：《最早的华北日伪政权——"冀东防共自治政府"——为纪念抗日战争胜利50周年而作》，《冀东学刊》1995年第3期，第26页。

27日凌晨3时，日军突然出现在通州城南的城墙上，向第29军驻地（城南菩萨庙、火车站）开炮，遭到第29军将士迎头还击。日寇出动飞机进行狂轰滥炸，伪冀东防共自治政府保安队多次向日军飞机展示傀儡政权的旗帜，仍惨遭轰炸。保安队被激怒，也开始用机枪向前来轰炸的飞机进行扫射。

7月28日，日军大举进攻29军，并令保安队配合日军行动。但是驻扎在通县旧城南门外的冀东保安队没有执行日军的部署，他们对空放枪，放走29军驻通官兵。残忍的日军轰炸了保安队的驻地，这一事情激怒了本不甘心当汉奸，早有起义准备的保安队。

张庆余、张砚田认为部队起义时机已到，决定于7月28日夜里12时在通县起义。起义外指挥机关设在通州北关岳庄的吕祖祠，内指挥机关设在通县东大街保安队指挥部。张庆余对起义进行了精心部署：第二总队派兵把守城关各路口、邮电局、各机关；教导总队负责解决车站日本警备班和警戒增援之敌；第一总队兵分三路突袭日寇守备队、敌伪机关和日在通侨商。①

29日拂晓，通州城内枪声大作，起义战斗打响。队伍按照战前部署，关闭城门，断绝城内交通，占领电信局及无线电台，并包围冀东伪政府，活捉了殷汝耕。张庆余本想将殷汝耕斩首，但身边人的建议，认为不宜擅自处死，最好押送交与宋哲元。起义部队第二路任主攻，他们组织了200多人的敢死队，手持大刀很快就解决了日寇岗哨。接着，他们从东西两路夹击，点燃了日军的油库、弹药库。第三路根据搜到的居留民册，搜杀日本人。据后来日本"慰灵塔"记载，被起义部队打死的日本人有500余人。②

战斗一直持续到29日上午10点，由于日军派空中力量支援，起义力量寡不敌众，只能撤退。张庆余等人还不知道宋哲元已经率领29军撤离北

---

① 河北省唐山市政协文史资料委员会：《二十世纪三十年代的冀东阴云——伪"冀东防共自治政府"史略》（内部交流），1999年8月，第132页。

② 河北省唐山市政协文史资料委员会：《二十世纪三十年代的冀东阴云——伪"冀东防共自治政府"史略》（内部交流），1999年8月，第133页。

平,因此率领保安队起义后前往北平。保安队将殷汝耕押送到北平城下后,日军将其解救。在通州起义中,通州日本特务机关长细木繁大佐、日寇驻伪政府顾问奥田重信大佐、第一总队顾问渡边少佐、伪教育厅顾问竹腾茂、宪兵队长何田、通县顾问甲斐、甲茂、伪冀东银行顾问等被击毙,有力地鼓舞了华北军民的抗日斗志。

三、通州起义的影响

通州起义也称"通州事变"或者"通州事件"(日本右翼称为"通州大屠杀"),此次起义还带动了华北其他地区抗日运动。同时,驻顺义的保安队苏连章团奉张庆余命令同时起义,杀死日军200余人[①]。在天津、大沽、塘沽等地的保安队纷纷倒戈,在同一时间都发动了对日本侵略军的袭击。通州起义不仅给日本侵略者以沉重打击,也给冀东伪政府以致命的打击。伪政府的所在地也由通县迁往唐山,由池宗墨接替伪政务长官的职务。

通州起义后,日寇的法西斯本性愈发暴露,进一步强化了对通县的殖

图8-5:通州起义后,日军轰炸通州城
图片来源:《百年沧桑——通州历史图片汇编》(通州图书馆编)

---

① 北京市通州区政协文史资料委员会编:《烽火通州》,中央文献出版社,2006年3月,第238页。

民统治。日军在通县地区无恶不作，其罪行罄竹难书。

一是大搞治安强化运动，妄图肃清共产党势力。日伪时期的通县是"治安区"，是"模范县"，是日本推行法西斯统治的样板。当时通县成立了"强化治安通县支部"，配合通县公署、"新民会"通县总会、日本守备队等日伪组织，搞集政治、军事、经济、文化、交通、特务为一体的"总力战"。为控制民众的抗日活动，通县于1940年开始实行保甲连坐制度，全县共有749保7266甲①。日伪采取高压手段，严厉取缔抗日活动。还利用报纸、电台、电影、标语口号、书籍等一切当时能用的手段宣传"大东亚共荣"思想，污蔑共产党。

二是烧杀抢掠，残害人民。日军和日伪军以抓共产党为由，进行大搜捕，随意抓人。太平洋战争爆发后，日本国内劳动力严重不足，日军在华强征劳工，通县也经常有人被强抓。有的劳工被迫为日军修建军事设施，有的被抓到日本做劳工。据幸存者回忆，他们的遭遇极其悲惨。②1939年4月，日军火烧东营，烧了东营村110多间房子③。1943年，日军在通州城内华严寺胡同（现中仓小区西）进行毒气实验，受害面积北起倪家胡同，南到麦芋胡同北，东到弥陀庵胡同，西到华严寺庙，受害范围在今天的中仓小区④。公园下坡等其他地方也是日军常搞毒气实验的地点。

三是加强对抗日根据地经济封锁，大肆掠夺通县人民的财物。为封锁冀东抗日根据地，日军在通县东关浮桥、通县各城门以及白庙等主要路口设立关卡，伪政府情报部门和伪警察局联合执行，清查过往人员和物资。

---

① 北京市通州区政协文史资料委员会编：《烽火通州》，中央文献出版社，2006年3月，第101页。

② 北京市通州区政协文史资料委员会编：《烽火通州》，中央文献出版社，2006年3月，第153页。

③ 北京市通州区政协文史资料委员会编：《烽火通州》，中央文献出版社，2006年3月，第137页。

④ 北京市通州区政协文史资料委员会编：《烽火通州》，中央文献出版社，2006年3月，第139页。

过往商贩都要严格盘查,说清货物明细,交完特别税后才能放行。

四是败坏社会风气,传播落后文化。日伪更加疯狂地推行奴化教育,搞"三毒"(即白面儿馆、赌局、娼妓)运动。1939年6月,日本"对华中央机关"——兴亚院制定《普及日语方策要领》,详细规定了在中国占领区普及日语教育的根本方针、要领、组织与计划等。在这里,日语教育不只是语言教育,而是一种"武器","内可培养指导大陆民族的纯正日本人,外可教育青少年、教化一般民众生活"[①]。日伪除了在通州的各类学校强行推行日语教育外,居留通州的日本人、汉奸及"新民会"等各种机构还设立了多所日语学校,面向社会推广日语教育和日本侵略文化。洋行(白面馆)、俱乐部(赌局)、娼妓是日本摧毁通州人民身心健康的最恶毒的手段。通州人民深受其害,几乎每个村庄、城镇的每条街巷都有一批受害者。他们蓬头垢面,形容枯槁,如行尸走肉一样,堕入日本帝国主义设下的陷阱不能自拔。

图8-6:日伪时期,在通县沿街出售的吸毒用具
图片来源:《时代》1937年第114期

---

① 东北师范大学教育系:《伪满奴化教育》,1951年。

通州大变局（1860—1949）

第三节　中国共产党在通县开展的全方位斗争

中国共产党坚决反对日本帝国主义侵略华北，反对殷汝耕伪冀东防共自治政府。1935年12月，中共中央召开了"瓦窑堡会议"，明确提出建立抗日民族统一战线。会后，中共中央派刘少奇同志主持北方局工作，把打倒汉奸政权、开展冀东地区抗日活动作为党的中心工作之一。1936年春，中共中央北方局派傅茂公（彭真）到冀东巡视工作，在唐山古冶召开了中共平东特委会议，李葆华、李运昌、李一夫、王平陆、王大中、阎达开等参加了会议。不久，平东特委改组，重建了冀热边特委。同年8月25日，北方局向各级党组织发出了《华北政治形势与党的任务》的指示，明确提出"我党目前的主要任务就是团结和组织全民族一切抗日反汉奸的力量，来进行胜利的抗日反汉奸的民族革命战争"。

"卢沟桥事变"爆发后，1937年8月中共中央召开了洛川会议，提出在敌后放手发动独立自主的山地游击战争，开辟敌后战场，建立敌后抗日根据地的战略任务。毛泽东同志明确提出："红军可以一部于敌后的冀东，以雾灵山为根据地进行游击战争。"①全面抗战开始以后，中国共产党及其所领导的八路军，开辟并创建了冀东（冀热辽）抗日根据地。②根据洛川会议精神和毛泽东同志的要求，中共中央北方局要求，配合八路军广泛开展敌后抗日游击战争，不失时机地准备发动冀东抗日暴动，创建敌后抗日根据地。河北省委及平东、冀热边特委一手发动抗日游击战争，同时广泛发动群众，促进各阶级、阶层抗日人士团结合作，实行抗日民族统一战线。

在这样的形势下，反抗伪冀东防共自治政府的武装力量进一步加强。

---

①《聂荣臻回忆录》，解放军出版社，1984年，第398页。

② 抗日战争中全国19个抗日根据地之一。这个地区北踞长城，南濒渤海，连接东北华北地区，且境内有北宁、平古铁路等交通干线，沿海有塘沽、秦皇岛等重要港口，粮食、煤炭等各种资源十分丰富，战略地位十分重要，历来是兵家必争之地。

第八章 反抗日伪的斗争

在这样的背景下，中国共产党在通县地区开展了全方位的革命斗争。

一、巧妙开展统战工作

这一时期，在通县的共产党组织处境极为艰难。1934年春，通县的党组织被迫停止一切活动。"一二·九"运动后，中共北平地下党组织立即派了许多共产党员深入平东的广大农村地区，以教书、行医作掩护从事抗日救亡运动。原通州男师学生、共产党员王少奇、卜荣久等利用节假日深入冀东地区宣传进步思想。① 伪冀东防共自治政府成立后，针对伪政府在学校推行奴化教育，共产党员知识分子编写了具有爱国思想的教材，秘密散发到学校，在师生中宣传了进步思想。

为掌握伪冀东防共自治政府的内部情况，为争取日伪武装力量，中共通过几个途径派人到伪冀东防共自治政府内部，秘密进行抗日救国统战工作。第一，通过东北救亡总会派中共党员康建生、孙志远等渗透入伪政权开展情报工作。康建生曾任潞河中学中心支部组织委员，地下工作经验丰富。1937年2月，康到通县，利用在伪政府文化委员会做编辑工作的机会，巧妙开展地下工作。第二，中共东北特别工作委员会（简称东北特委）派杨秀峰到通县做统战工作。杨秀峰1924年在通县女师任教，1925年6月，在通县指导女师、男师、潞河中学师生走上街头，声援五卅运动。1928年5月，他又受组织指派，到通县指导学生运动，抗议"济南惨案"。杨秀峰利用对通县情况很熟悉的优势，结合东北各救会开展统战工作。第三，中共中央北方局曾派朱欣陶打入伪政府内部，先后担任伪冀东防共自治政府秘书厅秘书和警务科科长，及时向党组织传递重要情报。北方局还通过中共冀东党委派共产党员黎巨峰、王自悟同志深入驻冀东地区伪保安大队内部搞统战工作。不仅中共中央北方局派人到伪冀东政府内搞统战工作，1936年春，中共陕甘宁边区刘志丹派赵玉升同志打入敌人内部，宣传抗日救国

---

① 《通县革命史》，北京出版社，1994年12月，第56页。

主张，并发展了周兴武、杨新、冯孝义三位新党员。"卢沟桥事变"前，伪保安队已秘密建立共产党支部。①

在共产党坚持抗日主张的影响下，民团、伪警察、伪保安队内部反日、反伪政府的情绪日益高涨。在城内的保安队士兵不堪忍受日本人的骄横欺辱，经常与日本人发生冲突。有一天，伊藤洋行的日本杂役，去福来车行打气，无理取闹。正好被保安队的三个士兵看见，他们将这个"泼役"暴打一顿，并押送到保安队。后经日本顾问求情，才将其放走。②中国共产党的统战工作为后来张庆余、张砚田发动通州起义起了重要推动作用。

在通县广大农村地区，中国共产党派人发动农村地区的小学教师传播马列主义，宣传党的抗日救国政策。这些小学教师追求进步，对党组织交给的任务积极完成。他们利用课堂教学、开家长会宣讲抗日救国的道理，还组织了儿童团，给共产党地下工作人员站岗放哨、传递情报，并利用关系做了大量的伪保甲长、伪军家属工作。宣传工作深入普通百姓家里，通县东部地区有的村庄逐渐变成游击区，大部分村庄的伪政权变成了两面政权，给抗日政府交粮纳税了。③

二、开展武装斗争

1937年下半年，日军派华北方面军第63师团67旅的一个大队，约1500人侵占通县。1941年，日军将驻通治安军增加至3个团。1942年又增加一个警备大队528人，武装警察296人，加上日军松崎直人部队，总兵力达5000余人。1941年3月，伪政府成立地区保甲自卫团，全县5个地区共有保甲自卫团团员530人。日军在通县地区烧杀掳掠，施展淫威，妄图摧毁通县人民的抗日意志。

---

① 北京市通州区政协文史资料委员会编：《烽火通州》，中央文献出版社，2006年3月，第255页。
② 张庆余：《通州事变的经过》，《通县党史文史资料》第六期，1985年8月。
③ 《通县革命史》，北京出版社，1994年12月，第79页。

通县地区共产党为保存实力,活动更为隐蔽,但是共产党在冀东大地上点燃的抗日武装暴动的烽火却越烧越猛。1938年7月6日,冀东爆发了抗日武装起义,抗日联军成立。到1940年,冀东专署已经下辖7个县级抗日政权,建立起抗日政权的村庄达3000多个,根据地人口约百万。①

抗日根据地的蓬勃发展,引起了日寇的恐慌。1940年冬季开始,日寇在冀东地区推行"三光"(杀光、烧光、抢光)政策,针对冀东抗日力量进行大扫荡。1941年3月到1942年年底,日本侵略者在华北推行了五次"治安强化运动",把华北分为"治安区""准治安区""非治安区",通县属于"治安区",通县东部及周围的冀东地区是日军扫荡的重点。在1941年春开始的第一次"治安强化运动"中,从三河到潮白河,在这块狭小的地区,日军派出一个联队,加上伪军共3000多人,进行长达一个月的穿梭扫荡。②日军强迫群众挖沟筑墙,搞了个百里长的封锁线,又进行多次清乡、强化保甲制、扫荡。

图8-7:被日军轰炸之后的通州城
图片来源:潞河中学校史馆

经过第一次"治安强化运动",日军认为达到了目的,在第二次"治安强化运动"中,在冀东没有进行大的行动。中共各级党组织采用灵活的游

---

① 参见中共唐山市委党史研究室:《冀东革命史》,中共党史出版社,1993年6月,第235页。
② 《通县革命史》,北京出版社,1994年12月,第78页。

击战，对日军及其伪军进行袭扰。在此过程中，重点对投靠日军的汉奸进行打击。通县东北部是侵略者"防共"的重点区域，此处有个活跃的汉奸叫荣有直。七七事变后，他投靠日军当了汉奸，并出任"自卫团长"。中共平三密四区区委决定以荣有直为突破口，打击日伪及其走狗的嚣张气焰。四区基干队队长徐永顺带着几名队员秘密潜入村里，对荣有直进行了教训。从此以后，荣有直再也不敢胡作非为，每当鬼子有什么行动，都能及时向中共党组织递送情报。①

在第三次"治安强化运动"中，日寇对通县以东地区搞"清剿剔抉"。在该地制造了重大惨案，杀害中共党员干部、无辜群众48人，烧毁房屋400余间。在反"清剿"中，四区组织委员王仁甫、区助理员张荫盛等10余名同志遇难。冀东地区各级党组织团结带领群众进行了坚决回击。从"治安军"进驻冀东到1942年3月，冀东军民与敌军作战20余次，击毙日军中佐以下2189人，击毙伪军官兵551人，瓦解伪军2000余人，治安军损失兵力三分之一以上。②1942年，通县东部的十多个村庄建立了抗日群众组织，变成了中共蓟宝三联合县的游击区。

1942年年底，敌人实行的第四、五次"治安强化运动"中，其手段无所不用其极。大部分解放区变成了游击区，游击区变成了敌占区。但是在最困难的时候，共产党领导的武装力量和地下工作者从东北、东南两角深入通县腹地。1943年以后，日军扫荡出现盛极而衰的形势，但是仍以冀东为重点，进行大扫荡。通县地区是重灾区，日军频频制造血案，烧杀抢掠。即使在这种极其恐怖的环境下，共产党也坚持开展对敌斗争活动。

1944年，冀东平原地区抗日武装斗争更加活跃，冀东解放区基本恢复了1942年前的基本区，并在通县潮白河以西的广大地区延伸扩展。1944年4月，中共冀热边特委建立三通香（三河、通县、香河）、三通顺（三河、

---

① 《通县革命史》，北京出版社，1994年12月，第80页。
② 《通县革命史》，北京出版社，1994年12月，第85页。

第八章 反抗日伪的斗争

通县、顺义）办事处，7月，三通香、三通顺抗日民主联合县分别成立。①
8月，八路军三通香支队建立。9月，八路军第11团攻克西集镇日伪据点。与此同时，三通香支队、冀东军区第14军分区也向敌人发起了进攻，拿下了东寺庄、应寺等据点，各区小队、民兵也分头对敌小据点、炮楼进行封锁、围困。仅10余天，除三河、夏垫、燕郊、白庙、贾后疃据点外，通县东部、南部大部分地区均被我军收复。②

1945年年初，敌人为加强对冀东地区的统治，入春以来，大批伪满军进驻冀东，配合原有敌伪，以优势兵力对我抗日根据地进行最后的疯狂进攻。伪满军在长城沿线20千米以内，实行集家和村，企图制造"无人区"，阻绝我军向口外发展。沿长城各县划归建平省，直属伪满政府管辖，并由伪满军接防。同时，敌人调集大量伪满军深入冀东内地，增设据点，向我根据地进行蚕食，企图将我方势力挤压出冀东。

敌人集中了通县、顺义、三河、香河日伪军6000多人，在三通香地区进行大规模扫荡，而这个地区的抗日武装力量只有500余人。面对十倍于我的敌军，党领导军民进行了迂回战。通县地区属于冀东区第14军分区，军分区16团以三通顺为基地，向丰滦密（丰润、滦县、密云）地区突击，进而突击口外地区敌军。为配合冀东军分区反伪满军斗争，三通香支队主力配合第18军分区相机突击武清地区敌军，一部巩固三通香地区，并秘密向西突击，扩大与第10军分区的联系。三通顺支队以部分兵力巩固三通顺中心地区，保护地道，一部隐蔽向白河以西、通州西北突击。③

1945年上半年，通香武游击队、张林清游击队都编入了中共三通香支队，还扩建了各区区小队，而且各村还普遍建立了民兵、抗联会、青救会、

---

① 从此，通县地区分属两个联合县管辖。通县北部部分村庄属于三通顺联合县第五区，其余村庄分属于三通香联合县一区、二区、三区、四区。后来发展到广渠门、左安门外的广大地区，总面积约1000平方千米，近500个村庄，人口总计60多万。
② 《通县革命史》，北京出版社，1994年12月，第116页。
③ 李运昌：《冀热辽军区司令部反伪满军战役总结》，《冀东武装斗争》，中央党史出版社，1994年12月，第315—316页。

妇救会、儿童团等群众组织。日军虽然气势汹汹，但是已经陷入了人民战争的汪洋大海。1945年6月，我军基本将日军赶出了通县。

三、通县人民的反日斗争

在城市，河北省立实验城市民众教育馆开展了一系列活动，提升了民众的爱国意识。"九一八事变"后，民众教育馆各位同人们立即奋笔疾书，向民众介绍"九一八事变"的真相，揭露日本帝国主义的恶行，这些文章结集成册，发表在馆刊《城市民教月刊》上，形成"国难专号"。民众教育馆还向民众发出抵制日货的倡议，并举行了国货运动大会，引导民众抵制日货，使用国货，用实际行动抗日。

潞河中学具有光荣的革命传统，是马克思主义在通县早期传播的重要阵地，也是中国共产党在通县的第一个党支部的诞生地。潞河中学不少师生都加入了中国共产党，从这里走上了革命的道路。潞河中学学生公开进行义演、募捐等支前活动。从这一年开始，潞河中学开始军训，学生掌握基本的军事知识和实用技能，为抗日做准备。1933年长城会战后，潞河学生主动请缨，上前线救护伤兵、运送医药食品，潞河中学大礼堂成为抗日伤兵救护站，学生们担任护士工作。

1935年年底，伪冀东防共自治政府在通县成立后，通州城为日本占领区域，新城南门外东面为国民革命第29军（简称29军）控制区，新城南门外西面为美国教会所在区。潞河中学师生们与29军联系紧密：29军为学校及师生提供了保护，潞河中学时常邀请该军官兵参加学校举办的活动。1936年4月27日，黄花岗殉难烈士纪念日那天，潞河中学举办了纪念活动，邀请29军官兵参加，纪念活动"非常热闹而壮烈，29军的健儿整装出发奔潞河大操场。潞河的学生全体严肃地立在那里……向黄花岗七十二烈士的英灵致敬、讲演、游艺（仅在潞河操场）"。①

---

① 凉羽:《冀东伪组织下的两个中学的近况》,《中国学生（上海）》1937年第4卷第7期，第10—11页。

第八章 反抗日伪的斗争

七七事变后,平津等地相继沦陷。潞河中学是美国教会学校,日军不敢进入学校,学校便打开大门,接收了不少逃难的民众,同学们在校内进行抗日宣传,并一直把国旗高高升起在谢氏楼楼顶上。1941年12月8日,日本帝国主义者偷袭美国在太平洋的海军基地珍珠港,随即,美国正式对日宣战。12月10日清晨,日军突然进驻潞河中学,并令全体教职员工即时撤离学校。潞河中学1942届校友许连需回忆道:

> 10日下午,日军接管了潞河中学并宣布封闭学校,限令全体学生两小时之内收拾好自己的行李衣物,全部堆放在大操场上,当晚前必须离校。同学们心中充满怨恨,心情十分沉重,不知何时才能复校相见。同学们相互告别时,不禁纷纷落泪。那天下午落起小雪,天气十分寒冷。我们先送走来自山西的同学,又与天津和北平的同学告别。这时已经是黄昏了。迎着小雪,我当晚住进通县同学家中,次日回顺义老家去了。①

当时的校长陈昌祐后来回忆道:"当时正值隆冬,大雪纷飞,校园内交织着凄凉恐怖和愤怒的气氛,大家依依不舍地含泪而别。"②原潞河中学的师生大多不愿留居沦陷区,纷纷准备向大后方转移。他们抵达安徽亳县后,在当地的教会学校怀恩学校的基础上创办了亳县涡北中学。当时正在创办亳县涡北中学的张志兰校长获悉潞河中学的境况后,邀请潞河中学教务长靳铁山、总务长李宝璞、注册主任刘学儒、数学老师潘智源、地理老师侯镜川、国文老师吴海珊等10余位教师到校协助办学。③这些老师们把潞河中学的办学方式和理念带到了亳县。

不少潞河中学师生到后方后,迫切希望能够在大后方复校。1943年2月,

---

① 徐华、张洪志编著:《潞河中学史话》,社会科学文献出版社,2014年12月,第97页。
② 陈昌祐、刘汝英:《回忆通县私立潞河中学》,《文史资料选编》第16辑,北京出版社,1983年1月,第130页。
③ 徐华、张洪志编著:《潞河中学史话》,社会科学文献出版社,2014年12月,第99页。

通州大变局（1860—1949）

老校长陈昌祐离开通县，秘密通过敌人封锁线，辗转到达西安，见到校友黄振英、张子华和美国公理会牧师亨德（曾任潞河中学教员）等人，共同商讨复校问题。在陈昌祐等人的不懈努力下，潞河中学于1943年秋季在西安市开学上课。高中初中共有六个班，并招收了女生。初期有男女生一百余人，后来增加到二百多人。①复校后的老师员工，多是原来的教职员，他们辛勤地投入教学工作，不久就把迁往西安的潞河中学办得有声有色，教学质量受到西安各界人士的称赞，学校地位也日益提高。

通县师范等学校的师生，在中国共产党的感召下，尤其是在学校进步师生的影响下，采取各种方式反抗日本侵略者。1935年，通县男师和女师学生坚决反对伪冀东自治政府接管，以各种形式开展了与伪冀东防共自治政府的斗争。伪政府首脑、汉奸殷汝耕恼羞成怒，令冀东保安队包围了学校。全体爱国师生在敌人的淫威下，坚贞不屈，拒绝悬挂伪政府"五色旗"，每天清晨在学校升国旗，向汉奸政府示威。②

为了免遭日军奴役，在日军正式开进通县县城的前一天，学校停课，组织学生撤离通县。半年后，通县师范迁至北平西单皮库胡同复课，大部分师生们冲破重重阻力，到新校复课，并参加了当年在北平发起的一二·九运动。③伪冀东防共自治政府在通县原校址成立"冀东通县师范学校"，在伪冀东防共自治政府的压迫下，一些师生秘密宣传进步思想。在日伪的监视下，老师们在课堂上讲什么都有严格限定，但是一些老师仍然利用一切机会，向学生们宣传"不做亡国奴"的爱国思想。据亲历者回忆，在1936年的黄花岗七十二烈士纪念日，学校不许搞纪念活动，而"课堂上那有血性

---

① 陈昌祐、刘汝英：《回忆通县私立潞河中学》，《文史资料选编》第16辑，北京出版社，1983年1月，第130页。
② 《百年通师》，首都师范大学出版社，2012年1月，第62页。
③ 《百年通师》，首都师范大学出版社，2012年1月，第62页。

第八章　反抗日伪的斗争

的先生还说过：'别忘了今天的日子啊！'"①学生们时刻关注着国家的前途和命运，千方百计地打听外面的时事，只有在晚上才能偷偷看一些进步书籍。而一些不堪忍受屈辱的学生，便离开学校，有的到了抗日的最前线。抗日战争期间，有王少奇、李正冠、孙文淑、乌兰、路岩等学生参加革命。

在农村，广大民兵、群众积极配合八路军进行抗日活动，在情报提供、粮草供给、掩护八路军等方面，发挥了十分重要的作用。不仅如此，广大群众在党的领导下，还成为破坏日本后勤补给线的主力军，有效地配合了抗日事业。三通香联合县境内的平津公路，是日寇的交通要道，为了保护这条交通命脉，日军在公路两侧挖了"封锁沟"，建了"防共墙"，炮楼林立，重兵把守。中共三通香联合县建立后，县委决定破坏这条交通线。在县委的发动下，广大民兵和群众开展了大规模破坏活动。先挖了多条从北运河岸边到公路的暗沟，并在一夜之间推倒了从梁各庄到安平的"防共墙"，填平了"封锁沟"，还将路面掏空，使敌人的运输车辆不能通行。②公路两旁的游击队不断袭扰敌人，使这条交通线时断时续，有力地促进了通县地区，乃至整个冀东地区的抗日活动。

通县是各族人民聚集的地方，各族人民团结在中国共产党的周围，参与到抗日战争的伟大斗争中，何臣及其领导的回民支队就是其中的代表。何臣是于家务村的回族群众，由于生活所迫，以贩私盐为生。在此过程中，结识了一些英雄好汉，拉起了一支自己的队伍。这支队伍多次打鬼子、除恶霸，被日军视为眼中钉，多次遭到日本"治安军"围剿。何臣带着10余名兄弟投奔了解放区，参加了抗日回民支队，并被任命为大队长。在党的教育下，何臣很快由一个绿林好汉变成了八路军指挥员，并带领这支回民支队打了很多胜仗，为冀东地区的抗日事业做出了积极贡献。③

---

①　凉羽：《冀东伪组织下的两个中学的近况》，《中国学生（上海）》1937年第4卷第7期，第11页。

②　《通县革命史》，北京出版社，1994年12月，第118页。

③　《通县革命史》，北京出版社，1994年12月，第96—106页。

第九章 1949：人民的胜利

抗日战争胜利后，国民党立即派来先遣人员抢夺人民抗战胜利的果实，不准日伪军向八路军缴械投降，令他们"就地维持治安"。1945年9月，河北省第六战区联防司令部和国民党通县县政府在通县城内成立。[①]此战区以通县为中心，辖三河、香河、顺义、昌平、平谷等县。为加强对敌斗争，保卫胜利果实，1945年10月，经中共冀东区委第十四地委批准，通县单独建县。1946年4月，中共通县县委贯彻中共中央《1946年解放区工作方针》，提出坚持自卫立场，开展大生产运动，做好打持久战的准备。中共通县县委一方面贯彻土地改革的指示，领导人民进行土地改革，发展生产；另一方面对来犯之敌，坚决开展武装斗争。在中国共产党的领导下，经过几年的斗争，通县人民终于获得了解放。

与此同时，由于独特的地理位置，通县始终处在内战的前沿阵地，1946年7月29日，在通县与香河县交界的安平镇爆发了震惊中外的"安平事件"，这是我军与世界上实力最强的美军首次正面交锋。平津战役期间，通县是平津战役指挥部所在地。通县解放后，全县人民全力支援平津战役前线，为北平和平解放做出了积极贡献。

---

① 《通县革命史》，北京出版社，1994年12月，第136页。

第九章　1949：人民的胜利

第一节　安平事件及其影响

经过艰苦卓绝的斗争，日本侵略者被赶出了中国。眼看期盼已久的和平就要到来了，但是以蒋介石为代表的国民党反动派，一方面向中共中央主席毛泽东发出邀请，到重庆"和平谈判"；另一方面在美帝国主义的支持下，积极准备内战，企图消灭以共产党为代表的人民革命力量。通县地处京东，战略地位十分重要，革命斗争形势也异常复杂。就在中共通县县委号召全县认真贯彻《国共停战协议》之时，在通县东南与香河县交界处的安平镇，爆发了美军进攻解放区，与人民解放军直接发生军事冲突的安平事件。

一、抗日战争胜利后的斗争形势

抗日战争期间，平东地区的八路军和人民武装力量收复了通县、顺义、怀柔、密云、平谷等大片地区，三通香、三通顺两个联合县连成一片。日本宣布投降后，国民党反动派为了抢夺胜利果实，使不少沾满人民鲜血的汉奸摇身一变，成了国民党的"地下"工作人员，反动地主武装"伙会"竟变成了国民党的先遣队，屠杀人民的刽子手变成了国民党的接收大员。总体上看，当时通州城区为国民党军队所控制，但是广大农村地区由共产党所控制，斗争形势十分复杂。

1945年9月，河北省第六战区联防司令部和国民党通县县政府在通州城成立后，通县以东的三河、香河、蓟县、平谷等县日伪时期的残兵败员都逃到通州城内，并在通州城内组织国民党的县政府，称国民党县政府办事处。国民党香河县政府办事处设在东关，国民党蓟县政府办事处设在大红牌楼，国民党平谷县政府办事处设在塔院胡同，各县的日伪武装也都开

图9-1：三通香联合县区域图
图片来源：《通县志》（北京出版社，2003年11月）

到通州城内进行改编整训。①

为加强通州城区的军事力量，10月初，国民党第92军21师163团开进通州城内，并将接管的伪通县保安队改为通县警察大队，将日伪新民会联武大队改为壮丁大队，后来又将这两个大队改编为河北省保安第18团。同时，为支援国民党军队，美军海军陆战队也进驻通州城内的美国教会学校潞河中学。

在经济上，国民党军队接收了通州发电厂、通州电灯公司、修械所、棉改处轧花厂、天丰制粉厂、德盛粮栈、北苑酱油厂和中仓、西仓的20多个仓库等。接收大员们以接收日伪财产为名，大行贪污盗窃之实。有的本不是日伪财产，如日伪掠夺的私人集资办的通州电灯公司，也作为日伪财

---

① 《通县革命史》，北京出版社，1994年12月，第137页。

第九章 1949：人民的胜利

产被接收。又如北苑酱油厂，该厂机器设备先进，并有雄厚的物质基础，被接收后不久，就恢复了生产。不料，工厂将剩下的原料用完以后，便停止了生产，接收大员将产品出售后，又把机械设备洗劫一空，换成黄金，逃之夭夭了。①

尽管国共双方已经签订了停战协议，但是国民党反动派首先撕毁了协议，发动了内战。从1945年年底到1946年年初，通县的国民党军和地方武装先后向通县的解放区发动了27次进攻，并在通县南部地区截击开往东北的八路军，还在马驹桥、双树、张家湾、牛堡屯、后榆林庄安上了据点。②

9月下旬，国民党调一个营的兵力，从西、南两个方向进攻解放区，并包围了平郊武工队驻地高古庄，企图一举消灭平郊武工队。在此危急时刻，三通香支队回民连迅速增援，分散敌人火力，平郊武工队突出了重围。10月中旬，刘子麟又带领国民党正规军和保安队攻占了通县三间房飞机场、张家湾、白庙桥、后榆林庄等地，并在该地安据点，筑炮楼，强迫各村恢复保甲制，捕杀抗日干部、积极分子和抗日家属。③

为适应革命斗争形势的需要，中共冀东区第14地委报请冀东区党委批准，撤销三通香联合县，通县单独建县，通县北部和东北部仍归三通顺联合县和顺义县管辖。1946年1月，中共通县县委在西集地区侯各庄正式宣布单独建县，组建通县党、政、军、群组织机构，7个县辖区也都建立了党、政、军、群组织。由于当时军事斗争的需要，县委加强了武装力量的整合。原三通香支队和平郊武工队改编为冀东第53团，另将县支队回民连（原回民大队）组成通县县大队，下辖两个连，各区建立了区小队。年底又组建了手枪队，后来发展为路（平津路）西武工队。④中共通县县委一方面领导

---

① 《通州文史资料汇集》(8)，第116页。
② 《通县革命史》，北京出版社，1994年12月，第140页。
③ 《通县革命史》，北京出版社，1994年12月，第137页。
④ 《通县革命史》，北京出版社，1994年12月，第137页。

群众发展生产，另一方面阻击来犯之敌。保卫解放区的战斗，不仅狠狠地打击了敌人，同时也教育了人民，认清国民党反动派的真实面目。

二、安平事件

1946年2月6日，北平军调部美方代表饶伯逊向中国共产党代表叶剑英提出请求：联合国善后救济总署的运输汽车，由天津开往北平，要求通过解放区（平津公路从河西务至张家湾段属解放区管辖）。叶剑英将军以和平大局为重准许了美方的请求，但提出必须挂联合国旗帜。美蒋借运输善后救济物资之名，把大批军用物资由天津运往北平，积极准备内战。运输期间，美军车辆在平津公路上横冲直撞，多次向行人和路旁耕种农民开枪射击。

5月，国民党军驻北平第11战区长官部密令所属部队"肃清"我冀东解放区八路军。蒋介石部署东北兵力后，也飞抵北平，亲自布置华北战局。6月26日，国民党悍然撕毁了停战协议，大举进攻中原解放区，全面挑起内战。

7月28日上午，通县国民党保安团和张家湾的壮丁队，侵入马头、觅子店一带抢粮，当即遭通县三区区小队、县大队回民连、第53团5连的阻击，在入侵之敌即将束手就擒之际，路过的几辆美军汽车突然向县大队开枪射击，国民党保安团、壮丁队逃跑，美军还打死民兵一人，打伤战士两人。通县区小队、县大队被迫向美军射击，美军汽车逃往天津方向。

解放区军民对美军的挑衅行为十分痛恨，通县三区区长何泽然、国民连排长王振东、第53团5连连长李庆春研究决定，在安平镇（当时属通县管辖，1953年划归河北省香河县）汽车站附近拦截过往美军车辆，问清缘由，讨回公道。可是直到天黑，也没见到美军汽车回来。

29日上午，侦察员报告，有几辆没标志的汽车从天津方向开来，可能是国民党的弹药车。解放军指战员立即进入阵地，准备战斗。约上午11时，驻天津美国海军陆战队第11团战斗巡逻队，以20辆军车满载荷枪实弹的美蒋军闯入安平镇。正在安平镇南执行任务的第14军分区第53团5连班长马

第九章 1949：人民的胜利

德明及1名战士、1名民兵，向他们挥手，令其停车。对方非但不理睬，反而加大油门向我哨兵驶来，在距哨兵50米至60米远时突然停住，从车上跳下一群执枪敌人，向哨兵射击。一名战士当即倒在血泊中。危急时刻，连长李庆春带领两个排的兵力赶到，通县县大队马子聪的手枪队也闻讯出动，战士们分两路夹击敌人，与敌展开激战。

下午3时许，美军24辆军车约300人，又自天津杀气腾腾地向安平镇扑来。我军发挥近战的优势，同敌人展开了肉搏战，战斗一直持续到傍晚。在几架美军战斗机的支援掩护下，美军才逃回北平。为避免事态扩大，减少伤亡，军分区司令员曾雍雅命部队主动撤至安平镇王家摆村待命。这就是著名的安平事件。①

三、围绕安平事件的各方斗争

这次战斗看似一次普通军事冲突，参战人数不算多，伤亡人数也不多，但这是解放军与美军的直接正面冲突，对共产党、国民党、美方都产生了十分重大的影响。由于事件影响巨大，三方围绕安平事件，展开了激烈斗争。

对蒋介石为首的国民党来说，安平事件可以使美国政府进一步支持国民党打内战。就在两周前，著名民主人士李公朴和闻一多被国民党暗杀，在国内外激起极大的抗议浪潮，马歇尔和司徒雷登一致向蒋表示"严重关切"。安平事件的发生，对蒋介石来说无疑是好消息。7月30日晚，蒋介石得到消息后，即电告北平行营主任李宗仁和北平军调处执行委员郑介民，强调："美国陆战队在平津道上被匪袭击，以致死伤多名。此案事实真相应由行营根究彻究，从速处理，并切实保护平津公路与肃清其两侧之盗匪，以确保治安，勿得贻误。对于美军死伤之官兵，务即代为抚慰，一面派员

---

① 参见《通县革命史》、《香河县志》和当时新闻报道。

协同美军洽商处理善后办法，详报为要。"①他在8月3日的日记中，不无庆幸地写道：昆明李闻暗杀案虽仍在处理中，然"同平津道上美军被共匪袭击之重要性比已渐减轻矣"。②

国民党内主战派更是以此大做文章，不调查事实真相，不分青红皂白，将责任推到解放军方面。8月1日，也就是事件刚过去两天，在没有任何调查的情况下，国民党中宣部部长彭学沛公开发表讲话，声言"共军在平津路上对美国海军陆战队之突袭，在此和平商谈声中不异为一严重之挑衅"。③8月3日，国民党《中央日报》称"共军袭击美陆战队含有险恶政治阴谋"，并称各方一致意见是："共军之动机与目的，主要的为利用美国社会尊重民意之习惯，以致死在华美军之生命，惹起轩然大波，激起美国舆论要求撤退美在华驻军，并停止对国民政府之援助。而其幕后之国际关系，即可造成独霸远东，控制世界之局面。"④

对冲突双方来说，都不愿意将事态扩大。中共方面不想打内战，更不想与美军为敌。而此时的美国政府也不想介入中国的内战，他们只想在幕后支持国民党军队，确保在中国的势力范围。作为杜鲁门总统的特使，马歇尔来到中国后，只用了很短的时间，便使国共双方签署了停战令，还成功推动召开了政治协商会议。但是蒋介石在他的眼皮子底下，公然发动全面内战，美国政府继续以武器和弹药供给国民党政府。

事件发生的第二天早7时30分，美海军陆战队瓦顿（D.A.Wharton）在北平举行了一个简短的记者招待会，通报了美海军陆战队一支摩托化巡逻部队"昨午十二时十五分于大小沙河村河西务北"，即北平东南35英里的安平镇附近"被袭击"。袭击者是"为数约三百余着制服的中国人"。昨日

---

① 《蒋主席令李宗仁主任从速处理美军在平津道上被共军袭击事件电》，1946年7月31日，秦孝仪主编：《中华民国重要史料初编》第七编（三），1991年，第201页。
② 《蒋介石日记手稿》，1946年8月3日条，见美国斯坦福大学胡佛研究所藏档。
③ 《平郊美军被袭事件中美双方均极重视》，《中央日报》1946年8月2日，第1版。
④ 《共军袭击美陆战队含有险恶政治阴谋》，《中央日报》1946年8月3日，第1版。

第九章 1949：人民的胜利

下午4时美军派了一支有力的摩托化部队与飞机支援他们，双方都有伤亡。"其他无可奉告。"① 7月31日，美海军陆战队驻华部队司令部发出了正式的情况说明，实质内容并无不同，只是内容更加具体。

时任美国总统特使、负责在华调处国共关系的马歇尔和新任驻华大使司徒雷登商谈了此事，确定了不扩大事态原则，因为安平事件的事实基本上是清楚的，无论谁先开枪，美军都很不光彩。虽然北平军事调处执行部（简称军调部）美方委员30日即要求前往冲突地点进行调查，马歇尔却并不赞成这个提议。②

中国共产党是事件的受害者，面对国民党反动派的挑衅和美国政府言行不一的虚伪嘴脸，中共方面坚决提出抗议，要求调查事件真相。事件发生的当天，第14军分区司令员曾雍雅就向冀东军区做了汇报，并召开了第14军分区司令部紧急会议，研究了安平事件及其应急措施。30日，冀东军区司令员詹才芳、副司令员毕占云、政委李楚离，通过聂荣臻司令员向北平军调处执行部递交了抗议书，抗议美帝国主义侵犯中国领土，帮助蒋介石打内战，并要求赔偿损失，严惩凶手，保证不再发生类似事件。③ 军调部的共产党代表也向军调部提出要求，敦促军调部迅速调处安平事件。

中共中央很快就揭示了事实真相，一方面于7月31日电令叶剑英等立即向美方提出抗议④，一方面电令冀东军区务必立即进驻与美军冲突地点，以利调查取证和向美顽抗议与交涉。⑤

面对国民党反动派的叫嚣和美方的舆论战，中共中央指示新华社公开发表消息，宣布驻天津美国海军陆战队140余人及国民党军一部，于7月29

---

① 《大公报》1946年7月30日，第2版。
② 《马歇尔与周恩来会谈记录》，1946年8月3日；《周恩来关于马歇尔对小组至安平事甚踌躇致叶、李并中央电》，1946年8月4日。
③ 《通县革命史》，北京出版社，1994年12月，第143页。
④ 《中共中央关于向美方提出抗议冀东事件的指示》，1946年7月31日。
⑤ 《中共中央关于与美军冲突撤退地点应即进驻给詹李并叶李电》，1946年8月1日。

日进攻了冀东解放区香河县安平镇,当地中共军队被迫自卫还击。紧接着,中共中央机关报《解放日报》也发表社论,严厉谴责美军与国民党军武装挑衅,并称:安平事件是由美国海军陆战队和国民党军各一部武装侵入冀东八路军防地,向当地守军攻击引起的。"驻天津美国海军陆战队第一师应道歉赔偿,处分直接负责的军官,公开保证不再向任何解放区侵扰。"社论主张,美国驻华一切陆海空军必须立即撤离中国,不得干涉中国内政。①

早在8月1日,北平军调部国、共、美三委员就通过一项指令,"特命第二十五小组前往调查"安平事件"进攻之部队"和"发令及实施攻击应负责之指挥者及人员"。②成员有美方代表戴维斯(后为马丁),国民党方代表张叔衡,共产党方代表黄逸峰。但由于三方意见的分歧,执行小组调查工作从8月17日才正式开始。③

关于此次调查经过,根据《晋察冀日报》的报道,小组在出发之前,先听取美方证人的报告。其中包括美海军陆战队第1师11团1营营长贝尔查、执行部美方供给处军官傅瑞慈、美驻平宪兵队军官坎拿特、调查员杜克及陆战队士兵4人。根据他们的报告,至少可以证实:一、7月29日的美军巡逻队并非一般的巡逻队,而是特殊的战斗巡逻队。前者只有官长1人,士兵25人;而后者则是官长1人,上士1人,军士3人,士兵37人(以第11团为基干,并从第1团调来炮手10人),人员有显著的增加。在武器配备方面,这次的巡逻队,除了携带轻重机枪3挺,并配置60mm迫击炮2门,此外则是汤米式冲锋机枪4支,卡宾式自动步枪26支,M-1步枪12支,手榴弹若干箱。二、美军做了充分的战斗准备。除人员武器外,在巡逻队出发前,他们特在天津郊外数英里的地方架设了一座TCS无线电台,以与该巡逻

---

① 《论安平镇事件》,《解放日报》1946年8月3日,第1版。

② 《军事调处执行部给第二十五小组的指令》,1946年8月1日,《关于安平事件一般备忘录》,影印件,第2页。转引自杨奎松:《安平事件:美海军陆战队被八路军袭击真相》(《史学月刊》2011年第4期)。

③ 杨奎松:《1946年安平事件真相与中共对美交涉》,《史学月刊》2011年第4期。

第九章 1949：人民的胜利

队在途中保持联络。三、他们知道安平一带是中共控制区。在7月28日坎拿特、杜克两人由平赴津时，驻在安平以南五英里的蒋军曾对他们说：那一带尽是八路军，并建议美军派一分遣队前去扫平他们。四、美军的战斗动作是进攻而不是防御。坎拿特说："在公路右边低洼地方，我们布置了两门迫击炮。"而杜克和傅瑞慈却说："火力从三方面射来，一前面和左右两侧翼。""猛烈的小型武器射击，来自两边路旁。"①

21日，特别调查小组在香河中学礼堂进行谈判，谈判期间，国民党军无视调查小组行前签署的"调查期间防止攻击"的协议，肆意向解放区发起攻击。22日下午，正值激烈谈判之时，国民党军炮击香河县城，落到香河中学附近的炮弹达十多枚。八路军战士从会场附近捡回还烫手的刻有"US"字样的弹片放在谈判桌上。八路军谈判代表黄逸峰指着弹片质问道："这不是美制的炮弹？难道是解放军打的炮吗？这已经威胁到小组全体人员的安全了，我要求对国民党政府军的炮击，到现场进行调查。"国民党代表张叔衡和美方代表马丁自知理亏，只好说："今天的议程是调处安平事件，不在议事日程之内的事，可以不予讨论。"②

23日、24日两天，谈判继续进行，但是特别小组分别对安平事件解放军方面证人和国民党军方面证人询问调查。国民党反动派企图掩盖事件真相，遭到中共一方代表黄逸峰严词驳斥，并用大量的事实戳穿了蒋方妄图进犯解放区的阴谋。

随后由于全面内战已经爆发，在美蒋的阻挠下，安平事件调查工作不得不终止。但是美蒋联合制造的安平事件和大举进攻冀东解放区的暴行，引起全国各界人民的极大愤慨。冀东各团体还就此事向全国各报馆、民主党派和全国人民发出通电。冀东解放区工、青、妇、民兵、学生等群众团体，代表冀东600万人民致电美国人民，呼吁他们给予道义上的援助，并要

---

① 周游：《安平事件调查纪行》，《晋察冀日报》1946年9月13日。
② 《通县革命史》，北京出版社，1994年12月，第146页。

求美国政府撤退驻华美军。同时,美、英、法、德、意、奥等国家的报纸,都发布了这一消息。美国《工人日报》发表文章,指出:"安平镇发生的事端,过失完全是美国帝国主义的错误政策造成的","此事告诉美国人民,美国政府不参与中国内战的保证完全是一种谎言。"①

第二节　保卫和平的武装斗争

安平事件发生后,在美军的支持下,国民党孙连仲部乘机大举进攻通县地区及冀东解放区。在党的领导下,通县人民和冀东解放区军民团结一致,积极开展武装斗争,用鲜血和生命保卫解放区。

一、被迫进行战略大转移

在安平事件谈判期间,国民党第92军就集结在通县周围。1946年7月31日,该军56师推进到通州城北和城东的富豪、邢各庄至通州南的张家湾一线;142师推进到落垡、武清城一带;21师推进到朱庄、东西柳行、孔官屯,加上国民党的地方部队,共3万多人的兵力,准备采取中间突破两翼配合的战术,进攻三通香解放区,拿下香河县城,为全面进攻解放区建立前哨阵地。面对来势汹汹的敌军,冀东军区第14军分区调集了第53团、29团、59团的一个营和通县、香河、三河等县大队,后又调来第16团、17团两个团共6000余人,布防于西集、王家摆至红庙一线,准备依托北运河堤,阻击敌人的进犯。②

8月3日,在火力掩护下,敌军投入三个团的兵力分别从北路、中路、南路三路向冀东解放区发起进攻。冀东解放区军民团结奋战,打退了敌人的三路进攻。我军第53团、59团、17团、16团、29团、各县县大队,沿北

---

① 《中共香河县党史(1931—1949)》,1988年,第107页。
② 《通县革命史》,北京出版社,1994年12月,第147页。

第九章 1949：人民的胜利

运河堤，南起张庄、四百户，北到牛牧屯，构成了近20千米长的防线。第14军分区司令部主要领导及机关干部亲临前线指挥，各县民兵、群众在地方党组织的领导下，送饭、运弹药、抬担架支援自己的子弟兵。军民、军政团结一致，筑起了一道坚固的钢铁长城。这次保卫解放区的战斗，持续了一个月零三天，歼敌3300多人，胜利完成了阻击任务。①

9月中旬，国民党反动派调集了11战区及东北行辕的国民党军11个师共13万人，从东、中、西三面，向冀东解放区发起了围攻。从1946年9月至1947年1月，仅5个月时间，就杀害通县的革命干部、积极分子54人，查封抗日军属600家，抓捕革命群众6653人。②

国民政府的"清剿"行动耗费了巨大人力资源和物资，常驻通县的守备军队主力7000余人，地方武装15000余人的给养，还有国民党各级政府的摊派，保甲的敲诈等，这些负担最后都转嫁到老百姓的头上，反动政府不仅随意抓壮丁，补充兵源，还随意向老百姓摊派粮食等各类物资。

老百姓生活朝不保夕，当时在通县境内流传着诉苦歌谣，反映了农民水深火热的处境：

> 穷人头上三把刀，
> 租子重，利钱高，
> 苛捐杂税多如毛。
> 穷人眼前三条路，
> 逃荒、上吊、坐大牢。③

---

① 《通县革命史》，北京出版社，1994年12月，第148页。
② 《通县革命史》，北京出版社，1994年12月，第149页。
③ 孟宪良：《浅谈通州地区的民间歌谣与民间谚语》，《文史选刊》（内部交流），第19、20期，2000年12月，第28页。

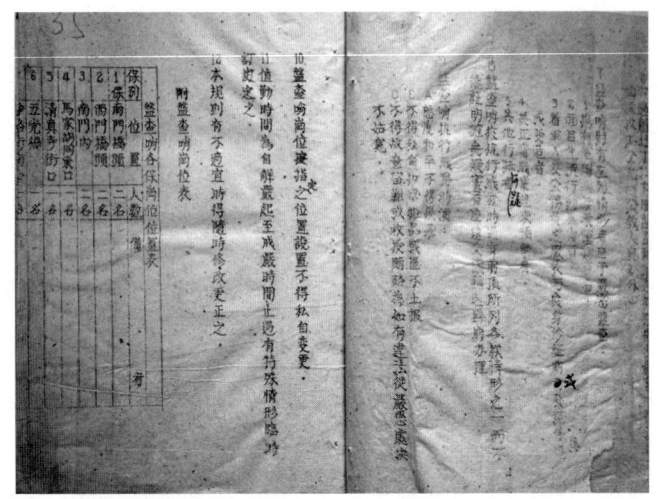

图9-2：国民党通县南城镇反动政府制定的"清剿规则"及盘查哨岗位表（部分）
图片来源：通州区档案馆"旧政权档案"（1948年）

面对严峻复杂的形势和穷苦百姓的呼救，中共通县县委在三河县新集镇召开了县委扩大会议，认真学习了《1946年解放区的工作方针》，着重讨论了通县革命形势和斗争策略。会议决定："必须回通县内地坚持斗争，白天进不去，晚上也要打入通县内地，同革命群众同甘苦共患难，同国民党反动派斗争到底。"①

根据县委会议精神，县区干部、地方武装，通过地道战、游击战等各种途径，开展对敌斗争。但斗争暴露了我军的目标，引起了敌人更疯狂的进攻。在危急关头，中共通县县委果断决定转移。9月19日，县委、县政府机关转移到平谷山区。②

二、在通县的"拉锯战"

1946年9月以后，冀东解放区通县、顺义、平谷、密云、香河、三河等县的大部地区被敌军占领。敌人战线拉得更长了，而孙连仲部冀东主力部

---

① 《通县革命史》，北京出版社，1994年12月，第148页。
② 通州区地方志编纂委员会：《通县志》，北京出版社，2003年11月，第27页。

第九章 1949：人民的胜利

队一部被调往张家口。

针对敌军在冀东地区兵力不足的有利时机，冀东军区发出了集中兵力，在运动中歼敌有生力量的命令。冀东第14军分区所辖的第53团和各县县大队于12月中旬从山区转移到潮白河以东的通县、三河交界地区。通县的党政机关在山区休整后也转移到潮白河东的陈家府村。12月底，潮白河冰冻封河，通县手枪队趁着天黑，到潮白河西岸地区，一夜之间破坏了电话线路，掐断了敌军各据点与通州城的联系。通县县大队和第53团迅速向通县东部、南部进攻，一举拿下了西集、安平、贾后疃、太子府、漷县、马头、永乐店、牛堡屯等10余个据点。①

根据时任冀东军区第14军分区司令员曾雍雅将军的记述，1946年9月至12月，冀东战局发生了很大变化。我冀东军民粉碎了国民党军的全面进攻，共歼敌万余人，并收复了乐亭、青龙、宁河、宝坻等4座县城及大部村镇。②整个冀东的局势为我军转入战略进攻创造了有利条件。

面对失败，敌人不肯善罢甘休。国民党通县保安大队和敌92军一部千余人，从北往南攻。1947年年初，平津公路以西的广大地区再次落入敌手。但是国民党军已经无力发动全面进攻，只能转为"局部进攻，重点扫荡"。

1947年3月下旬，根据中央指示，中共通县县委重启因安平事件中断的土地改革运动。11月中旬，国民党军驻通县保安队张松江独立营出动2000余人，对通县解放区进行"清剿"。国民党通县政府配合国民党军在全县范围内开展"盘查"共产党员的活动，每个重要路口、街头、桥头都设岗定人，进行盘查。而且在明显部位悬挂反动标语，制造恐怖氛围。在这种形势下，中共通县县委、县政府再次被迫撤离。这次撤离使革命工作遭受到重大损失，中共冀东区第14地委对此进行了严肃批评。③

---

① 《通县革命史》，北京出版社，1994年12月，第151页。
② 曾雍雅：《攻克通县始末》，《文史选刊》（内部交流）第4期，1988年12月，第6页。
③ 通州区地方志编纂委员会：《通县志》，北京出版社，2003年11月，第28页。

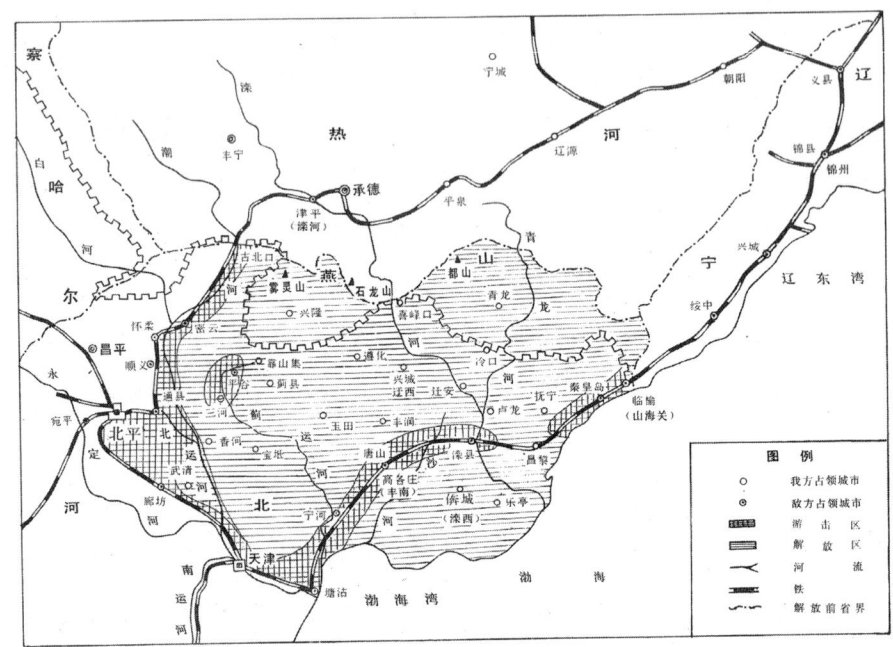

图9-3：1948年8月冀东革命斗争形势图
图片来源：《通县志》（北京出版社，2003年11月）

经过一个月的战斗，中共通县县委于12月17日返回通县。1947年12月24日至1948年1月5日，中共通县县委召开会议，认真进行了批评和自我批评，统一思想，制订了新的工作计划。中共通县县委深入发动群众，开展武装斗争，并迅速打开了局面。到1948年2月，通县全境为游击区，完全被国民党军控制的仍有204个村。①1948年上半年，国民党通县保安队张松江部、永乐店壮丁队庞德富部先后被歼灭，伙会头目左凤梧被生擒，加快了通县革命斗争的步伐。②

---

① 中共河北省委党史研究室：《冀东土地制度改革》，中共党史出版社，1995年2月，第189页。
② 《通县革命史》，北京出版社，1994年12月，第168—174页。

第九章 1949：人民的胜利

第三节 开展土地改革

土地改革是中国共产党领导广大人民群众争取权益的一场深刻革命，遭到地主阶级的激烈反对，必然是你死我活的阶级斗争。抗日战争胜利后，为解决广大农民对土地的迫切要求，中共中央发出了《关于清算减租及土地问题的指示》。尤其是中国共产党颁布《中国土地法大纲》后，废除一切地主的土地所有权。土地改革动摇了国民党统治基础，遭到了地主阶级，尤其是国民党反动派的破坏和反攻。激烈斗争持续到整个解放战争期间，但是最终胜利属于人民。

一、《五四指示》在通县的实施

中国是农业大国，土地问题不仅关系到农民的切身利益，也关系到政权的安危和社会的稳定。中国共产党历来重视土地问题。早在土地革命时期，中国共产党就通过"打土豪，分田地"的政策，得到最广大人民群众支持。在抗日战争时期，为巩固最广泛的抗日民族统一战线，中国共产党将平分地主土地，改为减租减息政策。抗日战争胜利后，随着内战爆发，作为抗日民族统一战线土地政策的减租减息，已不能适应农民的要求。

在这种情况下，中共中央于1946年5月4日发出《关于清算减租及土地问题的指示》(史称《五四指示》)，指出要"坚决拥护广大群众这种直接实行土地改革的行动"，"坚决拥护农民一切正当的主张和正义的行动，批准农民获得和正在获得土地"，强调"各地党委必须明确认识，解决解放区的土地问题是我党目前最基本的历史任务，是目前一切工作的最基本环节。必须以最大的决心和努力，放手发动和领导目前的群众运动来完成这一历史任务"。①

---

① 河北省档案馆：《河北土地改革档案史料选编》，河北人民出版社，1990年11月，第2页。

当时通县无地少地农民占绝大多数。以通县一区（侉店地区）为例，该地区雇农、贫农、中农占人口的80%，占有土地却只有20%~50%；占人口20%的地主、富农却占有土地50%~80%。①但是由于当时复杂的斗争形势，中共通县县委接到《五四指示》后，并没有能够很好地执行下去。

1946年12月10日，《中共中央关于冀东土地改革的指示》首先肯定了冀东在土地改革中所取得的伟大成绩，继而又指出："但现在已经实现的土地改革区域应进行详细的检查，以便发现尚未改革或改革不深的村庄，加以改革与深入，对于中农利益被侵犯者，务必'迅速补救'，以稳定全部中农站在我们方面。"②根据中央的指示，中共冀东区党委对前段土地改革的成绩又重新做了估价，认识到以前的土改不够彻底，在全区开展一次土改复查运动是十分必要的。为了积极响应中央的号召，1947年1月10日，中共冀东区党委发出了《关于内地复查土地及边沿区解决土地问题的决定》，指出了检查土地的重点："主要是发现明改暗不改，表面改了实际未改，或改了以后农民又把土地退回了，及根本未实行改革的村庄。实在不能改革的村庄除外，但亦须彻底，能改者仍改之。"③此后，中共冀东区党委又在1月25日召开的生产会议上，决定把复查作为春耕前的一项重要任务。从二三月开始，全区各地、县开始进行复查试点。

1947年2月，中共通县县委在西集召开了全县土地会议，决定迅速在全县解放区开展土地改革运动。3月26日，在通县的东南部175个村庄展开了土地改革和反奸清算复仇运动。到3月底，先后斗争了尹家河、西集、大柳树等地的大地主。妇女、儿童、老人，甚至一些地主富农子女也参加了这场运动，参加的人数占总人口的90%以上。有的地区，几个村联合行动，如五区（牛堡屯地区）的新河、样田、徐庄、大地、窑上、北大化、兴武

---

① 《通县革命史》，北京出版社，1994年12月，第159页。
② 中共河北省委党史研究室：《冀东土地制度改革》，中共党史出版社，1995年2月，第122页。
③ 中共河北省委党史研究室：《冀东土地制度改革》，中共党史出版社，1995年2月，第125页。

第九章 1949：人民的胜利

林、尖堡等8个村庄。①

广大农民十分拥护土地改革运动，很快将运动在全县推向了高潮。根据1947年3月10日发布的《冀东区土地改革概况》，截至1946年11月，通县有437个村，被国民党势力控制的为416个村，进行土地改革的村仅21个，其中较彻底的有6个，不彻底的有15个。当时，全县有土地533510亩，总户数为50975户，共285460人，得地户数约1000户，约5000人，得地5709亩，比重仅1%强。②经过了几个月，到1947年《五四指示》发布一周年时，全县农民分得土地达66340.18亩，骡马165匹，粮食6400万公斤，房屋1600间和一部分生产工具等。③

二、与地主势力集团的殊死斗争

土地改革动摇了国民党在农村地区的统治基础，也触及地主富农阶级的根本利益。通县国民党县政府组织地主武装，对土改工作队进行围剿。

1947年4月底，通县东部地区的土改将近结束时，由中共通县县委书记何景芳带领工作队和县大队一个连到西部游击区开展土改运动，驻在了坨堤村。一天清晨，牛堡屯地区的还乡团百余人突然占领了坨堤村南的窑地。负责工作队安全的县大队四连和四、五区区小队立即出动，与敌人交战。正在战斗处于胶着状态之时，马驹桥、永乐店、马头的地主武装前来增援，敌92军的骑兵一部也紧紧包围坨堤村，向土改工作队发起围攻。四连和区小队与国民党的反动武装整整激战了一天，打退了敌人的多次进攻，并杀伤了大量敌人。到夜里，县大队四连和区小队趁着天黑，带工作队突出重围，安全转移到河东。

8月初，通县的国民党调动了一个团的正规军，在各地地主反动武装伙

---

① 《通县革命史》，北京出版社，1994年12月，第159页。

② 中共河北省委党史研究室：《冀东土地制度改革》，中共党史出版社，1995年2月，第137—139页。

③ 《通县革命史》，北京出版社，1994年12月，第160页。

通州大变局（1860—1949）

会的配合下，由西往东压来国民党的伙会、还乡团，乘势占领了侉店、西集地区，残酷地向贫雇农反攻倒算，而贫雇农在中国共产党的领导下，也与反动地主富农进行了殊死的斗争。在土改地区，被国民党反动派和地主武装杀害的共产党员、区村干部、贫农、雇农达几十人。①

面对地主势力集团的反扑和暴行，中共冀东区党委，除认真贯彻中共中央指示搞土地改革外，还部署推进了"三查"运动②和党员组织的整顿工作。在"三查"和土改整风运动中，检查了本地区中共各级党组织的思想立场，系统地清算了右倾思想，同时对"左"的思想、强迫命令官僚主义作风进行了批判，并严厉处理了包庇坏人、贪污腐化、侵犯农民利益的党员、干部。在基层党组织中还清除了一批混入党内的地主、富农和流氓分子。

1947年12月16日，冀东区农会临时委员会发布了《告农民书》，号召农民"赶快行动起来，自己动手实行平分土地"，贯彻中共中央新颁布的《中国土地法大纲》。同时，中共冀东区党委、冀东行署、冀东军区发布的《联合命令》指出："一切机关和个人，特别是地主和富农，不得有任何违反土地法、抵抗农民运动的行为，违者严厉制裁。要求一切共产党和干部，应积极参加土地改革，在土地改革中起模范作用，不得侵犯农民土地改革的果实，不得包庇地主、富农，不得有贪污自肥、营私舞弊、阳奉阴违、阻挠破坏群众运动的任何做法行为。"③

随着土地改革运动的推进，广大群众有了自己的土地，翻身做主人。

---

① 《通县革命史》，北京出版社，1994年12月，第163页。

② 据中共中央党史研究室著《中国共产党历史》（人民出版社，1991年7月，第761页）记载，1947年冬至1948年秋，中国共产党结合土地改革进行的整党整军运动。整党以"三查"（查阶级、查思想、查作风）、"三整"（整顿组织、整顿思想、整顿作风）为主要内容，以纯洁党的组织，改进党的作风，增强党的战斗力，保证土地改革的完成。整军亦称"新式整军运动"，人民解放军利用战斗间隙，从阶级教育入手，进行土改政策的学习，运用诉苦（诉旧社会和反动派给予劳动人民之苦）和"三查"（查阶级、查工作、查斗志）、"三整"活动，对部队进行阶级教育，发扬政治、军事、经济三大民主，开展群众性练兵运动，以提高部队的阶级觉悟和战斗力。

③ 《通县革命史》，北京出版社，1994年12月，第164页。

第九章 1949：人民的胜利

在土改后期，全县还掀起了"保卫土地、保卫家乡、保卫胜利果实"的参军优属热潮。从1947年4月19日开始，到年底全县有1500多名青年参军。①

第四节 人民的胜利

到1948年下半年，整个战局发生了逆转。11月，辽沈战役胜利结束，东北全境解放，为解放平津和整个华北打下了基础。随后，东北人民解放军挥师入关，迅速同华北人民解放军一起，完成了对平津之敌的战略包围。通县作为北平的东大门，对北平的安危至关重要。人民解放军为和平解放北平，先解放了通县，并在通县设立平津战役指挥部，和平解放北平的谈判在通县完成。通县人民得到解放后，迅速投入支援平津战役前线的战斗中，为和平解放北平做出了积极贡献。

一、解放通县和全面接管通州市

通县的解放，对平津战役战局的发展具有十分重要的意义。为了加强对解放通县的领导，统筹推进进城后党、政、军各项工作，中共冀东区第14地委决定建立通州市。

1948年12月初，驻守通县城的国民党军就有了退守北平的计划。他们炸毁北浮桥，破坏通古铁路桥，烧毁西仓仓库，还在鼓楼后兵站、粮食供应处、发电厂、铁路东站等要害部位埋设地雷。因中共地下组织早有准备，组织了保护队伍，使敌人的阴谋未能得逞。在工人群众的保护下，通州电信局、火车站、双桥广播电台均完整无损地回到了人民手中。

12月13日晚，驻防在通县城的国民党军主力13军第5师、骑兵2旅、92军的残部及通州的杂牌军，撤回北平，为通县和平解放扫清了障碍。14日下午2时，中共冀东军区第14军分区直属部队13团进驻通县城，中共冀

---

① 通州区地方志编纂委员会：《通县志》，北京出版社，2003年11月，第28页。

通州大变局（1860—1949）

东区党委北平工作委员会（代号长城部）的同志们，在工委书记董昕，委员侯方若、黎晓同志的带领下，随中国人民解放军进驻通州城。

人民解放军接管通州城后，立刻组建了中共通州市委员会和通州市人民政府。中共通州市委书记、市长江卓，组织部部长王德志，宣传部部长徐进。通州市人民政府下设公安、工商、财粮、教育四科，并建立了工、青、妇、工商联等群众组织。通州市下辖5个区，也建立了对应的党、政机构和群众组织。为了加强对通州市委市政府工作的领导，中共冀东区第14地委派了一个工作组，由李猛（冀东区第14专署公安处处长）、董新（中共冀东区第14地委城工部部长）、曹致福（冀东军区第14军分区司令员）、江卓组成。组建中国人民解放军通州市军事管制委员会，主任曹致福，副主任江卓。①

进城后，通州市军管会就贴出了布告，敌党政机关、电台、发电厂、仓库等要害部位都派部队看守起来。14日，解放军大部队入城，纪律严明，秋毫无犯，市民们深受感动。人民群众自发组织起来，配合解放军接管通州城。在军管会的领导下，发电厂工人们经过几个小时抢修，14日当夜就向全城送了电。自来水公司15日开始向全城送水。电信局的部分工人被胁迫到北平，留下的15名职工，昼夜不停地查线路、修机器，15日晚电话也畅通了。工商界人士即日挂牌营业，确保全市商业繁荣有序。

12月15日晚，中共通州市委召开了扩大会议，会议决定：出安民告示，稳定人心；集中训练中小学教师，准备复课；公安局和各区负责清查顺义、平谷、三河、香河、蓟县、玉田等县国民党流亡政府的残留人员；各区各部门要深入宣传党的城市政策，解除人们的思想顾虑。②会议还决定将通州市的干部和长城部的干部编成若干组，分头正式接收国民党的党政机关，如双桥广播电台、小圣庙发电厂、电信局、自来水公司、铁路、仓库、银行、学校等机关和单位，并进驻军队实行军事管制。

---

① 《通县革命史》，北京出版社，1994年12月，第180页。
② 《通县革命史》，北京出版社，1994年12月，第180页。

第九章 1949：人民的胜利

图9-4：庆祝大会现场
图片来源：通州区档案馆

12月17日，庆祝通县全境解放和通州市和平解放的活动隆重举行。当晚，通州全城沸腾，人们成群结队走向街头，载歌载舞，欢庆一个崭新时代的到来。

二、稳定经济和社会秩序

接管通州城后，通州市委和军管会为了迅速稳定民心、恢复城市的正常秩序，开展了强大的政治宣传工作，在大街小巷张贴"三大纪律，八项注意""打到南京去""拥护新民主主义""毛主席万岁"等标语，营造气氛。通州市委深入宣讲党的城市工作方针和各项政策，一方面深入群众中去，了解群众困难，发展经济，解决吃饭、穿衣问题；另一方面对敌特分子及残余势力进行清剿，迅速稳定社会秩序。

通州城经过日本帝国主义十年奴役和国民党三年的黑暗统治，经济崩溃，局势纷乱，民不聊生。人民政府为恢复经济，首先废除了国民党政府发行的金圆券，使用解放区发行的长城币，兑换比值是500∶1。只几天时间，金圆券就退出了市场，长城币占领了通州市场，结束了物价一日数涨的局面。同时，从东北解放区调来的一批玉米和日用品，按解放区价格在市场上抛售，稳住了物价。

在稳定物价的基础上，中共通州市委、市政府狠抓了经济工作。新接收过来的通州发电厂、通州电灯公司、棉改处轧花厂、建兴实业社、经建制粉厂等国营工业和私营机器铁业工业12户，棉花业18户、火柴业2户、木业1户、油面加工45户，以及184户手工业先后开工，使2000多职工复了工。①工业科、供销社等单位也积极地组织原料和推销产品，疏通流通渠道。到1949年春，通州的经济基本上恢复了正常。

然而在社会上，残留的反革命分子不甘心失败，伺机兴风作浪。为确保人民群众的利益，中共通州市委决定对残留的国民党特务和国民党组织进行一次大清理。通州市政府发出布告，劝诫国民党的骨干分子、特务、国民党员、三青团团员到政府登记，同时宣传"镇压与宽大"相结合的政策，鼓励群众检举揭发。经过调查，掌握了国民党残留人员的基本情况后，又通过各种渠道教育大多数，孤立打击少数，对其内部进行分化瓦解。对不自首的骨干分子进行逮捕，对于主动自首又有立功表现的及时进行表扬鼓励。各级党组织紧紧依靠群众，进行了深入细致的调查研究，同时通知顺义、三河、香河、平谷、蓟县、玉田、宝坻、武清、通县的同志前来共同清理这些人。

经几个月深入细致的工作，到1949年7月底，登记自首的达4427人。破获国民党县党部1处，区党部7处，区分部37处，密云特区区分部1处，民社党党部1处。②另外，还取缔了"一贯道"等反动会道门组织，清除了妓院烟馆等社会毒瘤。

通过这些有力措施，残留的反革命分子基本被肃清了，经济和社会秩序趋向稳定。

---

① 《通县革命史》，北京出版社，1994年12月，第180页。
② 《通县革命史》，北京出版社，1994年12月，第185页。

三、全力支援平津战役前线

从1948年11月29日开始，至1949年1月31日，爆发了平津战役。平津战役是解放战争中具有决定意义的"三大战役"中的最后一次战役。林彪、罗荣桓、聂荣臻、刘亚楼指挥中国人民解放军东北野战军和华北军区部队共100万大军，以北平、天津为中心，以伤亡3.9万人的代价，消灭及改编国民党军3个兵团13个军50个师共计52.1万人，解放了北平、天津在内的华北大片地区。

从1948年年底到1949年10月，在党的领导下，全县人民克服了种种困难，积极以财力、物力、人力支援前线，支援平津战役。在通县全境解放后，为和平解放北平，人民解放军进驻通县。1949年1月12日，平津战役前线指挥部移驻通县宋庄，随军运来的粮草和一些军用物资源源不断。修路、架桥、建粮仓、设草场等支前任务非常繁重，中共冀东区第14地委指示："要拿出倾家荡产的精神，全力支援平津战役。"根据地委指示，通县、通州市分别建立了以书记为首的战勤委员会，还在宋庄、潮县、张家湾、通州市等地设立了仓库和粮草供应站。据档案记载，通县各界共支援前线粮食900余万斤，柴草26万余斤，油2.7万斤，盐4700余斤，担架1138副，大车16811辆，出动民工46万余人次，修建桥梁28座。①

通县不仅是平津战役前线指挥部所在地，也是北平和平谈判的所在地。

1948年年底到1949年年初，人民解放军已完成了对北平的合围，并相继解放了新保安、张家口。此时，人民解放军34万大军牢牢围住天津城。1949年1月12日，平津战役指挥部由天津蓟县孟家楼正式迁往通县宋庄一户王姓大院中。14日上午10时，指挥部下达了对天津作战的总攻令，至15日下午3时即解决战斗，天津守军10余万人全部被缴械。曾被傅作义等称为"固若金汤"的天津城，仅经过29个小时激战，就获得解放。

---

① 张慧颖：《全国解放前后的通州》，《北京档案》2005年第12期。

通州大变局（1860—1949）

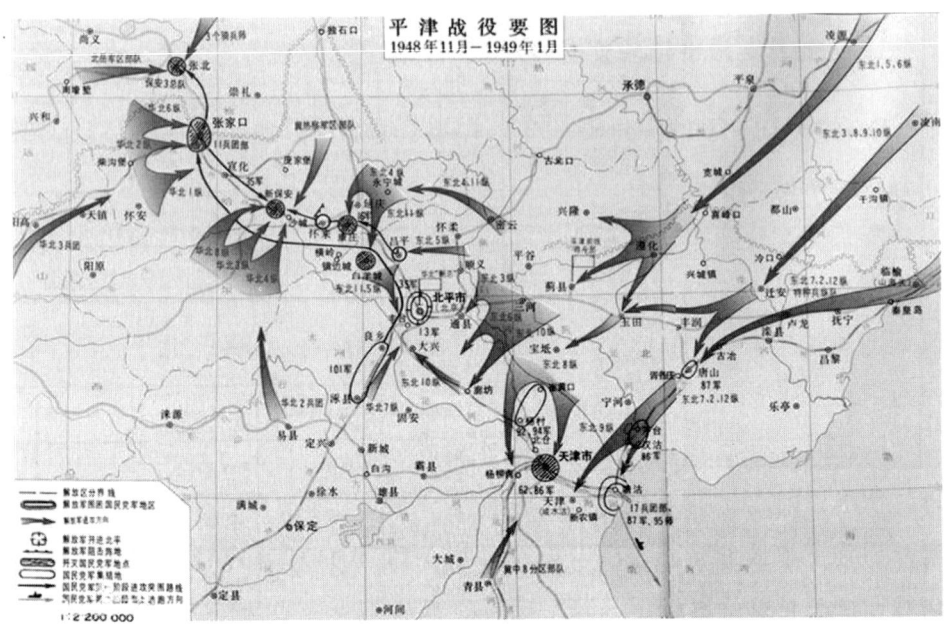

图9-5：平津战役示意图
图片来源：《中国现代史地图集》

在强大的军事压力下和中共和谈诚意的感召下，傅作义派华北"剿总"副司令邓宝珊作为他的全权代表，赴通县五里桥村（该村当时属通县，现属北京市朝阳区常营乡下辖村）张家大院，与中共和谈代表进行谈判。①五里桥村位于通州城西北，温榆河南岸，距离平津战役指挥部约10千米，是一处较为理想的和谈地点。

和谈从15日开始，一直持续到16日深夜，双方就部队的改编、干部的安排和北平市的文教卫生、行政单位的接收等10余个问题进行了反复的讨论，经过双方协商，最终达成北平和平解放初步协议，即《北平和平解决十四条》。

---

① 北平和平解放谈判先后进行三次，前两次谈判在河北省蓟县八里庄村（现天津市蓟县八里庄村）举行。第一次谈判时间为1948年12月17日至19日，但是没有达成任何协议。第二次谈判时间为1949年1月6日到9日，双方形成了会议纪要，但是傅作义仍然犹豫不决，心存幻想。第三次谈判是具有决定性意义的一次谈判。

第九章 1949：人民的胜利

图9-6：位于通州区宋庄镇的平津战役指挥部旧址现状
图片来源：通州区博物馆

为了敦促傅作义放弃抵抗，和平解放北平，中国人民解放军平津前线发出了《林彪、罗荣桓为敦促和平解决北平问题致傅作义函》，明确要求傅作义守军："自动放下武器，并保证不破坏文化古迹，不杀戮革命人民，不破坏公私财产武器弹药及公文案卷。""如果贵将军及贵属不愿意自动放下武器，而愿意离城改编，则本军为保护北平不受破坏起见，也可以允许这样做，本军可以允许贵军离开北平，开入指定地点，按照人民解放军的制度，改编为人民解放军。"①此公函于16日，在中国人民解放军前线司令部当面交给邓宝珊。当日邓宝珊偕我军代表入城联络，傅作义即决心接受此函意见，听候改编。

关于这次谈判情形，17日晚，平津战役指挥部向中央军委进行了汇报。邓宝珊初来时，由华北野战军司令员聂荣臻同志接见，由于当时指挥部正在布置攻打天津的战役，所以"采取强硬态度，以说明因傅（作义）一再

---

① 《林彪、罗荣桓为敦促和平解决北平问题致傅作义函》（1949年1月16日），《北平和平解放前后》，北京出版社，1988年12月，第64页。

拖延，我始攻津，故傅应负全责"。①这样既占领了道义制高点，也有利于把控战役的节奏，为谈判赢得了主动。到16日晚上，天津城已经被解放军占领，切断了傅作义集团退守海上的出路，摧毁了其最后的希望。第四野战军司令员林彪、政委罗荣桓和聂荣臻一起跟对方谈判代表谈判，以事实告诉对方，死守北平是不可能的，但是我军是正义之师，为保证北平居民及城市不受损害，我军仍尽最大努力和平解放北平。我军提出如下条件：

（一）限本月二十一日，首先开出一个军至北平城外三十里至六十里间地区（除宛平、通县外，任何方面均可），以后陆续开出。

（二）为指挥军队开出行动，可在德胜门外设两方面参加的指挥所。

（三）这一行动实现后，我可派军政负责人入城。②

邓宝珊表示完全同意我军提出的条件。

为保护北平这座历史文化名城不受破坏，在和平谈判期间的1月16日（18时），毛泽东同志亲自起草电文，以中央军委名义向平津战役总前委发电指示："此次攻城，必须做出精密计划，力求避免破坏故宫、大学及其他著名而重大价值的文化古迹。你们务必使各纵首长明了，并确守这一点。"并明确要求："你们对于城区各部分要有经济的调查，要使每一部队的首长完全明了，哪些地方可以攻击，哪些地方不能攻击，绘图立说，人手一份，当作一项纪律去执行。"③

1月19日，双方代表在北平城内将协议增补为22条，形成了《关于北

---

① 《林彪、罗荣桓、聂荣臻关于与邓宝珊谈判和平解决北平问题的情况报告》（1949年1月17日），《北平和平解放前后》，北京出版社，1988年12月，第66页。

② 《林彪、罗荣桓、聂荣臻关于与邓宝珊谈判和平解决北平问题的情况报告》（1949年1月17日），《北平和平解放前后》，北京出版社，1988年12月，第66页。

③ 《中央军委关于保护北平文化古城问题给平津战役总前委的指示电》，《解放北平》（上），中国档案出版社，2009年9月，第35页。

第九章 1949：人民的胜利

平和平解决问题的协议书》。1月22日，傅作义在《关于北平和平解决问题的协议书》上签字，并发表广播讲话。1月31日，中国人民解放军进驻北平城，北平宣告和平解放。

为了支援前线，1948年年底到1949年年初，工委委员、通县女子师范学校校长侯方若同志在通县女子师范学校举行平津知识分子训练班。训练班通过学习研讨的形式进行，学习了毛泽东主席新年献词《将革命进行到底》《中国革命和中国共产党》《新民主主义论》等文献。此外还请解放军一线干部做解放战争发展形势的报告等。训练班陆续为前线输送了百余名学员。①另外，1949年还抽调干部39名参加"南下工作团"。

通县人民为解放华北、解放全中国，做出了自己应有的贡献。1949年11月中旬，召开了通县首届各界人民代表会议。经过民主选举，共选出农民、党政军干部、教师暨知识分子、工商界代表、青年学生代表、开明人士代表、妇女代表等各界代表223名。又经这200余名代表的推选，推选出通州各界人民代表会议常务委员24人和政府委员19人。②

从此，通州这座古老的城市，在中国共产党的领导下，同祖国母亲一起，踏上了中华民族伟大复兴的征程，不断创造新的辉煌：

1958年3月，通县划归北京市，成为首都北京的一个县。

1997年4月，经国务院同意，北京市撤销通县，设立通州区，以原通县的行政区域为通州区的行政区域。

2019年1月，北京市委、市人大、市政府、市政协四套班子及相关市级党政机关正式迁至通州，标志着通州正式成为北京城市副中心。

……

---

① 《百年通师》，首都师范大学出版社，2012年1月，第21页。
② 张慧颖：《全国解放前后的通州》，《北京档案》2005年第12期。